中共建湖县历史

第三卷（1978—2012）

中共建湖县委党史工作办公室　著

上海社会科学院出版社
SHANGHAI ACADEMY OF SOCIAL SCIENCES PRESS

图书在版编目(CIP)数据

中共建湖县历史. 第三卷，1978—2012 / 中共建湖县委党史工作办公室著 .— 上海 ：上海社会科学院出版社，2023

ISBN 978-7-5520-4256-6

Ⅰ. ①中… Ⅱ. ①中… Ⅲ. ①中国共产党—地方组织—党史—建湖县—1978-2012 Ⅳ. ①D235.534

中国国家版本馆 CIP 数据核字(2023)第 213994 号

中共建湖县历史　第三卷(1978—2012)

著　　者　中共建湖县委党史工作办公室
责任编辑　周　萌
封面设计　南京东汉文化传播有限公司
出版发行　上海社会科学院出版社
上海顺昌路 622 号　邮编 200025
电话总机 021-63315947　销售热线 021-53063735
http://www.sassp.cn　E-mail:sassp@sassp.cn
照　　排　南京东汉文化传播有限公司
印　　刷　南京迅驰彩色印刷有限公司
开　　本　710 毫米×1000 毫米　1/16
印　　张　28.5
字　　数　480 千
版　　次　2023 年 12 月第 1 版　　2023 年 12 月第 1 次印刷

ISBN 978-7-5520-4256-6/D·709　　定价　80.00 元

前　言

1978年，中共中央召开具有重大历史意义的十一届三中全会，决定将全党工作重心转向经济建设，并作出了改革开放的重大决策。在全会浩荡春风的吹拂下，建湖与全国各地一样，改革开放的大幕迅即在县内拉开。

根据江苏省、盐城地委部署，县委结合县情，决定全县改革在农村先行。1978年至2012年，全县农村在20世纪80年代中央5个一号文件和21世纪初5个一号文件的精神指引下，历经联产承包、土地流转、税费改革、产业化经营和小康建设等重大而深刻的改革之旅。也正是这一系列变革，使广大农民深切感悟到改革是强农富民的必由之路。在农村改革推动下，接续进行的城市改革亦稳步推进。20世纪80年代中期起，包括县属工业企业和乡镇企业改革、商粮供物改革、财税金融改革、科教文卫改革、党政机关和事业单位改革陆续铺开，其中企业改革尤为艰巨，涉及面广、矛盾多，运作难度大，由于有中共中央政策导向和省、市委的坚强领导，有力保证了全县改革健康稳步推进。改革后，全县城乡各业体制焕新，活力迸发。

实行对外开放，是与改革同行的又一重大举措。全县开放始于20世纪80年代中后期。其时，第一次组团到改革开放先行区深圳考察取经，第一次建立县对外贸易机构，建成全县第一家中外合资企业，并在沿海发达城市设立对外联络办事处11个。1992年10月，建湖县又创办县工业开发区（后更名为建湖经济开发区），出台优惠政策，将县境东大门上冈设为政策特惠区。县门一开，外向潮涌。1995年起，全县主要外经指标持续多年居全市前列。2000年后，围绕加快发展外向化，实施“一区三园”等重大战略，同步抓好镇村园区建设，进一步拓展开放度，增强接轨上海融入长三角的建湖“磁力”，开放外向成了全县实现跨越发展的强劲“撑杆”。

改革发展让建湖精彩蝶变。主体经济实现由传统农业向新型工业的转变。1993年起，三次产业结构一改多年“一二三”排序，调整为“二一三”排序。农业生产实现从以粮为纲向调优结构、发展产业化经营的转变，建湖成为省市发展现代高效农业先进县。第三产业从发展滞后向提速跨越转变，建湖成为省级现代服务业集聚区。2000年起，全县三次产业占比又由“二一三”转变为“二三一”排序。所有制结构实现从国有、集体经济向民营经济的转变，建湖成为全国民营经济最具潜力县。城乡建设实现从疏于顾及向重视加强的转变，经多年建设，面貌一新。城市楼群鳞次栉比，美丽乡村次第涌现，域内道路四通八达，绿水蓝天风景如画。建湖多次获评全国文明县城、全国卫生城市、江苏省文明城市，建成国家级生态示范区。民生福祉实现由一般号召向重点实抓的转变。改革开放后，随着经济提速发展，群众生活显著改善，获得感、幸福感、安全感日益增强。2012年与1978年比，居民人均年可支配收入增长近百倍，居民住房、饮水、医疗等各项社会保障全面加强，人民生活实现由温饱不足到全面小康的历史性跨越。党的建设在拨乱反正中向严紧硬强转变。2012年底，全县有各级党组织2280个，党员4万多名，涌现出一批批特别能战斗的基层党组织和勇于担当奉献的模范共产党员。改革发展，筑梦不懈。建湖人民在凝心建设富庶秀美家乡的同时，策应形势，抬升追求，在改革开放的赛道上合力谱写强县华章，跑出了加速度、高质量。建湖县先后被授予全国质量兴县、产业培植、绿色发展和科技创新等多个“百强县”称号，2010年起，连年跻身全国县域基本竞争力百强县行列。这一切是由历届县委、县政府团结带领全县人民务实奋斗拼搏出来的。

历史是最好的教科书。为本真地发掘、记载这段历史，发挥存史、资政、育人作用，根据省、市委部署，报经县委同意，县委党史办编纂了《中共建湖县历史》第三卷（1978—2012）。本书以马克思列宁主义、毛泽东思想、邓小平理论、“三个代表”重要思想、科学发展观和习近平新时代中国特色社会主义思想为指导，以《中共中央关于党的百年奋斗重大成就和历史经验的决议》为重要依据，坚持历史唯物主义和辩证唯物主义的立场、观点和方法，力求全面系统、科学准确记述 1978 年 12 月至 2012 年 11 月建湖县各级党组织带领全县人民进行改革开放和社会主义现代化建设的光辉历程、伟大成就。全书四编二十二章八十六节，素材源自档案、志鉴、报刊、史料及其他有关资料，机构、人员、经济等数据来自组织、编制、人社和统计等部门。

中共二十大明确了新时代新征程党的新使命新任务：团结带领全国各族人民全面建成社会主义现代化强国、实现第二个百年奋斗目标，以中国式现代化全面推进中华民族伟大复兴。站在新的历史起点上，全县各级党组织和广大党员干部群众在中共建湖县委的领导下，深入学习、深刻领会、全面贯彻落实中共二十大精神，必定会紧紧围绕新使命新任务，踔厉奋发，勇毅前行，奋力谱写中国式现代化建湖新篇章！

2023 年 8 月

目　录

第一编　历史性转折与改革开放起步

（1978 年 12 月—1982 年 8 月）

第二编　改革开放的全面展开与经济社会的稳步发展

（1982 年 8 月—1992 年 3 月）

第三编　社会主义市场经济体制的建立与改革开放的深化

（1992 年 3 月—2002 年 11 月）

第四编 全面建设小康社会与开创科学发展新局面

（2002 年 11 月—2012 年 11 月）

第一编
历史性转折与改革开放起步
（1978年12月—1982年8月）

第一章 在拨乱反正中实现工作重心转移

粉碎“江青反革命集团”后，随着拨乱反正的逐步深入，建湖和全国各地一样，各方面工作走上了新的发展轨道。全县通过揭批“四人帮”及其帮派体系，稳定了社会秩序，恢复和发展了工业、农业、交通运输、文化教育事业，但由于受到“两个凡是”① 错误的影响，一些工作也呈现出步履艰难，在徘徊中前进的局面。直到1978年12月中共十一届三中全会作出把全党的工作重点转移到社会主义现代化建设上来的战略决策。中共建湖县委带领全县人民认真学习贯彻中共十一届三中全会精神，组织开展真理标准问题的讨论补课，清除“左”的思想影响，全面落实党的各项方针政策，复查处理历史遗留问题，平反冤假错案，调动一切积极因素，构建和发展安定团结的政治局面，建湖各项工作才逐步摆脱“左”的束缚，开始了改革开放，出现了稳步发展的新局面。

第一节 清除“左”的思想影响

中共十一届三中全会召开后，县委认真学习贯彻全会作出的一系列重大决策，开展真理标准问题的讨论补课，全面清除“左”的思想影响，进行坚持四项基本原则的宣传教育，深入学习中共十一届六中全会通过的《关于建国以来党的若干历史问题的决议》，进一步统一全县各级党组织和广大党员干部的思想认识，更加坚信党的领导，拥护改革开放，自觉同中共中央保持思想政治行动上的高度一致，坚定地沿着中国特色社会主义正确道路开拓前进。

一、学习宣传中共十一届三中全会精神

1978年12月18日至22日，中共十一届三中全会在北京举行。全会批判了“两个凡是”的错误方针，充分肯定必须完整地、准确地掌握毛泽东

①“两个凡是”，凡是毛主席做出的决策，我们都坚决维护；凡是毛主席的指示，我们都始终不渝地遵循。

思想的科学体系，高度评价关于实践是检验真理的唯一标准问题的讨论；果断地停止使用“以阶级斗争为纲”的口号，作出把党和国家工作重心转移到经济建设上来、实行改革开放的历史性决策；决定健全党的民主集中制，加强党的领导机构，成立中央纪律检查委员会，选举陈云为中央纪委第一书记。全会标志着中国共产党重新确立了马克思主义的思想路线、政治路线和组织路线，实现中华人民共和国成立以来党的历史上具有深远意义的伟大转折，开启了改革开放和社会主义现代化的伟大征程。全会闭幕后，12 月 21 日，《新华日报》发表《把工作重点转移到加速社会主义现代化建设上来》的评论文章。12 月 25 日，江苏省①委发出电话通知，要求各级党委组织干部群众，深入学习中共十一届三中全会公报；1979 年 1 月 6 日至 23 日，省委召开工作会议，传达学习和贯彻执行中共十一届三中全会和中央工作会议精神。1 月 9 日，盐城地②委召开党员干部大会，传达学习中共十一届三中全会精神，澄清是非，端正认识。2 月 10 日至 12 日，省委召开地、市委书记会议，研究进一步落实中共十一届三中全会和中央经济工作会议精神，实现工作重点转移问题。2 月地委召开三级干部会议，传达学习中共十一届三中全会精神。

根据省、地委统一部署，县委迅速召开各个层面的会议，层层传达学习，深入宣传贯彻大会精神，把全县广大党员干部和群众的思想统一到全会精神上来，把工作重点转移到社会主义现代化建设上来，把注意力集中到完成工农业生产的目标任务上来。广大党员干部一致认为，全会讨论和解决的政治问题、经济问题、组织问题和理论问题是完全正确的，也是非常及时的；纷纷表示坚决拥护，并认真贯彻落实全会作出的各项重大决策，重新学习经济理论、科学技术和管理知识，使自己的思想、工作、作风适应历史性转变，全力以赴实现党的工作重点的战略转移。1979 年 1 月 5 日，县委召开各公社（镇）党委书记会议，传达学习中共十一届三中全会公报，讨论工作重点转移问题。1 月 9 日至 14 日，县委召开常委、委员和行政十九级以上党员干部会议，传达学习中共中央文件和中共十一届三中全会公报，宣传发动，统一思想，明确从 1979

①省，江苏省，后文均简称“省”。

②地，盐城地区，后文均简称“地”（1983 年 3 月改设盐城市，此后均简称“市”）。

年起，将全县工作重点转移到经济建设上来。2月22日至3月2日，县委召开全县四级干部会议，传达学习中共十一届三中全会公报。县委书记李培亮作《认真学习党的十一届三中全会精神，把工作重点转移到现代化建设上来》的报告。各公社（镇）相继召开三级干部会议，宣传贯彻中共十一届三中全会和县四级干部会议精神。县委宣传部组织编印宣传提纲和学习问答近3万份，培训宣传骨干4000余名，举行宣讲活动5000多场次，全县受教育干群50多万人次。

二、组织真理标准问题讨论补课

从1978年5月起，在全国范围内开展的“真理标准问题”大讨论，冲破“两个凡是”的思想束缚，极大地推动了干部群众的思想大解放，是中共十一届三中全会实现伟大历史转折的思想先导，为党重新确立马克思主义的思想路线、政治路线和组织路线奠定了思想理论基础。9月省委常委和各地、市、县领导机关先后开展真理标准问题讨论，省委宣传部召开了理论工作会议，全省理论工作者和广大党员干部积极参加了这场讨论。1979年5月22日，《人民日报》转发《解放军报》评论员文章《重新学习三中全会文件，补上真理标准问题讨论课》。7月至8月，邓小平在山东视察时又多次谈到真理标准讨论问题，明确提出要对实践是检验真理的唯一标准问题进行讨论补课。8月15日，中共江苏省委召开地（市）委书记会议，要求在全省范围内继续深入开展真理标准问题讨论，强调前一阶段未很好讨论的地方要认真搞好补课工作。

根据中共中央和省、地委的部署，从1979年7月起，县委在全县范围内组织真理标准问题讨论补课。7月20日至23日，县委召开全县三级干部集训会议，传达学习邓小平在中共中央党的理论工作务虚会上的讲话精神，听取县委书记李培亮作《实践是检验真理的唯一标准》辅导报告。会议结束后，根据县委要求，各部门、各单位和各公社（镇）随即开展真理标准问题讨论补课，建立宣传员、报告员制度，召开学习会、报告会、讨论会，邀请上级领导或专家学者作辅导讲座；党群宣教系统除坚持正常的学习制度外，还开展形式多样的学习讨论和辅导交流活动，帮助澄清模糊认识，拨开思想迷雾，正本清源，明辨是非。1980年2月22日至3月4日，县委召开全县三级干部会议，传达学习中共中央文件，进行真理标准问题讨论补课和党纪党风教育。

开展真理标准问题的学习讨论及补课，打破了长期以来形而上学猖獗、唯心主义盛行、教条主义和个人迷信极端泛滥造成的混乱局面。全县党员干部受到一次深刻的马克思主义唯物辩证法的再教育，提高了贯彻执行中共十一届三中全会路线、方针、政策的自觉性，对全面拨乱反正、实行改革开放、转移工作重心、加快经济社会发展产生极大的推动作用和深远的历史影响。

三、开展四项基本原则的宣传教育

拨乱反正工作全面开始后，社会上极少数人借清除“左”的思想流毒，曲解“发扬民主”“解放思想”，打着“社会改革”的幌子，夸大党在领导人民进行社会主义革命和建设中的失误，企图否定党的领导，否定社会主义道路，否定毛泽东的历史功绩和毛泽东思想的指导地位。针对社会上出现的一些错误思潮，1979 年 3 月 30 日，邓小平在中共中央召开的理论工作务虚会上发表《坚持四项基本原则》的重要讲话。他指出，要在中国实现四个现代化①（以下简称“四化”），必须在思想上政治上坚持社会主义道路、坚持无产阶级专政即人民民主专政、坚持中国共产党的领导、坚持马列主义毛泽东思想四项基本原则；并强调，如果动摇四项基本原则中的任何一项，就动摇整个社会主义事业，动摇整个现代化建设事业。4 月，中共中央宣传部（以下简称“中宣部”）发出通知，要求各级党组织在广大党员干部和人民群众中，广泛深入地进行一次坚持四项基本原则的宣传教育。4 月 12 日至 14 日，省委召开全省宣传部长会议，部署在全省开展四项基本原则的宣传教育活动。

为把广大党员干部的思想和行动统一到四项基本原则上来，把全县人民的意志和力量集中到社会主义现代化建设上来，根据中宣部和省、地委的部署，县委先后召开全委（扩大）会议、各公社（镇）党委书记和县各部委办局负责人会议、宣传工作会议、县级机关党员干部大会以及全县三级干部会议，迅速传达学习，开展宣传教育。县委还制定下发《关于在全县开展四项基本原则宣传教育的意见》，要求各公社（镇）、各部门精心组织，科学安排，坚持正面教育为主，紧密联系实际，要求把四项基本原则

①四个现代化，指工业现代化、农业现代化、国防现代化、科学技术现代化。

教育同学习贯彻中共十一届三中全会精神和中共中央《关于建国以来党的若干历史问题的决议》结合起来，同贯彻执行新“八字方针”[①]，搞好经济体制改革和工农业结构调整结合起来，同加强思想政治工作，推进社会主义精神文明建设结合起来，同学习贯彻《中国共产党章程》（以下简称《党章》），严肃党纪端正党风结合起来。该文件还特别强调领导先学，带头宣讲，抓机关促基层，抓重点带一般，打足学习时间，每周不少于4小时，完成规定动作，把学习宣传教育活动抓紧抓实抓出成效。5月20日至23日，县委召开全县三级干部集训会议，传达学习邓小平关于《坚持四项基本原则》的重要讲话。与会人员分组分专题学习讨论，联系思想、工作实际，谈认识、找差距、排表现、议危害、订措施，明确前进方向，坚定政治立场，把坚持四项基本原则变为思想共识和自觉行动。县委领导结合分工，在不同会议上反复强调坚持四项基本原则的重要性。县委书记李培亮分别在县委五届五次全委（扩大）会议、公社（镇）党委书记和县直部委办局负责人会议上作主讲，从理论和实践的结合上，阐明建设四个现代化必须坚持四项基本原则的重要性、必要性和严肃性，明确提出开展宣传教育活动的内容形式、方法途径和目标要求。

县委宣传部精选8个先进典型组成宣讲报告团，到各公社（镇）、各部门巡回宣讲。全县开展“我说社会主义好”演讲活动，4000多名群众登台演讲。宣传部门编印《正确分析和认识当前形势，在思想上政治上与党中央保持一致》《永远高举马列主义毛泽东思想的伟大旗帜》《没有共产党就没有新中国的今天》《只有社会主义才能救中国》《社会主义民主与法制建设是实现四个现代化的必要条件》等专题学习宣讲材料，与县级机关党委、县委党校联合举办骨干培训班，培训基层宣传员、报告员和辅导员。全县开展“四比四讲”[②]活动，县直单位举办“没有共产党就没有新中国”为

---

①新“八字方针”，指1979年4月5日至28日召开的中共中央工作会议提出的，对国民经济实行“调整、改革、整顿、提高”的方针。

②“四比四讲”，比工人农民在新旧社会中的地位，讲坚持中国共产党的领导的必要性；比解放前后经济的发展变化，讲坚持社会主义道路的必然性；比中共十一届三中全会前后的发展进程，讲党的路线的正确性；比中国和外国的发展速度，讲社会主义制度的优越性。

主题的群众演唱会，3200 多名学生参加“社会主义好”征文比赛，《新华日报》《盐阜大众报》头版作了宣传报道。县广播站开辟《实现四个现代化必须坚持四项基本原则》专题节目，报道全县四项基本原则宣传教育动态和做法。县直各部门、各单位约请老党员、老干部和模范人物讲述党的光辉历史和光荣传统，宣传党为民族独立、人民解放、社会进步、国家富强建立的丰功伟绩，弘扬战争年代的伟大革命精神和改革开放的时代精神。县文化馆、各公社（镇）文化站举办中华人民共和国成立以来辉煌成就展，编排文艺节目，进行寓教于乐的宣传教育。团县委在广大团员青年中开展“在党的阳光下成长”主题团日、“迎七一　颂党恩”征文演讲比赛等活动。各公社（镇）还抓住党员冬训机会对农村党员干部进行四项基本原则的再宣传、再教育，引导他们深入学习中共十一届三中全会公报，进行社会主义与资本主义、中华人民共和国成立前后、中共十一届三中全会前后的对比，从内心深处感受“社会主义好”“共产党是人民的大救星”，增强坚持四项基本原则的自觉性和坚定性。

通过广泛的宣传教育和深入的学习讨论，全县广大干群加深了对改革开放新形势下要不要、为什么要和怎样坚持四项基本原则等重大问题的认识，进一步认清了社会主义与资本主义的本质界限，正确理解解放思想与高举毛泽东思想旗帜的关系、发扬社会主义民主与加强社会主义法制的关系、纠正过去工作中的错误与坚持党的领导的关系，自觉珍惜和维护来之不易的安定团结的政治局面，旗帜鲜明地同一切违背和反对四项基本原则的言行及社会思潮作斗争，把改革开放和社会主义现代化建设不断推向前进。

四、学习贯彻《关于建国以来党的若干历史问题的决议》

1981 年 6 月 27 日至 29 日，中共十一届六中全会在北京举行。全会通过《关于建国以来党的若干历史问题的决议》（以下简称《决议》），从根本上否定“文化大革命”和“无产阶级专政下继续革命”的错误理论，对一些重大历史事件和重要历史人物作出了实事求是的评价，科学总结了中华人民共和国成立以来社会主义革命和建设的历史经验，实事求是地评价毛泽东的历史地位，充分肯定毛泽东思想作为党长期坚持的指导思想的伟大意义。《决议》正确解决了既科学评价毛泽东的历史地位和毛泽东思想的科学体系，又根据新的实际和发展要求实行改革开放，确立社会主义现代化建设正确道路两个相互联系的重大历史课题，是全党、全军、全国各族人民统一思想、增进共识，团结一致向前看、同心同德干“四化”的强大精神武器。7月4日，省委发出电话通知，要求全省各地认真组织党员干部学习中共十一届六中全会公报和全会通过的《决议》。7月17日至24日，省委六届五次全委（扩大）会议召开，传达和部署学习中共十一届六中全会精神，通过了《关于认真学习党的十一届六中全会文件的决议》。31日省委批转省委宣传部《关于认真学习〈关于建国以来党的若干历史问题的决议〉的部署意见》，进一步明确学习内容、方式方法、重点对象和学习目的。省委还分期举办县委书记以上干部学习班，系统组织学习中共十一届六中全会的《决议》。8月，地委作出部署，要求各县召开会议，传达学习中共十一届六中全会精神和《决议》。11月3日至19日，地委举办为期半个月的地县领导干部学习《决议》培训班。

根据中共中央文件精神和省、地委部署，7月14日，县委发出《学习〈关于建国以来党的若干历史问题的决议〉的意见》，明确学习目的、对象、内容和方法，要求各级党组织把学习《决议》与做好工作有机结合起来。机关每周一、三、五下午组织学习，各公社（镇）党委坚持逢十学习日制度，农村社员利用工前工后和阴雨天学习，企业职工每周保证学习不少于6小时，通过分头自学、集中讨论、办班培训、专题辅导、骨干宣讲和知识抢答等形式，搞好学习教育活动。8月18日至26日，县委召开五届六次全委（扩大）会议，传达学习中共十一届六中全会和省委全委（扩大）会议精神，听取县人大常委会主任代平作的《学习〈决议〉，统一思想，团结一致向前看，一心一意干四化》报告，县委书记李培亮作总结部署。会议要求各单位采取“三个为主”① “三个结合”② 的方法，围绕热点问题展开学习讨论，编发学习简报。9月25日至27日，全县学校思想政治工作会议召开。县长魏福宝作《贯彻六中全会精神，加强思想政治工作》的讲话，就贯彻中共十一届六中全会的《决议》精神，加强学校思想政治工作提出意见。11月2日至12日，县委宣传部将颜单公社列为全县党员干部学习中共十一届六中全会《决议》的冬训试点，颜单公社各大队、生产队干部

①“三个为主”，即以学习《决议》为主，以专题讨论为主，以正面教育为主。
②“三个结合”，指集中与分组相结合，理论与实际相结合，领导和群众相结合。

和社直各单位负责人参加学习。11 月 10 日，县委印发《关于 1981 年冬训工作的意见》，明确将学习中共十一届六中全会《决议》与学习胡耀邦在中国共产党成立六十周年大会上的讲话结合起来。通过学习，集中解决和统一对重大历史问题的认识。同时，要求各公社（镇）12 月底前分期轮训大队和生产队会计以上党员干部。从 1981 年下半年起，全县各级层层举办党员干部训练班，分期分批组织学习中共十一届六中全会《决议》与中共中央文件精神。通过广泛的学习宣传和深入的培训教育，全县广大党员干部统一了对毛泽东历史地位和毛泽东思想科学体系的认识，统一了对中华人民共和国成立以来党的历史基本估计的认识，统一了对中共十一届三中全会以来路线、方针、政策的认识，统一了对彻底否定“文化大革命”重大意义的认识。

第二节　复查处理历史遗留问题

“文化大革命”造成大量的冤假错案。粉碎“江青反革命集团”特别是中共十一届三中全会后，中共中央和地方各级党委十分重视清除极左路线的流毒影响，实事求是地在各条战线、各行各业、各个领域进行全面的拨乱反正，把人们的思想和行动统一到坚持四项基本原则，实行改革开放，全力以赴推进社会主义现代化建设上来。1979 年 2 月，中央组织部、中央统战部联合召开全国右派复查改正工作经验交流会，提出“1957 年反右派斗争犯了扩大化错误”的问题。随后按照中共中央的统一部署和要求，对反右派斗争严重扩大化中划定的右派分子进行甄别改正。县委根据省、地委部署，在贯彻落实中共十一届三中全会精神过程中，深入发动，精心组织，积极稳妥地抓好历史遗留问题的清理、复查和纠正工作，彻底平反冤假错案，认真落实党的各项方针政策，调动一切积极因素，为工农业生产和各项社会事业发展创造宽松的政治环境。

一、全面平反冤假错案

平反“文化大革命”造成的大量冤假错案，有步骤地妥善处理中华人民共和国成立以来的历史遗留问题，调整好各方面社会关系，是实现安定团结、推行改革开放和社会主义现代化建设的重要前提和条件。1978 年 3

月中旬，省委召开地、市委组织部长会议，研究尽快妥善处理审干遗留问题，进一步落实党的干部政策。在省、地委的领导下，建湖县平反冤假错案、落实干部政策工作，从1978年3月开始，到1981年6月结束。县委召开专门会议，传达贯彻中共中央和省、地委对审干复查工作的指示，在全县三级干部会议和县级机关干部大会上广泛宣传平反冤假错案、落实干部政策的重要意义和有关要求，进一步提高广大干群的思想认识。深入做好各级领导班子、办案人员和被落实政策对象的思想工作，消除障碍，排除干扰。县委将审干复查工作列入重要议事日程，在总结部署和检查全县中心工作时，均将审干复查工作作为一项重要内容。1981年3月，县委召开会议，传达贯彻中共中央组织部（以下简称“中组部”）文件精神；4月在全县组织工作会议上又具体部署审干复查工作。县委成立审干工作办公室，从全县19个公社（镇）和县直有关部门抽调人员组成办案班子，负责“文化大革命”期间被审查干部材料的核查清理工作。

落实干部政策。1978年10月，省委组织部召开审干复查工作会议，要求以更快的步伐、更好的质量，搞好审干复查工作，落实干部政策。1979年1月16日，地委召开平反大会，宣布对在“文化大革命”期间受到错误审查、批判和处理的人员公开平反。县委于11月10日为陈金鹏、刘志高、张学纯、陈润之、徐昌宜、韩立猛、邱冠亚、叶长裕8人召开平反大会，恢复名誉。此后，又为胡元康召开追悼会，昭雪沉冤，推倒一切污蔑不实之词。1979年4月，全省党的纪律检查工作会议召开，要求各级纪检部门维护党规党法，复查、纠正“文化大革命”中的冤假错案。根据省、地委要求，县委纪检委重点抓需要作出结论和处理案件的审理与材料核实工作，对需要作结论而未作结论的，全部作了结论，对“文化大革命”中的错误结论进行全面纠正，重新作出正确结论，平反冤假错案57件，安排参加工作28人，对年老体弱不能工作的亦区别情况妥善处置。县委纪检委做好审查期间非正常死亡人员的善后工作，为他们召开追悼会，并安排其1名子女参加工作；对受株连的家属、子女和亲友问题也作了妥善处理，落实了政策；对“文化大革命”中被错误扣罚的人员工资按规定如数补发。县委纪检委还复查“文化大革命”前申诉案件154件，撤销改变处分85件；“文化大革命”中受处分的违纪党员493名，撤销和改变处分112名；原被开除党籍的139人中，恢复其党籍的29人。县监察机构未建立前，县委纪检委复议“文化大革命”中受处分的非党干部568名。县委组织部复查审核“文化大革命”中受到冲击和审查的670名脱产干部及3198名不脱产党员干部，平反一批冤假错案，促进了社会安定团结。1979年，全县政法部门复查案件1194件，未立案的社会“五乱”[①] 受害者政治上全部平反；复查农村基层党员干部申诉案件1215件，结案99.4%。办案人员核查“文化大革命”中形成的各类干部审查材料，清理40185份，归档3414份。1980年10月13日，县委作出《关于结束“文化大革命”期间审干复查工作的报告》，全县审干复查工作就此结束。

落实知识分子政策。根据中共中央和省、地委部署，县委首先为知识分子恢复名誉，平反冤假错案，改正错划右派，把他们从“江青反革命集团”强加的精神枷锁中解放出来，从政治、工作和生活上关心爱护知识分子，恢复和提高他们的社会地位。县委先后为460名知识分子平反冤假错案，吸收520名知识分子入党，200多名知识分子当选为省、地、县党代表和人大代表，800多名知识分子担任骨干企业和县直部门领导班子成员。对“文化大革命”中受审查、遭迫害的教师，逐个进行复查，落实政策。1978年8月22日，县委召开首批教师归队欢迎大会，盐城地区文教局副局长卜贻礼、县委副书记丁国山到会讲话。同年，全县开展“自然科学技术人员基本情况普查”，调整归队学非所用、专业不对口的技术人员。县文教局对“文化大革命”中受处理的教师，作出正确结论的70名，对冤、假、错案进行平反，对下放退职的教师安排适当工作。1979年，县文教局为“文化大革命”中受到错误处理的43名民办教师落实政策，恢复工作。11月17日，县委转发县委组织部、县人事局《关于对科技人员进行技术考绩和技术职称评定、晋升工作的意见》，评定、套改1000多名技术人员的职称。1981年，县文教局为在整风反右和“文化大革命”中失去工作的62名教职工恢复公职；改正错划右派科技知识分子78名，平反科技人员冤假错案87件；帮助知识分子解决夫妻分居两地，为300多人解决住房困难。

二、调整各方面社会关系

在大规模平反冤假错案的同时，县委根据中共中央和省、地委部署，

---

①“五乱”，指乱批、乱斗、乱定性、乱戴帽子、乱划定成分。

实事求是地处理历史遗留问题，调整社会各方面关系，以调动一切积极因素。1978 年 9 月 17 日，中共中央批转中央统战部、公安部《贯彻中央关于全部摘掉右派分子帽子决定的实施方案》，指出对过去划错了的人，要做好改正工作。11 月 24 日至 12 月 1 日，省委召开会议贯彻中共中央为全部右派分子摘帽的决定。1979 年 1 月 4 日，省委发出《关于摘掉右派分子帽子人员安置问题的补充意见》。3 月 8 日至 13 日，省委召开改正错划右派工作会议。

根据中共中央和省、地委部署，县委从 1979 年 1 月起，开始做好右派摘帽工作。首先对 1957 年整风反右期间被打成右派人员进行调查摸底，对被错划为右派的人员进行纠错改正，同时做好摘帽人员安置和经济补偿等政策落实。在右派摘帽、改正和安置工作中，县委领导和有关部门指导办案人员执行政策，做到“四个区别”① 对待，按规定做好恢复名誉、消除影响等工作，该恢复党籍的恢复党籍，该撤销处分的撤销处分，原档案中有污蔑不实之词的全部清除，妥善安置，落实工资待遇，能工作的安排工作，做到人尽其才、才尽其用，对有一技之长或可担任领导干部的，打破常规，放手使用。4 月 26 日，县委发出《关于贯彻中央通知精神，全面摘掉右派分子帽子的通知》。4 月 30 日，县有关单位党组织负责人向当事人宣布中共中央决定，摘掉右派分子帽子，鼓励他们努力学习，加强自我改造，为社会主义现代化建设贡献力量。10 月 6 日，县委向地委书面汇报右派摘帽情况：1957 年至 1958 年整风反右运动中，建湖县被错划为右派分子的 98 人，后迁出 14 人，从外地迁进 76 人。1978 年 9 月底，全县有右派分子 160 人，尚未摘帽的 34 人，未安排工作的 53 人。建湖县贯彻落实中共中央和省、地委部署后，所有右派分子的帽子全部摘除，并为 71 人安排了工作（含内定中右和因右派言论失去工作的 18 人）；对生活确有困难的给予适当经济补助；将受亲属关系株连下放的 18 户 56 人的户口从农村迁

---

①“四个区别”，是指把对局部性的工作制度、党的政策在执行中出现的问题、对工作中的缺点错误提出尖锐批评，同在根本立场上反党反社会主义加以区别；把对本部门、本单位的领导同志，或对个别工作人员提意见，对一些干部的提拔使用不当提出批评，同攻击党的领导、攻击干部制度加以区别；把一度盲目附和右派言论、说过一些有严重错误的话，同有目的、有意识地一贯反党反社会主义加以区别；把由于认识水平不高而说过的一些错话同右派言论加以区别。

入城镇，粮油关系改为定量供应；帮助符合享受遗属补助的亲属办理遗属补助手续；对年老体弱、丧失劳动力、无生活来源的给予定额社会救济。至此，全县右派摘帽工作结束。

落实地主、富农摘帽政策。1979年1月11日，中共中央作出《关于地主、富农分子摘帽问题和地、富子女成分问题的决定》（以下简称《决定》）。根据中共中央《决定》精神，2月省委开始对全省地、富分子进行摘帽工作，至3月底基本结束。按照中共中央和省委部署，2月13日，县委作出给地富分子摘帽和给地富子女重新划定成分的决定，召开落实政策办公室人员会议，传达学习中共中央《决定》精神。各级党组织迅速传达学习中共中央《决定》，统一思想，明确政策，有步骤地做好对地、富、反、坏分子的评审和摘帽工作，落实对其本人和家属子女的政策。县委为1139名地、富分子摘帽，为12317名地、富子女重新认定成分，对51户错划为地富成分的改变成分，对22名错戴"四类"分子①帽子的进行了纠正。

落实原国民党起义投诚人员政策。1979年1月17日，中共中央批转中共中央统战部等六部门《关于落实国民党起义、投诚人员政策的请示》。根据省、地委部署，县委通过组织相关部门调查统计，全县原有国民党起义投诚人员65人，下落不明10人，死亡4人。县委、县革命委员会（以下简称"县革委会"）颁发《起义投诚人员证明书》44份，委托外地政府颁发7份，安置适当工作5人，按月发放生活补助费24人，恢复其家属子女城镇定量户口42人。

落实台侨属政策。1979年11月，中共中央发出《关于落实去台人员在大陆亲属政策的通知》。根据中共中央和省委的部署，全县各级党组织围绕落实党的统战政策做了大量工作，开展对台方针政策的宣传教育，调查摸清统战对象底数，制定落实台侨属政策方案。11月13日，县委发出《关于对去台人员在大陆亲属政策的通知》。1982年10月23日，县委发出《关于落实去台人员在大陆亲属政策的通知》，强调落实好四项政策，即对去台人员的亲属在政治上一视同仁；"文化大革命"中的冤假错案一律平反昭雪；依法保护去台人员亲属私人房产，挤占和拆除的一律腾还或赔偿；"文化大革命"中因台属关系被错误处理，按党的政策复查改正，做好善后

①"四类"分子，是指地主分子、富农分子、反革命分子、坏分子。

工作。县委有关部门按照政策规定协同办理相关手续，为因“台湾地区”“海外”关系失去工作的恢复工作，纠正冤假错案211人，为株连的家属子女恢复非农业户口，发还私房42户135间，补发“文化大革命”中被错误扣发的工资。归侨、侨眷受“海外关系”株连造成的冤假错案124起，全部予以平反，恢复名誉和工作，赔偿经济损失，退还被挤占房屋11户85间，补偿被查抄财物折合人民币4637元。

落实原工商业者政策。1979年11月，中共中央决定对1956年实行社会主义改造时被作为资产阶级工商业者对待的大批“三小”人员①落实政策，恢复其劳动者身份。1980年3月，江苏省区别“三小”工作领导小组召开会议，传达中共中央召开的区别工作座谈会精神。县委根据中共中央和省委部署，将全县被列入区别范围的原工商业者126人，按政策重新逐人逐项核实，其中区别为“三小”的112人，明确为劳动者的8人、小业主的6人；补发“三小”人员应领未领定息1181元，补发“文化大革命”中被扣发工资6061元，恢复干部性质的2人，受株连子女重新安排工作的1人。至1981年，全县“三小”人员全部恢复原工商业者劳动者身份，肯定原工商业者已成为社会主义社会的劳动者，其成分一律改为干部或工人。

三、安置知识青年和城镇下放居民

20世纪60年代后期起，城镇知识青年响应国家上山下乡接受“贫下中农再教育”的号召，下乡插队，从事农业生产。1978年，中共中央、省革委会有关做好上山下乡知识青年回城安置工作的文件下发后，县成立知青回城安置工作领导小组，统筹做好插队（场）知青和下放人员安置工作。至1978年底，知青回城参加招工、招生等安置3659人，占县内下放知青总数的59.72%。1979年2月22日，县委书记李培亮在全县四级干部大会上，就“积极稳妥地做好上山下乡知青和下放人员安置工作”进行动员部署。县革委会专题召开安置工作会议，贯彻中共中央和省革委会文件及省、地委领导讲话精神，出台安置工作方案，明确安置任务、政策、渠道、方法和步骤，层层宣传发动，抓好落实。原户口在农村或农林场圃的于1979年4月底前，就地就近转为城镇定量户口，在全民单位和县属集体企业安

---

①“三小”人员，是指小商、小贩、小手工业者。

排就业 1785 人。1979 年下半年到 1980 年上半年“顶招”回城工作的有 1400 人。至此，全县知青安置工作结束。1979 年起，县内开始办理城镇下放居民的回城安置工作。首批安置 1969 年冬和 1970 年春下放至县内的 1850 人。此外，下放人员子女参加招工、招生和照顾安排工作的 1236 人，给予特殊困难户定额救济的 64 人，“五保”户① 20 户 33 人。1980 年，照顾安排每户 1 名 16 至 35 周岁劳力进社办以上企业工作的 230 人。此间，外地下放建湖的人员大部分回原地安排就业。

平反冤假错案、妥善处理遗留问题和落实各项政策，有效调动了全县社会各阶层人员的积极性，对促进社会安定团结，巩固和发展爱国统一战线，推动改革发展和社会主义现代化建设事业，起到了十分重要的作用。

第三节 恢复经济社会正常秩序

“文化大革命”期间，全县的经济社会正常秩序遭到了严重破坏，对全县经济发展和社会事业进步产生了较大影响。中共十一届三中全会后，县委带领全县人民坚定不移地贯彻执行中共中央“调整、改革、整顿、提高”的新“八字方针”，积极恢复经济社会正常秩序，发展工农业生产，调整农副工比例关系和产业内部结构，加紧基础设施建设，严厉打击经济犯罪，各条战线、各行各业显现生机和活力，县域经济社会开始扭转局面，逐步走上稳步前行、协调发展的正常轨道。

一、恢复工农业正常生产

为保证县委、县革委会制定下发的全县农业生产三年发展规划顺利实施，县领导带头深入基层，指导农村干群大搞农田基本建设，力推治水改土工作，改善农业生产条件；通过办沼气、养生猪、长绿肥，积造自然肥料和化肥生产等途径，增加农作物肥料来源；在排灌、脱粒、耕作、农副产品加工等方面加快机械化进程，提高劳动生产率；合理安排农作物布局，

①“五保”户，指无劳动能力、无生活来源、无法定赡养扶养义务人或虽有法定赡养扶养义务人，但无赡养扶养能力的老年人、残疾人和未成年人。“五保”包括保吃、保住、保穿、保医、保葬。

抓好种子基地建设；推广农业生产技术，提高科学种田水平。

推广杂交稻种植。1978年3月6日，县委发出《关于大力发展杂交稻生产的意见》。4月7日，县成立杂交稻生产指挥部。县委领导班子成员每人蹲点一个大队，调查研究，发动群众，要求各级干部做到“三个一”①。狠抓关键措施，扎实过好“五关”②，及时总结推广“三苗配套育壮秧，三茬平衡夺高产”的栽培技术。1979年3月22日，在盐城地区水稻春播工作会议上，建湖县作水稻生产“双改”经验介绍，即改常规稻为杂交稻、改露天育秧为温室无土育秧。全县401个农业大队建设大小温室1586个，温室育秧面积42万亩，占水稻种植总面积的60%以上；搞大苗移栽面积27万亩，占杂交稻种植面积的60%。沙庄公社大面积引种杂交稻，连续三年亩产超1180斤，成为全省杂交稻高产典型。为适应全县大面积种植杂交稻的需要，县委还重视加强杂交稻制种基地建设。1978年开始，县农科所和庆丰乡农技站，在南京农业大学相关教授指导下，研究总结的杂交稻原种繁育“三系七圃法”，在全国率先解决了杂交稻种子退化问题，获国家科教委科技进步一等奖和国家星火计划银奖。1980年，县农科所研制的杂交稻大苗移栽法比常规栽培方法亩产增百斤以上，在全省推广，获评江苏省1979年科技成果奖三等奖。1982年8月，江苏省电视台将庆丰公社董徐大队水稻提纯复壮的做法录制成科教片，向全省宣传推广。

改变棉花种植方式。1981年全县棉花育苗移栽7万亩，占种植面积的48.9%，亩产皮棉137.8斤，比直播增产28.34斤，将原来的1丈万子6行花改为8尺万子4行花或1丈万子4行花，通过放大行距、缩小株距，优化个体与群体结构，推迟封行时间，减少蕾铃脱落，增加中下部坐桃，提高产量产值。抓好苗床基地建设，实行大田冬翻春晒和棉田水系治理。遇干旱年份，采取窨水抗旱、人工挑水抗旱，查苗补苗、补肥促苗等措施，保证三苗生长和发棵搭架。通过调整茬口、合理肥水和引种抗病品种，有效防止枯萎病的发生和蔓延。棉田发病面积由1980年的1.61万亩减至1981年的6500亩，折实死苗面积由1980年的5405亩减至1981年的557亩。1982年，全县棉花实现亩产、总产、产值全面超历史。

---

①“三个一”，是指烧一个温室，种一块试验田，搞一个观察点。

②“五关”，即布局关、育秧关、肥料关、管理关和病虫关。

随着拨乱反正的深入和全党工作重心的转移，全县各级干部逐步认识到发展工业对振兴全县经济的重要性，下决心学苏南、赶先进，调整发展思路，重抓工业经济。县委、县革委会和各公社（镇）、各经济主管部门都明确一名领导分管工业，定期召开会议交流情况、会办解决发展问题。1979年8月3日至5日，县委、县革委会召开社队企业工作会议，传达国务院《关于社队企业发展若干问题的试行草案》和省、地工业会议精神，提出贯彻落实措施。8月31日，县委书记李培亮在全县工交工作会议上再次部署社队企业发展工作。1980年6月和7月，两次召开全县工业条线会议，总结部署工业生产工作任务。

调整工业发展思路。县委确立“围绕农业办工业，办好工业促农业”的发展思路，在人、财、物的投入上优先向支农工业企业倾斜，聚力办好农机具修造厂、化肥厂、农药厂和水泥制品厂（造船）等企业；同时发展利用本地农业资源的纺织、食品等产业，精心培植规模骨干企业，做优做大特色产业。1978年后，除上冈农机具厂外，县内其余16个农机具厂划归所在公社管理，带动当地农村手工业和农机具修理业的兴起。1982年，县政府与8个乡镇联办织造、染色、印花、成衣一条龙生产的针织内衣厂，生产的滚领镶边、旗袍领女衫获盐城地区纺织工业公司优秀设计奖。县乡镇企业管理局负责指导各公社（镇）、大队兴办粮食加工厂、轧花厂、砖瓦厂、水泥构件厂等企业。至1982年底，全县有纺织、机械、食品、化工、建材五大门类的骨干企业21家，支农工业产值占全县工农业总产值的60%以上。

实施工业内部结构调整。全县工业企业在贯彻落实“调整、改革、整顿、提高”方针中，进一步放开搞活，逐步推行经济改革，扩大企业自主权，健全落实多种形式的经济责任制，开展以增产节约、增收节支为中心的劳动竞赛，注重技术改造和设备更新，加强科研攻关和新品研发，压缩淘汰落后产能和滞销产品，拓展跨地区跨行业的经济联合和销售市场，在工艺流程和质量检验等环节上严格把关，提高出厂产品的合格率和优良品率，使“质量以优取胜、产品以新取胜、价格以廉取胜”的经营策略成为生产“导向标”、效益“催化剂”。1980年起，建湖花炮厂每年都有10个以上的新品投放市场，产品质量、技术参数达部颁标准，产值、利税年均增长70%左右。1982年，建湖农药厂唐湖、章希知与上海农药研究所共同研制生产的粉锈宁农药被列为国家“六五”攻关项目，受到国家计委、经委、科委、财政部、化工部等联合表彰，获国家科技进步奖一等奖。

二、加紧基础设施建设

改革开放后，建湖县抢抓机遇，加紧基础设施建设，改善城乡面貌。加快农桥、航道和公路桥梁建设，不断满足交通运输发展需要。交通主管部门逐步健全组织机构，加强对路政、航道、港口和客货运输的管理，维护交通市场秩序。内外连通、城乡一体交通网络的形成，为县域经济发展插上了腾飞的翅膀。

加快市政设施建设。1979 年成立县市政工程队（后改称“县市政公司”），负责市政建设和道路维修，建成建设路（丰收路至建湖路段）。1981 年，建成徐东路（建湖路至兴建路段）。1978 年至 1980 年，分别建成神台河建港桥和建中桥，新建改建人民桥、镇安桥、建设桥、跃进桥等小型桥梁。实施县城防汛排水系统完善工程，铺设地下管道。1982 年，县自来水厂从顾家大桥迁至建湖路中段南侧，全面采用地下水。县城安装各种规格、型号的高压荧光灯，路灯线路总长近 50 千米。市政建设采取点、线、面结合的方法，对公园、广场、绿地以及道路、河浜、居民住宅区等进行绿化。与此同时，农村集镇建设也迈开新步伐，面貌逐步焕新。

加强电力能源建设。1979 年，中共中央发出的《关于加快农业发展若干问题的决定》《农村人民公社工作条例（试行草案）》明确指出：积极利用沼气、风力和太阳能发电。6 月 15 日，省革委会批转省计委关于沼气工作的情况汇报，在南京市六合县召开全省沼气工作会议，总结交流各地办沼气经验，修订发展规划，研究推进措施。至 1982 年底，全县有沼气池 8734 个。建湖发展沼气工作受到省长顾秀莲和农牧渔业部领导的肯定。1981 年，全县有农村大队、机电站、粮管所、供销社、砖瓦厂、农具厂、广播站、医院、学校、影剧院、邮电等行业单位利用柴油机（也有少数汽油机）、稻壳和沼气自行发电。同年 1 月，建湖县供电局被水利电力部授予“大庆式企业”称号。新建县城通往乡镇的 35 千伏变电所，全县 410 个大队全部通电，农民口粮加工、畜禽饲料加工、农田排灌逐步实现电动化。

推进邮电业务发展。为方便包裹收寄，1978 年县邮电局购置包裹收寄机，结束手工称包裹的历史。1979 年，县城增设信箱，邮路增加到 11 千米，划分南、西、北三个投递段道；开始办理国际包裹业务。1980 年 9 月起，办理个人大额汇款业务，取消原300元的限额，扩大到5000元，汇款一概收取现金；设立报刊零售门市部，各公社（镇）设立报刊零售点，业务由各邮电支局（所）营业员兼办。1981年起，机要文件的收寄范围扩大到县属工厂和企事业单位。1982年，新辟县邮电局至陆运公司和国营汽车站的邮路两条。

加快水利设施建设。1978年11月，全县组织民工将建港沟（神台庄至古基寺河段）浚深至真高－2.0米。1979年，建湖除与大丰、盐城、东台等县参加南起兴化沙沟，北至县内八沟的西塘河扩浚工程外，还实施县内南盐河、团结河、向阳河、粮棉河、通荡河等工程。1981年3月，冈东灭荒除碱一期工程在中竖河以北3个大队实施，通过3个半月的紧张施工，6月中旬竣工。9月下旬，二期工程在中竖河以南、三星河以北的7个大队实施，年底前竣工。1978年至1982年，全县建造涵闸88座、桥梁265座、其他建筑物1611座。通过逐年投入和系统治理，初步形成功能配套的挡、排、灌、降、蓄工程体系，为农业生产持续发展奠定了良好基础。

水陆交通运输便捷。1978年全县新开通建湖至无锡客班，1979年新开通建湖至阜宁、兴化客班，1980年新开通建湖至南通客班，1981年至1983年，先后开通建湖至上海、镇江、淮阴客班。1982年，全县有客运路线25条，除荡中外，其他18个公社（镇）均通公共汽车。1978年，境内有内河航道51条，其中干线航道8条，支线航道43条。1979年1月，盐城轮船公司将建湖至沙庄、建湖至西射阳的两条航线经营业务及其代办站的房产、码头转交给建湖县航运公司经营管理。1981年，县航运公司建立客运站，经济上联合经营，独立核算。1982年，建口线境内航道被评为省“四无”① 航道；全县有9条水路客运航道，社社通客轮，设停靠站85个；连接外地国营航线6条，农村干群出门基本靠乘船。

编制县城首轮总体规划。1982年5月，县政府委托南京大学地理系编制县城总体规划，11月16日县第九届人大常委会第十一次会议通过总体规划，1985年8月17日经盐城市人民政府批准同意实施。规划期限：近期1982年至1987年，远期1988年至2000年。规划区范围：西至后舍庄，东至农药厂，北起杨楼沟，南至长沟大队中心沟，总面积19.8平方千米。城

①“四无”，即无渔网、鱼簖，无临河建筑工程，无障碍航桥，无坝埂。

镇性质：以食品、纺织工业为主，具有水乡特色的全县政治、经济、文化中心。发展规模：非农业人口近期为3.5万人左右，远期5万人以内；近期建成区面积4.7平方千米，远期建成区面积8.07平方千米。发展方向：向西为主，辅以向东，控制北部，暂不向南。

三、严厉惩处经济犯罪

随着改革开放的逐步推进，神州大地活力显现，生机盎然。伴随经济发展提速，也出现了一些秩序混乱、违法犯罪现象。为此，中纪委提出要把纠正经济领域的不正之风列为端正党风的工作重点紧抓不放。1979年，县人民检察院恢复行使经济检察职能，受理贪污、行贿受贿、假冒商标、偷税抗税、挪用救灾和抢险物资等案件，追回赃款赃物，挽回经济损失。1982年4月13日，中共中央、国务院作出《关于打击经济领域中严重犯罪活动的决定》（以下简称《决定》）。4月15日，省委、省政府发出通知，要求全省认真学习贯彻中共中央、国务院作出的《决定》，开展严厉打击经济领域严重犯罪问题斗争。5月3日，地委召开县委书记工作会议，传达贯彻中共中央、国务院的《决定》，进一步讨论部署全区深入开展打击经济领域严重犯罪活动的斗争。根据中共中央和省、地委部署，县委组织传达学习中共中央、国务院《决定》精神，部署在全县开展打击严重经济犯罪的斗争，成立查处经济案件领导小组及办公室。并在县体育场召开打击经济领域犯罪活动万人“宽严”大会，2名轻犯从轻处理、免于起诉，2名重犯被宣布逮捕、判刑。县领导带头层层宣讲，抽调党员干部组成宣讲小分队，巡回宣讲4700多场，45万人次参加听讲。此后，在各公社（镇）党委书记会、三级干部会、县级机关党员干部会和县九届人大三次会议上，县委、县政府均强调重视抓好这项工作。通过广泛学习动员，深入揭发排查，全县打击经济领域严重犯罪活动全面展开、扎实推进，取得显著成效。1982年春至1983年9月底，全县揭露各类经济问题线索396件，结案216件，追回赃款赃物折合人民币82.94万元。打击经济犯罪，端正社会风气，对改革开放和社会主义现代化建设起到了保驾护航作用。

第二章　国民经济调整与改革开放的起步

中共十一届三中全会在确定实行工作重点转移的同时，强调要解决我国经济生活中长期积累下来的一些重大比例失调的问题，要逐步消除生产、建设、流通、分配中的一些混乱现象。1979年4月，中央工作会议决定，从1979年起，用3年时间对国民经济实行“调整、改革、整顿、提高”（简称“新‘八字方针’”）。这次调整是在新的政治、经济形势下实行的促进国民经济健康发展的积极方针。随着国民经济调整的深入进行，改革开放开始起步。中共十一届三中全会召开前，中国农村一直实行“政社合一”的人民公社体制，计划经济长期占据主导地位，经营管理过于集中，分配出现严重的平均主义，直接挫伤了农民的生产积极性，阻碍了农业生产的发展和农民生活水平的提高。改革开放后，中共中央高度重视“三农”工作，不断放宽农业农村经济政策，农民生产积极性空前高涨。根据中共中央和省、地委部署，县委按照要求，认真学习贯彻国民经济调整新“八字方针”，积极施行国民经济调整，为全县经济走上健康发展轨道打好基础。同时在农村首先实行改革，探索建立多种形式的农业生产责任制，放开搞活农村经济，大力发展社队企业，鼓励农民勤劳致富。在农村经济加快发展的同时，县委重视发展对外贸易，组织收购外贸产品，加大外贸出口，促进对外开放，为全县外向型经济发展创造条件。

第一节　国民经济在改革中施行调整

中共十一届三中全会后，全党工作重点向社会主义现代化建设转移，国民经济发展中重大比例关系失调的情况日益暴露出来。为纠正多年来经济工作指导方针出现的偏差，解决比例关系失调问题，中共中央决定对国民经济进行调整，通过调整，有力推动了改革开放和社会主义现代化建设进程。5月6日至14日，省委召开工作会议，着重讨论全省国民经济调整任务。会议指出，在今后一段时间里，经济工作的主要任务是坚决地、逐步地把各方面失调的比例关系基本上调整过来。全省继续整顿好现有企业，积极而又稳妥地改革工业管理和经济管理体制，通过调整和改革，大大提高管理水平，更好地按客观经济规律办事。围绕国民经济比例关系这个中心，省委、省政府制定符合江苏实际情况、切实可行的国民经济调整实施方案，部署对全省国民经济进行全面调整、整顿。1980 年 1 月 8 日，地委召开县委书记会议，专题研究国民经济调整问题。县委认真贯彻落实上级部署，积极主动地开展国民经济调整工作。

一、宣传贯彻新“八字方针”

1981 年 1 月 14 日至 17 日，县委召开各公社（镇）党委书记会议，传达贯彻中央经济工作会议和省、地会议精神，进一步落实中央文件要求，总结部署加强和完善农业生产责任制工作。1 月 18 日至 20 日，全县三级干部会议召开，县长魏福宝就全面贯彻调整方针，不断提高工农业生产发展水平作动员部署，县委书记李培亮作总结讲话。2 月 14 日至 20 日，县委召开五届五次全委（扩大）会议，传达学习贯彻中央文件和省委六届四次全委（扩大）会议精神。县委副书记、县人大常委会主任代平作《巩固和发展安定团结的政治局面，保证国民经济调整工作顺利进行》的报告；县委副书记陈金鹏作《进一步贯彻国民经济调整方针，千方百计夺取今年农业新丰收》的报告；县经委主任高敬之作《坚决贯彻调整方针，认真搞好经济工作》的发言；县委书记李培亮作总结讲话。与会人员围绕“如何正确看待当前形势”“为什么要对国民经济进行调整”“建湖如何贯彻调整方针”“怎样保证调整工作顺利进行”4 个专题讨论交流。与会者联系实际排查出全县经济建设“左”的错误表现：片面追求“以粮为纲”，忽视林牧副渔业，农业结构欠合理；工业比例关系失调，盲目上项目，重复办工厂，开工不足、设备过剩；在“先生产，后生活”的错误思想指导下，过分强调建设投入而疏于实际可能，对人民生活欠“债”较多；积累与消费的比例关系安排不当，片面强调高积累才有高速度，对社员分配加盖封顶，忌讳一个“富”字；指导经济建设和工农业生产靠行政命令，缺少科学态度和理性分析，经济社会事业深受高指标和瞎指挥之苦。针对经济建设中暴露出来的问题，大家真切感受到对国民经济实施调整的重要性、必要性和迫切性，进而在思想上逐步认识到这次调整是清醒的、积极的、健康的，有进有退、有上有下、有保有压，符合经济规律和人民利益。调整是解决主要比例关系失调问题，克服眼前的困难；通过调整逐步纠正“左”的指导思想，真正确立“实事求是，量力而行”的观念，在深入调查研究、积极探索实践中，走出一条速度适中、经济效益较好、人民得实惠更多的发展路子。县九届人大二次、三次会议和县第六次党代会明确全县经济调整的指导思想和总体要求是：基本建设坚决退够，粮棉生产稳中有升，工业生产调中有进，多种经营大力发展，人民生活逐步改善。具体抓好几项工作：压缩基本建设，紧缩各项开支，把有限的财力、物力用在刀口上；完善落实农业生产责任制，提高科学种田水平，千方百计把农业搞上去；搞好工业内部结构调整，办好社队企业，着力解决产、供、销问题，提高产品质量和市场竞争力；抓好财政金融流通工作，活跃城乡经济，稳定物价，繁荣市场；加强科教文卫事业，立足巩固提高，着力创新发展。

二、调整工农业发展结构

县委认真贯彻落实中央文件精神，立足有利增产增收增贡献，引导农民选择合适、可行、有效的责任制形式，并在实践中完善提高。在此基础上，指导农民调整种植结构，合理安排茬口和品种布局，科学种植，稳定耕作制度，稳定种植面积，稳定粮食生产。积极培育和推广优良品种，采用先进生产技术，加强植物保护、肥水管理和病虫害防治，提高科学种田水平和粮食亩产、总产。在决不放松粮食生产的前提下，适当扩大棉花、油菜等经济作物和林果及苗木种植面积，提高农业生产总体效益。水稻生产以杂交稻为主，以温室育秧为主要育秧方法，以大苗栽培为主的三苗配套，突出抓好培育壮秧，提高秧苗素质；抓好大苗栽培，发挥其增产优势；抓好肥水统筹，合理控制群体；推广秸秆还田、增用钾肥和病虫综合防治技术。棉花生产进一步扩大营养钵育苗移栽面积，1982 年全县育苗移栽面积占棉花种植总面积的 80%以上，虽受灾严重，亩产仍达 138 斤。粮食全县 19 个公社（镇）有 14 个公社增产。县委坚持转变观念，调整思路，改变“劳力全部归田”做法，把富余劳力转移到多种经营上来，走农林牧副渔综合经营、农副工全面发展之路。1982 年 2 月 25 日，县长魏福宝在县九届人大二次会议上强调，全县多种经营突出抓好 4 个重点：植树栽桑、养猪养禽、水产养殖、发展毛兔。支持群众搞家庭副业，发展新项目，培养多种经营“冒尖户”，以典型示范户带动千家万户拓路生财、发家致富。

1982年末，全县多种经营总产值1.01亿元，比1981年增长22.6%。

县委在深入调查研究、广泛征求意见的基础上，经多次讨论研究，提出工业生产的主攻方向是集中力量抓好“一个转向”[①]“两个大上”[②]“三个突破”[③]。把优先发展重工业转到发展消费品生产上来；把依靠扩大生产规模、片面追求产量产值转到内涵挖潜、提高效益上来；把不惜消耗资源、能源和增加投资拉动转到依靠提高劳动者素质、推进企业技术进步上来。按照中共中央、国务院颁发的六条标准，县委、县政府开展县属企业整顿工作，重抓企业领导班子、职工队伍、管理制度和劳动纪律的整顿。健全党委领导下的厂长负责制和职工代表大会制，推行经济责任制；分期分批培训工业企业领导班子和财会人员，提高经营管理水平；实施技术更新改造，扩大内涵生产能力；节约能源和原材料，降低生产成本；调整优化产业结构，增强市场竞争力；合理利用资源，提高经济效益。根据产、供、销、能源消耗及产品质量等情况，县委、县政府对社队企业采取相应的进、保、关、停、联、转措施。根据省、地委有关文件精神，县委、县政府扎实抓好建筑企业的整顿工作。县建筑公司的整顿由县基建局负责，各公社（镇）明确一名负责人分管公社（镇）建筑站的整顿。调整建筑企业领导班子，提高谋划运筹能力；健全完善多种形式经济责任制，搞好企业经营管理；改善优化劳动组织，加强职工队伍劳动纪律和技术素质建设；整顿经营思想和作风，树立企业良好信誉；加强思想政治工作，开展比、学、赶、帮、超为内容的劳动竞赛。建筑企业的整顿工作1983年上半年结束。整顿后，各公社（镇）建筑站实行公社（镇）和县基建局双重领导，业务由新成立的县第二建筑工程公司管理，保持隶属关系、经济政策、核算形式、所有制和亦工亦农性质不变。经过一段时间的调整和整顿，全县工业经济、建筑业发展质态逐步趋稳向好，发展步伐加快。1982年，全县工业总产值1.97亿元，比1981年增长11.6%；建筑业总产值2300万元，较上年大幅增长，全县有等级施工建筑企业19个，承接一批大型工程项目。

---

①“一个转向”，是指机械行业从单纯为农业服务转到为生活服务、为轻纺工业服务、为外贸服务上来。

②“两个大上”，即轻纺工业和食品工业要大上。

③“三个突破”，即化学工业、塑料制品和建材行业要有新的突破。

三、放宽搞活农村集市贸易

1978年后，农村集贸市场日渐恢复生机并迅速发展，为农副产品购销提供广阔的交易场所。全县各集镇的蔬菜摊、鱼摊、肉摊、豆制品摊比比皆是。建湖镇、上冈镇各有六七十处摊点。国营菜市场为居民吃上大路菜提供可靠保证，集贸市场为居民吃上精菜、细菜以及鲜菜、鲜肉、鲜蛋和活鱼、活虾提供补充。1979年8月，省委召开地、市委书记会议，部署农村继续推行"五定一奖"[①]责任制，允许社员经营少量的自留地和经营家庭副业，允许正当的集市贸易，对城市职工实行奖励政策，以及安排劳动就业等措施。1980年12月，县委转发县工商局《关于加强农村手工业者、小商小贩管理工作意见的报告》，放宽农村集贸市场经营政策限制。全县各地集市贸易呈现活跃景象，农民将多余的粮油、瓜果蔬菜、家禽等农副产品拿到集市上自由交易。工商部门帮助农民解决交易难题，做到管而不死，活而不乱，推促集贸市场健康发展。不少地方把15天、10天1集改为1周、5天1集。上冈、草堰口、裴刘、沿河、恒济公社（镇）的集市还吸引射阳、阜宁、盐城、宝应等地的农民，将油料和粮食通过贩运进入县内市场，成为粮油食品和饲料加工的重要原料和人民生活必需品的有益补充。1981年，全县各地放开耕畜市场、木材家具市场，地方工业品和小农具市场应运而生。1982年，建湖县放开小商品市场，拓宽上市品种范围，放开交易价格，经营品种由农副产品发展到百货、针织、鞋帽、五金等日用工业品，市场贸易更加繁荣。

四、放开个体经营活动

省委、省政府颁发的《关于发展城镇集体与个体经济的若干规定》（以下简称《规定》）指出，从事个体经营的公民，是自食其力的劳动者，他们享有同全民所有制职工一样的政治待遇和社会地位。各级政府和商业等有关部门，要帮助集体和个体经营户开辟供货渠道，并给他们与全民所有制商业一样的批零差价待遇。县委认真落实省委、省政府《规定》精神，在

①"五定一奖"，即定劳力、定地段、定产量、定成本、定工分到作业组，超产奖励。

放开农村集市贸易的同时，积极鼓励农民从事个体经营活动。允许农村有一技之长的手艺人，如木匠、理发师、修钟表的等，进城入镇、走村串巷做生意；持县主管部门证明的可到县外从事相应的经营服务项目；生产队、大队可在农贸集市周边或偏远地点加工出售熟食。1979 年后，国家允许个体从事商业、饮食业、服务业、修理业经营。从此，个体商业迅速在县内发展。1981 年，国家政策进一步放宽，个体服务业日兴，不少私营旅店通过开设单人、双人间，配备沙发、彩电、风扇，提供食堂服务等吸引顾客，招揽生意。改革开放初期，全县个体经营的方式有：租赁门市、农贸市场定位、摆摊设点、车拉肩挑、赶集、渡口桥头要道叫卖、车站码头拉客（旅馆、饭店、招待所）、名片宣传、电话联系上门（粮油供应、送生活日用品、小百货）、前店后坊加工、定向批发销售、特约代理等。1982 年底，全县有个体商业 1701 户，从业人员 1762 人。

第二节　推行家庭联产承包责任制

中共十一届三中全会后，《人民日报》陆续报道安徽、四川、云南、广东等省实行生产责任制的形式和经验。随着这些经验的推广，其他省（自治区、直辖市）的农村也纷纷实行不同形式的生产责任制，其主要形式有包工到组和包产到组。建湖县不少地方为适应农村生产力的发展，按照“思想再解放一点，胆子再大一点，办法再多一点，步子再快一点”的要求，以践行联产承包为主，大胆探索，稳步推进。全县推行家庭联产承包责任制，大致经历部分农民自发行动、进行多形式责任制试点和在全县全面推行 3 个阶段。

一、部分农民的自发行动

1979 年 9 月 25 日至 28 日召开的中共十一届四中全会通过《中共中央关于加快农业发展若干问题的决定》（以下简称《决定》），肯定了“包工到组，联产计酬”的农业生产责任制。9 月 30 日，省委发出通知，要求各级领导特别是从事农村工作的领导和干部，要深入学习贯彻文件精神。之后，地委召开三级干部会议学习中共十一届四中全会的《决定》精神，研究落实农村发展政策，进一步加快农业发展步伐。1980 年 9 月，中共中央印发的《关于进一步加强和完善农业生产责任制的几个问题》文件，又强调“凡是有利于鼓励生产者最大限度地关心集体生产，有利于增加生产、增加收入、增加商品的责任制形式都是好的和可行的，都应加以支持”。县委根据中共中央文件精神和省、地委部署，引领农村干群从实际出发，进行多种形式的农业生产责任制探索尝试。安徽凤阳县包产到户的消息传到县内，不少基层干群情绪活跃，特别是贫困地区农民分田承包要求强烈。尽管县、公社（镇）领导持谨慎态度，等待省、地委部署，但有些地方的干群迫不及待，跃跃欲试。1981 年春，草堰口公社堰东大队第五和第六生产队、冈东公社运东大队第十一生产队、高作公社高东大队第六生产队、颜单公社走虹大队第六和第七生产队率先搞起土地承包，当年取得明显成效。接着冈西公社丁渡大队、裴刘公社徐沟大队也搞起土地承包种植。对上述 2 个大队和 6 个生产队的改革举动，其他社队干群闻讯后议论纷纷，态度不一，有拥护支持的，认为搞土地承包种植符合中共中央文件精神，为全县各地放了样子；有消极抵触的，认为联产承包、分田到户是拆集体经济的台，走资本主义的路；还有的犹豫彷徨，心存疑虑，主张等等看，不着急，跟风走。面对这一状况，县委因势利导，在加强舆论宣传的同时，组成 4 个工作组，深入农村搞调研，逐步推开。

二、进行多形式责任制试点

全县建立和实行农业生产责任制，经历由点到面、由一项到多项、由小宗经济作物到大宗粮食作物，积极探索逐步发展的过程。首先选在棉花、油菜和工副业生产上推行各种联产责任制。1978 年，县委总结推广恒济公社花垛大队第十一生产队和冈东公社康庄大队第三生产队试行棉花联产到组，建阳公社建东大队生猪饲养、近湖公社齐心大队新民生产队副业生产试行包定奖赔的做法和经验。1980 年后，全县棉花生产由联产到组向联产到劳、到户发展，副业由“几定一奖”向全奖全赔、大包干发展。粮食生产试行小段包工、定额计酬、联产计酬、定额管理和联产到组、到劳等责任制形式。在试行联产责任制过程中，出现了一些新情况、新问题：有的对责任制的概念、性质和目的认识不明确，存在干部怕“错”，群众怕“变”的思想；有的在责任制选择上，未能从实际出发，存在“一刀切”现象；也有些社、队受传言影响，人心不定，存在“干部等交权”“群众等分田”现象。为此，县委因时因地制宜、因人因事引导，力推健康进行。

1980年11月10日至14日，县委召开常委会（扩大）会议，学习中共中央文件，传达贯彻省委常委会（扩大）会议精神，研究落实加强和完善农业生产责任制的推进措施。11月24日至12月3日，县委召开全县三级干部会议，县委副书记魏福宝结合自身学习体会，进一步宣讲解读中共中央文件精神，运用近湖公社齐心大队新民生产队推行责任制的成功实践，说明践行和加强生产责任制对农业农村发展的作用，并根据全县各地总结的经验和存在的问题，提出加强和完善农业生产责任制意见。1981年，县委、县政府多次召开三级干部会议，宣讲中共中央文件精神，总结交流各地加强和完善农业生产责任制的做法，研究解决相关问题。各公社（镇）分别对农民进行“一坚持”“两不变”“三兼顾”① 和社会主义、集体主义、爱国主义的思想教育，把思想政治工作贯穿于责任制试行的全过程，化解矛盾、纠正偏差。通过持续不断、广泛深入的学习教育，解决了一些带有共性的认识问题，达到了“四个明确”：即解决地区好差有别的思想，明确生产责任制不论穷队还是富队都要搞；解决怕右思想，明确落实完善生产责任制是前进而不是后退；解决担心出现贫富差距、两极分化的思想，明确实行生产责任制后出现收入差别，不是反常现象，而是体现按劳分配、多劳多得的原则；解决畏难思想，明确搞生产责任制，工作是好做而不是难做。认识统一后，全县各级领导都能从思想到实际，主动适应，积极工作，促使农业生产责任制在全县得以较快推行。

1980年12月召开的全县三级干部会议，专门用1天时间，组织县级试点近湖公社裕丰大队和工作抓得实、效果较好的建阳公社等社队交流做法。同时，邀请东台县台南公社分管领导到会传授经验。县委书记李培亮要求各公社（镇）在搞好试点取得经验的基础上，分批推开，不搞平推；强调每个片至少搞1个大队试点，公社（镇）分片领导主动参与；责任制试点启动后，侧重将精力转向调查研究，解决各种责任制试行中的问题。1981年7月，县委、县政府抽调40多名县级机关干部组成4个试点调研组，分

①“一坚持”，即坚持社会主义集体化道路；“两不变”，即土地等生产资料公有制长期不变，集体经济建立生产责任制长期不变；“三兼顾”，即兼顾国家、集体、个人三者利益。

别到建阳公社建东大队、钟庄公社武港大队、沿河公社自强大队和上冈公社南庄大队开展责任制试点调查指导工作。经过1个多月的探索，调研组对沿荡、沿岗、内圩等不同地区的大队、生产队适宜搞什么样的责任制形式有了更加清醒的认识，初步厘清了工作思路。与此同时，19个公社（镇）党委书记、管委会主任和经营管理干部也分别在42个生产队搞试点调查。8月，在县委五届六次全委（扩大）会议上，县委副书记陈金鹏就加强和完善农业生产责任制作专题发言。通过层层搞点、多点试验，各级干部积累了经验，有效指导和推动责任制工作健康有序展开，取得试点经验后，便向全县推开。做法上大体分为统一思想认识、总结推介试点经验、民主确定形式和讨论具体问题4个步骤，注意先易后难，先抓需改变形式的生产队，后搞形式不变、完善提高的生产队，农副工各业责任制一起抓落实。

全县各地干群从试行生产责任制实践中认识到：搞农业现代化，不坚持集体化不行；搞集体化农业，没有生产责任制也不行；搞生产责任制不适合当时当地的生产条件和生产力发展水平，同样不行；实行农业生产责任制不只是改变劳动管理问题，更是对经营方式、计酬制度的一次深刻变革，是对生产力的适应和促进；开展试点必先明确“七个有利于”① 的指导思想，坚持一切从实际出发，无论采取哪种责任制形式都要考虑当时当地的生产条件、生产力发展水平和操作的可行性及实效性，不搞“一刀切”瞎指挥；尊重群众意愿，尊重客观规律，尊重基层创造。方法上因地制宜、分类指导、循序渐进、逐步推开；既鼓励大胆试、大胆闯，又坚持实事求是、善作善成；既学习借鉴外地经验，又不照抄照搬，注重自主创新。正确处理统分关系，宜统则统，宜分则分，统分结合，有统有分，以中央文件精神为准绳，以基层干群认可为依据。各级领导干部自觉改进作风，深入调查研究，注重在责任制试点实践中、农业生产一线了解掌握第一手资料，赢得指导面上工作的主动权。1981年3月，全县三级干部会议结束

①“七个有利于”，有利于充分发挥集体经济的优越性，调动农民群众的劳动积极性；有利于综合利用本地资源，大力发展工、副业生产；有利于抗灾夺丰收；有利于科学种田，推广杂交稻和棉花营养钵育苗移栽等先进技术；有利于发挥现有物资、技术基础的作用，巩固、提高机械化水平，减轻劳动强度；有利于计划种植，统一经营；有利于安定团结，建设社会主义精神文明。

后，县委书记李培亮到建阳公社胡桥大队蹲点调研，就胡桥大队建立和完善责任制的情况形成调查报告。县委办公室调查组对全县率先实行大包干和联产到劳责任制的6个生产队发展变化情况，向县委提交了调研报告。县委办公室和县政府办公室分别在《参阅材料》《建湖情况》编发全县推行多种形式责任制的特色做法、动态新闻和调研文章。

通过调查研究、总结分析，证实全县各地试点推行的专业承包、联产计酬，综合承包、联产到组，统一经营、联产到劳到户，小段包工、定额计酬等责任制形式是可行的、有效的。但还有需要进一步改进完善的地方，尤其是个别非共性问题的处理，需要研究出台符合政策规定、得到群众认可的解决办法。县委要求各级干部领会政策精神，摸准基层情况，对本地实施责任制过程、结果作出全面客观和科学理性的总结分析，综合权衡利弊，扬长补短，加速推进。

三、联产承包在全县推行

1982年1月1日，中共中央印发的《全国农村工作会议纪要》指出，小段包工定额计酬、专业承包联产计酬、联产到劳、包产到户到组、包干到户到组等，都是社会主义集体经济的生产责任制。1982年至1986年，中共中央就农业和农村问题连续发了5个一号文件。2月11日，县委组织培训骨干，随后在全县开展1个月时间的集中宣讲中央政策活动。2月22日，县委召开五届七次全委（扩大）会议，重点讨论完善农业生产责任制问题。会后，继续安排工作组到基层蹲点指导，至6月底基本推进到位。7月1日，县委办编发的第十二期《参阅材料》刊发县农委《关于当前农业生产责任制情况的综合调查报告》。全县410个大队3385个生产队全部落实了形式不同的生产责任制。粮食种植联产到组927个生产队，联产到劳到户374个生产队；棉花种植联产到组294个生产队，联产到劳到户2587个生产队；油料作物种植联产到组273个生产队，联产到劳到户1449个生产队；工副业生产责任制主要有“四专一联”① 和“大包干、纯上交”两种形式。

①“四专一联”，即专业队、专业组、专业户、专业工，联系净产（产值，净收入）计算报酬。

为取得高产富队搞好“双包”① 的直接经验，县委、县政府抽调一批干部，分两条线到基层开展工作：一条线组成4个调查组，调查总结建阳、蒋营、裴刘、冈西4个公社8个生产队搞“双包”的做法；另一条线成立4个工作组，分别到近湖裕丰、钟庄陶舍、上冈石桥、蒋营巨丰4个大队搞“双包”和联产到劳、包干分配责任制试点，各公社也普遍开展这两项工作。9月2日至4日，县委、县政府召开完善农业生产责任制碰头会，各公社（镇）汇报交流搞“双包”责任制做法，讨论研究实行“双包”中土地承包、责任田划分、品种布局、农机具使用管理等事项。10月25日，县委、县政府印发《建湖县农业生产统分结合联产承包责任制试行办法》，提出10个方面51条意见。由此，联产承包责任制在县内全面推行。以“双包”为主要形式的家庭联产承包责任制实行后，将集体土地长期承包给农民种植，农业生产由过去集体“大呼隆”变为分户经营、自负盈亏，农民生产的产品“保证国家的，留足集体的，剩下全是自己的”，从而使农民获得生产和分配的自主权，把责、权、利紧密结合起来，克服以往分配中的平均主义、吃“大锅饭”弊端，纠正管理过分集中、经营方式过分单一等缺点，有统有分，统分结合，既发挥集体经济的优越性，又调动农民家庭经营的积极性，进一步解放生产力，促进农业农村经济的发展，全县农村出现了“三多”现象，即农民家里粮食多、手里钱多、盖新房子的多。

第三节　放开搞活农村经济

农村实行家庭联产承包责任制后，富余劳力成为促进工副业发展、拉动农村经济增长的宝贵资源。县委、县政府顺应改革开放大势，契合群众盼富求富心理，不断调整和放宽农业农村经济政策，培训农民，鼓励能人发挥一技之长，广辟生财之道，拓宽致富门路，自力更生，改变贫穷落后面貌，提高家庭生活水平，全县农村出现前所未有的繁荣景象。

一、动员治穷致富

1981年4月17日，县委、县政府成立治穷致富领导小组，各公社

①“双包”，即包产到组户、包干到组户。

（镇）相继成立专门班子，明确专人负责。5月15日至17日，县委、县政府召开生产队长以上四级干部动员会议，提出全县治穷致富目标要求，制定具体工作措施。8月15日至16日，县委、县政府又在上冈召开会议，进一步抓好宣传发动工作。会前，县治穷致富领导小组组成调查队调查穷队状况。会议期间，县委、县政府组织与会人员参观有关社队现场，听取先进经验介绍，印发集体和家庭副业典型材料。在肯定成绩的同时，针对干群中存在的“穷自满”、工作不平衡、经营单一等问题，开展分析剖解，增强治穷致富意识和紧迫感。会后，全县各公社（镇）发动群众认真制定治穷致富的奋斗目标、工作重点和具体措施，并积极见诸行动。1981年，全县有125个穷队（生产队，下同），其中夏粮增产的86个队、平产的6个队、减产的33个队，秋粮长势好于上年的穷队116个。棉花生产大多数队达到或超过历史最好水平。多种经营也有新发展，种植业、养殖业、长线和短线副业项目38个，队均副业收入2400元，农业生产费用比上年下降的30个队。

县委、县政府抽调人员组成21个蹲点组，进驻17个公社的19个大队和2个镇。重点抓好农业生产责任制的完善落实，提高科学种田水平和粮棉油产量，发挥资源优势，发展多种经营，加强领导班子建设和精神文明建设等工作，协调解决生产发展难题，增强干群治穷致富信心和执行政策的自觉性。1981年，县蹲点的19个大队，有11个大队增产，棉花队队增产，生产费用下降的有17个大队，社员人均纯收入增加的有18个大队。8个人均收入60元以下的生产队全部摘掉穷队帽子。庆丰公社董徐大队农副工齐发展，粮棉油多种经营，工业产值、利润等指标全面超历史，是全县合作化以来第一个人均收入超300元的大队，召开年终分配兑现大会时，县委、县政府领导带领出席县三干会的代表到场祝贺，并赠送“走农副工商发展道路，当社会主义农村致富先锋”的镜匾。

大搞科学种田，提高粮棉产量是治穷致富的主要途径。全县125个穷队杂交稻种植面积由1980年的4000亩增加到1981年的6389亩，亩产比其他品种多收100多斤；棉花营养钵育苗移栽比上年增加1954亩，不少穷队粮棉产量大大提高，经济效益增长，社员收入增加。大力发展多种经营是治穷致富的必由之路。不少穷队发展多种经营，改变单一经营状况，如冈东公社运河大队第二生产队比上年新增5个副业项目，纯收入比上年增长 1.6 倍；颜单公社穷队较少，主要是大力支持社员发展家庭副业，1981 年上半年就有 17 个副业收入超千元的农户。实行责任制是治穷致富的重要措施。全县 125 个穷队中，120 个生产队搞了联产到组，5 个队搞了联产到劳，副业、棉花每个队均搞了联产到劳到户。颜单公社马路大队第十一生产队夏粮增产 1.25 万斤，副业收入比上年增加 3000 多元，农业成本比上年下降 1200 多元。冈东公社新丰大队第五生产队将闲置十边地发包，仅此一项收入就比上年增加 5000 元。选好班子带头人是治穷致富的必要条件。以前有些穷队领导班子不团结，有的贪污、挪用公款，不善于经营管理，瞎搞穷，把群众积极性搞没了，人心搞散了，群众对集体经济失去信心。治穷致富工作开展后，部分大队重视整顿调整领导班子，穷队面貌发生了较大变化。建阳公社古荡大队第八生产队就是个典型，队长重新通过民主选举产生，处处起带头作用，干群关系改善，生产积极性提高，1981 年人均纯收入比上年增百元，粮棉副业全面增产增收。

开展“双百队”调查。1982 年，县委学习贯彻中共中央《全国农村工作会议纪要》精神，从 1 月 12 日至 6 月底，抽调 150 人成立 60 个调查组，开展 1980 年人均纯收入 200 元以上和 100 元以下生产队（以下简称“双百队”）的情况调查。县四套班子领导各调查 1 至 2 个生产队，县直单位各调查 3 至 5 个生产队，每个公社（镇）各调查 6 个生产队。在深入调查的基础上，各调查组依据农副工、粮棉油等项目的收入比例、成本开支形成汇总表和调查报告。这次调查活动由点及面，摸清了农村经济状况及收入高低的原因，解开了一些人“增产到顶，致富没门”的思想疙瘩。开展“双百队”调查为全县各地特别是以粮为主地区提供了致富启示和经验：发展粮食生产必须重视调整种植结构，优化品种布局；发展多种经营主攻方向应放在“水”上，向水面要“金”，向圩堤要“银”；利用丰富的粮食和秸草等资源，抓好再生产、再加工，实现多层次增值扩效；以劳力资源弥补耕地不足，集约经营，增开财路。“双百队”调查坚定了县委大力发展农村商品生产的信心，对全面推行家庭联产承包责任制发挥了积极作用，促进穷队变富、富队更富，不断开创农村经济发展新局面。

二、开发荒水荡滩

中共十一届三中全会后，全县广大干群在县委的领导下，解放思想，开动脑筋，调整农业农村经济结构，挖掘增收潜力，发挥资源优势，掀起开发利用荒水、荡滩热潮，加快向农业生产的广度和深度进军。建湖县开发利用水面资源从水产养殖开始。1978 年，渔民自行设计生产渔用增氧机，解决罗非鱼温室越冬保种缺氧问题；应用“扑草净”清除鱼池杂草，改善种鱼养殖条件，增加放养密度。此后，县水产养殖场开展应用深水井地下水保种试验，罗非鱼越冬保种万尾以上。1979 年，县水产部门从无锡引进白鲫夏花鱼苗 30 万尾和杂交鲤夏花鱼苗 100 万尾，在县鱼种场和荡中、沿河、建阳等公社鱼种场培育，推广养殖。公社、大队办渔场建立复合生态模式，由沟河粗养发展到内塘精养。1980 年 6 月，县革委会在荡中公社召开全县淡水鱼购销工作会议，重点解决“吃鱼难”问题。1982 年 10 月，县委、县政府开展水面资源定权发证工作；12 月 20 日，县委、县政府出台《加强渔政管理，保护水产资源的规定》，规范水面资源的开发利用，进一步调动群众向水面要“金”的积极性，加快致富进程。

利用圩堤河浜青坎植树栽桑、种植五谷杂粮等经济作物，是域内农民的传统习惯。造林绿化坚持以四旁①植树和农田林网为主，条件好的地方实行集体栽植，专人管护，按棵记工，收益归队；条件差的地方实行集体土地统一规划，分户栽管，收益分成；对集体不便经营的十边地、荒废地，包干到户，力求处处空地有人栽，棵棵树木有人管。1980 年 3 月 4 日，县革委会要求全县各地集中开展植树造林活动，农村每人植树 8 至 10 棵，城镇每人绿化面积 4 平方米。农村实行联产承包责任制后，由于林业生产分级管理和承包责任制未跟上，不少地方出现分树砍树现象，尤其是田头树木，部分农民以遮挡阳光影响农作物生长为由砍伐一空。此间，全县发生乱砍滥伐林木事件 1500 多起，林木覆盖率由 1974 年的 6.2％下降到 1982 年的 3.1％。

随着农村改革的深入和农业结构调整的提速，荡滩开发利用走上“走水路、念水经、发水财”的良性发展之路。针对荡滩垦地种植粮棉渍害重、产量低、成本高、路途远和生产管理不便等实际，适时调整思路，本着因地制宜、综合利用的原则，宜粮则粮，宜副则副，宜渔则渔，宜林则林，做活“水”文章，在提高效益上动脑筋。在垦田浅处长藕、沟中养鱼，效

---

①四旁，即路旁、沟旁、渠旁、宅旁。

益比种粮植棉翻一番。垦田较多的大队为不影响粮食生产，采取以短养长、粮林并重模式，如颜单公社马路大队、蒋营公社荡东大队水稻田栽池杉，稻收后夹种其他经济作物，不仅稳定粮食生产，还提高了经济效益。对一些已围未垦的荡滩，大多采取提水复壮芦苇、鱼苇共生模式，保护柴蒲草资源，提高荡滩经济价值，也有利于蓄水滞洪。在圩堤上植树、栽植水果等经济林木，青坎上种瓜菜，水面上长菱角，水中养鱼，水下长荷藕，实行多层次开发利用，亩均收益一般在500元左右，高的超千元。

三、发展多种经营

1981年，县委、县政府贯彻落实中共中央提出的“决不放松粮食生产，积极开展多种经营”指导方针。2月14日至20日，县委召开五届五次全委（扩大）会议，强调继续调整农村经济结构，走农副工综合发展之路；要求做到“六个一起抓”，即农副工商一起抓，林牧副渔一起抓，集体副业和家庭副业一起抓，大小项目一起抓，长短线项目一起抓，生产加工销售一起抓。县政府成立副业办公室，编发《建湖县多种经营生产调整发展规划》，允许农民经营种植、饲养、加工农副产品项目，允许不包、少包责任田或只包口粮田，允许长途、短途贩运，允许私人带徒弟、请帮手，允许完成国家交售任务后，自行处理农产品（不包括棉花），允许购买农副产品加工机具、船只、小型拖拉机从事生产运输，允许自办科研组织并对外营业，鼓励支持农民发展家庭副业，培植多种经营专业户和重点户。6月27日，县委在庆丰公社召开全县多种经营现场会，要求沿岗、沿荡、内圩地区因地制宜，突出重点，创造特色发展路径，如东部上冈、冈东等公社重抓育苗禽、长果蔬、搞编织；中部冈西、钟庄等公社重点养鸡鸭、长蘑菇、种植水生植物；西部沿荡地区突出水产养殖。全县农村普遍推行副业项目承包经营责任制，养鱼、养鸡、养鸭、养猪等各类专业户应运而生，经营项目和品种与日俱增，丰富多样。全县以种、育、植、长、养、采、编为主要生产方式，畜禽、林蚕、水产养殖和编织加工等产业不断发展壮大。

畜禽饲养是境内农民主打的副业项目。1978年，县多管局从浙江湖州和苏州盛泽等地引进湖羊120只，后因环境不适和管理不善等原因逐步淡化。1981年开始，上冈公社同心大队农民沈友清饲养长毛兔，成为全县知名养兔大户，还带动全大队60%的农户饲养家兔。家禽饲养不断引进新品种。1978 年，县食品公司家禽饲养场引进白洛克、来航鸡、狼山鸡、希塞斯鸡和北京鸡等新品种后，县多管局又引进绍鸭、康贝尔鸭、樱桃谷鸭和罗斯鸡、红玉鸡。从此，农村集体和家庭饲养家禽的品种逐步增多。上冈公社南庄大队是苗禽炕孵专业村，炕孵师傅多次到山东、河北、辽宁等地指导炕孵生产。1981 年，裴刘公社更新大队农民钟学富首次饲养蛋用鹌鹑。县内还有农户拓桑养蚕、养蜂、长蘑菇和水生作物等，自给之余拿到集市上出售。编织业也是境内的传统副业。农闲时农民利用柴、蒲、秸草和柳条等制作编织品。钟庄、蒋营、裴刘、上冈等公社（镇）农民到外地采购高粱苗子扎扫帚，年产 60 万把。

多种经营的发展，优化了农业结构，促进了集体和农民收入的增加。1982 年，全县涌现出多种经营专业户、重点户 2.14 万户，占总农户的 13%；牧业产值 4698.11 万元，占农业总产值的 14.87%；副业产值 4117.01 万元，占农业总产值的 13.03%。

第四节　发展社队企业

粉碎“江青反革命集团”后，经过一段时间的拨乱反正，全县各级将发展社队企业提上日程。1978 年起，县委加快转变观念，采取措施，力推社队企业发展。1979 年，县委贯彻落实中共十一届四中全会通过的《中共中央关于加快农业发展若干问题的决定》和国务院出台的《关于发展社队企业若干问题的规定》，以及 6 月 22 日省委转发省社队工业局的《关于当前社队工业的情况和意见的报告》精神，要求全县各级党组织采取积极措施，把社队企业的发展、提高同调整、整顿很好地结合起来，进一步解放思想，拓宽思路，把发展社队企业作为繁荣集体经济、改变农村面貌的一项得力措施紧抓不放。各公社（镇）建立工业经理部或工业公司，走出去招引项目、人才、技术、设备、原料、资金等，兴办一批社队企业。此后，县委进一步转变观念，加大扶持力度，促进社队企业提速发展。

一、部分社队企业率先兴办

全县兴办社队企业经历创办、停办到恢复发展的过程。建湖、近湖、建阳、颜单、庆丰、上冈等公社（镇）率先启动，为全县社队企业发展发挥引领、推进作用。1978年后，县内陆续办起建湖第一织布厂、建湖纺织三厂、上冈织布厂、建阳棉织厂、冈东液压件厂、辛庄仪表厂和上冈、近湖、颜单服装厂等社队企业。1981年，庆丰、建阳、颜单、裴刘等社办塑料厂相继建成，全县社办塑料厂发展到102家。建阳车辆修配厂原为农机厂车辆修理车间，1978年独立核算，自成一家，逐步发展壮大，年产值突破100万元，受到县革委会表彰。1980年，芦沟公社创办的建湖皮件厂为上海市土畜产品外贸公司生产“猪皮层88型”劳保手套；之后，陆续开发民用皮革、仿羊皮夹克和人造毛棉衣等产品，在国内13个省（市）销售，获省优质产品荣誉证书并在北京展销。1982年，近湖、庆丰、高作、草堰口4家砖瓦厂的产品在盐城地区同行业评比中获奖。近湖公社裕丰大队先后办起5个小厂，吸纳全大队1/3的劳力。

二、骨干企业崭露头角

1980年起，县委、县政府陆续出台一系列激励措施，着力在人、财、物等方面加大投入，扶持企业发展壮大。全县先后培育出近湖织布厂、近湖无线电厂、建阳棉织厂、颜单缫丝厂、颜单塑料厂、颜单水泥厂、庆丰纺织厂、上冈染化厂等年创利税超百万元的企业。建湖皮鞋二厂（原近湖公社镇南皮鞋厂）1977年创办时，固定资产原值5000元，发展至1987年，成为全市最大的皮鞋生产厂家。1974年4月创办的建湖县农机配件厂，成为省机械工业厅拖拉机配件定点生产和全国旋耕刀行业的9个重点厂家之一，产品有旋耕机犁刀类、手扶拖拉机轴类、防滑轮、万向节等，畅销浙江、上海等16个省（市）。此后，县农机配件厂主要经济指标稳步增长，被评为省明星企业。建湖纺织机械厂设铸造、金工、装配等7个车间，生产烘燥机、割绒机、染色机等产品，填补盐城市空白，其中割绒机、溢流染色机填补江苏省空白。冈东液压件厂产品销往24个省（市）。辛庄仪表厂分别与西安仪表厂、南京电器总厂、华中科技大学等单位挂钩合作，引进生产电磁流量计等新产品，畅销国内20个省（市），远销巴基斯坦、马达加斯加等国家。

三、私营企业开始萌芽

中共十一届三中全会后，农村家庭私营工业开始萌芽。县内私营企业从无到有，从少到多，从小到大，逐步成为县域经济发展生力军。私营企业生产由以单一手工业为主，发展为工、商、运、建、服等多行业兼营，由一家一户单干发展到联户合办，挂靠县内外全民、集体工业企业联营合作，互惠互利，走出一条以农副产品为原料，多层次加工、专业化合作、多渠道流通的路子，为城乡特别是广大农民治穷致富提供示范。如冈西公社西吉大队农民成炳全雇工19人，办起家庭塑料厂，2年产值65万元，成为全县私营企业大户。上冈镇南庄村编织专业户彭大明与30户农民进行劳动、技术、资金联合，年产值2万多元。私营企业主要涉及塑料、服装、小五金、编织、制鞋等行业、领域。

四、扶持社队企业发展

1980年2月1日至8日，县委组织各公社（镇）和有关部门负责人到苏州吴县、吴江、太仓、常熟、沙洲和上海青浦、松江等地参观学习，抓好农业结构调整，促进社队工副业，特别是社队企业加快发展。全县社（镇）队企业增至613家。1981年10月12日至13日，县政府在建阳公社召开社队企业现场会，分析社队企业形势，明确第四季度生产任务。1982年8月6日至8日，县政府又召开社队企业会议，总结上半年成绩，研讨下半年发展思路。会上，表彰了一批优秀社队企业，为推进下一步发展树好典型。经过持续改革发展，社队企业数量不断增加，发展活力逐步增强，生产门类涉及花炮、轧花、纺织、服装、机械、电子、化工、建材、食品、塑料制品、农机具生产、车船修造等多个行业，17个公社砖瓦厂、建筑站无一空白，大队加工厂、小土窑星罗棋布，花炮厂、水泥预制场随处可见，成为县域经济发展的一道特别风景。

促进社队企业加强横向联合。中共十一届三中全会指出，“社队企业要有一个大的发展，要求到1985年，社队企业总产值占三级经济收入的比重提高到50%以上；城市工厂要把一部分宜于在农村加工的产品或零件，有计划地扩散给社队企业经营，支援设备，指导技术，国家对社队企业区分不同情况，实行低税或免税政策”。为把中共中央精神贯彻落实到基层，县委、县政府推出两大举措：第一，全面开展企业整顿。以抓好企业管理和产品销售等薄弱环节为重点，加快建立企业“五定一奖”① 责任制，使全

①“五定一奖”，即定人员、定任务、定资金、定利润、定分配，按“五定”各项指标完成情况确定奖金。

县社队企业经营管理逐步走上规范化、制度化轨道。第二，发展多形式的经济联合。引导企业挖掘潜力，打破地区、行业和所有制界限，开展多种形式的经济联合，创造条件为农业生产、人民生活、城市工业和外贸出口等服务。全县大多数企业落实不同形式的挂靠联合。联合对象有苏南企业、县属企业、大专院校、科研单位等；联合形式有零部件加工、工艺配套等松散型联合，联产、联购、联销等“一条龙”式联合，组建公司、分厂等紧密型联合。横向联合的广泛开展，既解决了计划经济体制下部分社队企业原料供应和生产任务不足的困难，又开辟了众多新的生产经营门路，企业产品质量、技术层次、管理水平跃上了新台阶。1982 年，全县创办社队企业超 200 家，实现社队工业产值 5504 万元（按 1980 年不变价计算），占全县工业总产值的 27.89%。

第五节　发展对外贸易

建湖县的对外贸易起步较早，1949 年前就有工农业产品转运上海等地加工出口。1974 年 5 月，县外贸公司成立后，积极扶持企业生产外贸产品，帮助企业开拓出口渠道，扩大外贸产品收购量，不断增加对外贸易额。县级外贸部门的职责是立足生产，支持生产；广辟货源，扩大收购；组织加工，保证质量。

一、外贸产品收购

为打开外贸产品出口新局面，县外贸部门积极帮助出口产品产地发展生产，组织货源。外贸部门还在化肥等物资方面，重点扶持庆丰、沿河、荡中、建阳、上冈等公社的蚕桑生产，促进缫丝工业的发展。1978 年前，县缫丝厂出口白厂丝较少，1982 年增加到 18.6 吨，且质量较高，受到外商好评，得到省政府的奖励。沿河乡的席草场原产一般席子，仅供境内销售，经外贸部门提供信息和技术资料，改产的童席、印花席、旅游席出口日本等国家和中国香港等地区。庆丰、上冈、沿河等公社原不养兔，外贸部门深入实地提供技术咨询服务。1981 年引进德国良种兔，仅 2 年时间，3 个公社就养兔 6 万多只。县内蘑菇生产于 1979 年开始，1982 年全县蘑菇生产基地扩大到 150 多万平方米；上冈、辛庄、颜单 3 个公社建起蘑菇加工厂。全县外贸产品收购方式主要有：县外贸公司直接收购；委托商业、供销部门代购；生产加工单位直接将产品送口岸公司仓库，然后凭商品入库单与县外贸公司结算。1978年后，全县按计划收购的外贸产品有四大类80个品种，其中粮油食品类23个品种、土畜产品类37个品种、纺织品类6个品种、轻化工类14个品种。1979年，全县完成外贸产品收购产值196万元，1982年完成850万元，比1979年增长三倍多。

二、外贸产品出口

20世纪80年代初，建湖县出口产品不直接向外商销售，通过南通、连云港、南京、上海、青岛等口岸，按合同转运外国客商。出口产品四大类：粮油食品类、土畜产品类、纺织品类、轻化工产品类。主要有棉花（1984年首次出口）、鲜鸡蛋、县缫丝厂生产的白厂丝、县纺织厂生产的棉纱、沿河乡草席场生产的草席、县农药厂生产的三唑酮和多效唑等。1982年，全县完成出口产品产值850万元，其中副业产品和经再加工产品758万元，出口产品货源主要来自副业生产。一些主要产品销往的国家和地区是：京彩皮蛋、湖彩皮蛋、咸蛋销往美国、日本、加拿大、新加坡、马来西亚等国家和中国香港地区，冻禽（鸡鸭鹅）销往美国、日本、马来西亚、菲律宾、新加坡等国家和中国香港地区，蘑菇销往日本、美国和西欧一些国家及中国香港地区，菜籽饼、棉籽饼销往日本、澳大利亚等国家和中国香港地区，白厂丝销往美国、日本、法国、联邦德国、苏联等国家，服装销往日本、马来西亚、新加坡、美国、伊朗、荷兰、科威特、意大利、匈牙利等国家，农药三唑酮销往加拿大，羽绒服销往美国、日本等国家和中国香港地区，草席销往日本、联邦德国、美国等国家和中国香港地区。此后，县缫丝厂定点生产的白厂丝除直接出口外，还供苏南和华东地区的丝织、绸缎厂加工印染增值后出口。1982年后，建湖县大力发展副业生产，饲养家禽、家兔、水貂，放养三角河蚌，养殖螃蟹、黄鳝、鳜鱼、甲鱼等水产品，种植薄荷、大蒜、丝瓜，种桑养蚕，保证外贸产品出口供应，提高外贸产值，为外向型经济发展奠定基础。

第三章　民主政治建设和社会事业的恢复发展

进入改革开放新时期，县委顺应全党工作重点转移的需要，统筹抓好民主政治建设与社会事业发展，恢复人民代表大会制度，召开建湖县第九届人民代表大会第一次会议，选举产生县人民政府，撤销县革委会，恢复县人民政协组织和群团组织等机构，积极推进科教文卫各项社会事业协调发展，全县物质文明、精神文明建设互为促进、相得益彰。

第一节　民主政治建设在改革中迈开步伐

实行县级人民代表的直接选举，尊重并体现了人民当家做主、管理国家和社会事务的民主权利。恢复人民代表大会制度，恢复建立县人民政府，改变了过去由县革委会行使权力机关和执行机关双重职能的做法。人民代表大会制度的恢复建立，县政协组织和群团机构的恢复及活动，对加强社会主义民主政治建设，促进社会安定团结和县域经济发展发挥了重要作用。

一、恢复人民代表大会制度

1978 年 6 月，根据全国人大五届二次会议通过并颁布的《中华人民共和国地方各级人民代表大会和地方各级人民政府组织法》《中华人民共和国全国人民代表大会和地方各级人民代表大会选举法》等法律规定及省、地委部署，县委成立县选举委员会，抓好县、公社（镇）两级人民代表的选举工作。县委立足于有利发扬民主和充分体现选民的意志，决定改革选举方式，改等额选举为差额选举、改间接选举为直接选举。在明晰选举规则、方法和搞好宣传培训、组织发动、选民登记及协商确定候选人的基础上，全县 19 个公社（镇）组织 41.21 万名选民（参选率 95%），在 247 个选区以无记名投票方式，选出县人大代表 383 名、公社（镇）人大代表 4785 名。

建湖县第九届人民代表大会第一次会议于 1981 年 2 月 28 日至 3 月 4

日召开。出席会议代表358名，列席代表114名。大会听取并审议县革委会关于全县经济调整工作规划的报告；审议和批准1978年至1980年县财政概算的报告；听取和审议县人民法院、县人民检察院工作报告，通过相关决议。宣布从本次会议开始，设立县人民代表大会常务委员会，为常设机构，人代会闭会期间，依法行使职权。县第九届人民代表大会常务委员会由16名委员组成，代平为县人大常委会主任，胥岚（女）、周学彬、陈庚玲（女）为副主任；选举魏福宝（女）为县人民政府县长，孙辉、刘志高、张少轩、杨义厚、黄务涛、嵇德柱为副县长；选举马树生为县人民法院院长，谷思纯为县人民检察院检察长。

1982年4月，县人大常委会内设工作机构为办公室、政法组、科教文卫组、农工副生产组、财贸组、来信来访代表联系工作组。县人大常委会负责召集工作例会，审议县人民政府、县人民法院、县人民检察院工作，讨论决定全县重大问题，批准县政府关于执行国家法律、法令和地方性法规实施细则与执行办法，依法任免干部，组织实地考察，交办人大代表议案等。

二、取消县革委会　恢复县人民政府

1981年2月28日至3月4日召开的县九届人大一次会议宣布撤销县革委会，恢复县人民政府，并依法选举产生县人民政府领导机构。选举魏福宝（女）为县人民政府县长，孙辉、刘志高、张少轩、杨义厚、黄务涛、嵇德柱为副县长。恢复重建的县人民政府设县政府办公室、编制委员会、人事局、公安局、司法局、粮食局、工业局、商业局、对外贸易局、交通局、物资局、财政局、税务局、审计局、基本建设局、社队企业管理局、农业局、水利局、农机管理局、多种经营管理局、计划委员会、物价委员会、统计局、工商行政管理局、供电局、气象局、民政局、劳动局、文教局、卫生局、档案局、广播电视管理站、工业办公室、财政贸易办公室、计划生育办公室、侨务办公室、沼气办公室、地震办公室、体育运动委员会、科学技术委员会40个部门单位。4月，各公社（镇）革委会撤销，改称公社管理委员会和镇人民政府，按规定分别召开社镇人民代表大会，选举产生社镇领导班子。县、公社（镇）机关原称革委会的全部撤销，改称委、办、局、行、社、司、站等。农村大队以管委会作为行政组织机构名称的，10月20日，县政府发出通知对102个大队进行更名。

三、恢复县政协组织及其活动

1979 年 6 月 15 日，邓小平在全国政协五届二次会议上的讲话指出，新时期统一战线和人民政协的任务，就是要调动一切积极因素，努力化消极因素为积极因素，团结一切可以团结的力量，同心同德，群策群力，维护和发展安定团结的政治局面，为把我国建设成为现代化的社会主义强国而奋斗。11 月 13 日，根据省委通知，地委决定各县政协组织恢复活动。建湖县政协成立于 1957 年 1 月，“文化大革命”期间被迫中断。1981 年 2 月 27 日至 3 月 5 日，县政协五届一次会议举行，98 名委员全部出席。县委统战部部长周竹轩作恢复县政协活动的筹备工作报告，代表县政协四届常委会作会务工作报告；全体政协委员列席县九届人大一次会议，听取讨论县政府工作报告及其他有关方面的报告和发言；会议选举王夷平为县政协主席，周竹轩、王开政、孙志元为副主席，选举政协常务委员 35 名和秘书长 1 名。此后县政协组织恢复正常活动。县政协常务委员会及其办事机构在全会闭会期间，开展多种形式的会务活动，包括组织政协委员学习中共中央、国务院有关指示、政策、法令和全国、省、市政协会议精神；组织政协委员和各界人士学习讨论宪法修正案和全国政协章程草案，提出意见建议。1981 年起，每年组织委员参观视察活动，并就视察中发现的问题，及时向县委、县政府反映，有的还作出书面报告；协助有关部门落实平反冤假错案、改正错划右派、区别“三小”、清退“文化大革命”中被查抄的财物等，做了大量工作。

四、恢复群团组织机构

“文化大革命”期间县总工会停止活动，1973 年 8 月，县工会召开第六次代表大会，恢复建湖县总工会。全县各级工会组织积极做好职工的思想政治工作，动员职工参与企业管理，组织开展职工教育，举办职工文化体育活动，协助企业发展职工福利事业，依法维护职工合法权益。1978 年底，全县基层工会增加到 177 个。1979 年 5 月 7 日至 10 日，县总工会召开第七次代表大会，出席代表 457 名，选举产生县总工会第七届委员会委员 41 名，常务委员 9 名。5 月，县总工会创办职工业余学校；1980 年 5 月，县总工会开办 5 个职工班，招收学员 245 名。1981 年 1 月，县工人文化宫在建湖镇建湖路新建活动室数间。

1973年2月，共青团建湖县委恢复建立，设4个工作部。团县委恢复建立后，组织引导广大团员青年围绕全县工作中心，开展未成年人思想道德建设、青年志愿服务行动、服务青年就业创业、依法维护青少年合法权益等活动，为经济社会健康发展作出积极贡献。1978年，全县共青团组织经过“治瘫治散”整顿，退出一批超龄团员，劝退一批不符合条件的团员，同时吸纳一批新团员。1979年1月20日至23日，县第八次团代会召开，出席代表851名，选举产生第八届团县委委员45名；团县委发动全县团员青年开展“一创三争”① 活动。11月，县召开新长征突击手命名表彰大会，表彰新长征突击手360名，其中全国新长征突击手5名、省新长征突击手11名。1980年，全县广大团员青年积极参加“学雷锋、树新风”“五讲四美三热爱”②“争当社会主义精神文明先锋”等活动。1982年12月13日至23日，县第九次团代会召开，出席代表348名，选举产生第九届团县委委员30名，候补委员5名。

1973年8月，县召开妇女代表大会，选举产生县妇联第六届执委会，自此县妇联恢复正常活动。各级妇女组织为保护妇女和儿童合法权益，配合有关部门做好妇幼保健、计划生育和儿童工作，动员广大妇女积极投身经济建设主战场，为全县经济社会快速发展作出妇女应有贡献。1979年4月8日至11日，县第七次妇代会召开，出席代表802名，选举产生县妇联第七届执委会委员45名。1982年，县妇联组织全县广大妇女通过广播、街头橱窗和印发材料等形式，深入宣传《中华人民共和国宪法》《中华人民共和国刑法》《中华人民共和国婚姻法》等有关维护妇女儿童合法权益的法律条文，增强广大妇女尊法学法、知法守法的自觉性，在“两个文明”建设中发挥“半边天”作用。

第二节　社会事业的恢复与发展

粉碎“江青反革命集团”，特别是改革开放后，随着全党工作重心的转

①“一创三争”，是指创先进团支部，争当新长征突击手、争当优秀团员、争当模范团干部。

②“五讲四美三热爱”，指讲文明、讲礼貌、讲卫生、讲秩序、讲道德和心灵美、语言美、行为美、环境美，热爱祖国、热爱社会主义、热爱中国共产党。

移，工农业生产步入正常运转、加快发展的轨道，全县各项社会事业逐步摆脱困境，呈现蓬勃发展的生机和活力。

一、科技工作成效显现

1978年3月18日至31日，全国科学大会召开，会议制定了《1978—1985年全国科学技术发展规划纲要（草案）》。4月7日，省委召开大会传达全国科学大会精神。5月11日至16日，全省科学大会召开。盐城地区科学大会在1月份召开。根据省、地委部署，县委于10月8日召开全县科学大会，县委书记李培亮作《全党动员，大办科学，为加速我县科学技术现代化而奋斗》的报告，县委作出《关于加强科学技术工作领导的"七项决定"》，制定《1978—1985年建湖县科学技术发展规划纲要》，明确全县科技发展的奋斗目标、重点项目及保障措施。党的工作重心转移后，县委狠抓落实知识分子政策和科技人员归队工作，鼓励发明创造，推广应用新技术，全县科学知识的普及、科技水平的提高有了新进展。农业引进高产型水稻，改革传统的水稻栽培方法，棉花播种改多年习惯，采取营养钵育苗移栽，创造了粮、棉历史上的高产纪录。工业新产品不断涌现，县农药厂研制的粉锈宁农药获国家经委、科委、化工部"六五"攻关奖。科技致富门路越走越广，农村养鱼、养蚌、养兔、养鸡鸭等同步发展，较好地发挥了水网地区的优势。庆丰乡董徐村从保护农村生态环境和发展生态经济着手，建设生态村，收到了显著的生态、经济、社会效益，农牧渔业部专家组考察后，作了充分肯定。医卫系统技术人员对常见病、多发病的治疗进行持续不懈的研究，取得新成果。建东医院利用自制的泽泻丸治疗麻风病，取得良好疗效，受到有关科研部门关注。建阳眼科医院探索出治疗眼科白内障的"套出术"，引起医卫界重视。县人民医院研制的16-1针剂治疗乙型脑炎和实施肝癌小叶切除术得到省医疗专家肯定。芦沟卫生院自制的"妇炎灵"治疗霉菌性滴虫阴道炎疗效独特。

随着工农业生产的不断发展，全县科技机构不断健全，科技队伍不断壮大，科技力量不断增强。1980年，县农科所体制上升为地级管理单位，局级建制，隶属县农业委员会领导，主要从事粮棉油等良种引进，并进行对比试验、品种鉴定、提纯复壮和施肥研究等，同时与各公社（镇）、村（队）科研组、户建立农业科研网络，在不同地区进行一些对比试验工作，取得经验后在面上推广应用。县农机研究所重点开展引进、示范和推广适应本县农村的农机具和面向本地乡村企业搞技术咨询服务等工作。1979年2月至1982年6月，县内相继恢复和成立县农学会、畜牧兽医学会等学术团体9个。1982年5月，县科协批复建立19个社（镇）科协组织，加强科技知识的宣传普及和推广应用。此后，一些社镇还根据发展副业生产的实际需要，先后成立食用菌、果树、种子等专业研究会，在普及科学知识、传授实用技术、促进农民科技致富等方面发挥了较大作用。至1982年，全县先后承担国家级科研任务1项，省、地级科研任务34项，获省科研成果奖3项、市科研项目13项，有的项目达到省内甚至全国先进水平。

二、教育战线生机勃发

中共十一届三中全会后，全县教育系统认真贯彻执行党在新时期的路线、方针、政策，改革教育结构，调整学校布局，充实学校领导班子，加强师资培训，改善办学条件，教育系统上下出现前所未有的好形势。

发展幼教事业。1979年，县成立幼教机构，县妇联、教育、卫生、工会等部门参与，分别负责师资培训、教材编写、教学业务辅导和卫生保健等工作。1980年，钟庄公社幼儿园采取“队办校管”办法，幼儿园设在小学校园内或附近。1981年，建湖镇开办第一家私人幼儿园——“蓓蕾”幼儿班，县幼儿园收归县管，庆丰乡中心幼儿园从马庄小学附设幼儿班独立出来。1982年，上冈镇中心幼儿园被省妇联确定为重点幼儿园。

加强基础教育。1978年4月14日，县革委会发出《关于确定和办好全县中小学的通知》，认定县实验小学、庆丰公社马庄小学、沙庄公社沙庄小学、芦沟公社大崔小学、上冈镇上冈小学、高作公社高作小学为重点小学；认定建湖县中学、上冈中学、钟庄中学为重点中学。随后，各公社（镇）恢复中心小学，把普及初等教育作为一项重要工作来抓。1979年，全县初、高中开始向三年制过渡，分别于1982年、1984年过渡结束。1980年，庆丰公社马庄小学在全县率先试行年段教学任务过关责任制。1981年，县实验小学被确定为全省98所重点小学之一。1982年开始，小学逐步恢复六年制。全县有小学640所，比1978年减少125所；初中77所，比1978年增加55所；高中13所，比1978年减少28所。

推进成人教育。1978年，全县对农民文化程度进行调查摸底，建立农民文化档案，有计划有步骤地开展扫除青壮年文盲工作。1979年1月5日，县革委会发出《贯彻国务院关于扫除文盲的批示意见》，提出全党动员、全民参与，突击两冬春，在1980年五一前，全面完成青少年和壮年脱盲的目标任务。1981年，全县普遍兴起以“双补”① 为重点的职工教育热潮。县总工会和县经济主管部门创办的10所职工学校，常年开设职工文化技术课。近湖中学、福初中学、荡中中学分别开设幼师、机电、林渔职业班，近湖中学设职业高中班。

开办中高等教育。1979年，江苏省广播电视大学建湖教学班开班，招收机械专业1个班。1980年8月，建立江苏省广播电视大学盐城地区分校建湖管理站，为县属高等教育事业单位，站长由分管教育的县革委会副主任兼任。1981年5月，县卫生进修学校更名为县卫生干部学校，承担县内卫生系统在职人员及乡村医生的技术培训和省、市统招内招中专班教学任务。县农干校恢复办学，办培训班16期。1982年，县电大管理站举行首届学生毕业典礼。

三、文化体育竞相发展

文化事业扎实推进。中共十一届三中全会后，全县着力推进文化站（馆）、影剧场所等设施建设和文艺事业的繁荣发展。1979年，县工人文化宫移址新建工人电影院，1983年2月竣工开放。1980年春，中宣部下发《关于活跃农村文化生活的几点意见》后，恒济、庆丰、蒋营、高作、建阳5个公社在全县率先建成融科技、教育、文化、体育于一体的文化中心，开展群众文艺、科学普及、政策宣传、业余教育和群众体育等活动。1979年10月，县新华书店移迁新址，在县城增加门市部，新设上冈、沿河、钟庄销售点。1980年后，庆丰公社首先出现10多家农村文化户，随后发展到全县。1981年前后，县城多数基层工会建立图书室。1982年，县新华书店被评为省图书发行先进单位，获团中央、全国新华书店总店联合授予“全国少年儿童红领巾读书活动先进单位”称号。上冈人民剧场创塑特色经营服务，成为全省农村示范影剧场，1982年出席全国文化工作先进代表大会，受到文化部表彰。同年9月，上冈公社沙汪大队仇立祥办起全县第一

①“双补”，即初中文化补课、初级技术补课。

个电影放映专业户。建湖淮剧团、杂技团多次获各级文艺会演比赛大奖。专群结合的文化艺术创作人才辈出，提升了建湖文化软实力和社会知名度。

体育运动蓬勃开展。1979 年底，全县农村有乒乓球室 286 个。1981 年，上冈公社建成灯光篮球场。为解决学生体育活动场所偏紧狭小问题，全县有 11 所公社（镇）中心小学搬迁、扩建，人均体育场地增加到 3.6 平方米。体育人才不断充实。1978 年，全县有专兼职体育教师 95 名。1979 年，全县有球类、田径教练员 4 名；一级裁判员 2 名、二级裁判员 5 名、三级裁判员 21 名。从 1980 年起，县文教局和县体委分别在县教师进修学校和县体育场联办 5 期体育教师培训班。1982 年，县文教局和县体委组建体育业务班子，对全县五年制以上学校的兼职体育教师进行短期培训。体育亮点频现。1978 年，上冈中学获评全国学校体育工作先进单位，受到教育部、国家体委等联合表彰。1981 年，《国家体育锻炼标准条例》颁发，经庆丰公社马庄小学试行后，在全县中小学推行。上冈小学被评为全国体育达标工作先进单位。县实验小学女子篮球队参加盐城地区比赛获冠军。自 20 世纪 70 年代末开始，县实验小学开展“一人一球”训练活动，小运动员汤超在全省足球基本技术测验竞赛中，一次颠球 2200 次，被赛区称为足球新苗中的“颠球大王”。1981 年，他所在的小足球队在淮安比赛，以不败纪录夺得苏北赛区冠军。1979 年后，建湖县先后有 14 人和 2 个足球队参加 10 多次全国性比赛，获奖牌 15 枚，其中金牌 6 枚；足球队获全国分赛区第四名，并向国家队和国家青少年集训队输送运动员 6 名，培养运动健将 2 名、国家一级运动员 8 名。1978 年至 1981 年，建湖县承办江苏省和盐城地区体育比赛 3 次，向上级体育部门和体育院校输送运动员 179 名。县体委创造和总结的群众性体育工作经验，被国家体委下发《关于转发建湖县体委〈工作情况汇报〉的通知》进行推广。

四、卫生事业面貌一新

经过拨乱反正、落实知识分子政策，调动广大医务人员的积极性，全县卫生事业得到进一步发展。全县 17 个公社卫生院先后新建门诊、病房、X 光室、手术室等业务用房，并设置病床。6 个中心卫生院能诊治疑难综合病症，可做腹部难度较大的手术。农村普遍推行合作医疗，有农村赤脚医生 894 名。1978 年 6 月，县人民卫生院改称县人民医院。10 月县中医院筹建，1980 年 2 月开业。建阳眼科医院成为省内首家县级眼科专科医院，能做眼肿瘤摘除术、增视性虹膜切除术等高难度手术。1982 年底，全县有医疗卫生机构 73 个、病床 1830 张、医卫人员 1709 名。

广泛开展群众性爱国卫生运动。农村社队着力搞好“两管”“五改”“四清”[①] 工作，办沼气、打水井，改善人居环境和饮水条件；严格工业“三废”[②] 处理，配置公共卫生设施，加强公共卫生管理，提高全民环保自觉性。机关企事业单位开展义务劳动，突击清理卫生死角，划分区域，分片包干，落实卫生保洁责任，推动环境卫生管理常态化、长效化。1982 年起，开展全民“文明礼貌月”活动，实行“门前三包”，有效治理环境“脏、乱、差”现象，城乡卫生面貌大为改观，从源头上预防和减少了环境污染对人体健康的危害。

有效防控疫病暴发流行。1978 年，全县霍乱流行，发病点遍及 244 个大队和 30 个县直单位。为防止疫情传播扩散，7 月至 9 月实行交通检疫。此后每年 5 月 1 日至 10 月 31 日，各医疗单位都设立肠道门诊，发现阳性病人立即隔离救治，进行疫源清理消毒工作。同年底，境内消灭天花、霍乱、黑热病、斑疹伤寒、回归热、炭疽、钩端病、丝虫病、梅毒和雅司传染病。每年 5 月至 10 月各医疗单位开设疟疾镜检站，对门诊“四热”病人进行采血检索疟原虫，跟踪治疗患者。1981 年，疟疾发病率大幅下降，达到卫生部颁布标准。1979 年 5 月 22 日，根据盐城地区革委会下发的“二号病”[③] 疫情通报要求，县革委会召开全县“二号病”防治工作紧急电话会议。7 月 19 日，县委发出《关于进一步加强“二号病”防治工作的紧急通知》，全县完成疫苗接种 90 万人次，疫源检索 13 万多人次，封锁管控疫点、疫区，严格交通检疫管理，除 2 人死亡外，其余全部治愈，重返生产第一线。

---

①“两管”“五改”“四清”，管粪、管水；改水井、改厕所、改畜圈、改炉灶、改环境，清厕所、清猪圈、清畜粪、清除“四害”滋生土壤。

②“三废”，即废水、废气、废渣。

③“二号病”，指埃尔托霍乱，是一种由霍乱弧菌引发的严重肠道传染病，属于甲类传染病，是最高等级的疾病。

第四章　加强和改善党的领导

“文化大革命”期间，党的优良传统和作风受到严重破坏，纪律松弛，个人主义、无政府主义思想泛滥，一些干部还滋生了腐败现象。必须认真抓好党的自身建设，加强和改善党的领导，才能使党在社会主义现代化建设中发挥领导核心作用。县委积极贯彻落实中共十一届三中全会精神和省、地委部署，择准重点，拨乱反正，加快健全党的组织机构，选拔培养优秀中青年干部，调整充实各级领导班子，加强党员党性教育，正风肃纪，着力构建适应形势和任务要求的党建工作机制，发扬党的优良传统和作风，密切党群、干群关系，提升党的形象，促使全县各级党组织和广大党员干部，在改革开放和社会主义现代化建设中，更好地发挥核心领导作用和先锋模范作用。同时召开中共建湖县第六次代表大会，回顾中共十一届三中全会制定的路线、方针、政策的贯彻执行情况，全面总结五届县委的工作，明确今后三年全县经济和社会发展的奋斗目标，选举产生新一届县委领导机构，为推动全县经济社会稳步发展提供思想和组织保证。

第一节　恢复与加强党的组织建设

“文化大革命”期间，建湖不少地方的党组织遭到破坏，有的甚至处于瘫痪状态。1978 年后，经过全面拨乱反正，县委工作机构逐步恢复和建立，党领导下的人民武装及其工作机构也陆续开展工作和活动，走上正常运转轨道；同时整顿基层党组织，进一步规范基层组织建设。

一、恢复和建立各类县级组织机构

1978 年 8 月 7 日至 10 日召开的中共建湖县第五次代表大会，决定恢复县委纪律检查委员会，设书记、副书记、秘书、纪检员等职位。1981 年起，县委纪检委隶属地、县双重领导。1978 年 8 月 31 日，县委保密委员会恢复，各公社（镇）和县直各单位相应建立保密工作领导小组；10 月重建县人民检察院，恢复刑事检察职能。1979 年，县人民检察院恢复行使经济检察职能，受理贪污、行贿受贿、假冒商标、偷税抗税、挪用救灾物资等案件，全面担负审查起诉任务，恢复出庭支持公诉；4月10日，县委对台工作领导小组成立；10月11日，县委重设统一战线工作部；11月6日，恢复县人民武装委员会。1980年4月19日，县编史修志委员会成立，下设办公室；10月10日，县委老干部局成立；12月县司法局成立。1981年5月14日，县委政法委员会成立；6月27日，县人大常委会、县政府、县政协分别建立党组；11月8日，县委、县政府组建信访办公室。此外，县民工团党委、海丰海堤加固工程团党委、县农委等委办党组、县供销合作联社和县纺织工业公司党委相继成立，县委精神文明建设领导小组和县人民检察院党组成员也作了调整充实。县陆续恢复建立的组织机构还有：科学技术委员会、农业机械管理局、供销合作联社、高校中专招生委员会、军队转业干部安置工作领导小组及办公室、对外贸易局、中国人民建设银行盐城地区支行建湖办事处、人事局、职工教育领导小组及办公室、基本建设局、物价委员会、科学技术协会、劳动局（县上山下乡和下放人员办公室与其合署办公）、副业办公室、技术职称评定委员会、农业委员会、纺织工业公司、卫生干部进修学校、气象局、绿化委员会等。

上述机构恢复或新建后，根据省政府文件精神，县编委上报核准全县行政编制1168名，其中公社（镇）461名。原使用行政编制、有企事业经费来源的单位，增设企事业编制；定编数偏高的政企合一单位，适当调减行政编制。县委、县政府结合机关改革，明确各部门职责，制定机关岗位责任制，促使县级机关工作人员增强责任意识，提高工作效率，树立党政机关在人民群众中的良好形象。

二、整顿党的基层组织

1982年，县委组织全县19个公社（镇）和县直10个主管部门党委对所属基层党组织的运行状况进行调查摸底和分析排队。全县1147个党支部，其中好的328个、一般的764个、差的55个。差的支部中（属于瘫痪或半瘫痪的支部6个），有农村大队支部28个、公社（镇）直属单位支部15个、县直单位支部12个。为整顿好这些差的支部，按照地委《关于在今冬明春整顿好问题多而严重的基层党组织的通知》要求，7月底县委制定了全县基层党组织整顿工作计划，并在高作公社蒋王大队先行试点，

8月又在高作公社唐界大队和利民大队、上冈公社冈南大队、近湖公社刘桥大队、草堰口公社永丰大队、庆丰公社交管站和上冈轧花厂7个单位扩大试点。与此同时，5个单位提前整顿，9月下旬结束。其余42个支部，分两批进行：第一批28个支部从10月中旬开始至11月底结束；第二批14个支部从12月上旬开始至次年1月20日结束。各基层党委和县直单位党组织根据县委要求，制定具体整顿计划，明确每批整顿单位、时间和工作组成员及负责人。整顿工作以公社（镇）党委和县直部门党委（组）为主，县抽调人员成立工作组。从试点到扩大试点，县、公社（镇）抽调60多人，分别进驻各个试点。在扩大试点整顿工作开始前，集中进行专门训练。扩大试点工作结束后，县委组织检查验收和总结交流。

全县基层党组织整顿工作在县委统一领导下进行，由县委副书记陈金鹏和县委常委、组织部部长洪志爱共同牵头主抓，县委组织部明确1名副部长具体负责，宣传、纪检、群团等部门密切配合，各公社（镇）、县直各部门分别明确1名领导分工，组建专门班子具体抓。组织部门成立检查组，到试点和整顿单位巡回督导。县直和公社（镇）下属单位支部的整顿工作，以条条为主，县直部门、公社（镇）党委协助，条块结合、同向发力。整顿工作持续3个多月，坚持思想整顿为主，重点解决领导班子问题。通过由点到面、循序渐进的整顿，全县各级党组织班子逐步调整配齐，改变了少数支部党不管党、软弱涣散状况，健全完善了党内民主集中制、组织生活制度和工作机制，基层党组织的凝聚力、战斗力显著增强，各级干部的示范带头作用和共产党员的先锋模范作用得到了更好发挥。

三、规范基层组织建设

县委坚定不移地贯彻执行党的思想路线、政治路线和组织路线，集中力量抓好经济建设和社会事业发展，统筹推进党的思想建设、组织建设和作风建设，整顿健全各级党组织和领导班子，提高党员干部的思想政治素质和党组织的领导、协调、应变能力，为全县经济腾飞、群众治穷致富提供强有力的组织保证。党的工作重心转移后，县委围绕经济建设中心，突出抓好5个方面工作，不断加强党的建设。

加强思想政治教育。根据中共中央和省、地委关于加强党员思想政治教育的要求，县委采取抓领导带一般、抓机关带基层的办法，以《党章》

和《关于党内政治生活的若干准则》为基本教材，通过举办培训班、集中上党课、举行报告会、组织讨论等形式，有计划地对全县广大党员干部进行党的政治路线和思想路线教育，加强党的团结统一教育，加强党的民主集中制和组织纪律教育。1980 年，县委党校培训党员干部 1600 多人次，县直各系统分期轮训 4500 多人次。

健全组织生活制度。1980 年，县委在近湖公社桥东大队进行贯彻执行《农村党支部工作条例（草案）》的试点，以点带面，开展农村加强基层组织建设的探索与实践，全县农村 403 个党支部普遍恢复和坚持“三会一课”① 制度。抓好各级党委民主生活会和党员领导干部双重组织生活制度的落实。全县 19 个公社（镇）党委和基层党支部都坚持了这项制度。县委组织部定期调阅或抽阅基层党委、支部的民主生活会记录，将查阅情况在党组织负责人会议上通报、点评，促使各级党组织生活走上正常化、制度化、规范化轨道。

抓好党员发展管理。县委要求全县各级党组织按照“坚持标准，慎重发展，改善结构，保证质量”的原则，注重在生产一线、知识分子中发展党员，在无党员的生产队和党员人数较少的生产队、无女党员的大队发展党员，在无党员的车间、商店、学校、社（镇）办工厂发展党员。1979 年底，全县有 20 个生产队没有党员，8 个大队没有女党员，经过一年多的时间，分别发展 50%和 37.5%。1979 年至 1982 年，全县发展党员 3830 名，其中知识分子、科技人员 309 名。从 1982 年起，发展党员的重点放在科技、教育、卫生战线的知识分子和生产一线的中青年骨干上。

做好换届选举工作。1982 年初，县委组织部门按照“三位一体”要求和差额选举办法，新建 2 个党总支和 21 个党支部，改选 5 个党总支和 138 个党支部。同年底，全县有基层党委 23 个，比 1978 年增加 1 个；党总支 44 个，比 1978 年增加 28 个；党支部 1147 个，比 1978 年增加 241 个；党员 26561 名，比 1978 年增加 4380 名。

开展“创先争优”活动。1980 年 6 月，县委召开 1979 年度获评先进党支部和优秀党员代表座谈会，利用录音广播宣传先进经验和模范事迹，推动全县“创先争优”活动开展。此后，每年年终在基层党组织和党员中，

---

①“三会一课”，即支部党员大会、支委会、党小组会，党课。

开展一次评选先进党支部和优秀党员活动。1981 年，结合年终总结，全县各级党组织评选表彰先进党支部 61 个、优秀党员 1150 名。

第二节　培养选拔优秀中青年干部

培养选拔优秀中青年干部，积极稳妥地解决各级领导班子的接班人问题，是摆在全党面前一项十分紧迫的战略任务。1980 年 8 月，邓小平在中央政治局（扩大）会议上发表《党和国家领导制度改革》的讲话，提出逐步实现各级领导干部革命化、年轻化、知识化、专业化要求，成为全党培养选拔任用优秀中青年干部的重要依据和标准。县委要求全县各级党组织按照中共中央和省、地委部署，破除论资排辈、求全责备的思想障碍，坚持任人唯贤、德才兼备，打破常规、不拘一格，从优秀干部和科技人员、大中专毕业生、生产一线工人和农民中挑选一批优秀后备干部，因人而异地培养、锻炼、提高，从严要求，全面考核德、能、勤、绩、廉情况，成熟一个提拔一个，把优秀中青年干部选进各级领导班子。

一、加大干部培训考核力度

1978 年，建湖县干部学校成立，此后干部培训工作逐步走上正轨。恢复干部考核制度，明确考核标准和内容，坚持德才兼备、任人唯贤原则，按照各类干部所担任的职务应具备的条件，考核德、能、勤、绩 4 个方面，后增加廉政内容。1979 年，选拔 104 名干部分期进党干校培训。分批选送 347 名中青年干部报考高校和中专，分别获得毕业文凭。1980 年至 1981 年，通过多种渠道轮训各类干部 6100 多名，21 个单位自行培训 5000 多名干部；县委党校负责轮训 480 多名副科级和 470 名公社（镇）及县直无条件培训的一般干部。1981 年，县委采取“定向培养”，建立第三梯队，选拔 241 名后备干部作为重点培训对象。1982 年，挑选 258 名后备干部分批参加党校学习培训。

二、加快建立后备干部队伍

1980 年 1 月 8 日至 12 日召开的全县组织工作会议提出，从 1980 年起，县委掌握 240 名 40 周岁左右，能够担任公社（镇）和部委办局以及较大工厂、公司、县属中学等企事业单位领导干部的后备名单；各部委办局要有1至2名40周岁以下的后备干部，各公社（镇）要有3至4名35周岁左右的后备干部，农村大队要有2至3名30周岁以下的后备干部。全县各级党组织和组织部门按照“三位一体”要求，充分发动群众，开展民主推荐领导班子后备干部工作。至1980年底，各公社（镇）、县各部委办局和公司级以上的企事业单位推荐后备干部900多名，被列为重点考察的450多名。1981年4月20日和6月25日，县委2次召开全县组织工作会议，加大优秀中青年干部的培养选拔力度。抽调27人组成“三位一体”工作班子，各部委办局和公社（镇）组成考察组，全面考察副科级以上领导干部284名、后备干部237名，同时考察120多家公司级以上企事业单位和662个独立核算股级单位领导班子成员及后备对象，选拔117名优秀中青年干部充实各级领导班子，其中专业人员45名。

三、调整充实各级领导班子

20世纪80年代初，建湖县各级领导班子不适应改革开放新形势和社会主义现代化建设需要的问题尤为突出，班子中缺少一批年富力强、有专业知识的干部。1980年，建湖县委常委平均年龄48.9周岁，比中央要求的高3.1周岁；公社（镇）党委书记、主任平均年龄44.5周岁，个别副主任年近60周岁；全县35周岁以下青年干部仅28名；正副书记、正副主任中专以上文化程度占18%。建湖镇6名书记、主任平均年龄53周岁；县各部委办局领导班子平均年龄51.7周岁，中专以上学历17人。工厂、公司、学校等企事业单位情况类似。县直工业系统240名正、副厂长，大专以上文化仅占2.4%，商业局下属公司58名正、副经理，其中懂业务的仅17人。

针对上述情况，县委及时采取措施，加大培养选拔中青年干部力度，调整充实各级领导班子。通过培养选拔优秀中青年干部，加强全县各级各类领导班子建设。调整后，各级领导班子出现了3个明显变化：一是平均年龄下降。调整前公社（镇）领导班子成员平均年龄44.5周岁；调整后下降2.5周岁；公社（镇）正副主任（镇长）平均年龄41周岁，比调整前下降2.7周岁。二是文化水平提高。公社（镇）领导班子成员中，高中以上文化程度由28.7%提高到39.4%。三是专业人员增加。调整前公社（镇）班子中专业人员27名，调整后46名；科技人员经考核晋升为工程师、农艺师、畜医师的 14 名，为主治医师的 24 名，套改为助理工程师、农艺师、畜医师的 167 名。1982 年 8 月，县委书记李培亮在县第六次党代会上再次对培养选拔优秀中青年干部作出部署。随后，全县抽调 300 名干部组成专业考察队伍，对县、公社（镇）干部进行考察了解，挑选 258 名后备干部重点培养，当年进班子 14 名。1980 年至 1982 年，全县提拔到县、社镇（包括部委办局）领导岗位的 152 名，其中专业技术人员 71 名。安排 56 名副科级以上干部退居二线，帮助 1827 名离退休干部办理了离退休手续，调整一批不适应、不胜任现职的干部，进一步改善和优化各级领导班子结构，提高了适应和领导社会主义现代化建设的能力。

第三节　加强党的纪律检查工作

中共十一届三中全会作出了一系列加强党的建设的部署，决定健全党规党法，严肃党纪，整顿党的作风。全会重新成立中央纪律检查委员会，具体负责党纪党规的制定与推进落实。为保证党的路线、方针、政策的贯彻执行和国民经济调整工作的顺利进行，搞好党风党纪，加快社会主义现代化建设，县委于 1981 年 7 月 17 日印发《关于加强纪检工作领导的几个问题的通知》，各公社（镇）党委和县直有关部门分别成立纪检组。此后，县委纪检委体制上升为中共建湖县纪律检查委员会。县纪律检查委员会成立后，认真履行《党章》赋予的职责权利，在加强党员干部党性党风党纪教育、查处和纠正群众反映强烈的不正之风、密切党群干群关系、改善和提升党的形象等方面做了大量工作。

一、学习贯彻《关于党内政治生活的若干准则》

1980 年 2 月 23 日至 28 日召开的中共十一届五中全会通过《关于党内政治生活的若干准则》（以下简称《准则》），3 月 15 日在全国公布。3 月 16 日至 24 日，省委召开六届三次全会，传达学习贯彻中共十一届五中全会精神，要求全省各级党委组织广大党员干部，认真学习，切实执行《准则》。3 月 27 日，地委召开县委书记会议，传达学习贯彻中共十一届五中全会精神，讨论加强和改善党的领导问题。根据中共中央和省、地委部署，县委把学习贯彻《准则》，促进党风好转作为加强党的思想政治建设的一项重要任务。制订培训教育计划，提出贯彻实施意见。4月2日至6日，县委召开五届四次全委（扩大）会议，传达学习中共十一届五中全会公报和《准则》，研究制定加强和改善党的领导的具体措施，着力抓好培养选拔优秀中青年干部，解决各级领导班子接班人问题；坚持党委领导下的分工负责制和集体会办制度，克服以党代政、党政不分现象；加强党员的思想政治教育，发挥先锋模范作用；严肃党纪，端正党风，切实解决群众反映强烈的突出问题。4月下旬开始，县委利用1个月时间，分两批对县级机关和企事业单位党员领导干部进行轮训。每批培训分三步进行：学习《党章》《准则》，弄清党的性质、任务和党员的权利、义务；对照《准则》开展谈心谈话活动，进行批评与自我批评；围绕存在问题，分析根源危害，制定整改措施。11月10日至14日，县委召开常委会（扩大）会议，学习中纪委1980年二号通报，总结贯彻执行《准则》情况，县委常委带头对照检查，主动查摆问题，开展批评与自我批评。通过学、排、查，议、帮、纠，制定车船使用等8项规定。根据中纪委的通知精神，县纪委成立3个检查组，分线按片对全县各地党组织和党员干部贯彻执行《准则》和中共中央、国务院的有关规定以及中纪委1979年以来发出的通知、通报情况，进行一次全面检查，并向县委作出书面汇报。在宣传贯彻执行《准则》、端正党风先进典型的同时，对严重违反《准则》的人和事进行严肃处理。针对薄弱环节，进一步完善党要管党，实行党政分开；坚持民主集中制，健全党内民主生活；坚持《准则》面前人人平等，反对特权和生活特殊化3项制度。

县委还将学习贯彻《准则》列为农村党员干部的冬训内容。1980年11月24日至12月3日和1981年1月18日至20日，2次召开全县三级干部会议，培训业务骨干；派出宣讲团，深入社队宣讲。19个公社（镇）举办43期训练班，轮训基层党员干部3.29万名。冬训期间，参训人员按照《准则》要求，认真对照检查，开展批评与自我批评，收到较好成效。刹住私人乱建住房歪风。1980年1月至10月，仅县城规划区内乱建私房的就有184户，其中不少是党员干部；利用职权违规建私房的3名公社（镇）党委负责人除作检查外，县委还给予他们纪律处分，房子作价归公。归还超支挪用的公款。据对冈东、草堰口、裴刘、辛庄、沿河、近湖等公社16个大队的调查，冬训前122名基层干部超支挪用公款，冬训后88人归还挪用的公款。吃喝浪费等不正之风收敛。近湖公社新东大队干部将违规使用的招待烟全部作了退赔，高作公社大尖大队干部对违规吃喝的错误作了检讨，冈西公社沿河大队书记如数退回违规收取的人情钱。

二、查处信访和违纪案件

随着《准则》的深入学习贯彻，全县广大党员对维护党纪、搞好党风的要求越发强烈，信访控诉案件比例逐渐增加，主要反映少数党员干部作风不民主、强迫命令、打击报复、损公肥私和生活腐化等问题。打击经济领域严重犯罪活动开展后，揭发党员干部经济问题的人民来信剧增。1978年至1981年，县委纪检委先后受理涉及党政纪控（申）诉来信3628件，接待来访460人次，其中重复信访1149件。按照分级处理原则，转有关部门办理3775件，县委纪检委立案查处319件，结案315件。县委纪检委坚持服务中心，重抓经济案件查处，处分党员178名。

三、纠正党内不正之风

县委纪检委在组织学习贯彻《准则》中引导党员干部边学边联边改。1980年9月和1981年10月，先后2次对各公社（镇）和县级机关单位贯彻执行党纪党规情况进行检查：查党的路线、方针、政策的贯彻执行情况，看各级党组织和党员干部的思想路线是否端正，是否同中共中央保持政治上的一致；查民主集中制执行情况，看党委集体领导是否加强；查不正之风纠正情况，看领导干部是否带头执行《准则》，抵制和克服不正之风。检查中，对发现的问题，制定措施，狠抓整改，推动党风进一步好转。

查处乱建私房和乱迁户口问题。县委书记带队，抽调纪检委、计委、基建局、公安局、近湖公社、建湖镇等有关人员，成立51个检查小组，对《准则》公布后240户建房户的户口性质、原有住房情况、新建住房的审批手续等调查核实。在被调查的建房户中，涉及副科级以上干部23户，股（组）长级干部76户，一般干部、职工2141户。对符合建房条件，但在土地、资金、材料、用工等方面有问题的46户，多占土地的教育其退出；经济上占便宜的如数补交；宕欠公款，落实分期还款计划，并在一定范围内作检讨，取得群众谅解后，房屋产权归个人所有；夫妻双方有一方不是城镇定量户口，或双方虽是定量户口，但建房时严重违章违纪的，按自我报价、实地测算、集中审核的办法，将房屋作价归公。在整治乱建私房风潮中，县委组织有关部门调查清理各地将户口非法迁入县城郊区的170多户440人，动员全部返回原籍，个别拒不迁回原籍的一律注销户口，并对建湖镇周围的14个大队严加管理，凡户口迁进必须经县批准，有效制止了乱建私房、乱迁户口的歪风。

清理私招乱雇临时工。据调查，至1981年8月底，全县使用临时工6710人，私招乱雇2740人。11月14日，县委下发《关于清理私招乱雇临时工、压缩计划外用工的通知》，明确清理对象、范围和政策界限及具体要求。11月26日，县委召开清理私招乱雇临时工、压缩计划外用工动员大会，推进清理工作有领导、按政策、分步骤地进行。除城镇定量户口的待业人员、经县革委会批准的征地代劳人员、因公致残人员或残废军人、20世纪60年代下放职工、古居城镇压缩户口人员、企业单位特聘技师和对单位贡献大且生产离不开的人员外，凡未经劳动部门批准而私招乱雇的临时工和虽经劳动部门批准，但超期超计划使用的临时工，全部清退。此次专项清理工作结束后，经统一检查验收，达到了县委提出的整改要求。

第四节 中共建湖县第六次代表大会

1982年8月16日至19日，中共建湖县第六次代表大会召开，出席代表390名。这次会议是在农村经济体制改革逐步深入、城市经济体制改革积极准备的情况下召开的。大会以党的思想路线、政治路线、组织路线为指导，以加强党的建设、改善党的领导、开创社会主义现代化建设新局面为中心议题，审议并通过李培亮代表五届县委所作的《加强党的建设，提高党的战斗力，为发展社会主义物质文明和精神文明而奋斗》工作报告；审议通过县纪律检查委员会工作报告，讨论通过《1982—1985年全县经济发展计划》。

大会总结了五届县委所做的工作，回顾中共十一届三中全会制定的路线、方针、政策的贯彻执行情况。全面总结五届县委取得的主要成绩：恢复和坚持党的实事求是的思想路线，提高同中共中央在政治上保持一致的自觉性；落实党的政策，复查和平反冤假错案，发展安定团结的政治局面；及时转移党的工作着重点，保证工农业生产的正常秩序；注重关注民生，逐步提高人民群众的生活水平；加强党组织建设，党的优良传统和作风得到恢复和发扬；逐步健全社会主义民主法制，党对各级政权组织的领导作用得到加强。

大会明确今后三年全县经济社会发展的奋斗目标和推进措施：到 1985 年末，全县工业、农副业总产值分别达 3 亿元。农副业产值中集体多种经营产值 7000 万元（人均过百元）；粮食总产 9.5 亿斤，棉花总产 2100 万斤；农民人均纯收入 350 元。大会要求狠抓关键措施，依靠政策和科学，持续发展农业生产；全面贯彻农业方针，发展多种经营；围绕提高经济效益，搞好工业生产；在发展生产的基础上，逐步提高人民生活水平。

大会选举产生中共建湖县第六届委员会和县纪律检查委员会。六届县委由 35 名委员和 5 名候补委员组成，县纪委由 9 名委员组成。县委六届一次全会选举产生常委会，李培亮为县委书记，魏福宝（女）、陈金鹏、洪志爱为县委副书记，李培亮、魏福宝（女）、陈金鹏、洪志爱、嵇德柱、王德才、王学鲁、陆为农、雷涤生为县委常委；县纪委六届一次全会选举产生纪委常委会，陈金鹏兼任县纪委书记。

第二编
改革开放的全面展开与经济社会的稳步发展
（1982 年 8 月—1992 年 3 月）

第五章　经济体制改革和对外开放的全面展开

中共十二大召开后，经济体制改革全面展开，农村改革以稳定和完善家庭联产承包责任制为主要任务，在巩固的基础上进一步深入。改革的重点逐步转向城市，城市经济体制改革由试点发展到全面铺开。农村改革调动了广大农民的生产积极性，解放了农村生产力，但城市经济体制中严重阻碍生产力发展的种种弊端还未从根本上消除。1984 年 10 月，中共十二届三中全会通过的《中共中央关于经济体制改革的决定》（以下简称《决定》），总结中华人民共和国成立后，特别是中共十一届三中全会以来经济体制改革的经验，提出和阐明经济体制改革的一系列重大理论和实践问题。11 月 12 日至 17 日，省委召开六届九次全委（扩大）会议，传达学习中共中央《决定》精神。根据中共中央和省、市委部署，县委带领全县人民深入学习贯彻中共十二大、十三大精神，继续推进农业农村改革，全面启动城市经济体制改革，实行经济对外开放，召开中共建湖县第七次代表大会，制定实施“七五”计划和“六五四三”战略，奋力开创经济社会发展新局面。

第一节　学习贯彻中共十二大、十三大精神

1982 年 9 月 1 日至 11 日，中国共产党第十二次全国代表大会在北京举行。中共十二大结束后，9 月 21 日至 25 日，省委召开地市县委书记会议，对全省贯彻中共十二大精神作出部署。10 月 14 日至 31 日，省委举办第一期中共十二大文件学习班。21 日，省委书记处召开会议，检查全省学习十二大文件情况，要求把学习逐步引向深入。随后，地委召开县委（区）书记、县（区）长联席会议，部署学习贯彻中共十二大精神，明确指导思想，抓好改革开放，把各项经济工作搞得更好。根据省、地委部署，县委及时抓好中共十二大精神的学习贯彻工作。中共十二大代表、县委书记李培亮

首先向县委、县人大常委会、县政府、县政协和各部委办局负责人传达中共十二大精神，并到近湖公社桥东大队施墩生产队、镇北大队第五生产队、严桥大队第一生产队，同当地干群研究贯彻落实中共十二大精神的措施。9月21日，县委召开县直机关党员干部大会，县委书记李培亮介绍中共十二大盛况，传达中共十二大主要精神，县委副书记洪志爱作动员部署。9月28日至29日，县委召开六届二次全委（扩大）会议，重点学习中共十二大文件，宣讲大会精神，决定组织宣讲队伍到农村基层宣讲。10月4日至10日，县委举办中共十二大精神宣讲员集训班，结业后到生产大队、街道反复宣讲大会精神，至10月底结束。11月5日，县委对全县党员干部系统学习中共十二大精神作出安排，至1983年春节前，举办5期轮训班，每期15天。

1987年10月25日至11月1日，中国共产党第十三次全国代表大会在北京举行。11月13日至18日，省委七届六次全委（扩大）会议召开，部署全省学习中共十三大精神，把改革和建设推向新的发展阶段。12月8日，省委发出《关于学习宣传党的十三大精神，开展党在社会主义初级阶段基本路线教育的意见》。11月11日，市委召开市级机关和市直单位党员科级以上干部会议，组织学习中共十三大文件。12月3日，市委召开一届八次全委（扩大）会议传达学习中共十三大、省委七届六次全委（扩大）会议和省委工作会议精神，部署下阶段工作任务。根据省、市委的部署，县委积极抓好学习贯彻落实工作。在中共十三大开幕后的10月26日，县委办公室即印发《学习贯彻党的第十三次全国代表大会文件精神的通知》。11月6日，县委召开党员大会，部署学习贯彻中共十三大精神。11月21日至28日，县委召开七届六次全委（扩大）会议，学习中共十三大文件，研究全县经济发展战略。12月1日，县委转发县委宣传部《关于在我县农村开展冬训，认真学习十三大文件的意见》，通过图片展、文艺演唱、专业户或联合体现场宣讲等形式宣传中共十三大精神。1988年6月中旬至8月底，县委在全县组织开展“共产党员如何经得起执政和改革开放考验”大讨论，要求全县各级党组织和广大党员深入学习中共十三大精神，切实加强党的自身建设，全面树立新时期共产党员的良好形象。通过广泛深入的学习宣讲，广大党员干部和群众进一步解放思想，更新观念，破除闭关自守、坐井观天、自我循环的封闭意识，确立开放型、外向型经济指导思想；破除僵化观念，确立运用价值规律调整物价，稳定市场秩序；破除“小富即安”“小改即止”观念，确立放胆实干、锐意进取、不断探索的思想。

第二节 推进农业农村改革

根据中共中央文件精神，省委、省政府作出《关于大力发展农村商品生产的若干政策规定》，市委、市政府作出《关于大力发展商品生产，放宽农村经济政策的若干补充规定》。为深入贯彻落实两个“规定”，进一步调动广大农民的积极性，大力发展商品生产，加快实现翻番步伐，促进农村经济振兴，1984 年 4 月，县委印发《关于大力发展商品生产，放宽农村经济政策的实施意见》，稳定和完善农业生产责任制，改革农村管理体制，积极发展“两户一体”，建立健全农村社会化服务体系，鼓励农民进集镇经营，大力疏理流通渠道，进一步增加农民收入，减轻农民负担，提高农民生活水平。1987 年 1 月，县委、县政府印发《关于进一步深化农村改革的意见》，重抓农村管理体制、服务体系、乡镇企业的改革和搞活农村经济，颜单镇试点进行乡镇级经济综合改革。1988 年 1 月，县委、县政府出台《深化经济体制改革的意见》，积极推进农村第二步改革，大力发展个体经济和私营经济，按贸工农要求改造农村产业，建立商品粮基地、纺织原料基地、水产品基地、畜禽基地、经济作物和土特产品基地。发展地区性合作经济组织，村级经济合作组织全部建立；加快乡镇企业改革步伐和农村基层财贸单位改革，进一步搞活农村经济。

一、完善农业生产责任制

1982 年 10 月，县委出台《农业生产统分结合，联产承包责任制试行办法》，家庭联产承包责任制在县内全面推行，县委、县政府根据省地要求，结合农村实际和发展需要，突出重点，探索突破，推行新的改革举措，调动和发挥干群积极性，进一步解放和发展农村生产力。1985 年 1 月 1 日，中共中央、国务院发出的《关于进一步活跃农村经济的十项政策》文件指出，要进行农村第二步改革，主要改革农副产品统购派购制度，调整农村产业结构，促进农村商品经济发展，理顺农民和国家的利益关系。1988 年

3月，县委、县政府根据中共中央和省、市委部署，专门成立农村二步改革协调指导小组，各乡镇成立相应组织，全面深化农村二步改革工作，改革粮棉等主要农作物统购统派制度，进一步调整农村产业发展结构，加大农产品市场交易，促进农业发展、农民增收、农村稳定。1989年2月，县委印发《关于进一步稳定完善家庭联产承包责任制的意见》，从服务业入手完善双层经营机制，建立健全土地经营制度，加强农业承包合同的管理，继续实行农民负担“定项限额”，稳妥推进农业规模化经营，大力发挥村级经济合作组织职能，推进农业生产再上新台阶。

1983年，进入土地一轮承包期，全县农村初步形成以农户为基本生产经营单位，集体经济组织提供土地发包和产前、产中、产后服务的双层经营体制。当年全县粮食总产比1978年增长35.6%；棉花总产比1978年增长80%。油料总产是1978年的8.7倍。1984年至1985年，为联产承包的完善阶段。县委、县政府延长土地承包期，实行土地“大稳定、小调整”。1986年，县委强调联产承包必须坚持“八统一”① 原则，以合同形式确定双层经营关系、集体经济组织和承包户的责权利，共同信守合约，年终结算兑现。同时，落实多种经营、工副业生产责任制，抓好村级积累，壮大集体经济，增强发展能力。

1987年7月19日，全县第一个农村经济合作社在颜单镇双漕村成立，年末发展到46个。经济合作社代替了村农业服务站的生产服务和村承包土地管理等职能。与此同时，根据农民发展专业生产的需要，建立多种形式的专业生产合作社。1988年，全县408个村均成立经济合作社。合作社建立后，不断强化“统”的功能：计划性统，宏观上引导每个农户的种植经营计划，使农户的经济行为与宏观发展计划一致；政策性统，教育农民树立爱国家、爱集体的思想，按时交纳农业税、“两金一费”② 和统筹款，完成国家粮棉油合同定购任务；服务性统，向农民提供发展商品生产的全过程服务。

①“八统一”，指统一落实国家下达的指令性任务，统一安排种植计划和品种布局，统一管理和调度使用中型农机具，统一管理用水和农田水利设施，统一组织抗灾救灾，统一组织、指挥农作物防病治虫，统一规划落实农房建设、农田基本建设和公共设施，统一进行责任制的调整完善和合同的结算兑现工作。

②“两金一费”，指公积金、公益金、管理费。

农村实行家庭联产承包责任制初期，由于土地承包期短（一般1至3年），农业比较效益低，农户不愿增加对土地的投入，采取只种不养的掠夺式经营方式，致使耕地肥力下降。还有一些农户因外出务工经商，出现责任田抛荒现象。1984年中共中央一号文件发出后，县委按照“尊重群众意愿，有利生产发展”的原则，要求各乡镇合理调整责任田，发放土地使用证，土地承包期从3年延长至15年。提倡资源性利用，支持开发性承包，鼓励土地向种田能手集中，发展适度规模经营。对因人口变化需要调整承包土地的，采取“两田互补”的办法，即人包口粮田，劳包责任田；对因劳力变化，无力耕种的，可适当调减，或由农民自行转包。1988年，全县普遍推行“四联”① 承包法，落实地力保证金，解决土地经营中国家计划与农民经营自主权、片面追求产出与地力下降、稳定粮棉生产与粗放经营的矛盾，合理安排“定项限额”，明确规定非农经营人员按规定缴纳积累和筹集建农资金，强化农村集体积累机制，力促农业生产稳定发展。1989年3月，县委提出在完善和稳定土地承包中，鼓励农民长期经营，增加投资，培肥地力，遏制耕种短期行为；允许土地承包经营权转让，实行多种形式的代理制。实施“两田制”改革，即口粮田按人平均分配，由农户长期经营；责任田招标承包，提高土地生产效率。对于土地划分过碎、人劳比例失当，群众要求调整的地块，适时进行有组织、有领导、有计划的调整。进行土地调整的，在相对稳定承包基数的基础上，实行土地分等定级，分级负担，解决好丑田、远近田搭配承包造成的土地碎片化问题。“两田”位置分开的地方，将少数纯包口粮田农户的承包地单独划开，专门种植粮食。纯农户的“两田”，实行分账合田，按粮棉布局分配，轮番种植。承包期内承包者弃耕抛荒的，按合同征收土地闲置费。试行土地抵押承包，在签订合同时交纳一定数额的押金，林桑、果园地以及鱼塘、内河水面等推行招标抵押承包，建立完善地力保证金制度。乡村企业按规定提留建农基金，农村公积金提取比例不低于农业承包纯收入的3%至4%。1990年，各地推行“双向承包”：农民包“四联”任务完成；集体包提供良种、农机、农电、排灌、植保、购销和农经等服务，有的地方还向农户提供生产资料服务，发挥双层经营统一服务功能，进一步调动了农民生产积极性。

①“四联”，即联系种植计划、产量、上交和有机肥投入。

二、改革农村管理体制

1983年1月10日至14日，省委召开农村体制改革座谈会，会议确定基本上以原有公社的规模建乡，个别特大型的公社作适当调整；基本上以大队建村，设立村民委员会，作为群众自治组织。3月11日召开的省五届人大十八次会议通过《关于农村人民公社有准备、有步骤地实行政社分设的决定》。2月4日，地委召开农村体制改革座谈会，要求各县推广政社分设、以乡镇管村的经验。3月，全市县以下行政区政社分设工作全面展开。根据省、地委部署，县委于1983年7月1日至3日召开农村管理体制改革工作会议，部署农村管理体制改革工作，决定选举乡人民政府，村一级建立党支部和村民委员会两套班子，生产队与新建立的村民小组实行两块牌子一套班子，担负自治和生产职能。8月，全县推进农村管理体制改革，实行政社分设，撤销人民公社管理委员会，成立乡镇人民政府和人民公社经济联合委员会。公社改为乡人民政府，设立经济管理委员会，承担政社分设后公社的经济管理工作。下设1室3公司，即经济管理办公室，工业交通公司、农业公司、副业公司。10月12日，中共中央、国务院发出《关于实行政社分开建立乡政府的通知》。根据中共中央、国务院通知精神和省、市委要求，建湖县于1984年上半年，全面完成农村管理体制改革。1985年，乡经济管理委员会撤销，其管理经济的职能移交乡人民政府。

随着农村管理体制改革的推进，原人民公社党委改为乡党委。1985年3月，撤销原上冈镇与上冈乡党委，合并新建上冈镇党委。1987年7月，经省政府批准，高作、建阳、颜单分别以原辖区范围改镇，实行镇管村体制；8月，3个乡党委分别改为镇党委。1991年4月，撤销庆丰乡，设庆丰镇。至1992年底，全县有近湖、芦沟、裴刘、沿河、冈东、草堰口、冈西、钟庄、辛庄、蒋营、恒济、荡中12个乡党委和建湖、上冈、建阳、高作、颜单、庆丰6个镇党委，以及开发区党工委。

1987年，县委、县政府作出一项重大改革决策：围绕进一步发展商品生产，赋予乡镇统一领导协调所在乡镇部门单位权力，招贤任能、考核任用干部，确定乡镇发展商品经济路子；恢复乡镇对农技站、农水站、交管站、农电站、财政所等单位“人、财、物”的领导和管理权力，人员性质不变，原主管部门继续加强业务指导；供销社、信用社、兽医站以及县下伸到乡镇的集体企业和单位，实行条块结合，以块为主；物资站、粮管所、粮库、粮油加工厂、食品站、水产站，以及税务所、工商所、营业所等全民所有制单位实行双重领导，以条为主，但在改革实施、干部任免等重大问题上须征求所在乡镇意见。

三、发展农村“两户一体”

在普遍推行家庭联产承包责任制的基础上，全县农村涌现出一批种养、运输和经销等专业户、重点户，开始出现新的经济联合体（时称“两户一体”）。为促进农村自给、半自给经济向商品经济过渡，县委、县政府顺势而为，积极引领支持发展“两户一体”。1984 年，全县有各类专业户 2.31 万户，占总农户的 14.4%；有联合体 1629 个、专业村组 54 个。在此推动下，县内部分农民新购机动车、船只搞运输，进集镇经商、务工，从事服务业，集资兴办各类家庭企业 3678 家，年产值 3200 多万元。颜单乡加快集镇建设，发动富余劳力经商办服务业，促进集镇市场繁荣和商品经济发展；辛庄乡重视发展水上运输，年营业额占全乡第三产业的 60.8%。“两户”的兴起促进了农村商品生产的发展，改变了农村经济结构，推动了社会专业化分工，带动了广大农民共同致富。1987 年 3 月，县委、县政府出台《关于进一步发展户办联户办企业的十项规定》，是建湖县出台的第一个加快民营经济发展的文件，大力支持农民和城镇居民户办或联户办企业，鼓励农村党员干部带头兴办企业，带领群众勤劳致富。采用多种方式，宣讲党的致富政策，宣传“两户”性质及其在发展商品生产中的地位和作用，选举“两户”代表参加党代会、人代会和农先会，表彰“两户”先进代表等。各乡镇调整优化“两户”发展政策，制定支持“两户”发展规定。近湖乡颁布培植“两户”发展的“十个允许”①，沿河乡出台

---

①“十个允许”，允许农户多养猪、养母猪、养群鸭、越鸭和大牲畜；允许利用自留地和家前屋后的十边地培育树木、花卉和长经济作物；允许私人买船和拖拉机，从事运输；允许私人带徒弟、请帮手；允许合作经济之间请专业工、技术工；允许私人购买耕牛和机械；允许在完成国家交售任务后，自行处理其产品；允许农副产品（除棉花）的长途贩运；允许私人办三坊、摆摊、设点、开饭店、做熟食；允许“离土不离乡”，少承包或不承包耕地。

“五不准，两优先”① 规定。县乡各有关部门为“两户”提供技术、物资、流通、信息、种苗等服务，举办各类技术培训班，印发各种科技资料和科技小报，召开各种经验交流会、现场会。县农业局、多管局和乡村技术干部同“两户”签订技术承包合同。为全县“两户”发放贷款，提供种禽和鱼种，供应混合饲料。优先供应化肥、农药、水泥、建材、机械零件等生产资料。在流通和信息服务方面，县有关业务部门和各乡镇“三公司”协同动作，通报市场行情，传递商品信息，帮助“两户”解决经营和运输难题。

四、实施农民负担监督管理

1983 年 6 月，根据中共中央精神，省委发出通知，要求全面清理有关农民负担的政策规定。9 月 1 日，省委又下发《关于减轻农民负担的十项规定》，明确在实行农业税依率计征、依法减免的同时，严格控制集体提留，公积金、公益金、管理费的标准控制在社员承包纯收入的 8%左右，最高不超过 10%，不得随意增加，严禁合同外摊派筹款。根据省、市委部署，县委、县政府认真落实“三挂钩”政策，保证农用生产资料供应数量和质量，不准随意提价或平转议，以劣充优变相涨价。严把各项服务性收费关口，机械作业、农业用电、牲畜防疫、农业技术辅导等服务项目，严格执行物价部门规定标准，防止以服务为名加重农民负担。凡涉及农民负担问题，均由县委、县政府有关职能部门监管，统一负责，受理群众举报，定期检查公布。发现有违纪违规的追责处理，公开通报曝光，从根本上遏制和杜绝农民不合理负担。民办公助事业如农村教育、计划生育、优抚、交通等事业开支，改村组负担为全社会负担，除从集体提留的“两金一费”中拿出一部分外，在乡镇企业税前利润中拿出 10%纳入计划，统筹使用，从紧安排。1983 年，全县 19 个公社（镇）实行政社（镇）分设，村一级

①“五不准”，不准冷嘲热讽、嫉妒、刁难“两户”，不准夸大“两户”的实际收入，不准以任何借口和手段侵占“两户”的利益，不准在妨碍“两户”生产或未经本人同意的情况下组织参观、开现场会和经验交流会，不准克扣“两户”应得的奖售商品。“两优先”：优先向“两户”提供生产必需的贷款和计划物资，优先评选成绩突出、贡献大的“两户”为劳动模范。

定补干部减至2102人，压减43%；生产队一级定补干部减至4292人，压减68.9%。全县每年减少各种补贴开支300多万元，平均每个农民少负担5元，每亩承包田少负担4元。1985年4月17日，县委、县政府召开减轻农民负担专项会议，出台《关于进一步减轻农民负担的意见》。

1990年9月16日，中共中央、国务院印发《关于坚决制止乱收费、乱罚款和各种摊派的决定》。12月30日，省委、省政府出台《关于实施〈中共中央、国务院关于坚决制止乱收费、乱罚款和各种摊派的决定〉的意见》，全面清理“三乱”现象，严格执行国家有关收费、罚款、集资的政策规定。1991年3月，市委批转市委农工部《关于控制和减轻农民负担的若干规定》。县委、县政府认真贯彻中共中央和省、市委文件精神，出台实施一系列减轻农民负担政策。同时，进一步加强农村财务管理，总结推广辛庄乡“一组三栏”[①] 财务公开经验，开展3次较大的农村财务专项清理整顿活动，清理账务，清理财务，清理往来，盘实家底，公布于众，更好地接受上级和群众监督，把“定项限额”关进制度笼子，最大限度地发挥集体资产资金的使用效益。1982年后，农村财务管理以管理集体经济为主，集体资金实行“村有镇（乡）管”。1985年重点清理1982年以来的原生产队财务，改革集体积累资金管理方式，建立农村合作基金会。1987年清理1982年以来的村办企业财务和村级集体财务；1991年清理1988年至1990年的农村集体财务，各乡镇成立审计室，对财务进行审计。

五、建立农村社会化服务体系

20世纪80年代初期起，按照省委、省政府的部署，县委、县政府积极探索农村社会化服务体系建设。明确要求各乡镇成立农技站、农机站、林业站、蚕桑站、水产站、畜牧兽医站等部门。村建立农业服务站，站下设农技、机电、经营管理、购销4个服务组。农技服务组由农技员、畜技员和科技示范户组成，利用种子场、弥雾机、温室等条件，包供种、包供秧、包防病治虫、包技术推广以及畜禽疫病防治；机电服务组由总机工、总电工、机电操作手组成，机电设备折价定人保值使用，统一承包全村机

---

①“一组三栏”，即民主理财小组，财务收支公布栏、合同定购公布栏、农用物资公布栏。

电作业；经营管理服务组由村、厂会计组成，统管农副工财务、分配、审计、统计，提供合同、融资、会计核算、代结代收、经营咨询等服务；购销服务组以村办企业人员组成，为村办企业供销服务，帮助各专业服务组和农户购销机电配件、良种农药化肥等，为群众发展多种经营提供信息，推销产品。

1984 年 4 月，县政府批转县农业局《关于加强农业技术服务工作的意见》，进一步建立健全由县农业局、乡农技站、村农技服务组和科技示范户组成的 4 级农业科技网。县农业局把所属的各股、站、校、所、公司、场圃联合组成农业技术推广中心，管理和指导整个系统业务，研究全县农业生产的重大决策，组织技术开发和协调攻关，提供科技信息，检查、督促乡村落实农业技术推广组织，做好农业技术推广工作。县农业科技中心除建立种子公司、植保公司外，还建立育秧公司和农技服务商店。乡农技站根据上级政策和业务部门意见，制定农业生产规划、布局和技术措施，积极承担上级下达的各项科研任务，搞好新品种、新技术、新农药的试验示范，掌握苗情、虫情信息，开展技术培训，为农民提供技术服务，做好农民技术员考核工作。乡镇相应建立种子公司（站）、植保公司、育秧公司和农技服务商店，创建土壤化验室。村农业服务组实行乡农技站和村委会双重领导，以乡为主，人员、经费、业务均由乡农技站统一领导，统一管理，一般每 500 亩耕地配备 1 名农技员。

1990 年 5 月 24 日，省委、省政府印发《关于加快乡村农业服务体系建设的通知》，明确用 3 至 5 年时间，逐步建成村级合作组织为主体，乡以上部门服务为依托，联户和农户服务为补充的农林牧副渔综合服务的农业社会化服务网络。1991 年 2 月，市委、市政府批转市委农工部《关于加强农业服务体系建设意见的报告》。县委、县政府根据省、市委部署，出台相关政策，鼓励各乡镇合理开发和利用本地资源、技术优势，发展产销一体化专业生产合作社，支持兴办生产、加工、储藏、运输一体化企业，形成专业产品产供销一条龙生产体系，推动区域性专业化商品生产。乡村经济组织和有关部门在生产资料、生产场地、生产资金以及生产所需水电供应上提供方便，为个体经济和私营企业发展创造了有利条件，推促企业健康发展。

第三节　全面启动企业改革

中共十二届三中全会把增强企业活力作为城市经济体制改革的中心环节。根据中共中央和省、市委部署，1984 年 4 月 17 日，县委召开六届六次全委（扩大）会议，研究部署城镇经济改革工作，先后印发《关于改进干部管理工作的意见》《关于改进企业职工工资、奖金分配办法的意见》《关于县属国营、集体企业改革意见》《关于进一步搞活企业、流通、建筑业的意见》，成立城乡经济管理体制改革领导小组，设立城镇经济管理体制改革办公室；6 月 8 日，县委召开城镇经济体制改革动员大会，部署企业简政放权、"一包三改"① 责任制和流通领域体制改革；6 月 30 日至 7 月 1 日，县委、县政府召开全县城乡经济体制改革流动现场会，观摩上冈乡村办工业、庆丰乡农民集资办厂、近湖乡球阀产品生产、建阳乡农副业承包大户、颜单和荡中乡小集镇建设及商业局、供销社贸易中心现场，研究部署推进全面改革措施。1987 年 6 月，县委、县政府召开城市经济体制改革工作会议，县属企业推行厂长负责制、承包经营责任制，乡镇企业推行"三制"配套改革；7 月县委印发《鼓励支持深化改革的八条原则措施》。1988 年 1 月，县委出台《深化经济体制改革的意见》。1989 年 2 月，县委、县政府成立经济体制改革委员会，撤销原经济体制改革领导小组及办公室，进一步加强对企业改革工作的领导。1991 年 5 月，县政府出台《关于深化企业改革的意见》，进一步推进工业企业深化改革。

一、扩大企业自主权

1985 年初，根据市委、市政府文件精神，县委、县政府批转县委组织部、计经委、劳动局、县人行、税务局 5 个部门给企业放权的方案，明确企业有权在规定范围内决定机构设置和人员配备，有权在劳动部门指导下公开招工等事项。县委出台的《关于进一步下放人事管理权限的通知》规定：主管部门考核任免企业行政正职，副职由正职提名，报主管部门审批

①"一包三改"，是指实行承包经营责任制，改干部委任制为聘用制、改职工录用制为合同制、改固定工资制为浮动工资制。

后，由正职任免。企业自行任免下属单位行政负责人和中层行政正副职。企业有了生产经营自主权后，工作更顺手，管理更科学，发生了明显变化。精简了机构：县商业局撤并股室，精简人员，商业系统所属科室由58个减至45个，人员由337名减至227名。启用了一批能人：8个县属企业民主选举厂长（经理），5个企业从外地招聘厂长（经理），33个企业由厂长（经理）选聘97名副职和中层干部。县淀粉厂将3名有实践经验的技术员提拔为生技科长、质检科长，解决淀粉铁盐过高和糊精酸度过强问题，食用淀粉被评为全省同行业产品质量第一和部优产品。调动了全员积极性：企业有了行政和经济上的奖惩权，职工的工作热情空前高涨。1987年3月，县委下发《关于进一步搞活县属企业的意见》，重申企业拥有7项自主权，即生产经营自主权、产品自销权、资金使用权、工资分配权、对外联合权、人事管理权、机构设置权。企业主管部门和其他职能部门主要是搞好行业规划、调查研究、加强管理、服务企业发展。

二、改革企业领导体制

1984年10月，县属企业开始进行领导体制改革，由党委领导下的厂长（经理）负责制改为厂长（经理）负责制。1985年1月，在县齿轮厂率先试点；5月，县纺织厂、农药厂、金属机电化工公司、百货公司、五金公司、食品公司等第一批（扩大）试点相继启动。1986年在全县面上推开。县委根据10月中共中央、国务院颁发的《国营企业厂长工作条例》《中国共产党国营企业工作条例》《国营企业职工代表大会条例》，制定出台各企业实施细则，理顺党、政、工关系，明确各自职责。实行厂长（经理）负责制后，党、政、工既互相配合，又各司其职。厂长是企业的法人代表，处于中心地位，发挥核心作用，对生产经营负全责。企业党组织保证监督党的方针政策和上级决策部署的贯彻执行，加强党的思想建设、组织建设、作风建设，建立健全职工代表大会制度和各项民主管理制度，尊重和保障职工的主人翁地位，发挥工会组织和职工代表在审议企业重大决策、监督行政领导、维护职工合法权益等方面作用。建立并实行与厂长（经理）负责制相配套的任期目标责任制和任期终结离任审计制，分3批在全县面上推开。县属企业全面实行厂长（经理）负责制。通过改革，企业领导综合素质得到增强，领导班子职数减少、年龄降低、文化程度提高。

三、改革企业经营机制

1987 年 5 月，全县开始进行企业经营机制改革，将所有权和经营权适度分离。企业主管部门作为发包方和企业承包方签订合同，对较大企业推行承包经营责任制，较小企业实行租赁经营责任制。7 月 24 日，县委、县政府召开深化企业改革推行承包经营责任制大会。县委书记王智新宣布分 4 批完成承包经营责任制改革。县蔬菜公司、印刷厂、电子仪器厂为第一批，县纺织厂、齿轮厂、化肥厂、工具厂、制药厂、面粉厂、自来水厂和金属机电化工公司、金属回收公司为第二批，县缫丝厂、农机厂、油米厂、磷肥厂、建设机械厂、砖瓦厂、食品厂、冷冻厂、酱醋厂和 14 个乡镇油米厂为第三批，剩下的县属二级以上集体企业和流通企业为第四批。45 家县属企业普遍引入竞争机制，全部采取基数招标、厂长（经理）择优聘任办法，实行承包经营责任制。承包经营形式有“两保一挂”①、上缴利润递增包干、上缴利润定额包干、实现利润全额留成，也有亏损补贴包干、计税利润递增包干等。

1988 年 1 月，县委出台经济体制改革意见，全面推行和完善企业承包、租赁经营责任制，实行所有权和经营权分离。全民企业抓扫尾，集体企业全面推开，乡镇企业试点后普遍进行。把竞争机制引入承包，继续推行公开招标；把风险机制引入承包，参照租赁经营的做法，承包者用自己的现金、工资或家产作抵押，既包盈又包亏；对年利润 10 万元以下的工业企业、商业批发企业和 5 万元以下的商业零售企业，放手推行租赁经营或抵押承包；对少数地处偏僻、长期经营不善的小企业，以及少数虽地处城镇但长期经营不善的商业小门店，经主管部门批准，可以拍卖，把产权有偿转让给集体或个人。大胆引进兼并机制，提倡厂际承包。鼓励骨干企业承包、租赁、购买小企业，经营好的企业承包、租赁、购买经营差的企业，允许不同企业之间相互参股、投股、兼并，逐步形成骨干企业带动小企业，经营好的企业救活经营差的企业这样一种“竞争—淘汰—兼并—成长”的企业发展格局。全县 253 家企业 4.3 万名职工（其中乡镇企业 130 家 2.3

①“两保一挂”，是指保上缴财政收入、保企业技术改造和国有资产增值，企业工资总额与本企业经济效益指标挂钩浮动。

万名）实行抵押承包，上交押金 1526.34 万元（其中乡镇企业 850 万元）。企业内部层层落实经济责任制，经济指标分解到车间班组和个人，划小核算单位，建立“厂内银行”，按时段、分项目经济核算，严格控制原材料消耗和非生产经营性支出，降低成本，提高效益。1989 年2 月，县政府出台《关于完善企业承包经营责任制的意见》，404 家乡镇办以上独立核算企业实行全员风险抵押承包，抵押面 94%。1990 年，按先全民后集体、先重点后一般顺序，搞好企业二轮承包衔接。县印刷厂、磷肥厂开展劳动人事、工资、社会保险改革试点。此后，加快企业制度创新，转换经营机制，把企业推向市场，让其成为真正的商品生产经营主体。在部分企业试点的基础上，全县面上推行工业企业经营、定价、用工和分配权限四放开，进一步增强企业发展活力。

县委顺应改革大潮，积极探索实践，有条不紊地试行企业拍卖兼并、股份制、国营小型企业公转私营，对资不抵债、复苏无望的亏损企业宣布破产等改革，优化企业组织结构，着力盘活闲置资产，促进生产要素向优势企业聚集。1986 年 12 月，县政府印发《关于建湖县小型国营企业租赁经营试行规定的通知》，鼓励小型企业实行租赁经营。1987 年，县羽绒厂综合门市部、化肥厂煤球车间、磷肥厂石粉车间和百货公司服装鞋帽柜先行试点，逐步在全县推开；年底全县 23 个企业或车间实行租赁经营。1988 年，全县拍卖企业 31 家，总卖价 700 万元。1990 年，调整优化产业结构、产品结构，启用闲置生产要素，推进企业兼并拍卖，全县 88 家企业被兼并，组建花炮、水泥船舶、化工、羽绒制品、阀门 5 个企业集团。

四、完善企业内部管理机制

随着企业领导体制和经营机制的改革实施，企业内部配套改革顺势推开，改革劳动制度，实行用工合同制，引入竞争机制，职工能进能出；改革分配制度，实行工资浮动制，多劳多得，进一步激发职工的积极性。

用工制度改革。1985 年，县委将县齿轮厂、缫丝厂作为劳动制度改革试点。1986 年，县委、县政府根据国务院颁布的改革劳动制度的暂行规定和省、市出台的实施细则，在全民、集体所有制企事业单位中进行用工制度改革。新招收工人实行劳动合同制，面向社会公开招工和择优录用，赋予企业辞退违纪职工权力，整顿和加强劳动纪律，建立职工待业保险和养老保险制度。1987 年底，全县实行劳动合同制 6832 人，其中全民职工 2832 人、集体职工 4000 人。实行劳动合同制，端掉了“铁饭碗”，职工能进能出，企业和个人双向选择，盈亏共担，搞活了用工制度和生产经营。1988 年，推行职工考核上岗制、试行劳动组合制和厂内待业、退休制，对会计、统计、保管等管理人员严格考核，择优录用。

分配制度改革。1984 年，全县企业职工实行浮动工资的 1.67 万人，占职工总数的 70%。1984 年至 1986 年 10 月，县属企业工资奖金分配形式主要有：部分工资同经济效益挂钩，随经济效益上下浮动；奖金同利润挂钩；定额工资制；百分计奖制一般在企业的行管人员和无法制定生产（工作）定额的其他人员中施行。另外，还有企业实行节约奖、推销奖、采购奖等分配方式。多数企业把奖金同职工劳动贡献挂钩分配，体现奖勤罚懒、奖优罚劣、多劳多得。1986 年 10 月，95%以上的企业实行浮动工资制，活工资比重增加，工资浮动幅度 20%以上，直至全额浮动；一线人员收入与产量、质量、消耗、出勤等挂钩考核，二线人员从浮动工资中划出一部分同企业效益挂钩浮动，其余金额同各自岗位绩效挂钩兑现。县委、县政府规定实行承包经营、租赁经营责任制企业负责人的分配收入一般不得超过职工平均报酬的 1 至 3 倍。1988 年后，全面推行工资与企业经济效益、承包目标和贡献挂钩办法，实行计件工资、定额工资，实行多超多奖、歉收扣罚、特殊贡献加奖，逐步取消八级工资制，企业负责人（承包人）收入与普通职工的差距拉大，企业和职工逐步走向市场谋求生存发展。

五、乡镇企业实行“一包三改”

1984 年 3 月 1 日，中共中央、国务院转发农牧渔业部《关于开创社队企业新局面的报告》，进一步明确发展乡镇企业的指导思想和政策措施，确定将社队企业改称乡镇企业，社队工业更名乡镇工业。5 月 25 日，省委批转无锡县委报告，向全省乡镇企业推广无锡县堰桥乡创造的“一包三改”经验。为迅速贯彻省委文件精神，县委、县政府当月下发《关于乡镇企业改革的意见》，部署全面推行“一包三改”责任制，扩大企业自主权。6 月底，全县 311 家乡镇企业中有 297 家实行“一包三改”。蒋营农具厂落实“一包三改”后，面貌一新；沿河砖瓦厂改革干部、劳动、工资 3 项制度，鼓励技术创新，企业扭亏为盈。1985 年 7 月，县政府召开全县乡镇企业工作会议，县委书记周侃、县长魏福宝就发展乡镇企业分别作了讲话。1987年，近湖乡在全市首批建成亿元乡，镇南村在全市首先成为工业产值过千万元的村。

乡镇企业实行厂长负责制，扩大企业自主权，树立和维护厂长作为企业法人代表的权威；探索“两权分离”，实行党政、政企分开，企业成为独立的法人实体和商品生产的经营者；转换经营机制，深化企业内部劳动、人事、工资等配套改革，实行全员合同上岗、风险抵押承包，形成“岗位靠竞争，收入凭贡献”的机制，企业和职工结成风险共担的利益共同体。1988年6月底，全县有128个乡镇企业厂长、13个食品站站长、15个基层供销社主任实行公开招聘、竞争上岗。各乡镇和主管部门严格执行指标不设笼子，增强竞争公开性；考评不带框框，提高评委公正性；组阁不定调子，让承包者享有充分的权利。1989年，县委、县政府在《关于深化农村改革的意见》中提出，乡镇企业抵押金额要根据企业规模大小、承担责任大小和职工承受能力，分层分级确定，逐步达到企业固定资产总额的1/3以上。在全面推行抵押承包的基础上，有选择地试行股份制经营形式。注重增加企业积累，严格控制消费基金增长，职工工资、福利、奖金等增长要低于企业利润增长。承包者、租赁者报酬原则上只能多于职工平均工资和奖金的1至3倍，最多不超过5倍。经济效益较好、产供销稳定的原企业承包人，可以滚动承包，延长承包期，克服短期行为，解决“包盈不包亏”问题。规模较小、微利或亏损企业，全部推行租赁经营，或者兼并拍卖，集中资金、技术、设备发展优势企业。

全县乡镇企业围绕“三上一高”① 目标，实行“五个转变”，即从抓产值转向抓经济效益，从抓乡（村）办企业转向抓户办、联户办企业，从抓机械、化工、纺织、建材行业转向抓食品、饲料等农副产品加工，从外延扩大再生产转向内涵挖潜增积累，从内向型转向内外结合型。根据国家产业政策，县委、县政府坚持改造提升传统产业，开拓发展新兴产业，培育壮大支柱产业，倾力打造特色产业。在培育重点企业、加强职工培训、提高产品质量、抓好新品开发和基础管理等方面下功夫。筹措资金、增加投入，为乡镇企业调整产业结构、产品结构和技术结构创造条件，压减、淘

①“三上一高”，即上质量、上技术、上管理，提高经济效益。

汰投资回报周期长、资源能源消耗高、环境污染大、市场前景差的产品，关、停、并、转经营困难、长期亏损的企业，将有效资源向优势行业和企业集聚；在同城市大工业联营中，从“有什么要什么”向择优拔尖转变。重视加强供销队伍建设，实行利用外资、外贸出口、对外经济合作的“三外”齐上，在发展外向型经济中开拓新的更大空间。强化对乡镇企业的产前、产中、产后服务，为企业发展提供良好的社会服务和市场环境，培育和增强企业自主经营、自负盈亏、自我积累和自我发展能力。1987 年 6 月，上冈宋楼电器开关厂成为全市 24 家同行业中唯一、全省第一家获得开启式闸刀系列产品生产许可证的村办电器开关企业。黄海牌旋耕刀、盂兰桥牌皮鞋、黑药鞭炮、龙须挂面等一批乡村企业产品获评省优质产品。近湖农机配件厂被评为国家二级企业。1992 年，全县乡镇工业企业增加到 201 家，实现产值 5.27 亿元（按 1990 年不变价计算），占工业总产值的 27.09%；实现利税 5422 万元，占全县工业利税的 59.8%，成为工业经济的“半壁江山”。

第四节　实行经济对外开放

中共十二大后，对外开放逐步迈出新步伐，对外经济技术交流的规模和水平大幅提升，对外开放的地域和领域不断扩大。在“对外实行开放，对内搞活经济”方针指引下，县委、县政府发展经济决策由封闭型向开放型、内向型向外向型转变。外向型经济在全县国民经济中的地位和比重逐年攀升。改革开放初期，从内联外引起步，打开县门，跨出省界，涉足经济特区和大中城市，开展多渠道、多形式、多层次的横向经济联合；全县“三外”① 工作以完成国家外贸收购任务，组织农副土特产品出口为主。随着全国 14 个沿海港口城市②的开放，特别是长三角和市内沿海 5 个县被列为开放地区后，全县各级党组织引领广大干群抓住机遇，走出国门，面向世界，坚持国内、国际 2 个市场一起拓，2 种资源一块用，融入经济全球

①“三外”，即对外贸易、利用外资、对外经济合作。

②14 个沿海港口城市分别是上海、天津、大连、秦皇岛、烟台、青岛、连云港、南通、宁波、温州、福州、广州、湛江、北海。

化，参与国际大循环，全县“三外”工作蓬勃发展、持续增长。1991 年初，为了统一全县上下的思想认识，县委专门组织县四套班子领导到县外考察学习外向型经济工作，活动结束后，每人提交一份调研报告，并汇成调研报告文集，同时召开发展外向型经济动员大会，全面部署全县外向型经济工作。

一、缔结友好合作关系

1985 年 9 月 22 日至 26 日，县委书记周侃和县长魏福宝带领各乡镇党委书记和县计经委、乡镇企业局、水利农机局、工业、轻工、纺织公司负责人到无锡县参观学习、挂钩结对。全县 18 个乡镇分别与无锡县玉祁、洛社等 18 个乡镇结为友好乡镇，达成挂钩协作意向，商定友好交往方法和时间。县计经委、乡镇企业局和工业、轻工、纺织公司还与无锡县计经委等部门对口洽谈，落实织布技术、缫丝技术、羊毛衫针织技术、化肥厂综合管理、彩印工艺和纺配生产联营经济协作项目。1986 年 5 月 3 日至 8 日，县长刘鉴康率各乡镇及县属工业、财贸系统有关企业负责人再次到无锡县考察学习。同年，全县先后派出 4 个考察团到上海、南京、武汉等城市参观考察。1990 年 10 月 20 日至 24 日，县长刘鉴康带领县综合部门、金融部门、经济主管部门和县属有关企业负责人，到临沂市、连云港市和响水县、射阳县考察，缔结友好城市。建湖县着眼长远经济技术合作，先后与无锡县、启东县和河北省魏县、山东省莱州市、安徽省睢溪县、海南省东方县结为友好县市，成立北京、上海振兴建湖经济咨询会和南京乡友会。“七五”时期，建湖县先后接待联合国粮农组织官员和美国、加拿大、法国等外宾，以及中国港澳台地区同胞来访人员 200 多批次。1988 年 6 月，县长刘鉴康带领县苯达松农药技术研究组到德国巴斯夫公司考察访问。20 世纪 90 年代开始，森达集团管理技术人员数十次到意大利、德国等国家和中国香港等地区参加鞋业展览，考察鞋材市场，接受专业培训，洽谈建立技术中心。县花炮公司相关人员多次出访日本、巴西、西欧等国家和地区，开展推销产品，组织燃放烟花，参加比赛等活动。

二、发展横向经济协作

为打破条块分割、地区封锁僵化的经济结构模式，扩大对外开放，促进经济发展，县委、县政府确定 1986 年为“横联年”，成立县横联协作办公室，出台《关于推动横向经济联合若干政策问题的试行办法》，全方位、广视角、宽领域发展横向交流合作，加快县域经济发展。1986 年 5 月至 1992 年 6 月，县政府相继成立驻南京、上海、深圳、无锡、沈阳、北京、厦门、武汉、徐州、济南、海口 11 个办事处，负责对外联络、发展协作、传递信息、推销产品、引进资金和人才等工作。

县内企业主动向大中城市、大中企业靠拢，向经济实力强、产品前途大的厂矿和集团靠拢，向大专院校、科研院所靠拢，引进人才、资金、技术、设备。县药物化工厂从上海化工学院引进技术，利用县内生产的珍珠研制出“迎宾珍珠霜”，由上海、北京民航局经销。县水泥制品厂与省农房构件成套供应公司联营，新建 29 个船台，制造 60 吨至 80 吨的水泥船。至 1992 年，县内企业与 26 个省、市、自治区的 384 家生产企业、科研单位、大专院校建立联合协作关系。县属企业向农村扩散了一批优势产品，花炮、阀门、食品等行业逐步形成城乡一条龙的生产协作型产业。县花炮厂同全县 28 家乡（村）办企业实行紧密型、松散型、扩散型联合，建立县花炮工业公司。组建花炮、阀门、齿轮变速箱 3 个企业群体，纺织、服装、食品、建材、水泥制品集团化发展。

县淀粉厂帮助山东省枣庄市建成年产 5000 吨的淀粉厂。近湖砖瓦厂帮助枣庄市新办 1 座轮窑厂，通过技术输出建立煤炭基地，解决县内燃料供应不足难题。上冈胶木厂帮助贵阳市办成 1 爿胶木板厂，建立木材生产基地。县供销联社与珠海市供销合作总公司合作成立珠建贸易公司。“六五”期末，建湖在北京、上海建成 6 爿厂 2 个店。1985 年，县塑料二厂与省木材公司联营生产以塑代木制品。1986 年，县塑料二厂与县内 20 多家塑料厂建立横联关系，年产值增至 300 余万元。同年，建湖全面接轨上海，承接产业转移，一批上海企业落户建湖，建湖成为上海农副产品主要供应基地之一。1990 年 4 月 16 日至 22 日，县委、县政府领导率队到上海开展横联活动，洽谈 31 个项目，引进资金 100 万元，购进原辅材料和销售地产品 30 多万元。6 月 21 日至 26 日，建湖在上海举行经贸洽谈会，成立驻上海办事处，达成开发新产品、引进技术、发展外向型经济、扩大产品销售和为浦东开发服务等合作项目协议。

三、组织经贸洽谈活动

1989年2月26日，振兴建湖经济恳谈会在南京召开。南京科研专家、学者、教授等出席会议，签订项目协议12个。1990年，县委、县政府组队参加市委、市政府在深圳举行的海外侨胞、港澳台同胞暨友好人士联谊会，洽谈项目26个。1991年1月16日至18日，县委、县政府在深圳首次举办对外经济合作洽谈会，洽谈项目16个。5月12日至14日，建湖在北京举行庆祝建县五十周年暨经济合作恳谈名优产品汇展会，签订5个合作项目协议；落实一批产品销售合同，产品成交额1500多万元。县政府与清华大学化学工程系签订“互为基地，长期合作”协议。中央人民广播电台、中央电视台和《人民日报》等媒体报道活动情况。6月5日至8日，县委、县政府在深圳举行第二次贸易洽谈会，签订合资项目协议2个，洽谈合资合作项目21个。此外，还在南京召开振兴建湖经济恳谈会、南京乡友会、1992年建湖县发展经贸合作洽谈会，组织参加省对外经贸洽谈会，均取得较好效果。

四、力推“三外”工作

“七五”期间，县内投资环境进一步改善，开放条件日益提高。开通建宝公路，连接庆丰观音阁至郊区永丰乡的公路，筹建辛庄乡至阜宁陈良乡公路，县城湖中路、向阳路、湖东路建成通车，建成湖中桥、湖东桥、夹荡港大桥和综合汽车站，新建4座变电所，建设微波通信工程，开通全国直拨电话。1988年，县政府制定鼓励出口创汇10条规定和鼓励外商投资规定。1990年制定关于引进外资的奖励规定，实行生产企业包出口货源、外贸部门包出口创汇、综合部门包协调服务的外贸承包经营责任制。县内对外贸易职能先后由县外贸公司、对外经济贸易委员会、对外贸易经济总公司、对外经济贸易局、对外贸易经济合作局承担。其间，全县进出口贸易实现跨越发展，化工、烟花、纺织、石油机械等产品出口成为县域经济重要增长点。出国劳务队伍日益壮大，1984年便向科威特外派劳务。1992年，县建筑部门组织75人到美国关岛和科威特施工，首开建湖建筑工人出国施工先河。县内吸引了美国、德国、日本、韩国、意大利、加拿大等国家和中国台湾、中国香港等地区的客商投资，有力推动了全县经济的快速发展。

1984年，全县棉花首次出口，年出口量一直保持在千吨以上，是县内出口的拳头产品之一。县纺织厂生产的棉纱主要供省内有关厂家加工坯布、床单、地毯、针棉织品等出口产品。鲜鸡蛋是县内传统的出口产品，在国际市场上享有较高的信誉，出口量逐年增加，1987年出口额233万元，为全省同行业出口之最。沿河乡草席场在外贸部门的大力扶持下，生产能力不断扩大，产品质量逐步提高，出口前景较好，1986年出口额52万元。县农药厂生产的农药三唑酮、多效唑2个品种，是发展潜力较大、出口前景较好的新产品。1987年，全县新出口产品生产厂家和加工单位30个，出口产品增至80种，实际收购43种。1989年7月，县花炮厂首次出口花炮15个品种410箱，销往泰国，是全省首家花炮出口单位。“七五”期间，全县外贸收购额2.44亿元，年均增长40.97%，超过工农业总产值增长速度。县纺织厂、缫丝厂、缫丝三厂、皮鞋二厂等企业年出口额超400万元，颜单镇、近湖乡、蒋营乡、沿河乡外贸收购额超300万元。1992年，出口额超300万元的产品有棉纺、白厂丝、皮鞋、花炮等20多种，产品销往60多个国家和地区；出口500万元以上的乡镇和部门11个，建成千万元产值或万亩面积的工农业产品出口基地10个。

“七五”期间，建湖县新上外资项目7个，外商投资14.54万美元。近湖乡盐城四方耕耘机具有限公司、盐城斯特尔日用化学品有限公司和颜单镇建福眼镜有限公司3家合资企业建成开业，全市首家乡办、村办合资企业落户建湖，县内合资企业占全市合资企业总数的30%。1990年4月，县政府出台《关于鼓励外商投资的若干规定》，激励性的优惠政策进一步增强了外商投资的吸引力。1991年，全县新批“三资”企业8家，建钟农药有限公司等6家合资企业开业投产。新建工贸联营企业4家，新办合资企业数列全市第一。1992年，建湖县农机配件厂（飞达尔公司）与印度斯兰齐集团所属本格尔机具有限公司就境外联合创办合资企业进行洽谈，并形成共识，1993年11月在印度注册登记“中印农用机械有限公司”。12月建成开业，主要生产旋耕刀、刀轴及农机配件。

第五节　中共建湖县第七次代表大会与“七五”计划

在农村经济体制改革取得初步成效和城市经济体制改革逐步展开的形

势下，1985 年 12 月，县委召开中共建湖县第七次代表大会，回顾总结六届县委工作，明确七届县委的奋斗目标和推进措施，号召全县干群深入开展经济体制改革，进一步理顺经济关系，推进经济社会持续、稳定、协调发展，选举产生新一届县委领导机构。此后，县委、县政府制定实施了全县国民经济和社会发展的第七个五年计划。县委七届六次全会提出“七五”时期后三年实施“六五四三”经济发展战略，组建六个企业集团，建设五个农副产品基地，培植四大类出口支柱产品，寻求三项重点突破，有力推动了“七五”计划的顺利完成。

一、中共建湖县第七次代表大会

中共建湖县第七次代表大会于 1985 年 12 月 21 日至 23 日举行，出席代表 402 名。大会审议通过周侃代表六届县委作的《团结奋斗，再展宏图，进一步开创我县社会主义现代化建设新局面》工作报告和县纪律检查委员会工作报告；审查县委组织部关于党费收缴、使用和管理情况的书面报告；选举产生中共建湖县第七届委员会和县纪律检查委员会；通过《中国共产党建湖县第七次代表大会关于六届委员会工作报告的决议》《中国共产党建湖县第七次代表大会关于县纪律检查委员会工作报告的决议》。

大会总结六届县委的工作及取得的主要成绩：经济体制改革取得新进展，全面推行家庭联产承包责任制，农民的生产热情和积极性得以释放；农业结构在调整中逐步优化，在稳定粮食生产的前提下，积极发展多种经营；工业生产位置提升，成为发展主体；改革激发活力，推动县域经济呈现持续稳定发展的态势，全县工农业总产值年均增长 15.2%，粮食产量年均增长 18.7%，农副工三业比例由 43∶18.5∶38.5 调整为 31.4∶24∶44.6，社会商品零售总额年均增长 36.71%，财政收入逐年增加，城乡居民生活水平明显提高；社会主义精神文明建设不断深入，涌现出一批先进集体和先进个人，科技、教育、文化、卫生等各项社会事业协调发展；民主法制建设得到加强，建湖县获评“一五”普法先进县；党的自身建设进一步加强，完成县级机关整党试点，并在全县有序推开，强化各级领导班子和党员干部队伍建设，培养选拔使用一批年轻干部，充实基层各级领导班子，发展新党员 1770 名，增添了党的新鲜血液，加强《党章》《准则》的学习教育，正风肃纪，反腐倡廉，党风政风行风明显好转。

大会明确今后三年全县经济社会发展的奋斗目标和战略措施：完成工农业总产值年均递增14%左右，1986年实现第一个翻番，1988年突破11亿元，为1992年提前实现第二个翻番打好基础；提高综合经济效益，实现利税与工农业总产值和国内生产总值同步增长，财政收入有较大幅度增加；城镇职工人均工资收入超1000元，农民人均纯收入620元。调整农村产业结构，加快发展农村商品生产；以提高效益为中心，大力发展县、乡、村、户办、联户办工业；拓展渠道，扩大开放，搞活商品流通；制定政策措施，鼓励发展第三产业；加强集镇基础建设，推动城乡联动发展；大力加强社会主义精神文明建设，积极发展教育、科技、文化、体育、卫生等事业；加强民主法制建设，促进社会治安和社会风气根本好转；坚持高标准、高质量地搞好整党工作，加强党的作风建设，端正党风，严肃党纪；加强各级领导班子和基层组织建设，使其成为带领全县人民进行社会主义现代化建设的坚强战斗堡垒。

大会选举产生中共建湖县第七届委员会和县纪律检查委员会，七届县委由32名委员和5名候补委员组成，县纪委由13名委员组成。县委七届一次全会选举产生县委常委会，周侃为县委书记，魏福宝（女）、洪志爱、刘鉴康为副书记；周侃、魏福宝（女）、洪志爱、刘鉴康、嵇德柱、李宗耀、肖兰英（女）、王群生、张云鹤为县委常委。县纪委七届一次全会选举产生县纪委常委会，肖兰英（女）为县纪委书记。县委七届一次全会作出《关于端正党风的决定》，提出坚决维护党的政治纪律，牢记党的根本宗旨，发扬党的艰苦奋斗的优良传统，认真改进工作作风，加强组织纪律性。

二、“七五”计划的制定与实施

根据1985年9月党的全国代表大会通过的《中共中央关于制定国民经济和社会发展第七个五年计划的建议》（以下简称《建议》）和省委七届三次全会、市委一届四次全会精神，1986年1月25日，县委召开七届二次全委（扩大）会议，讨论通过《中共建湖县委关于制定全县国民经济和社会发展第七个五年计划的建议（草案）》。会议指出，“七五”期间全县经济工作主要是推进改革，理顺关系，加强农业基础，提升工业位置，搞活县属企业，突破乡镇工业，培植支柱产业，强化企业管理，加快技术进步，提高经济效益。《建议（草案）》经县十届人大三次会议批准后实施。计划提出至“七五”期末，全县实现工农业总产值15亿元，年均增长15.1%；固定资产投资总额2亿元，年均投资4000万元；财政收入5000万元，年均增长16.9%；社会消费品零售总额4.62亿元，年均增长12%；外贸收购总额5000万元，年均增长26.4%。“七五”计划实施两年后，县委、县政府集中全县干群的智慧，把“财政翻番，富县富民”确定为“七五”后三年经济发展战略，作为全县人民的奋斗目标。

“七五”时期，县委带领全县各级党组织和广大党员干部群众，坚定信念，艰苦奋斗，顽强拼搏，较好地完成了各项目标任务。国民经济呈跳跃式发展。1990年，全县完成国内生产总值9.98亿元，年均增长17.58%；工农业总产值14.92亿元（按1980年不变价计算），年均增长14.97%。国民经济综合性指标的完成突破了原定计划，出现了超常发展。工业经济成为三业支柱，全县完成一次产业结构大调整，由过去典型的农业县转变为以工业为主的县份。科技兴农达到较高水平，县委始终把农业作为国民经济的基础，把副业当作振兴经济的臂膀，靠政策、靠投入、靠科技，调动农民积极性，推进农副业生产的新发展。1989年水稻亩产创历史最高纪录，列全省第四名，成为全省七大粮仓之一，建湖县被评为全国100个粮食生产交售先进县、国家商品粮基地县；绿化工作取得突破性进展，被评为全国平原绿化县。富县富民实现既定目标。1990年，实现财政收入3920万元，年均增长11.33%。同年，遭灾减收，农民人均纯收入仍比1985年增长59.35%，年均增长9.77%。城镇职工人均工资收入年均增长14.59%。外向经济打开新局面。外贸出口产品逐年增多，农副土特产品、轻纺产品、机械化工产品、劳动密集型产品成为全县出口支柱；外贸收购额大幅增长，1990年比1985年增长2.3倍；外资外经工作迅速发展，尤其是3个“三资”企业的诞生，迸发出外向型经济新活力。党的建设得到显著加强，狠抓基层组织建设、各级领导班子建设、党风廉政建设，扎实开展民主评议党员，推行“两公开一监督”，组织机关干部挂钩蹲点，发挥了党委的核心领导作用、支部的战斗堡垒作用和党员的先锋模范作用，强化了党的领导政治优势。建湖县被中组部列为基层组织工作联系点，建阳镇党委被命名为全国先进基层党组织。民主政治建设和精神文明建设及各项社会事业均呈现空前活跃的局面。

三、制定并实施“六五四三”战略

1987年11月21日至28日，县委召开七届六次全委（扩大）会议，组织与会人员围绕制定“七五”时期后三年发展计划献计献策。会议收到战略研讨文章215篇，其中现场发言28篇。会议确定全县“七五”时期后三年经济发展的指导思想是：贯彻执行经济进一步稳定、改革进一步深入的方针，坚持外向开拓，科技领先，优化结构，培植骨干，强化管理，注重效益，农工一体，强县富民。县委、县政府综合各方面意见，对“七五”计划的部分指标作了调整，“七五”期末全县经济发展的主要目标：1990年，完成国内生产总值23.3亿元，年均增长17.1%；国民收入总值10.5亿元，年均增长17.3%；工农业总产值16亿元，年均增长16.2%。财政收入6000万元，年均增长24.6%；外贸收购额1亿元，年均增长63.2%；职工人均年收入1100元，农民人均年纯收入700元，年均增长分别为4.5%和7%。

会议提出经济发展的战略重点：组建化工、花炮、水泥船、齿轮变速箱、阀门和床单六个生产集团；建设商品粮、纺织原料、水产品、畜禽、经济作物和土特产五个农副产品基地；培植农副土特、轻纺、机械化工及劳务密集型四大类出口支柱产品；寻求推广应用科学技术、深化经济体制改革和发展乡镇企业三项重点突破，统称“六五四三”战略。1988年5月5日，县委常委会召开会议，进一步统一思想，明确分工，落实责任，提出“奋战‘六五四三’，实现财政翻番”口号，并采取领导挂帅，集团承包，机关挂钩蹲点，政策倾斜扶持，动员全县各层各级凝心聚力搞经济。1990年底，基本实现“六五四三”战略目标和各项主要经济指标。

第六章　各项配套改革的全面推进

1983 年在农村和城市经济体制改革有序展开的同时，行政管理体制等各项配套改革应势而动，稳步推进。根据中共中央决策和省、市委部署，县委、县政府以实现党政分开、政事政企分开、转变政府职能为中心，着力推进党政机构、组织人事制度、社会事业、调控体制和流通体制等各项配套改革，充分调动各方面积极性，顺利完成“奋战‘六五四三’，实现财政翻番”的战略目标。

第一节　县级党政机构改革

根据中共中央关于机构改革的精神，1982 年底，省委对机构改革进行部署，要求根据精简、统一、节约和反对官僚主义的原则，建立起一个简化而科学的机构；改进领导作风和工作方法，提高办事效率；按照干部队伍革命化、年轻化、知识化、专业化方针，选拔一批德才兼备、能够开创新局面的中青年干部进入各级领导班子，解决好新老干部的合作和交替问题；压缩人员编制，建立和完善岗位责任制，使党政机关更好地为基层服务。按照省委、省政府部署，经中共中央、国务院批准，省级机关率先于 1983 年 4 月开始进行机构改革。与此同时，地市、县级党政机关的机构改革相继进行，到 1984 年春，全省机构改革基本结束。根据中共中央和省委部署，县委分别于 1984 年和 1987 年，进行了 2 次党政机构改革，精简人员编制。1984 年 1 月 26 日至 27 日，县九届人大常委会第八次会议讨论通过县级机构改革中乡镇政府组成人员和各部门行政负责人职务任免事项。1 月 28 日，县委召开县级机关机构改革总结大会。

一、县级党政机构设置

1984 年 1 月 10 日，市委批准建湖县县级机关机构改革方案，同意县委设置县委办公室、组织部、宣传部、统一战线工作部、农工部、政法委，老干部局归口组织部管理。县政府设置县政府办公室、计划经济委员会、物价委员会（办事机构设在计划经济委员会）、科学技术委员会、体育运动委员会、计划生育委员会、民政局、公安局、司法局、财政局、税务局、审计局、商业局、粮食局、工商局、农业局、多种经营管理局、水利农机局、城乡建设环境保护局、社队工业局、交通局、人事局、教育局、文化局、卫生局、劳动局、物资局、统计局、编制委员会（办事机构设在人事局内）29个工作部门。按《党章》《宪法》规定设县纪委、县人大常委会、县政协和群团等机构。1月24日，县委、县政府撤销工业局，成立机械电子工业公司和化工建材工业公司。手工业管理局改为轻工业公司。此后，机械电子工业公司和化学建材工业公司合并为县工业公司。对外贸易局更名为对外经济贸易公司。7月22日，县广播电视管理站升格为科级建制，同时成立县人民广播电台、县电视台。

1987年，进行新一轮机构改革，县委设纪律检查委员会机关，县委工作机构设县委办公室、组织部、宣传部、统战部、农工部、政法委、县级机关党委、党史工作办公室、党校，县委部门管理机构为老干部管理局。县政府下设县政府办公室、编制委员会、人事局、民政局、公安局、司法局、农业局、水利农机局、多种经营管理局、财政局、税务局、审计局、工商行政管理局、商业局、粮食局、物资局、交通局、劳动局、统计局、教育局、文化局、卫生局、城乡建设局、乡镇企业管理局、广播电视管理局、计划经济委员会、计划生育委员会、体育运动委员会、科学技术委员会29个工作部门。另设工业公司、轻工业公司、纺织工业公司、对外贸易公司4家科级建制的单位。

二、县级机关人员编制精简

1984年机构改革，人员编制按1983年底实有人数精简20%。此次机构改革撤并26个单位，县级机关部门从62个减至36个；人员从818人减至657人，精简近20%。改革后，县委科级部门班子平均年龄44周岁，比改革前下降4.7周岁；中专以上文化程度占73.4%，较改革前提高29.6%。1987年机构改革，市编委核定建湖县党政群机构65个，行政编制1010名。县级机关经过两轮机构改革调整后，普遍推行干部岗位责任制，工作人员按职定岗、按岗定责、按责定权，县岗位责任制办公室每年两次考核履职情况和工作绩效，半年初评，年终总评。评比结果计入个人考核登记表，存入本人档案，作为晋升、奖励、培训、任用依据，优胜者享受一定的精神、物质奖励，对促进机关干部的作风与效能建设发挥了激励导向作用。

第二节　组织人事制度改革

中共十二大召开后，县委从全面开创改革开放和社会主义现代化建设新局面的战略需要出发，进一步解放思想，拓宽视野，积极推进干部人事制度和劳动工资制度改革，大力选拔使用优秀中青年干部，积极稳妥地安排老干部退居二线，调整不称职干部，调优配齐各级领导班子，加强干部教育培训及监督管理，规范机构设置和编制管理，建立人才流动制度，做好专业技术职称评聘工作，适时改革调整工资制度，为全县经济社会加速发展提供强有力的组织保证和人才支撑。

一、干部任用管理制度改革

县委坚持群众路线，充分发扬民主，提高选贤任人公开化、规范化、科学化程度，选拔经实践考验、群众公认的优秀年轻干部到各级领导岗位任职。破除墨守成规、论资排辈观念，建立广视角、立体化、开放式选人用人机制，通过民主推荐，建立第三梯队。培养选拔年轻优秀的经营管理干部、知识分子干部、女干部和党外干部。突出德、能、勤、绩、廉考核，采取领导考查与个人述职、组织考察与民主测评、定期考察与平时考察、定量考核与定性测评四结合方式进行。1983 年，按照干部革命化、年轻化、知识化和专业化要求，配备各级领导班子，县委各部、委、办、局充实中青年干部，20 个局和行政公司设立党委党组，一批年富力强的干部充实到县直机关和乡镇担任领导职务。1984 年，县内企业相继实行干部招聘制、选举制和任期制；8 月从全民所有制企业工人中聘用部分人员到干部岗位任职。1987 年，按照选用干部“公开、竞争、择优”原则采取无记名投票方式，差额选举产生 18 个乡镇政府领导班子成员，乡镇领导班子职数由 148 名减至 106 名。同年 7 月，在全县范围内公开选聘县乡镇企业管理局局长、多种经营管理局分管水产工作的副局长以及 15 名乡镇中层干部，11 月 13 日县长刘鉴康分别与受聘者签订聘用合同。

1983 年 7 月 29 日，县委发出《关于改进干部管理工作的通知》，县委组织部管理的干部实行统管与分管结合，协助县委统一管理部分干部，委托各个党组和乡镇党委分管部分干部。1984 年 3 月，县级党政机关推行岗位目标责任制管理，成立机关岗位目标责任制考核领导小组。同年，建湖县干部管理权限下放，实行市管县，县管科局、乡镇干部的隔级管理体制。组织部门负责科级以上干部和部队营级以上转业干部的考核、审批管理。人事部门负责内外干部洽调、吸收录用，大中专毕业生分配，军队连、排级转业干部安置。科级以下单位中层干部和下属企事业单位负责人由主管局管理任免，报组织人事部门备案。各乡镇和所属企事业单位以及行政村、街道居委会党支部书记、村（居）委会主任，由各乡镇任免，乡镇群团正副职由乡镇党委和上级主管部门共同管理，经选举产生后，由主管部门任免。县直单位及其下属单位正、副股级组织、人事、纪检、宣传、监察干部的任免，各单位拟提拔的股级干部以及超职数调进的股级干部，须先征得县委组织部同意，按照规定程序进行考察考核，报县委组织部内审后实施。县人民法院审判员、庭长、副庭长和县人民检察院检察员的任免，报县委组织部内审，提请县人大常委会审议决定。属主管部门和乡镇双重领导的干部任免由主管部门负责统一考察，提出任免意见，征得乡镇党委同意后实施。办理任免手续时，由双方共同签署意见，行政职务由主管部门任免，党内和群团职务由乡镇党委任免。

县委始终把干部教育培训作为提高干部队伍素质、推动改革发展的先导性和基础性工程，坚持围绕大局培训干部，立足实践提高干部，干部教育培训内容随发展领域拓展而拓宽，干部知识结构随发展方式变化而优化，干部能力素质随发展要求提高而提升。1987 年，县委举办学习中共十三大精神培训班。1988 年，举办外经贸知识系列讲座，选送部分干部到沿海开放城市跟班学习。1990 年，举办各类培训班重点培训基层党员、技术骨干、致富能手和企业家。1992 年，举办县属、乡镇企业厂长后备人员培训班。

县委还从改革制度和机制入手，加强对“一把手”和重要岗位干部的监督，建立领导干部重大事项报告、任期经济责任审计、诫勉谈话、回复组织函询、述职述廉、勤廉公示制度。1987 年，县委制定下发《关于健全领导干部分级谈话制度的意见》（以下简称《意见》），明确谈话内容、职责、方法、原则，在全县组织工作会议上作出具体部署。按照县委《意见》

要求，“七五”时期后3年，先后有28名县处级领导干部同基层干部谈话630多人次。实行领导干部分级谈话制度，掌握干部的思想动态和领导班子工作情况及存在问题，有利于科学准确地识别和使用干部，增强领导班子战斗力，更好地推动两个文明建设。此做法得到市委组织部门的肯定，在全市各地党组织推广。

二、人事管理制度改革

为加强编制管理，实行事业费、人员经费包干，党政部门需增加编制，一律由县编委审定，未经核准的，财政部门不予增拨经费。1986年后，机构编制变化按规定程序报批，县级党群机关、人大常委会、政协、法院、检察院机关副科级以上机构（不含按法定程序选举产生的机构）的设立、变更、合并、撤销，由县编委研究后，提请县委常委会会议审议，按规定程序报市委审批；县级政府机关机构编制的变化需提请县政府常务会和县委常委会会议审议，报市政府审批；副科级以上事业机构变化的，根据所属序列，分别由县委、县政府发文公布，正科级事业机构变化需报市编委审批；县镇机关和正科级事业单位内设机构变化由县编委审批，副科级事业单位的内设机构变化由县编办审批；县镇机关、事业单位编制核定及领导职数配备由县编委审批；股级事业单位人员编制及职数由县编办审批。

1983年，由县委组织部牵头，县科委、县人事局具体负责，对全县人才情况进行一次普查，各部门、乡镇建立人才卡片和业务档案。1984年1月，根据中共中央有关人才流动的政策精神，开展多渠道、多层次、多形式的智力还乡活动，以弥补本地人才之缺。为促进人才合理流动，县委、县政府还制定了暂行规定，明确人才流动由使用不对口单位流向专业对口单位，全民单位流向集体单位，县城流向乡镇，技术力量强的单位流向技术力量弱的单位，非生产单位流向生产单位。1987年12月，县人才交流服务中心成立，负责全县人才资源开发的总体规划、政策制定并组织实施。

1986年，国家开始实行专业技术职务聘任制度，县成立职称改革领导小组及办公室，办公室设在县科委。从1989年开始，进行乡镇专业技术职务评聘工作。至1992年9月，全县首次专业技术人员评审聘任工作结束，共评审聘任高级职称166名、中级2861名、初级19015名。10月起，职称评聘工作转入正常化。

三、劳动工资制度改革

1982年起，建湖县实行志愿报名，统一考试，全面考核，择优录用城镇待业人员就业。部队复员、退伍军人、转业干部及其家属、大中专毕业生、建设征用土地带劳工等由县劳动人事部门按国家政策协调安排。1983年9月，根据国务院通知，对因病提前退职、退休工人及离退休干部，停止办理子女顶替手续，符合正常退休条件的工人子女仍可顶替。1984年10月，省政府批转省劳动局《关于改革县、区以上城镇集体所有制企业劳动工资制度的意见》，对县以上城镇集体企业进行重要改革。此后，招录技术工人，经培训合格后，领证上岗。1985年2月，省政府批转省劳动局《关于全民所有制单位试行劳动合同制的意见》，县成立劳动制度改革办公室，进行劳动制度改革试点。全民企事业单位停止使用计划外农村户口临时工。1986年，不再对城镇户口的退休职工子女实行顶替政策。1982年和1986年，2次清退私招乱雇的农村临时工1200多名。1988年，县政府下发文件，改革固定工制度，企业实行全员合同化管理，干部实行聘任制，工人实行上岗合同制。对未经县政府批准使用农村劳力的单位加倍收取临时工管理费，同时收取每人每月50元的城市建设附加费，扩大到建湖镇、上冈镇。9月县劳务市场开业。随着商品经济日益发达，市场化改革进程加快，企业招工用人自主按需决定，面向社会公开招收，择优录用，合同上岗，逐步向“双向选择”的用人机制转变。1991年5月，县政府转发县劳动局《关于城市建设用地安置劳动力的实施办法》，明确全民县属集体企业、事业单位和机关团体（含部、省、市属驻湖单位）在建湖镇、上冈镇城镇规划区内征用土地，按政策需要带劳的，均应按规定予以安置。1992年起，推行全员劳动合同制。在改革用工制度中，劳动部门下放劳动管理权、劳动用工权和工资基金使用权，开辟劳务市场，用工单位在劳动部门的指导下，谨慎用好自主权，为搞活企业，发展经济，提高经济效益发挥了巨大作用。

1983年，建湖县调整企业单位职工工资，涉及117个全民单位6250人、185个集体单位7650人。1984年6月，县齿轮厂被劳动人事部确定为劳动工资改革试点单位；8月20日，县政府转发县劳动局《关于进一步改革劳动工资制度的意见》，明确企业职工工资由基本工资、奖金和劳保福利三部分构成。1985年6月，建湖县成立工资改革领导小组，按照全国统一部署，进行企业职工工资套改，10月份执行。至1986年底，全县20个全民单位4200名职工和167个县属集体单位1.52万名职工进行工资套改，并按规定给企业职工增加工资和奖金。此前，企业职工实行留职停薪、自谋职业或自主创业的，1988年起停止办理。在全面实行“四放开”的宏观背景下，企业内部配套改革不断深化，各层各级经济责任制更加落细落实，活工资比例逐步扩大，职工吃企业“大锅饭”，旱涝保收、高枕无忧的局面被工效挂钩、酬绩对应的分配机制打破，计划经济时代形成的固定工资、档案工资、级别工资成为历史。1985年，国家机关工作人员工资实行以职务工资为主的结构工资制，由基础工资、职务工资、工龄工资和奖励工资等组成。工资套改后，全县机关事业单位人均增资17.56元。未参加工资改革的离退休干部、职工，每人每月增加补贴17元。1993年9月以前，机关事业单位实行职务工资为主的结构工资制，未建立正常的增资机制，工资水平普遍较低。

1984年12月，建湖县在全省首家、全国第二家建立劳动保险公司。1984年至1990年，全县社会基本养老保险工作处于起步阶段，无固定模式参照。从1990年开始，全县企业固定工全面参保。1991年起，贯彻执行国务院《关于企业职工养老保险制度改革的决定》文件精神，全县企业职工参保人数逐年增加。

第三节 科教文卫体制改革

在经济体制改革全面展开的同时，社会事业改革也被提上了议事日程，县委、县政府根据改革的总体部署，循序渐进地推进科技、教育、文化和卫生体制的改革，不断激发社会活力，进一步推动科教文卫等社会事业加快发展。

一、科技体制改革

1984年4月18日至23日，省委、省政府召开全省科技工作会议，深入贯彻科技发展新方针，加强科技进步，促进经济建设进一步发展。8月22日，省委、省政府颁布《关于促进科技进步的暂行规定》。1985年3月13日，中共中央作出《关于科学技术体制改革的决定》。3月20日，省委、省政府召开会议传达学习全国科技工作会议精神，明确要求科技体制改革要走在全国前列。7月24日至28日，省政府召开全省科技工作会议。根据省、市委要求，县委、县政府始终坚持“经济建设必须依靠科技进步，科学技术必须面向经济建设”的方针，把科技作为第一生产力，实施“科技兴县”战略，深化科技体制改革。建立科技网络，建设科技市场，推进科技创新，加强科技交流合作，全县科技经济一体化水平不断提升，科技市场竞争实力显著增强。

1984年4月，县政府下发《建湖县科学技术奖励办法》，此后每2年组织1次科技成果评审。同年，全县引进各类技术人才40名，引进、聘用生产业务指导员1380名，67个单位同大专院校、科研单位建立经济技术协作关系，引进技术项目61个。1985年，引进工程师以上专业人才40多名。1986年，发展联合项目91个，引进资金517万元。1992年，沿河蔺草开发公司从日本聘请专家指导蔺草栽培、加工技术，农林部门选派技术人员到日本学习蔬菜栽培技术，城中彩印厂等企业选派技术骨干到意大利、日本等国家学习培训，森达集团聘请意大利、澳大利亚、韩国等国家和中国台湾及中国香港地区专家负责皮鞋款式设计，与意大利马尼龙格公司联合设立制鞋研究所，并派技术人员到意大利学习先进制鞋工艺。

1986年，县、乡镇成立农科教统筹领导小组，建立科技培训基地，13个乡镇创办科技培训中心，规模较大的企业设立职工学校，每年组织培训企业职工、农民和基层干部。县属企业职工接受技术培训面90%以上，科技人员受训面36%，农民和基层干部接受培训5万人次以上。全县有部门学会、研究会、协会等学术团体24个，会员3109人。县科委建立科技情报网络，成立科技情报学会，有会员174人，科技情报学会每年收集传递有价值的经济、科技信息近千条。各乡镇、经济主管部门设科技情报站26个，有专兼职情报员320多名，部分乡镇还成立“科技信息服务公司”。1991年，县成立科技兴县领导小组、科技达标领导小组、科技进步先进企业评选领导小组，选配科技副县长、科技副乡镇长、村（居）科技副主任。至1992年底，全县建成民办研究所25家，县成立农业技术开发领导小组，县科协建立以各学会为骨干的科技咨询机构。工业方面出现一些跨行业的科技协作组织。各乡镇成立科委（或科技办公室）和科普协会，经济主管部门设立科技科（股），县属企业、乡镇企业普遍配备科技副厂长。县计经委设立信息中心，县科委设立科技情报调研科。98%的村配备专职农技员，

62%的村配备副业技术员，40%的村（居）配备科技副主任，并有明确的目标任务和考核奖罚制度。

1989年8月，县技术市场管理办公室成立，负责协调全县技术贸易、技术中介等活动，组织科技成果展销、技术洽谈与交易，为科技人员业余兼职提供服务。1990年8月，县政府下发《建湖县技术市场管理暂行办法》《农业技术承包合同管理办法》《关于加快市场建设的意见》，进一步加强科技市场的建设与管理。至1992年，县科委聘用技术市场管理协理员166人，采取挂点承包、驻点承包、项目承包、定期下乡、义务承包等形式，广泛开展农业技术承包与服务。1992年，县技术市场管理办公室获授省技术市场金桥奖。

二、教育体制改革

1983年12月12日，省委、省政府发出《关于加强和改革普通教育若干具体政策问题》的通知。1985年5月27日，中共中央作出《关于教育体制改革的决定》（以下简称《决定》），提出教育体制改革的目的是提高民族素质，多出人才、出好人才，使各级各类教育能够主动适应经济发展的多方面需要。为此，要改革管理体制，扩大学校的办学自主权；调整教育结构，相应地改革劳动人事制度；改革同社会主义现代化不相适应的教育思想、教育内容和教育方法。6月25日至30日，省委召开七届二次全会，讨论通过《贯彻执行中共中央关于教育体制改革的决定实施意见》。8月15日至19日，省政府召开全省教育工作会议，出台关于贯彻教育体制改革决定的实施细则。10月15日，市委出台《关于进行教育体制改革的意见》，全面部署全市教育体制改革工作。根据省、市部署，县委、县政府认真学习贯彻《决定》，积极推进教育教学改革，实施学校内部管理改革，实行校长负责制，推行分级办学体制改革，推广钟庄乡“三制”经验，办学条件明显改善，师资队伍建设进一步加强，教育教学质量不断提高。

加快教育教学管理改革。试行年段教学过关责任制，后逐步发展为教学岗位责任制。各小学从应试教育转向素质教育，优化学科课程，推进新课程改革。教学研究网络由县属完中各科教研组、各乡镇初中教研组和小学教研组构成。县学科教研组有数理化学会、教育研究会和德育研究会。1984年12月，上冈中学被认定为全省12所大改试点学校之一，校长朱乃涛出席在南京召开的全国部分中学校长及大改试点中学校长座谈会，交流上冈中学“按照‘三个面向’，办好农村集镇中学”的做法。1986年1月，省教委在上冈中学召开各市、县教育局局长及大改试点学校校长会议，参观教改现场。3月22日，《中国教育报》报道上冈中学端正办学思想，为振兴地方经济培养有用人才的做法；《新华日报》系列报道上冈中学教育教学管理改革做法。1987年1月3日，《新华日报》头版头条以《上冈中学——农村教育改革的排头兵》为题再次作了报道。1988年9月，县政府出台《关于深化教育改革，实行普通教育转轨的意见》，至1995年，全县分3批普及初中教育。在建湖镇、近湖乡、庆丰乡和县直初中建立素质教育实验基地，分别在全省、全市教育工作会议上作经验介绍。

启动实施校长负责制。从20世纪80年代中期起，全县大部分中小学开始实行校长负责制，校长作为学校行政负责人，主持全校的教育教学和一切行政事务，副校长协助校长负责学校有关工作（教学教研、政工、后勤财务等），同时恢复校务会议制度。一般中小学设立教导处、总务处，后根据工作需要，规模较大的中小学先后设办公室、教务处、政教处、教科室、总务处、保卫科等处室。建湖高级中学、上冈高级中学、县第二中学、县钟庄中学、县实验初级中学、县实验小学、县第二实验小学等规模较大的学校先后设立年级部，实行年级部管理制。全县公办幼儿园内部管理体制与中小学一致。县电大、教师进修学校实行党组织领导下的校长负责制。

推进分级办学体制改革。20世纪80年代，县内开始出现少数社会办学机构，但办学形式单调，办学内容以短期文化补习、技能实习为主。1984年开始，全县由点到面推行普通教育地方负责、分级管理。1985年起，县内实行分级办学、分级管理体制。教师进修学校、完中、示范性农职中、实验小学、示范幼儿园由县办县管，其他小学和初中改由乡镇办管。至1988年，全县农村小学、初中及农村完中初中部由乡镇办、乡镇管。90年代，社会力量办学发展以社会需求为主的职业技能班。

推广钟庄“三制”改革经验。1981年9月，钟庄公社党委借鉴农业生产责任制的做法，在全县率先探索实施“校长选任负责制、教师定编聘任制、教学岗位责任制”的教育管理体制改革。1984年5月，县委、县政府在钟庄乡召开“分级办学、分级管理”现场会，县教育局与钟庄乡政府签订合同，钟庄乡在全市教育工作会议上作“三制”改革经验介绍。此后，全市有100多个学校推行“三制”改革。1985年5月，省教委安排中教处、初教处和教师处等10多人到钟庄调研考察，形成调研报告，在全省推广钟庄教育改革经验；《新华日报》发表《学习钟庄经验，深化教育改革》的社论，《光明日报》刊发《江苏省建湖县钟庄乡全面改革学校管理制度》文章、《中国教育报》刊发《全面改革学校管理制度》文章，报道钟庄乡教改做法。1987年11月，钟庄乡“三制”教改经验在全国普及九年制义务教育微观规划管理讨论会上，获得高度评价，引起强烈反响。12月，省教委政研室编写《钟庄乡教育管理改革》一书，由江苏教育出版社出版发行；省教委主任袁克昌撰写专文评介钟庄“三制”改革经验。1988年7月，县委、县政府转发《建湖县教育局关于进一步完善“三制”，实施教师职务聘任工作的意见》。9月，县教育局副局长刘向东在国家教委召开的北京市教改试点经验座谈会上，专题汇报钟庄教育“三制”改革做法。1989年12月，国家教委副主任、党组书记何东昌到江苏调研教育工作，充分肯定钟庄乡教育改革方向是正确的，经验是配套的、成熟的。1990年3月，省教委在建湖举办钟庄乡“三制”改革讲习班，全省各市、县（区）教育局局长参加。《钟庄教育改革之路》专著由科学技术出版社出版发行。9月，钟庄乡“三制”改革经验获全国首届教育科研成果奖一等奖。

三、文化体制改革

1983年，全县12个乡建成文化中心，320个村建立了文化室，120个县直单位建立了职工俱乐部。至1987年底，全县除辛庄乡外，其余17个乡镇均建成融科技、教育、文化、体育于一体的文化中心。1988年，县内歌舞厅、游戏厅、台球室等娱乐市场由县文化局主管，书刊及印刷市场由文化局管理，音像市场由广播电视站（县广播电视局）主管。1991年，县文化局增设文化市场管理股，下设文化市场稽查队，专门负责文化市场管理工作。

1986年，县文化局内设人秘股、文化股、艺术股，另设剧目工作室（事业性质）；1991年增设市场管理股。其后，下辖的文化单位及调适情况为：文化馆占地1.54万平方米，馆内设政秘、群艺、辅导3个组和1个文化服务部，1990年被文化部授予全国先进文化馆。博物馆成立于1989年，与文化馆两块牌子一套班子，建馆初期，所收文物藏于馆内3间平房内，后逐步增收国家一级、二级、三级文物。图书馆1983年从县文化馆分出，内设报刊阅览厅、图书外借室、少儿阅览室、科技阅览室和参考咨询室，1993 年起，实行图书全开架借阅，逐步践行办公和业务自动化，建立馆藏文献数据库，图书总量不断增加，较好适应全民阅读需要；全县形成以县图书馆为中心，辐射各基层单位和乡镇图书馆、图书室的图书事业网络。工人文化宫，1987 年建成 1000 多平方米的职工文艺活动大楼；1988 年 5 月，被市总工会授予“先进文化宫”称号；1989 年被省总工会认定为江苏省首批合格文化宫，后国企改革企业文化活动处于停顿状况。1988 年起，县影剧院连续多年获省“明星剧场”称号，后因市场萎缩停业。1990 年 1 月，成立县录像放映服务部。县新华书店，1986 年前全县设 5 个图书网点，分别是县城老城区第一门市部、县城人民路第二门市部、钟庄门市部、上冈门市部和沿河门市部；1987 年新设汇文路教育书店和颜单门市部，1990 年设芦沟门市部，1991 年图书批发部与第一门市部合并，将政工股改为办公室；1992 年起，在向阳路筹建综合楼，书店办公区由人民路迁址向阳路新楼。

县内有影响的传统文化团体是淮剧团、杂技团。1986 年，淮剧团自办的淮剧培训班学员毕业后进团，老中青三代同台，有演职人员 70 余人。同年排演大型现代戏《如何不如何》，在省首届淮剧节参演获编、导、演 6 项大奖。1990 年 6 月，淮剧团随县政府到上海参加经贸洽谈会，在上海中兴剧场演出剧目，场场爆满。20 世纪 90 年代初淮剧团跌入低谷，人才流失。90 年代中期，淮剧团离退休人员工资列入财政拨款，并下达专项扶持资金。杂技团 1983 年更名为盐城市杂技团，1986 年 5 月，应邀参加加拿大蒙特利尔国家哑剧节，在温哥华、多伦多和蒙特利尔等地演出 20 多场。杂技团先后编排 200 多个节目参加各级举办的杂技比赛，获各类奖牌 56 枚，其中《对手顶碗》等节目获华东六省市杂技大赛一等奖，被录入影片《杂技精英》在海内外放映。

四、卫生体制改革

1984 年 3 月，市政府批准撤销建湖县建东医院，改建盐城市皮肤病防治所，实行市、县双重领导。1987 年 8 月，县政府印发《关于乡镇卫生院管理体制改革的实施意见》，乡镇卫生院实行以乡镇政府为主、县乡分工管理的体制，国家对卫生院的经费补助政策不变，机构和人员性质不变，承担的任务不变，固定资产和流动资金的所有权不变。乡镇卫生院院长、副院长由乡镇负责任免，床位、人员编制由卫生局和编办核定，卫生技术人员调配由卫生局和乡镇政府会商决定，人员奖惩由卫生局和乡镇共同把关。乡镇政府将卫生院建设纳入总体规划，乡镇卫生院实行独立核算，自负盈亏，乡镇政府加强对卫生院的领导，县卫生局加强业务指导培训，进一步扩大乡镇卫生院的自主权，逐步推行院长负责制。12 月，县委办印发《关于建湖县人民医院改革试行方案》，实行院长任期目标责任制，建立职工代表大会制度，试行干部聘任制、工人合同制，改革医疗管理制度、经济管理和分配制度。1991 年，原上冈卫生院改为中西医结合的县第二人民医院；县精神病防治院增加西医业务。各家医院普遍实行院长负责制，医疗管理从生物医学向生物、心理医学转变，医疗服务从以医疗为中心向以病人为中心转变。同时，在医疗单位试行经济管理、成本核算等内部运行管理机制。20 世纪 90 年代，全县各医疗单位全面推行县人民医院服务承诺制，包括文明行医、急诊优先、医疗质量、药品质量、合理收费、手术及时、廉洁行医 7 项承诺，公布投诉程序和处理方法。

第四节　调控体制改革

1984 年 4 月上旬，省政府批转省计划经济委员会《关于计划经济工作改革的若干意见》，要求全省各地按照层层放权的精神，切实搞好计划经济工作的改革。1986 年后，县内调控体制由计划经济模式转变为以市场调节为主。计划管理工作重点由制定年度计划转向中长期计划。财政体制围绕分税制先后进行县级和乡镇财政体制改革，明确各级权利责任。税收体制经历 20 世纪 80 年代初“利改税”模式、80 年代末以流转税和所得税为主的复合税制改革，1994 年在划分事权的基础上建立中央与地方分税制。物价体制由计划经济时代国家定价，逐步转为国家定价、国家指导价、市场调节价并存格局，县内物价逐步放开，国家定价进一步减少，物价部门主要职能转变为加强物价监测和检查，依法治价和物价服务。

一、计划体制改革

1984 年后，全县计划管理体制进一步改革，缩小指令性计划，扩大指导性计划和市场调节，物资由以计划分配为主逐步转变为以市场调节为主。至 1985 年底，全县下达 64 项生产项目，其中 10 项指令性计划、6 项转为指导性计划，其余全部放开。计划工作从以定指标、列项目、分物资为主转向以研究制定国民经济和社会发展战略为主，从以对企业计划的直接控制为主转向以间接调节为主，改变计划经济同商品经济对立，忽视价值规律和市场调节的管理方法。20世纪90年代初，进入计划经济与市场经济相结合的“双轨制”时期，主要工业品的生产仍实行计划安排，主要物资仍实行计划分配，指令性计划下达和平价物资的分配呈逐年减少趋势。1991年后，计划、财政、税收等经济管理部门加快改革步伐，逐步转向宏观上调控、微观上放活，钢材、粮油主要生产资料和生活资料及外汇相继放开，由市场需求配置资源，市场经济逐步占据主导地位。

二、财政体制改革

1982年，建湖县实行“全额比例包干”财政体制，即“收支挂钩、全额分成、确定比例、一定四年”。这一年整个收入留县。收不抵支，省确定补助18.8万元。从1982年开始，建湖县被列为全省13个财政补贴县之一。1990年10月，建湖县被省政府摘掉财政补贴县帽子。1985年6月，省政府批转省财政厅《关于在全省建立乡镇一级财政报告的通知》，全县各乡镇分别建立财政所，隶属乡镇政府领导，其人员调动需征得县财政局同意。1986年至1987年，乡镇实行“全额比例包干”的财政体制，即“收支挂钩、确定比例、全额分成”。1986年至1993年，建湖县实行“收支挂钩，全额比例包干”的财政管理体制，即划分税种、核定收支、分级包干，坚持“统一领导，分级管理”的原则，进一步明确各级财政权利和责任。1988年至1992年，全县各乡镇实行“核定收支基数、超收分成”的财政体制，即对参加体制分成的集市贸易税等13个税种以上年实绩为基数，超基数增长部分，乡镇财政留用60%；对农业特产税、耕地占用税超计划任务部分乡镇财政留用70%，完不成任务部分与支出挂钩，短收短支。全县财政资金由县财政部门统一负责管理，各乡镇、部门专立账册，拟定科目，建立报领、审核、批准使用的手续程序与季度、年度预决算制度。根据省财政厅对乡镇自筹经费支出提出意见，农业税附加收入与盐城市分成留成部分，订出控制数，交有关部门按需要造预算，县财政局和有关部门共同掌握控制使用。经济建设事业费用由有关部门审查核定，报县政府批准，由县财政局按季度或年度计划拨给各乡镇掌握使用。

三、税收体制改革

1983年4月24日，国务院批转财政部《关于国营企业利改税试行办法》。5月11日至19日，全省“利改税”工作会议召开，要求全省自6月1日起全面开征所得税。根据国务院和省政府要求，县委、县政府于10月将税务从县财政局划出，复设税务局。1983年起，开启“利改税”第一步改革。县税务部门对有结余的国营企业普遍征收所得税，小型国营企业在缴纳所得税后，由企业自负盈亏，少数利润较多的企业再上缴一部分承包费；大中型国营企业缴纳所得税后的利润，除了给企业合理留利外，采取调节税定额上缴、固定比例上缴等方式征税。为鼓励企业增盈，减征增长部分60%的调节税，留利部分在保证职工奖金水平的前提下，体现“国家得大头，集体得中头，个人得小头”原则，推促企业发展。按照国务院规定，从1984年10月1日起，实行“利改税”第二步改革。县税务部门重点贯彻国务院发布的产品税、增值税、盐税、营业税、资源税、所得税、调节税等税收条例（草案），把原有的工商税按性质划为产品税、营业税、增值税及盐税4种；恢复征收房产税、土地使用税、车船使用税，新增城市维护建设税4个地方税种；对盈利的国营企业征收所得税，国营大型企业按55%的税率征收，国营小型企业按新的8级超额累进税率低3%至5%征缴；对国营大中型企业还要征收调节税。调节税按企业不同情况核定，适当放宽小型企业的征收尺度。至此，建湖开征的税种有产品税、增值税、营业税、盐税、国营企业所得税、调节税、城市维护建设税、集体企业所得税、个人所得税、建筑税、土地使用税、车船使用税、奖金税、屠宰税和牲畜交易税15种。1986年，县内工商各税根据中央“利改税”要求进行征收。1988年至1993年，逐步建立以流转税和所得税为主的税收体系，由单一税制转向复合税制。

四、物价体制改革

1983年，全县2次放开三类工业品价格管理权，由105种增至265种，至1984年底，放开605种。在放开定价权的同时，县物价管理部门出台规定，调整19个乡镇44种产品价格管理权。1985年起，对计划外购进、超产自销的工业生产资料由企业自行作价。同年1月1日，中共中央、国务院印发《关于进一步活跃农村经济的十项政策》，决定改革农产品统购统派制度，从1985年起，实行合同定购和市场收购。根据这一政策，县改革粮油统购体制，小麦、稻谷、玉米由国家统购改为合同定购，定购合同以内的粮油按比例作价，合同以外的部分及其他杂粮价格一律放开，实行议购议销。放开生猪购销价格，取消派购、合同定购、指导议购、议购议销政策。1986年，陆续放开缝纫机、国产手表等“老五件”和自行车、黑白电视机等7种耐用消费品价格以及棉纺化纤和936个小商品价格，实行市场调节价；修订149种产品和21种收费项目价格管理权；制定或修订地产水泥及其制品、石灰、砖瓦、家用电器、小化肥等作价方法。1987年，先后调低乐果等11种农药销售价格，提高部分百货、五金交化等商品价格，适当调高粮食等农产品购销价格，生猪购销价格提高19%。1988年7月，放开茅台、五粮液等12种名酒和云烟、红塔山等13种名烟定价，提高部分烟酒价格；推行生产资料计划内外并存的“双轨制”价格，初步形成中央、地方、企业分级管理，国家定价、国家指导价、市场调节价3种形式并存格局。1989年，县政府印发《关于加强市场价格管理工作的有关规定》，明确物价管理权限，稳定粮油价格，整顿批发流通行业，加强放开商品管理。1990年，县物价部门实行企业定价许可证制度，放开经营商品实行提价申报制度，化肥等农业生产资料实行专营价格管理。严格控制调价项目，整治乱收费、乱罚款、乱摊派等违法行为。商品价格和收费标准明码标价，制止价格欺诈行为。1991年，县政府出台《关于加强农业生产资料管理的意见》，制定促进生猪生产优惠政策，物价部门向县属12个部门32家企事业单位派驻价格联络员，纺织品实行价格浮动，制定了国家定价、国家指导价等25类商品的作价办法。

第五节　流通体制改革

在计划经济向商品经济、市场经济转换过程中，逐步把按行政区划、行政层次统一收购、调拨和供应商品的流通体制，改为开放式、多渠道、少环节的流通体制，形成城乡畅通、地区交流、纵横交错、四通八达的流通网络，构建和完善统一、高效、竞争、有序的市场体系。1984年8月起，全省开始在商业体制方面进行10项改革。12月，县委、县政府出台《关于进一步搞活企业、流通、建筑业的意见》，要求商业部门进一步简政放权，实行政企职责分开；供销合作社变“官办”为“民办”，恢复其农民群众集体所有的合作商业性质；粮食部门的基层库、所、厂、站全面实行独立核算。搞活金融，逐步形成多层次、多功能、多种成分的金融体系。建立和办好各类贸易中心，放宽购销政策，扩大服务领域，搞活市场，促进生产和消费。1987年，县政府出台《关于进一步搞活商品流通的规定》，积极改革购销体制，大力培育和发展城乡商品市场，组织农民进入流通领域，发展民间购销，放开搞活商业企业，深化供销社体制改革、金融体制改革、监管部门改革，搞活资金融通，发挥经济杠杆作用。1990年，县政府出台《关于完善流通企业承包经营责任制的意见》，明确新一轮承包以县属以上全民流通企业、供销社企业为主体，包括城建、工业、农水等部门所属的流通企业，其他集体流通企业也可以继续实行承包。饮服业、劳务性行业及微利亏损、边缘偏僻的小企业宜包则包，宜租则租。实行租赁的以集体租赁为主，也可试行合伙租赁和抵押租赁。1992年，县政府出台《关于进一步深化国营商业企业改革的意见》，放开企业经营范围和价格管理权限，改革完善分配制度，推行全员劳动合同制。

一、商业体制改革

1984年5月，县政府批复同意县商业局实施商业体制改革，成立建湖县经济贸易中心，实行董事长领导下的经理负责制，以国营批发商业为主导的经济联合体，公司级建制，全民性质，下设独立核算的工业品、糖烟酒、五交化、基建物资、农副产品、综合经营部；成立建湖县商业综合公司，统管商业集体企业，公司级建制，集体性质，独立核算，隶属商业局领导；成立建湖县第二饮食服务公司，统管饮食服务集体企业，公司级建制，集体性质，独立核算，隶属商业局领导；将建湖县饮食服务公司建湖饭店更名为建湖饭店，建制由股级上升为公司级，性质不变，与县饮食服务公司合署办公，实行两块牌子一套班子，隶属县商业局领导。年内，县商业系统二级单位全部实行不同形式的承包责任制，调整选配懂经营、会管理的企业经理（厂长），选举产生三级单位负责人，二级单位同县商业局、三级单位同所属公司（厂）、职工同所在单位层层签订经济承包合同。1987年初，县商业局首先在百货公司和酱醋厂进行经理（厂长）招聘试点，实行任期目标责任制，签订任期3年的目标责任状，实行盈亏奖惩、工效挂钩制度，1988年起在全系统7家公司和5家工厂全面推行。在此基础上实行全员定岗、风险抵押制度。发展多种形式的批发，进一步加强工商、农商、商商联合；积极培育城乡商品市场，加强工业品和农副产品专业市场建设，大力发展多种形式的民间流通组织。围绕肉、禽、蛋、菜和水产品，组建紧密型的产销联合公司，发挥稳定市场、稳定物价作用。1988 年 3 月，县政府出台《关于搞好食品购销管理体制改革的意见》，成立食品行业管理办公室，各食品站和县食品公司脱钩，县食品公司实行承包经营。1991 年 4 月，食品行业管理办公室撤销。同年，全系统实行经营、价格、分配、用工制度“四放开”改革，推行职工考核签约上岗、新招人员限期试岗、不合格职工内部待岗的“三岗制”，放开分配，打破“铁饭碗”，实行联岗联责计酬，百元工资含量制，定额考核超额分成，生产企业实行计件工资制度。同时放开经营和价格，自主经营，自负盈亏，实行联购联销、代购代销、批零兼营、跨行业跨地区等多种经营方式，调整经营结构，拓宽经营渠道，增加企业自主权，激活营销机制。

二、粮食体制改革

省政府决定 1983 年 1 月 1 日起粮油议购议销，实行多渠道经营。1985 年 2 月，省政府发出通知，从这一年起，在全省农村取消粮食统购，改为合同定购。当年，全县取消粮油统派统购，小麦、稻谷、玉米和大豆实行合同定购，其他粮食品种均退出统购，实行议进议出，自由上市。1986 年底，全县有粮油经营所 17 个，粮油购销站 36 个，粮库 26 个，物资库和粮油采购储运公司、粮油贸易公司、粮油食品工业公司、饲料公司、粮油饲料贸易中心各 1 个。1987 年，粮食合同定购实行定金、化肥、柴油“三挂钩”。1988 年，进一步改革农副产品购销体制，对粮、棉、油、猪、蚕茧等主要农副产品实行基数定购，欠缺自补，超过部分放开，按照价值规律实行多渠道经营；大力推行以代售、代销、代储、代运为主要内容的代理制，粮食部门积极提高库、场利用率，试行暂租制，经营单位只按规定收取手续费，把更多的好处给予农民。1989 年 2 月，建湖县被商业部表彰为粮食生产与交售先进县；县面粉厂仙姑牌牛奶挂面、荞麦挂面、辣酱挂面和油米厂明江牌特等晚籼米、早籼米、粳糯米及力果牌二级大豆油被商业部评为优质产品。1991 年，根据国务院决定，将合同定购改为国家定购，作为指令性计划、刚性指标。1992 年 1 月，根据国务院文件和全国粮食工作会议精神，县粮食局出台《关于深化粮食体制改革进一步搞活粮食企业的意见》，完善购销政策，坚持放管结合，明确必须完成国家粮食定购任务，平价粮销售坚持有计划不超销，无计划不销售，实行“持证、定点、限量”供应。平价粮调拨坚持统一收购、同一库存统一管理、统一调拨。放开搞活议价粮经营，建立粮油批发交易市场，增设粮油经营网点，乡镇相继恢复粮管所，建立粮油交易所、粮油交易市场。各粮油工业企业调整产品结构，开展综合经营。议价粮收购由县粮食局下达各粮库、粮管所收购任务，议价粮销售规定，议购的稻谷、油料、杂粮各单位自主经营，小麦按下达任务的50%归县粮食局控制，另50%由企业自主经营。4月1日起，随着粮食定购价格的提高实行购销同价。

三、供销体制改革

1982年，县供销社退出政府序列，经费由所属企业上缴管理费保障，在企业税前列支。1983年，县供销合作社更名为县供销合作联社。9月全县17个基层供销社进行体制改革，选举产生新的理事会正副主任51名。1984年10月，省委、省政府批转省供销社《关于加快供销社体制改革，由“官办”改为“民办”的报告》，要求供销社完全恢复群众集体所有制的合作商业性质。根据省、市委部署，县委积极推进供销社改革经营体制，调整营销策略，将县信托贸易公司改为综合贸易公司。县供销总社同沿河、庆丰、上冈、建阳等乡镇发展蚕桑联营，同高作、冈西、钟庄、上冈、庆丰等乡镇发展畜禽生产和蛋加工联营，与颜单等乡镇开展扩大黄花菜生产联营，在蒋营、恒济、颜单一带搞好柴蒲草编织以及水生作物、水产养殖的生产、加工、购销联营。近湖供销社同养蜂专业户联营，放养蜜蜂2200箱，获利6600元。上冈供销社同乡政府联营，加工盐水蘑菇。各基层供销社开设贸易货栈，建立农副产品批发市场和工业品批发部、农副产品批发部、租寄服务部、安装修理服务部、信息咨询服务部，供销门市部设“两户”和乡镇企业产品经销专柜。基层供销社和公司不受经营分工限制，可经营农副产品和工业品，开展粮棉油和鲜活商品议购议销，组织化肥、农药等农用物资以及建筑材料、工业原材料供应，从事食品加工业、饲料加工业、修理服务业等，其时全县有供销网点796个，形成遍及城乡辐射周边的综合服务网络。搞好“三增两扩一调整”①，农民购买生产生活资料、

①“三增两扩一调整”，增加生产资料供应、农副产品收购、城乡零售网点，扩大经营范围、服务领域，调整交通不便、生意不旺、效益不高的网点。

交售农副产品不出村。1986年，县联社出台企业整体承包责任制方案，在县联社批发公司试点成功后全面推广。县供销合作联社所属企业干部管理权下放。县属二级企业班子正职由县委组织部任免，副职及基层社领导班子由县联社任免，中层干部由企业直接任免，报县联社备案。1988年，供销系统二级企业领导班子正职也下放至县联社任免。1989年，县供销联社党委、理事会、监事会三套班子改为党委、社务委员会两套班子，党委书记兼任社委会主任。同年4月，县联社在近湖供销社神台商场实施抽本承包经营责任制试点，成功后在全系统推广。1990年10月，县供销合作联社改称县供销合作总社。县供销总社所属部分企业与县财政局、税务局签订为期3年的第二轮租赁承包合同。同时在基层供销社推行百元销售工资含量、联销联利计酬和定人员、定资金、定销售、定上缴，超奖少赔的“四定一奖赔”经营承包责任制，并将边、小、微、亏的门店转让给职工个人经营。1991年，市场放开后，县供销合作总社采取“加强一块、开拓一块、放开一块”的经营策略，开拓集镇经营渠道。1992年，随着流通体制改革的不断深入，土产日杂品和农业生产资料逐步走向多渠道经营，供销社独家收购棉花的时代不复存在。

四、物资体制改革

20世纪80年代中期，继续有步骤地缩小指令性计划，扩大指导性计划和市场调节，把条块分割的调拨分配体制，改为在等价交换的基础上，以生产企业与使用企业之间的直接合同交易和以城市为中心的商品贸易相结合的体制，逐步建立起有组织、有领导、开放的生产资料市场。1986年3月，县物资局撤销县煤炭石油公司，成立县燃料公司、石油公司，将石油公司划出物资系统。1987年2月，撤销上冈物资站，成立上冈物资综合公司。3月撤销县木材建材公司，成立县木材公司、建筑材料公司。12月撤销县金属机电化工公司，成立县金属材料公司、机电设备公司、化工轻工公司。1991年12月，成立县节能阀门厂，隶属县机电设备公司。1992年3月，成立县三资企业物资供销股份公司，4月成立县调剂拍卖行，隶属县机电设备总公司，5月县建筑材料公司划出部分财产、人员、业务，成立县化工供销公司，10月成立县燃料物资经营公司，11月县物资局原物资服务中心上升为副科级建制，12月更名为县物资经营公司。

1987年4月，县物资系统推行承包经营责任制。县财政局和物资局作为发包方，与独立核算的物资企业签订第一轮为期3年的承包合同，落实双方责任和义务。县物资局下属企业和基层物资站实行承包经营责任制，改革内部运行机制，调整机构设置，精简行政人员，优化劳动组合，活化分配制度，建立激励约束机制，推行全员抵押承包制。1988年，县、乡生产资料市场扩大“统一销售，差价返还”物资的品种范围，新增水泥、生铁和铜、铝等有色金属。县物资局实行服务为主，开放经营，逐步设立贸易洽谈、商情信息。合同签证，信贷结算、代办运输、邮电通信、法律咨询等多种业务项目，逐步把试点单位办成具有较大规模的开放式，多功能、综合性的生产资料交易市场。20世纪90年代初，县物资系统完善二轮承包指标体系，调节利益关系，分配向积累倾斜。县物资局引导企业实行经营、价格、分配、用工等四项制度改革，各企业行政人员先后“下海”（留职停薪）搞经营100多人，部分企业扭亏为盈。

五、外贸体制改革

20世纪80年代，县内外贸体制贯彻政企分开原则，外贸企业逐步从政企合一体制中分离出来，独立经营，自负盈亏，向专业化、社会化方向发展。逐步实行进出口代理制，改变外贸出口收购制、进口交拨制办法。采用经济手段，调动外贸企业积极性，按时完成国家计划任务。开展工贸、农贸、商贸、技贸和企业间的联合与协作，建立纺织、缫丝、机械、花炮及农药等出口产品基地，推行经济承包责任制。加强宏观管理协调，不断扩大对外开放，促进生产和外贸发展。1988年，成立县外经办公室，由县计经委代管。外贸公司逐步向自主经营、自负盈亏的经济实体过渡，实行承包经营。积极发展工贸、农贸、商贸联营，进一步搞活外贸经营。多方位采购货源，多口岸组织出口，在南通、连云港两市开发区设立窗口，扩大直接出口。1992年7月，县政府出台《关于外贸体制改革的意见》，成立县对外经济贸易委员会，县经贸委行使行政管理职能，负责统一规划、管理、协调、组织全县对外贸易、利用外资、引进技术、劳务合作和对外援助等工作。成立县对外经济贸易（集团）总公司，下辖县对外贸易公司、县对外贸易实业公司、县“九龙”贸易有限公司3个副科级建制公司。县经贸委成立后，县计经委仍负责对外资外经工作的综合协调和管理。撤销县对外经济办公室，在县计经委设外资外经科，同时成立县外商投资项目审批小组。

第七章　经济领域的治理整顿与经济社会的稳健发展

1988年9月召开的中共十三届三中全会提出治理经济环境、整顿经济秩序、全面深化改革的方针。次年11月召开的中共十三届五中全会作出进一步治理整顿和改革开放的决定。9月24日，省委召开工作会议，要求全省各级领导干部尽快把思想统一到中央精神上来，治理经济环境，整顿经济秩序，切实解决面临的问题，继续把改革和建设推向前进。9月27日，市委召开工作会议传达贯彻中央和省委工作会议精神，部署经济领域的治理整顿工作，采取切实措施，解决面临的问题，继续把改革和建设推向前进。县委、县政府深入贯彻落实中共中央和省、市委的部署，集中开展经济领域的治理整顿工作，制定实施“八五”计划，召开中共建湖县第八次代表大会，持续推进经济社会健康稳步发展。

第一节　经济领域的治理整顿

1988年10月8日至10日，省委召开党外人士座谈会，通报中央工作会议和中共十三届三中全会精神，介绍省委贯彻中央关于治理整顿的工作方针和政策措施设想。13日至20日，省委七届七次全委（扩大）会议召开，传达学习中央工作会议精神和中共十三届三次全会精神。21日至22日，省政府召开全省市、县（区）长会议，要求各级党政组织坚决贯彻中央大政方针，切实抓好治理整顿工作。根据省、市委的统一部署，县委组织全县广大党员干部学习贯彻中共十三届三中、五中全会精神，立足实际认真贯彻执行这一重大方针，抓住主要矛盾和突出问题，有的放矢地提出治理整顿、调整结构的针对性措施。严格控制物价、投资规模和消费基金过快增长，整顿和规范市场秩序，营造经济社会持续健康发展的社会环境。

一、贯彻落实中共十三届三中、五中全会精神

1988年10月6日，县委召开工作会议，传达学习中共十三届三中全会公报，就治理经济环境、整顿经济秩序作出具体部署。12月2日，县委召开八届二次全委（扩大）会议，就全面贯彻落实中央重大决策作出决议，明确1989年全县经济工作的指导思想和工作重点。1989年1月4日至7日，县委举办全县408个村和15个居委会党支部书记冬训班，县委领导分别从治理经济环境、整顿经济秩序的现实思考与战略意义，建湖实施治理整顿和深化改革的目标、重点和路径等方面作专题讲座，正确分析政治经济形势，进一步统一思想认识，发挥农村基层党组织和党员干部作用，推进全县经济社会协调发展。2月14日至15日，县委召开全县三级干部会议，县委书记王智新作《治理整顿下功夫，调整结构上水平，夺取改革和经济建设的新胜利》的报告。对整治和纠正流通领域存在的混乱现象，建立和维护开放、竞争、有序的市场新秩序提出具体意见。

1989年11月，中共十三届五中全会作出《关于进一步治理整顿和深化改革的决定》，确定从1989年起用3年或更长时间，完成治理整顿任务。随后省委、省政府印发实施意见。市委举行二届二次全委（扩大）会议，讨论通过《关于认真学习党的十三届五中全会精神，贯彻进一步治理整顿、深化改革方针的决议》《关于三年治理整顿，深化改革的实施意见》。根据省、市委出台的文件精神，县委于12月16日至17日召开八届六次全委（扩大）会议，传达中共十三届五中全会及省委工作会议精神，研究部署进一步治理整顿经济领域的突出问题。会后，全县各级党组织精心组织，引领广大党员干部和群众落实会议精神，奋力攻坚克难，开创全县改革开放和经济发展新局面。

二、治理经济环境

治理经济环境，主要是压缩社会总需求，抑制通货膨胀，压缩基建规模，适当降低投资增长速度。县委、县政府结合实际，着力抓好“三个控制”。

控制固定资产规模。1988年10月起，县委、县政府开始清理生产性建设项目，停建缓建39项工程，压缩投资365万元。当年实际完成3750

万元，比上年下降45%，投资结构有效改善，生产性投资占80.5%，非生产性投资占19.5%。1989年，县委继续压缩固定资产投资，新开工的基建项目按国家计委的基建规定严格把关。重点保高附加值、高效益、高创汇项目，压缩非生产性建设项目及生产性建设项目中的高投入、高消耗、低效益项目；从严控制商业网点建设，对其他城建项目，该砍的砍，该缓的缓，该降低标准的降低标准。

控制消费基金增长。围绕压缩集团购买力，县委、县政府先后出台严禁利用公款请客送礼、加强县级机关各部门财务管理、县属企业消费基金管理、乡镇机关行政事业单位和合作经济组织财务收支管理等规范性文件，并抓好落实。县委严格执行国务院限制购买专控商品、压缩社会集团购买力的规定，严禁公款吃请，公费旅游，滥发实物，乱着装。要求企业的工资、奖金增长，必须与企业的经济效益挂钩、低于劳动生产率的增长。1989年，全县社会集团购买力得到控制，批购专控商品比上年下降20%以上。

控制信贷规模。县内各银行对决定停建、缓建的楼堂馆所等非生产性建设项目以及计划外项目，一律不予发放贷款，已贷的全部清理收回，坚决调整优化信贷结构，压缩商业等信贷资金，补充工业资金不足。压缩能耗高、物耗高、效益低的产品资金投入，重点投向"三高两低"① 产品，充分发挥信贷资金的调节作用。

三、整顿经济秩序

整顿经济秩序，主要是整治在新旧体制转换中出现的各种混乱现象，坚决刹住乱涨价风，稳定市场，稳定物价；清理整顿公司，推促政企分开，官商分开，尽快建立重要产品的流通秩序，解决多环节经营问题，加强宏观监督体系建设，形成严格的监督系统；制止各方面对企业的摊派和增加负担。县委、县政府结合建湖实际，重抓了4个方面的整顿。

刹住乱涨价歪风。加强物价管理，所有商品明码标价，公开经营，建立健全提价申报制度，成立价格违纪案件举报中心，发动和依靠广大人民群众加强监督。对一些价格已放开，但关系群众生活的必需品实行最高限价，严格执行国务院规定，严禁跨地区抬价抢购粮食、油料、棉花、蚕茧

---

①"三高两低"，即高附加值、高效益、高创汇，低能耗、低物耗。

等大宗农副产品。开展税收、财务、物价大检查，严厉打击流通领域盘剥现象。1988 年至 1989 年，全县查处价格违纪违法案件 386 起，罚没收缴违纪金额 349 万元。

清理整顿各类公司。1988 年 10 月，中共中央、国务院作出《关于清理整顿公司的决定》。1989 年 8 月，又作出《关于进一步清理整顿公司的决定》。10 月，省委、省政府作出贯彻执行中共中央、国务院《决定》的意见。为贯彻落实中共中央和省委部署，县委在全县开展抓宣传、促自查，抓落实、促平衡，抓清理、促整顿活动，清理整顿 1986 年后成立的 208 个公司，保安公司与行政部门脱钩，办成经济实体，取缔蜂业公司经营资格，吊销营业执照。重点解决个别地区和单位对暗搞违法经营行为查处不到位、不彻底的问题。为此，1990 年初，由县工商局牵头，成立公司清理整顿复查小组。按照中共中央和省、市委要求，对清理工作进行“回头看”，制定实施公司撤、并、改、留方案。全县注册登记的 154 家公司中，经审查确定保留 76 家，撤并 26 家，降格 51 家，待定 1 家。这次清理整顿，重新核定了公司经营范围和经营方式，规定经营范围专业归口，专业公司只批发主营商品以及相近或延伸产品，行业之间不得交叉批发。对允许搞批发的公司坚持标准，达不到资金、场地要求的坚决纠正，决不迁就，不搞平衡。全县查处违法违纪公司 18 家，立案查处违法案件 17 起，18 个公司受到经济处罚。撤并公司逐一拿出清算方案和结论证明，确保在债权债务和人员安置上不留“后遗症”。保留公司完善手续，健全内部规章制度。通过清理整顿，解决公司政企不分、官商不分和转手倒卖、牟取暴利问题，依法查处、严厉打击各种扰乱市场秩序行为。

整顿杂交稻种子经营秩序。1988 年 2 月，县政府出台《关于杂交稻制种生产的意见》，提出坚持计划制种，加强种子管理，备足亲本种子。9 月 8 日，县政府召开种子收购工作会议，对种子收购价格、资金安排和经营管理作出具体规定。10 月 4 日，县农业局、工商局、物价局、农行、交通局联合发出通知，打击非法经营种子行为。但仍出现抬价抢购、违反价格政策，掺假掺杂严重、坑害消费者，种子贩子丛生、经营秩序混乱现象。10 月 25 日至 27 日，县政府召开常务会议研究制定整治措施，动员各级干部采取行政措施，抓好种子经营秩序整顿。11 月 1 日，县委、县政府召开全县杂交稻种子管理工作会议，对狠刹“三风”① 进行全面动员。11 月 5 日，县政府召开种子管理专项广播大会，动员全社会力量整顿种子收购经营秩序。县政府成立整顿种子收购经营秩序办公室，召开种子非法经营公开审理大会，严厉打击一批种子贩子和处罚一批种子非法经营单位。县良种场农业经营部无证经营种子，县工商部门吊销其营业执照，对已收购的种子进行全面检查鉴定，不合格的全部作商品粮处理。坚决制止多渠道经营，执行收购价格，保证种子质量。以庆丰乡为重点，在全县范围内开展杂交稻种子经营资格审查，狠刹违规违法经营歪风。公开审理无证经营、掺假掺杂、抬价抢购、贩运倒卖等案件 12 起，打击倒卖种子贩子，制止“种子大战”，同时明确全县杂交稻种子统一由种子部门专营，严格种子质量管理，维护“种子之乡”信誉。

整顿搬运装卸市场秩序。以乡镇为单位组建搬运装卸组织，打破地域界限，不搞村组“占地为王”。严格执行市政府制定的搬运装卸收费标准，各作业点公布收费价目表，接受社会监督。全县使用统一收费票据，不搞多头多渠道开票，取消大额力资现金支付方式，反对分光吃尽。全县严肃查处一批地霸，退还力资 3 万多元。

第二节　推进经济持续稳定发展

中共十三大召开后，县委贯彻执行中共中央制定的“治理经济环境、整顿经济秩序、全面深化改革”方针，致力提升经济运行质态。紧紧围绕“奋战‘六五四三’，实现财政翻番”的发展战略，聚力打好“七五”时期收官战。突出调整结构和培植骨干 2 个重点，启动实施“六六工程计划”②，奋力推动“八五”时期经济迈上新台阶，为全面完成县第七次和第八次党代会提出的各项目标任务，建设富庶、文明、优美的新建湖而努力奋斗。

---

①“三风”，即抬价抢购风、掺假掺杂风、非法倒卖风。

②“六六工程计划”，主攻一二三粮棉茧工程、双百利税重点工程、三级目标村办工程、四十个外向型企业工程、五大集团工程、绿化工程“六大工程”，实施人才、教育、技术、管理、环境和人口“六项计划”。

一、确立商品经济观念

中共十二届三中全会通过的《关于经济体制改革的决定》（以下简称《决定》），突破把计划经济同商品经济对立起来的传统观念，提出中国社会主义经济是“以公有制为基础的有计划的商品经济”。中共十三大对这一重大理论观点作出进一步阐释，社会主义有计划的商品经济体制是计划与市场内在统一的体制，即“国家调节市场，市场引导企业”的经济运行新机制。这是一个重大的理论突破，具有里程碑意义。县委及时传达贯彻中共中央文件、决定和省、市委部署，把广大干群的思想和行动统一到党的路线、方针、政策上来，以思想大解放、观念大转变，促进商品经济大发展。

增强商品经济意识。1984 年 4 月 17 日至 19 日，县委召开六届六次全委（扩大）会议，传达贯彻中共中央、国务院关于放宽政策，推进城乡经济体制改革的文件和省委召开的市、县委书记会议精神，讨论通过县委《关于大力发展商品生产，放宽农村经济政策的实施方案》，提出把经济工作的重点转移到发展农村商品生产的轨道上来。12 月，县委举办 2 期党政干部和企业负责人学习《决定》培训班。各经济主管部门和综合部门制定给企业简政放权、搞好服务的措施，形成政企联动、共推改革的合力。1985 年 1 月 21 日，县委、县政府召开乡镇党委书记、乡镇长和县直单位主要负责人会议，集中宣讲中共中央《关于进一步活跃农村经济的十项政策》。会议要求，加快推进农村第二步改革，把农村经济纳入有计划的商品经济轨道，促使传统农业向专业化、商品化、现代化方向发展。县第七次党代会提出，稳定提高种植业，大力发展养殖业，积极开拓加工业，走全面发展、综合利用、深度加工、多次增值的路子，促进农业产业结构合理化和商品经济的发展。各地还利用党员冬训班、党委中心组学习、周五学习日、专题报告会、汇报交流会等形式，组织基层党员干部和群众学习中共中央和省、市委文件及会议精神，宣传普及商品经济理论和业务知识。

发展农副工商品生产。1984 年 4 月，县委下发《关于发展商品生产，放宽农村经济政策的实施意见》，提出稳定和完善承包制等 9 项规定。全县农村迅速出现办厂热、运输热、养殖热。1984 年上半年，仅庆丰乡就有 560 多户农民兴办 220 多家企业。庆丰乡农民高文满用鸡粪喂猪，猪粪下池发酵产沼气，肥料垩田，沼气发电，成为全县第一个沼气发电专业户，解决了本村23户农民照明和电视用电，还增加了经济收益。1985年，全县农民集资新办各类家庭企业780家，新建农贸市场14个、小商品市场22个。

培育合作经济组织。1986年，全县各地试点推广农村股份合作制，区域性、专业性经济合作组织，产供销一体化、贸工农“一条龙”等经济运行组织和服务组织大量涌现，农业市场化进程不断加快，农村产业结构发生显著变化。由粮棉为主的种植业结构向农林牧副渔全面发展，由单一农业经营向工商运建服综合经营转变，由各自为战、零散经营向联户化、集约化、规模化转变。在1987年2月召开的全县三级干部会议上，县委、县政府表彰60个专业户、32个经济联合体。全县从事个体长途客运的有蒋营和新业客运站，其中新业客运站由18户投资联营，经营建湖至上海客班，1987年营业收入33万元，上缴税收3.47万元。1988年，全县有50多个产值超10万元、利税超万元的家庭工业大户。

二、推促农业产业化

80年代中后期，全县重点培植优质稻米、水产品和生猪、畜禽、蔬菜、荷藕等主要农产品，沿荡特水、沿岗特经、内圩畜禽三大特色产业带错位发展，各展其长。建阳、荡中、颜单、沿河、蒋营、恒济6个乡镇以发展水生作物、水产养殖为主，上冈、冈东、草堰口3个乡镇以发展特种经济作物、蔬菜、林果为主，庆丰、芦沟、高作、辛庄、裴刘、钟庄、冈西、近湖、建湖9个乡镇以发展商品粮基地、畜禽养殖加工为主。

大力发展杂交稻制种业。1987年12月，全国首家民办杂交稻研究所在庆丰乡成立，拥有60名科技人员，承担省级以上科研课题研究和全国范围内种子公司经理及高等院校师生的实习培训任务。当年，全县杂交稻制种面积8.88万亩，占粮食播种面积的5.89%。1988年，县内生产的汕优63杂交稻种子，向南方稻区的云南、贵州、四川等14个省、市、区供应1万吨。1989年，建湖县被农牧渔业部、财政部列为国家级杂交稻种子生产基地，被省农林厅认定为杂交稻制种高产县。同年成为杂交稻制种产量最高年份。全县有种子公司、县粮棉原种场及乡镇种子站等19个单位经营杂交稻种子。

重视调整水产品养殖结构。养殖品种从“四大家鱼”、鲤鱼、鲫鱼等常规鱼为主发展到以河蟹、鳜鱼、南美白对虾等特种水产品养殖为主，从粗养发展到精养为主，从单一品种养殖发展到多品种混养，经济效益大幅度增长。1984年9月24日，县委、县政府在近湖乡长沟村召开稻田养鱼现场观摩会，推广稻田养鱼工作。1986年1月，县委、县政府成立荡滩开发指挥部，开发大溪河万亩连片鱼塘、夏家荡提水保柴养鱼共生模式建设。荡中、庆丰、颜单3个乡镇和县鱼种场共同承担省、市下达的“射阳湖沼泽地连片养殖结构”研究课题。近湖、建阳、钟庄、辛庄4个乡镇实施“万亩连片稻田养鱼”项目。1989年春，县委结合农田水利工程建设，组织民工扎营大溪河奋战15天，建成4个大区1.2万亩鱼塘。建湖“草荡蟹苗放流养殖”项目通过省级鉴定，被列为农牧渔业部“丰收计划”项目。1990年，颜单鱼种场培育出大眼幼体蟹，后在全县推广，取得较高经济效益。1991年，颜单镇刘家荡、沙村荡垦田开荒，建立商品鱼生产基地。恒济乡九里三塘区、戴莫庄荡区及大凹子荡区开发建设鱼蟹生产基地。蒋营乡河南、河北、荡东等村开发荡滩万亩养殖场，上冈镇南庄村建立万亩精养鱼基地，荡中乡东尤村、李庄村开发荡滩，建立水产品养殖面积7500亩。

积极扶持林蚕业发展。1985年，县委、县政府投资300多万元，支持县蚕种场引进培育优良蚕种，加强养蚕技术指导。1991年，钟庄乡拓植果园，利用自产的猕猴桃作原料加工“世奇”牌罐装饮料，被南京禄口机场定为民航首选赠品。1992年，全县蚕茧产量1355吨，水果产量5116吨；新增造林面积5851亩，年末实有林地面积4.48万亩。

推进畜禽规模化饲养。1984年，全县有养禽专业户558户、联合体24个。钟庄乡大王村养殖专业户郑士贵连续5年出售家禽2000只以上、鲜蛋2.7万斤。1992年，生猪饲养突破5万头的有上冈、庆丰、近湖等5个乡镇，家禽饲养量超过100万只的有上冈、庆丰、近湖、冈西等8个乡镇，蛋鸡饲养量100万只以上的有上冈、庆丰、草堰、冈西4个乡镇。冈西乡坚持把发展畜禽业作为农民增收的主渠道，建成万头猪场1个、千头猪场13个、百头猪场210个和10万只肉鸡养殖场1个。冈西乡还聘请专家指导，加大品种改良力度，畜禽良种饲养率60%。与此同时，加强市场营销队伍建设，投资50万元新建畜禽产品购销市场3个，在上海、无锡的农贸市场建立畜禽产品销售点18个，培养上百人的农民经纪人队伍，年外销家禽100多万只、禽蛋3000吨，加上生猪销售，年产值6000多万元，占全乡农业总收入的49.2%。

培植农业龙头企业。20 世纪 80 年代中后期，县内陆续创办或扩建县蔺草工艺制品厂、药物化工厂、棉织厂、织绸厂等助推农业产业化经营的龙头企业。1986 年，县粮食局与沈阳酿造总厂横联，建成年产万吨的麦芽厂，1987 年 10 月投产达效，实现产值 71 万元。1987 年，建湖羽绒厂与三省一市的 18 个羽绒生产厂家协作，联合组建江苏省雪湖羽绒（集团）公司，年产羽绒服 10 万多件。1990 年初，县内面粉加工、果品饮料、酱醋生产等农业龙头企业加快发展，“白云”面粉、“世奇”饮料、“黄海牌”三伏酱油、“江寿”牌玉带挂面、“欢跃”牌藕粉圆等一批知名品牌应运而生，与其配套的饼干小麦、水稻、制种、食用菌基地、荷藕及水生作物基地覆盖大部分镇村，成为农业产业化经营的源头活水。

三、实施工业品牌发展战略

县第八次党代会召开后，全县工业战线认真贯彻实施“七五”计划后 3 年经济发展战略和“八五”计划目标，围绕提高管理水平、产品质量和经济效益，持续加大结构调整、技改投入、新品研发力度，推进企业标准化生产、品牌化建设、集团化经营、规模化发展，促进工业经济优化升级、提质增效。

调整工业发展思路。县委、县政府坚持“开发、限制、提高”的方针，按照“四提高四开发四淘汰”的发展思路，积极进行工业内部结构调整。“四提高”，即巩固提高肿瘤探诊仪、高效节能灯等投入少、产出高的产品，巩固提高粉锈宁、床单坯布、轴承皮辊、织绸等挑大梁的产品，巩固提高雪湖牌羽绒服、大桥牌烟花、迎宾牌珍珠霜、江寿和仙姑牌挂面、黄海牌旋耕刀等名优产品，巩固提高苯达松、绢花、蔺草等创汇产品。“四开发”，即开发储备三唑铜、DSD 酸、磁性材料等技术层次较高的战略产品，开发储备胆红素、珍珠与淀粉系列产品及蛋制品等具有资源优势的特色产品，开发储备双效灵、氟系列产品、微波炉、水合肼等冷门产品，开发储备碧玉综合制品、染缸升温控制仪、数控钢筋切断机等前景好的产品。“四淘汰”，即淘汰老式挂桨机、翻斗车、抛光餐具、冷墩机、低档阀门等滞销亏损产品，淘汰低档拉丝、小铸造、能耗高的产品，淘汰电镀等污染严重的产品，淘汰小印刷、小水泥、小塑料、小纺织等重复建设的产品。

实施规模化发展。县委、县政府重点培植县农药厂、化肥厂等 14 个产值过千万元、利税过百万元的规模企业。1988年，县政府下发文件，从扩大企业自主权、电力安排、物资供应、资金保障、技术改造、人才配置、外汇使用、计划管理、税收政策方面，提出扶持发展骨干企业和龙头产品的政策措施。并以县属企业为重点，以名优产品为龙头，组建船舶制造、化工、阀门、羽绒、花炮、齿轮变速箱、床上用品7个企业集团，在发展工业规模经济中发挥辐射带动作用。船舶制造集团联合5家乡镇水泥厂，年产值3000万元以上。花炮集团联合开发新产品，年出口产值100万元以上。1989年后，出口日本的花炮产品质量连续多年居国内同行业第一，被日本客商称为模范商品，“球星”牌黑药、“彩云”牌烟花先后获评部优质产品。培植产值3000万元以上规模企业3家、产值1000万元以上企业10家，利税过百万元企业由6家增加到21家，其中县农药厂、纺织厂等企业实现利税超500万元。

加大新品研发力度。全县工业企业力行“老厂推出新产品，新厂投入好产品，一厂争出多产品，厂厂都有研制品”要求，在深化改革中创新图变，抓住大的上水平，抓住好的上规模，抓住差的搞拍卖。1983年，江苏森达鞋业有限公司主导制定男式皮鞋国家级产品标准，是全县第一家参与制定国家级产品标准的企业。1985年1月，建湖县花炮厂获批全省唯一定点生产礼花弹、发令纸的企业。1989年2月23日，全县三级干部会议强调工业产品结构调整的主攻方向是发展“四高两低”[①] 产品，着力提高产品的科技含量和质量档次。1990年，列入县重点考核的20个产品，质量稳定提高率80%。县油米厂建立21种产品内控质量标准，成为全省同行业企业管理典范。“七五”期间，全县新创盂兰桥皮鞋等20个部优产品，剑牌三唑酮、大桥牌烟花等17个省优产品，还有82个市优产品。县酱醋厂生产的“喜庆”牌香醋被商业部评为部优产品，获首届中国博览会金奖。县农机配件厂生产的“黄海”牌旋耕刀被农业部授予“金刀王”称号，获评国家免检产品。全县开发新产品164个，其中8个填补国内或省内空白，完成国家级新产品2个。特别是三唑酮系列农药、节能灯等新品问世后，县属工业结构、技术密集程度、内部配套能力明显改善提升。江苏森达集团推出高档男士皮鞋“法雷诺”、时尚女士的“梵诗蒂娜”、工薪阶层的

①“四高两低”，即高科技含量、高附加值、高创汇、高效益，低能耗、低物耗。

“好人缘”、青春少女的“百思图”等品牌，形成以“森达”品牌为主体，多品牌共同支撑的格局。森达皮鞋1991年获3个部优产品称号，1992年被轻工部、中国皮革工业协会和全国消费者协会认定为中国名牌产品。

进入“八五”时期，全县各级进一步强化主体经济意识，把做大做强工业经济放在更加突出的位置，紧抓不放。抓紧组建和完善农药、皮鞋、节能灯具等企业集团，加快推进药化、生化等产品集团化发展。着力发展化工、电子和节能节水、环保器材以及新材料工业，提高花炮、棉纺、丝绸和粮油业。稳定发展轻工业，大力改造机械、建材业。按照“四高两低”要求，对市场有销路、有效益，形成规模的产品扩大生产，提高质量和市场份额；对已开发投产、前景广阔尚未形成批量的产品，努力开拓市场以产促销，缩短形成规模效益的时间差；加快开发技术含量高、市场销路畅的产品。1990年，县政府出台《关于鼓励企业开发新产品，增产适销对路产品的意见》，按创税总额的5％至10％给予新品开发一次性奖励。对重点企业和镇村采取倾斜政策，在人财物等方面给予重点扶持。电子工业扶持获国家专利的电子点火器、遥控开关、节能灯具，以及机场导航灯隔离变压器、电源变换器、液压控制装置、磁性显示屏幕、肿瘤探测仪等产品。乡镇企业重点发展锦纶帘子布、皮鞋、绳网、草席等产品，开发玻棉交织布、硫化宝兰等新产品，建成产值超千万元、利税超百万元的骨干乡镇企业30家以上。实行厂校挂钩、工科联合，产销挂钩、工贸联合，产品挂钩、工工联合，拓展产品、原料、资金、科技、人才等生产要素合作，推促名优产品多增产、资源产品创特色、骨干产品上批量、战略产品搞开发、出口产品扩创汇、链条产品搞配套，建强拉长产业链，培优育壮增长点。县齿轮厂金马150与市拖拉机厂配套，加入洛阳拖拉机研究所成立的“1518TY”系列小齿轮开发集团，1990年生产小齿轮1万台套，加入“南汽”集团，年产花键轴3万根。县麦芽厂与沈阳酿酒厂联合，新上的百吨啤酒生产线，实现产销两旺。

四、开拓发展建筑业

1982年，县建筑公司二处进驻盐城，先后承建25项建筑工程，24项被评为全优工程，2项创市优质工程，被省建委、省建筑总公司授予银牌。1983年，县基建局设立大庆、新疆、山东、上海、盘锦办事处，分别负责外出施工管理工作。1984年8月，省政府作出《关于改革建筑业和基本建设管理体制若干问的意见》（以下简称《意见》），要求有计划、有步骤地进行建筑业和基建管理体制的改革，认真推行投资包干经济责任制和招标承包制。县委认真贯彻省政府《意见》精神，积极推行建筑企业经营承包责任制。同年，颜单、芦沟建筑公司分别在新疆承建水泥厂和王震宾馆。1986年，建湖县道桥工程队承包马达加斯加道路桥梁建设任务。1987年，外出施工人数占全县农村总劳力的5.5%，施工点遍及广东、辽宁、新疆、山东、上海等省、市、自治区，创省级样板工程1项、市级样板工程19项、全优工程64项。山东办事处承建5200平方米汽运处修理车间，跨度21米，屋架采取预应力后张拉法，在建湖建筑史上属首例。1990年底，全县有各级各类建筑施工企业39家，职工1.68万人，各级建筑管理人员1528人。1992年，钟庄建筑公司承建全县有史以来首幢高层建筑——山东日照碧波大酒店（19层），被评为优质样板工程。县内建筑企业综合施工能力显著增强，64家有资质等级的企业成为驰骋外埠建筑市场的铁军劲旅，先后承建济南银工大厦（42层）、苏州伊莎中心（41层）、大连锦绣大厦（36层）、上海浦东陆家嘴部分高层建筑和苏州昆山厂房等项目，建筑业成为全县支柱产业。至1992年，全县20多个驻外办事处（分公司），300多个施工点，分布于全国20多个省、市、自治区的150多个城市，形成北京、上海等20多个千人以上规模市场，在国内各城市常年施工的有5万人左右。县建筑公司和庆丰建筑公司3次派出施工队伍到科威特、阿联酋等国家承建建筑工程，高标准、高质量完成承建任务。

五、聚力发展第三产业

县委、县政府陆续制定出台一系列政策，提高第三产业在国内生产总值中的比重。全县城乡掀起千方百计找资金、群策群力办三产的热潮，商贸流通、交通运输、邮电通信、金融保险等传统行业加速扩张，商务服务、广告信息、休闲娱乐、观光旅游等新兴行业蓬勃兴起，一个要素齐全、功能配套、运转协调的综合服务体系在县内建立起来，为安置城镇待业青年、分流企业富余人员、拓展城乡居民增收渠道、改善民生福祉发挥了不可替代的作用。三次产业比重由1986年的52.39∶28.78∶18.83调整为1993年的37.95∶40.2∶21.85，三次产业结构发生了质的飞跃。

市场建设持续升温。1986 年，县城大型商场有人民商场、百货大楼、建湖商场、五交化商场、建工商场、轻工商场、裕丰商场、东风商场，上冈镇有上冈商场、东方商场。此后，县城相继建成建湖大厦、国贸商城、商业大厦、粮贸大厦、纺织品大楼、精品城等商贸网点，城北、建西、湖中、湖东等农贸市场，粮油、水产品、水果、蔬菜等农产品批发市场，县城人民路、兴建路商业街，上冈小商品市场，建湖县调剂拍卖行、湖垛招商场、县生产资料交易市场等开业运营。“八五”期间，建立和开放境内劳务市场和技术市场，为劳动就业双向选择、职工有序流动和技术市场交易搭建平台。

商贸流通繁荣兴旺。1982 年，全县有全民、集体、个体等商业网点 1918 个，从业人员 8935 人。1987 年，农村集贸市场发展到 59 个，成交额 4513 万元。1986 年至 1992 年，销售议购粮食 5.54 亿斤；购进钢材 13.59 万吨、生铁 4.53 万吨、有色三材 1218 吨，销售水泥 21.21 万吨、平板玻璃 10.8 万平方米，销售原煤 54.67 万吨。1992 年，全县有全民、集体、个体等商业网点 7989 个，从业人员 2.35 万人，社会消费品零售总额 6.4 亿元，比 1982 年增长 2.39 倍。

水陆运输四通八达。1986 年，全县拥有私营车船 2170 辆（艘），运力 3.3 万吨，运输专业户 2832 户。1987 年，盐城汽车分公司和县汽车公司投放客车 25 辆 1045 个座位，开通建湖至上海、南京、无锡等 14 条客运班线，日发班车 17 对，总里程 3981 千米。全县有运输专业户 3800 户，其中水上客运航线 17 条，定期定班开航，遍及县内偏僻乡村。

邮电通信升级换代。1982 年，全县邮电企业 45 家，农村邮路及投递路线总长 2094 千米，农村电话杆路 1096 千米，通电话大队 410 个。1991 年 9 月，建湖邮电大楼开工建设，建筑面积 3194 平方米，1992 年 9 月 22 日，建成交付使用。邮电企业增至 51 家，农村邮路及投递路线总长 2976 千米，农村电话杆路 1255 千米。步入“八五”时期后，建湖电话超万门，各乡镇实现自办电话，5 条主杆线中继线实现光缆化，逐步引进无线寻呼、移动电话等新技术、新设备。

金融保险竞展风采。1983 年 8 月，中国建设银行建湖支行（以下通称“县建行”）成立。1985 年 1 月，中国工商银行建湖支行（以下通称“县工行”）成立。1988 年，县人行与县工行分开办公，行使中央银行职能，具体金融业务由各专业银行办理，初步形成以县人行为领导、专业银行为主体、其他金融机构并存的金融体系。县工行从最初的各种储蓄、存贷款发展为拥有信用卡、网上银行、电话银行、理财账户、代发工资、代缴水电费、多币种一本通等诸多产品以及本外币各类个人理财产品业务；为居民提供住房、商用房按揭贷款和汽车消费、个人经营等贷款融资服务。1992年12月，中国银行建湖支行（以下通称“县中行”）成立。保险业发展提速。1984年由县人行保险股升格为正科级建制的中国人民保险公司建湖县支公司，1986年改为条块管理后，年业务量220万元，理赔123万元。

新型业态缤纷多姿。全县除了餐饮、旅馆、理发、沐浴、摄影、打印、维修、洗染等传统服务项目外，家政服务、休闲娱乐、信息咨询、中介评估、会计审计、税务代理、法律维权等新型业态缤纷亮相，为城乡居民生产生活提供周到服务。观光旅游业被列入县域经济社会发展规划，县委、县政府挖掘和利用境内人文资源、名胜古迹和生态风光打造旅游特色品牌，推促有关部门和乡镇培塑亮点，为提高建湖综合竞争力和社会美誉度服务。

第三节　社会事业的稳步发展

经过治理整顿，全县经济秩序明显改善，国民经济重新步入稳定发展轨道，改革发展进入了新的历史阶段。县委、县政府把科技作为第一生产力，加强科技队伍建设，开展科技交流活动，普及科技知识，研创科技成果。加强教育基础设施建设，提升教师队伍素质，优先发展各类教育，稳步提高教学质量。着力打造文化品牌，实施文化惠民工程，推进文化产业多元发展。引进培育医疗领军人才，实施全民健康工程，提高医疗卫生服务质量和水平，全县科教文卫等各项社会事业稳步发展。

一、科技事业的发展

随着“科技兴县”战略的实施，科技队伍不断壮大。1986年，有各类科技人员5782名，获得技术职称的1893名。此后，全县正常开展“十佳科技人员”“十佳星火带头人”等评选活动。1992年开始，县委、县政府连续举办6届科技节，重奖科技人员，激励科技人员为振兴建湖经济作贡献。

1982年后，县科委、科协与基层学会开展科普宣传，举办科技讲座，普及科技知识。1985年，县科协组织水产、林蚕、畜牧兽医学会联合组成多种经营实用技术咨询服务团，到18个乡镇、22个多种经营重点村和102个专业大户，帮助解决生产生活困难。1986年，县科委科技服务部帮助庆丰乡电子调压器厂研制开发“DTA系列单相交流异步力矩电机”调压器，获省科技开发四等奖、市科技开发奖二等奖。1990年，县科技部门组织企业参加国家、省、市科技部门在南京主办的江苏高校科技成果展示及投资洽谈会、全国星火计划成果实用技术展览交易会、第四届亚太经合组织技术交易会等活动。县科委联合计经委、电大每年举办1期“工程师再教育进修班”，997人获得省科干局颁发的工程师继续教育证书。1991年县内发生特大洪涝灾害，全县1万多名科技人员积极参加百人培训、千人义包、万人献策等科技助力减灾增收活动，《新华日报》《盐阜大众报》等媒体连续报道建湖开展科技赈灾的做法。1992年，庆丰镇、近湖乡被列入全省“八五”期间重点建设的科技示范乡镇名单；全县建成省级科技示范乡4个、科技示范村150个、科技示范企业46家和科技示范户1743户。

1984年，全县完成51个科技攻关项目，其中38个被应用到生产实践中。1985年，全县15个科技项目被列为省市计划开发项目，47项科技成果被推广应用。1986年，螺母冷镦机、节能离心鼓风机、陆用油水分离器、电磁换向阀、射阳湖沼泽地连片鱼池养鱼结构研究等新产品、新技术通过省市鉴定。1987年，铁铬钴磁性材料、双效灵、高铬耐磨铸铁等被列入省市“星火计划”项目。射阳湖沼泽地连片鱼池养鱼结构研究、低洼圩区稻麦大面积综合增产技术研究、螺母多工位自动冷镦机、常温常压液流染色机、陆用油水分离器、低扬程泵站综合改造等新产品、新技术获省市科技进步奖。

1985年，全县开始有专利申请，至1992年，申报专利项目80项，获国家授权53项，其中发明专利2项。获省部级以上科技成果奖21项。1988年，县合金铸造厂在省冶金研究所帮助下，研制出高铬磨球系列产品，填补省内空白，成为全县第一个向国外出口高铬磨球产品的厂家。近湖乡无线电器材厂研制的染缸升温电脑控制仪被列为省星火计划项目，填补国内空白，获国家专利奖。1989年，县农科所所长、高级农艺师黄务涛被表彰为国家级有突出贡献的中青年专家。吴爱国发明化肥深施器，提高化肥利用率，投入批量生产后在全国推广，获1991年优秀专利实施“佳利奖”。

二、教育事业的发展

1983 年 3 月，县委、县政府贯彻全国、全省普教工作会议精神，县财政增拨 45 万元解决中小学“一无两有”① 问题。全县小学学龄儿童入学率 98.9％、巩固率 97.1％、毕业率 95.1％，初中开始实行三年制。1984 年 4 月，全县中小学“一无两有”全部通过市考核验收。1984 年底前普通高中实行二年制，1985 年开始实行三年制。1986 年，县幼儿园被列为省电化教育试点校。1987 年，建湖县被省政府表彰为“基础教育先进县”，庆丰镇在省教育工作会议上介绍改善办学条件做法，被省教委授予“江苏省基础教育先进乡镇”奖牌。11 月底，冈西小学顾曰飞作为全国唯一的小学校长代表，出席国家教委在南京召开的学校艺术教育工作会议，省教委主任袁克昌向国家教委赠送 6 件艺术礼品，其中 4 件是冈西小学学生作品。1988 年至 1990 年，钟庄乡、庆丰乡、建湖镇和颜单镇普及初中义务教育。1989 年，建湖县获评省电教工作先进单位。1990 年，建湖县被国家教委列为中小学校长岗位培训试点县，全国仅 3 个。1991 年，建湖县被评为全省教育工作先进县，草堰口小学被省教育学会表彰为全省科技教育先进学校。1992 年，5 个乡镇提前实施六年义务教育。同年末，全县有幼儿园 499 所，在园幼儿 2.24 万名；小学 476 所，在校学生 7.62 万名；初中 82 所，在校学生 3.9 万名；高中 12 所，在校学生 4523 名。

20 世纪 80 年代初，江苏广播电视大学盐城分校建湖县管理站成立，为县政府所属高等教育事业单位，业务上受上级电大指导。1984 年，全县兴办 11 个电大教学班，在校学生 303 名。1987 年 5 月，更名为盐城市广播电视大学建湖分校。同年，开办电视中专，招收 4 个专业 428 名学员。县内函授教育坚持以教师为主，其渠道和形式大体有两种：通过县教师进修学校组织在职进修或脱产轮训，提高学校干部、教师的管理和教学能力；通过报考高等院校函授教育，提高学历合格率。80 年代后期到 90 年代中期，自学考试在建湖迅速发展，考生逾万人次，成为高等教育不可替代的一个组成部分。

1984 年，全县创办 12 个农职业班。1986 年，职业教育初步形成教育

①“一无两有”，即校校无危房，班班有教室，人人有课桌凳。

部门独办、其他部门自办、教育和经济部门联办的“三轮齐转”办学格局。1988年开始实行职业教育对口单招制度。1990年，全县各部门办职业班86个，设置专业18个。职业高中和综合高中实行三年制，少数专业如服装、纺织等专业实行二年制。从1991年起，建湖对口单招录取率多年居全市第一位。

1984年4月，经盐城市政府验收，认定建湖县为脱盲县份。此后至20世纪90年代初，主要进行扫盲扫尾，组织脱盲农民进行业余高小学习或业余初中学习。村小学校长兼任本村农民文化业余学校校长，教师兼任农民文化业余学校教师，利用晚上进行扫盲，兼教一些简单的农业知识。1986年后，各乡镇成人教育中心校巩固提高扫盲成果，坚持“一扫、二堵、三提高”方针，重视后续教育，举办各种复盲人员学习班和初等职业教育培训班。90年代，各乡镇成人教育中心校与乡镇农业、水产、副业、文化广播、畜牧兽医站等单位联合，常年对村干部、农技员、农民、职工进行文化技术培训。全县建成16个农村实用技术培训基地。各乡镇成人教育中心校积极和有关院校联合办学，举办中专和专科学历班，开展学历教育。1986年开始，职工教育向高级工、中高等文化专业知识培训层次推进，着重组织学习新技术、培养新技能，结合考工定级进行规范化岗位培训。1988年后，除继续重视对职工的学历教育和技术教育外，还加强青工政治轮训工作。1990年，全县2.24万人参加青工政治轮训，1.5万人参加技术培训，1368人接受中、高等文化教育。老年教育始于80年代初。1992年10月，成立县老年大学，乡镇、村居相继成立老年学校、老干部党支部、老干部学习小组。县城以县老年大学为依托，乡镇以老干部党支部、村居社区老干部学习小组为中心，组织广大老年人参加正常学习活动。

三、文体事业的发展

1986年后，围绕建设文化强县，立足县情，传承优势，创新发展，传统文化得到弘扬。建湖是淮剧的故乡，县内十八团是杂技的发祥地。县委、县政府从舆论、政策和资金等多方面予以扶持。县淮剧团坚持每年推出新创剧目并常年演出，每年开展送戏下乡惠民演出活动，多次参加省淮剧节演出并获大奖。20世纪90年代起，杂技团先后到30多个国家和地区访问演出，多次参加全国杂技大赛并获奖，享誉国内外。在弘扬传统特色文化的同时，以发展群众文化为基础，建立和完善县、乡镇、村、组四级文化网络和各类专业文化协会，加快发展文学、艺术、戏剧、书法、美术、摄影、音乐、舞蹈等各类专业文化事业。电影放映工作分别获国家、省、市主管部门表彰，县文化馆1990年被文化部评为全国先进文化馆，建成国家标准文化馆省二级馆。全县涌现出在省、市有一定知名度的文学、艺术工作者与作品以及一批有建树的书法名人，并多次在省和全国大赛中获奖。文学创作以戏剧创作为龙头，形成一支骨干队伍，不断创作贴近时代、贴近生活的好作品。先后创作大戏、影视文学剧本80余部，涌现出一批在省、市具有一定知名度的剧作家，6部作品在省、市调演及新剧本评比中获奖。创作小戏、小品、曲艺及诗歌、小说等作品多部（篇）。1992年，省政府授予建湖县“群众文化先进县”称号，全县有业余剧团（队）36个，电影放映队74个，影剧场所19个，文化馆、档案馆、图书馆、文化宫各1个，文化站（中心）18个，俱乐部62个，文化户2500户。

县内既有吴越崇文之灵气，又有楚汉尚武之雄风，悠久的文化传统体现在各级对体育运动的重视和群众喜爱上。80年代后，建湖县群众体育活动丰富多彩，日益活跃。1985年6月，上冈中学学生唐劲松在全国分龄分区赛中，以14″8的成绩夺得男子110米栏金牌，是建湖县第一位在国家级体育比赛中获得金牌的选手。1986年，建湖县获评江苏省体育先进县；1987年4月，建湖县被国家体委表彰为全国体育先进县；1988年8月，副县长胡重佳在全国体育工作会议上作《以改革统揽全局，开拓学校体育卫生工作新局面》的发言，介绍学校体育卫生工作经验，建湖县被评为全国学校体育卫生工作先进县。1991年，县教育局被国家体委、教委表彰为全国学校体育工作先进集体。

积极开展群众性体育活动，体育人口逐年增加。开展形式多样的小型体育活动，充分发挥农民体协和老年体协等社会体育团体的作用。高度重视学校体育工作，进一步增强学生的身体素质。1987年8月，全县举办体育教师基本功辅导班。各学校每年举办1至2次运动会，学生每天坚持锻炼1小时，每周至少安排2节体育课。同时经常组织跳绳、长跑、各种球类等比赛。20世纪80年代后期，职工体育日盛，建有职工体协44个、职工之家121个，有运动员2200余名。1989年，县直机关广泛开展“体育月”活动，出现“百次竞赛，万人参加，十万人观看”的局面。县二中学生颜海霞将 1.6 元零花钱捐献给北京第十一届亚运会，成为亚运捐款第一人，被县委授予“学雷锋好少年”称号，县委宣传部向全县发出《关于向“学雷锋好少年”颜海霞学习的通知》。1990 年 9 月颜海霞应邀参加第十一届亚运会开幕式，受到国务院总理李鹏的接见和赞扬。90 年代后，职工体育依托社会，坚持全民健身全民办，发动各行各业、各阶层和个人一起办体育。1991 年，县举行机关太极气功十八式大会操，18 个系统数千名机关工作人员同场表演，壮观的场景图片被亚运会选中展出。1982 年至 1992 年，全县举办各类运动会和专项体育比赛 15 届（次），承办市级以上体育竞赛 17 次，参加市级以上比赛 26 次，其中参加全国性的比赛 5 次。

四、卫生事业的发展

80 年代起，建湖县医卫系统每年安排医生外出进修。1986 年至 1991 年，建湖卫校承办省卫生厅内招护士班 4 个，计划内招收护士班 1 个，学员 210 人，学制三年；举办乡村医生培训班 6 个，学员 300 人，学制一年。1987 年 9 月 3 日，中国医学科学院肿瘤研究所、江苏省肿瘤防治研究所联合派员到建湖县卫生局签订为期 5 年的肿瘤防治和高危人群监测合作研究协议。1988 年 11 月，县医学会举办有机磷农药中毒新疗法讲习班，特邀中国军事科学院教授讲学，12 月成立县中医学会。至 1991 年底，全县参加省、市级医疗机构进修考核通过的医技骨干 347 人次，24 个医学科研项目获县级以上表彰奖励。

全县传染病防治大体可分为已经消灭、基本控制和大幅度下降 3 种情况。已经消灭的传染病有：古典型霍乱、天花、斑疹伤寒、黑热病、回归热、炭疽、钩端螺旋体、丝虫病。基本控制的传染病有：麻风病、疟疾、脊髓灰质炎、白喉、麻疹、百日咳、猩红热、多发性神经根炎、狂犬病。大幅度下降的传染病有：流行性脑脊髓膜炎、流行性乙型脑炎、伤寒。其他如痢疾、病毒性肝炎等肠道传染病，发病率相对较高。1987 年 4 月，受卫生部委托，建湖县承办麻风病联合化疗学习班，来自全国各地的 74 名学员参加为期 15 天的学习。1990 年，建湖成为全国 85 个开展麻风畸残康复管理试点县之一。1991 年，建湖县获评全国麻风病防治先进县。20 世纪 90 年代起全面启动性病、艾滋病防治工作。

1982 年起，县内持续开展“五讲四美”活动，“讲卫生”被列为中心内容。此后，每年3月开展爱国卫生运动宣传教育活动。县卫生防疫部门统一编印健康知识宣传材料，发放机关、学校、企业、文化站、村居和街道卫生室（所）。采取派员到学校讲课、办班授课、出墙报、办宣传栏、广播和文艺宣传等形式宣讲。1986年3月开始，县卫生局组织对全县村级卫生室进行检查验收，331个村卫生室基本达到整顿要求。县有关部门对医药公司等单位的中药材进行抽检，对不合格的12个品种作了处理。1986年后，每逢水旱灾荒或鼠患严重年份，县委、县政府均发动群众开展大规模灭鼠活动。1987年，全县各学校成立卫生工作领导小组，规模较大的学校设立校医室，配备校医，其余学校有卫生保健教师和保健室。1991年起，每年元旦、春节、国庆等节日前，开展“卫生宣传周”活动，发动群众大扫除，清理净化环境，与农业生产积肥相结合，做好粪便、垃圾、污水的管理工作。

1980年9月25日，中共中央发出《关于控制我国人口增长问题致全体共产党员、共青团员的公开信》，提倡一对夫妇只生育一个孩子。中共十二大把实行计划生育确定为基本国策。县委、县政府贯彻执行中共中央、国务院和省、地委决策部署，于1982年11月出台《建湖县计划生育工作细则》，制定计划生育奖励政策。1983年1月，全县开展计划生育宣传月活动，增强育龄夫妇计划生育自觉性。1985年后，开展婚前咨询和检查工作，新生儿出生缺陷得到有效控制。1986年，县妇幼保健所举办孕妇学校，做好围产期保健和儿童免疫工作。同年，建湖县被评为全省计划生育工作先进县。至1989年5月，全县18个乡镇建立计划生育服务站。1990年《江苏省计划生育条例》（以下简称《条例》）施行后，农村独生子女父母满60周岁时，每人每月领取50元的奖励扶助金。按照《条例》规定，凡符合条件的可以申请再生育一个孩子。1992年，全县人口出生率11.13‰，自然增长率4.75‰。

第四节　中共建湖县第八次代表大会与“八五”计划

一、中共建湖县第八次代表大会

中共建湖县第八次代表大会于1988年9月20日至22日召开，出席代

表400名。会议听取并审议王智新代表七届县委所作的《在十三大精神指引下，团结奋斗，振兴建湖》工作报告；审议通过县纪律检查委员会工作报告；审查县委组织部关于党费收缴、使用和管理情况的书面报告；选举产生中共建湖县第八届委员会和县纪律检查委员会；审议通过《中国共产党建湖县第八次代表大会关于第七届委员会工作报告的决议》《中国共产党建湖县第八次代表大会关于县纪律检查委员会工作报告的决议》。

大会总结七届县委的工作及取得的主要成绩：1987年，全县实现工农业总产值9.94亿元，年均增长15.6%，粮食总产量12.09亿斤，第三产业蓬勃兴起，私营经济迅速发展，涌现出专业户7682个、联合体661个，私营从业人员2.5万人。城乡居民生活日益改善，1987年农村居民人均纯收入581.4元，年均增长12%，城镇职工人均工资收入1059.56元，年均增长13.98%，社会商品零售总额年均增长13.21%，城乡居民居住条件不断改善，城乡面貌有所改观。农村发展以家庭承包经营为基础、统分结合的双层经营体制，组建一批专业性、区域性经济合作组织。“两社一站”改革开始起步，乡镇企业推行“一包三改”承包经营责任制。新建一批特色批发市场和专业市场。横向联合不断发展，相继成立水泥船舶、化工、阀门、羽绒等生产集团，筹建花炮、齿轮变速箱、床上用品等生产集团。普遍开展“文明单位”“文明村”“五好家庭”创评和“四提倡，四反对”① 活动，有效治理脏乱差。整党结束后，继续加强党的思想建设、组织建设和作风建设，巩固和发展整党成果。重视组织建设，下放干部管理权限，实行一级管一级的干部管理体制，公开招聘企业和部分党政机关干部。调整充实各级领导班子，一批优秀的中青年干部进入乡镇和部委办局领导班子。调整和改进农村基层党组织设置，党员组织生活得到保证。发展新党员2300多名，壮大了党员队伍，增强了党组织的战斗力。全县普遍建立领导抓党风建设责任制，持续不懈严抓党风党纪。

大会讨论落实“七五”时期后三年经济社会发展规划，进一步深化改革，从严治党，开拓创新，推进全县两个文明建设，提出“充分发挥本地

①“四提倡，四反对”，提倡文明生活方式，反对陈规陋习；提倡科学进步，反对封建迷信活动；提倡健康文化活动，反对黄赌毒；提倡节俭之风，反对大操大办。

优势，搞好产业和产品结构调整，狠抓骨干，形成重点，实现财政翻番”的战略目标。会议提出，到1990年末，实现国内生产总值23.3亿元，年均增长17.1%；工农业总产值16亿元，年均增长16.2%；外贸收购额1亿元，年均增长63.2%；农民人均纯收入700元，年均增长7%；城镇职工人均年收入1100元，年均增长4.5%；财政收入6000万元，比1987年翻一番。

大会确定了经济发展战略重点和措施。突出工业主体经济，实现工业新崛起。加强企业集团组建和扩展，优化企业组织结构；进行工业产品的开拓性和适应性调整，优化企业产品结构；推进企业技术进步和科学管理，不断提高经济效益；强化交通能源建设，改善工业发展条件；扶持服务“两户”企业，培植新的增长点。强化农业基础地位，促进农业再上新台阶。优化农业生产结构，加强农业生产服务。围绕增加出口创汇，迈开外向型经济新步伐。外向经济在工贸联营上搞突破，争取“三来一补”项目，大打出口创汇总体战；开展同外商及港澳地区的合作，吸引和利用外资、港澳台资及技术、设备和先进的生产线，兴办和发展“三资”企业。发展社会事业，为全面振兴增添新动力。

大会确定了深化改革的重点目标。深化企业经营机制改革，全面推行各种形式的承包经营责任制，着力搞好企业内部配套改革，进一步增强企业活力。深化农村二步改革，理顺条块关系和政企关系，增强乡镇总揽区域经济的活力，建立健全各种服务组织，切实搞好乡直乡办单位的转轨变型，不断强化服务功能。深化财政、流通、金融、外贸体制改革，促进经济协调发展。积极推进政治体制改革，按照党政分开的原则，明确党组织和国家政权的职能，做到各司其职。努力加强民主法治建设，积极发挥群众团体作用，保证和推进经济社会持续发展。

大会明确了党的建设和精神文明建设任务要求。贯彻干部革命化、年轻化、知识化、专业化方针，加强党的领导班子建设；贯彻从严治党方针，加强党风和党员队伍建设；贯彻党要管党方针，加强党的基层组织建设；贯彻“党的自身建设也必须改革”方针，加强党的各项制度建设。加强精神文明建设，必须突出党的基本路线教育；必须改造和强化思想政治工作；必须着眼于改革和经济工作。把握宣传基调，引导社会舆论，正确宣传、解释改革形势政策，使广大人民正确认识改革，正确对待改革中的利益分配，积极投身于改革事业。

大会选举产生中共建湖县第八届委员会和县纪律检查委员会。八届县委由27名委员、4名候补委员组成，县纪委由13名委员组成。县委八届一次全会选举产生常委会，王智新为县委书记，刘鉴康、李怀稳、嵇德柱为副书记，王智新、刘鉴康、李怀稳、嵇德柱、肖兰英（女）、张云鹤、韩家桐、薛维松、张仕洲为县委常委。县纪委八届一次全会选举产生纪委常委会，肖兰英（女）为县纪委书记。县委八届一次全会讨论通过《中共建湖县第八届委员会关于加强自身建设的决定》。

二、“八五”计划的制定与实施

根据中共十三届七中全会通过的《中共中央关于制定国民经济和社会发展十年规划和“八五”计划的建议》和省委八届三次全会、市委二届三次全委（扩大）会议精神，县委组织全县上下经过5个多月的战略研讨，将“八五”（1991—1995）重点工作编制成“六六工程计划”，初步形成“八五”时期全县经济社会发展战略草案，在此基础上，县委集中各地、各部门研讨意见以及各方面的智慧，经县委常委会反复研究讨论，形成《中共建湖县委关于制定建湖县国民经济和社会发展第八个五年计划的建议（草案）》（以下简称《建议（草案）》），提交1991年2月7日召开的县委八届八次全委（扩大）会议审议通过，经县十二届人大二次会议批准后实施。《建议（草案）》明确“八五”期间，全县上下坚持以提高经济效益为中心，优化结构，强化积累，主攻“六六工程计划”，实现总量翻番，建设富庶文明优美的新建湖。提出到1995年末，实现国内生产总值21亿元；工农业总产值（按1980年不变价计算）30亿元；财政收入超亿元，外贸收购额1.5亿元；职工人均年收入2400元，农民人均年收入1000元。

县委认为实现“八五”时期战略目标，必须正确处理工业与农业、效益与速度、重点与一般、积累与消费、长期与短期五大关系。同时提出四项推进措施：加强组织领导，突破“工程计划”；制定配套政策，健全激励机制；继续深化改革，增强发展活力；搞好协调服务，组织经济大合唱。

“八五”计划实施一年后，为认真学习贯彻邓小平南方谈话精神，进一步加快改革开放，加快经济建设，缩短与先进地区的差距，提前实现“八五”翻番目标，加快奔小康步伐，1992年9月30日，县委召开八届四次全委（扩大）会议，专题研究调整“八五”计划，明确提前一年实现“八五”战略调整目标。全会提出“八五”计划调整的指导思想：以经济建设为中心，以外向型经济为核心，解放思想，面向市场，深化改革，扩大开放，强化调整，主攻“六六工程计划”，放手发展第三产业，实现经济跳跃式、超常规发展，建设富庶文明优美的新建湖。

县委重点围绕“六大工程”有关指标、“六项计划”有关要求、农村经济发展、大力突破工业、全面发展建筑业、放手发展第三产业、加快外向型经济发展步伐等 7 个方面进行调整。调整后的战略目标为：到“八五”末，实现国内生产总值 25 亿元，工农业总产值 60 亿元（按 1990 年不变价计算），建筑业产值 3.5 亿元，第三产业总值 9 亿元；财政收入 1.2 亿元，外贸收购 6.15 亿元；“八五”后 3 年累计投入 12 亿元，农民人均年纯收入 1500 元，城镇集体职工年收入 2650 元。县委号召全县各级党组织、广大党员干部和人民群众，坚定不移地贯彻执行党的基本路线，深入贯彻落实中共十四大和邓小平南方谈话精神，同心同德，团结一致，克服困难，埋头苦干，为全面完成“八五”战略调整目标任务而努力奋斗。

1996 年 1 月 15 日，县委召开九届十次全委（扩大）会议，全面总结“八五”时期各项目标任务完成情况。会议认为“八五”时期是建湖历史上国民经济和社会事业发展较快的时期，为今后一段时期的发展打下了坚实的基础。“八五”期间，全县各层各级在中共十四大精神指引下，国民经济迅速发展，改革开放不断深入，综合实力迅速增强，人民生活普遍改善，社会事业全面进步，党的建设、精神文明建设、民主法制建设进一步加强。1995 年，全县完成国内生产总值 29.58 亿元（按 1990 年不变价计算），年均增长 24.28%；工农业总产值 67.15 亿元（按 1990 年不变价计算），年均增长 24.06%。产业结构发生重大变化，由“一二三”调整为“二一三”，多数指标基本达小康标准，完成或超额完成“八五”计划和调整后的战略目标任务，同时实现“八五”后 3 年再翻番目标。

第八章　推进社会主义民主法制与精神文明建设

实行改革开放后，社会发展步伐加快，面对商品经济日益活跃的新形势，加强社会主义民主政治建设、法制建设和精神文明建设显得更为紧迫。县委深刻认识到发展社会主义民主，加强法制建设是社会主义现代化建设的一项重要目标和任务，是全县长期稳定和经济振兴的重要保证。实际工作中，十分重视加强基层民主建设，健全和完善人民代表大会制度，支持人民政协按照章程履行职能，充分发挥群团组织作用，强化普法教育，推进依法治县工作，严厉打击刑事犯罪和严重经济犯罪，保障改革开放和经济建设顺利进行。同时加强社会主义精神文明建设，开展“五讲四美三热爱”和群众性文明创建活动，有力地促进了全县社会事业与经济建设的健康协调发展。

第一节　加强社会主义民主政治建设

在社会主义民主政治建设方面，县委着力推进人民代表大会制度的健全和完善，尊重和扩大县人民代表大会及其常委会的职权，摆正权力机关和执行机关的位置，明确“一府两院”① 自觉接受县人民代表大会及其常委会的监督。重视和支持县政协按照章程履行职能，参政议政，建言献策，政治协商制度逐步健全和完善，政协组织的作用得到有效发挥。同时，加强工青妇等群团组织建设，使其充分发挥作用，引导各界群众积极参与全县两个文明建设。

一、健全和完善人民代表大会制度

根据各乡镇人口数确定县人大代表名额，以乡镇和县级机关为选举单

①“一府两院”，此处指县人民政府，县人民法院、县人民检察院。

位直接选举产生。历届县人民代表大会听取审议县人民政府工作报告、全县国民经济社会发展计划执行情况和计划草案报告、县财政预决算报告和县人大常委会工作报告、县人民法院和县人民检察院工作报告，分别作出相关决议。会议同时对一些重大问题进行专题讨论，分别作出决定，依法选举国家机关工作人员，选举出席盐城市人民代表大会代表，审议通过国民经济和社会发展五年计划。1984 年 11 月，县人大常委会将原 5 个组改设为法制委员会、财政经济委员会、科教文卫委员会、城乡建设委员会。1986 年 4 月，明确各委员会为科局级建制，设主任和副主任，挂牌分室办公。设办公室、内务司法委员会、人事代表联络委员会、财政经济工作委员会、城乡建设工作委员会、教科文卫委员会（民族宗教侨务委员会）等工作机构。县人大常委会会议主要听取、审议“一府两院”工作汇报，任免政府组成人员，审议有关决议、决定等。1988 年，县人大常委会通过有关人事任免办法，任免前由提请机关介绍任免人员的基本情况，并回答有关问题。1989 年 6 月，县人大常委会会议审议通过《建湖县城总体规划修改意见》。

二、健全和完善政治协商制度

1989 年 12 月，中共中央印发《关于坚持和完善中国共产党领导的多党合作和政治协商制度的意见》（以下简称《意见》）。1990 年 2 月，省委召开省各民主党派、工商联负责人和无党派人士座谈会，学习讨论中共中央出台的《意见》，要求全省各级党委认真抓好贯彻落实工作，推促政协工作再登新台阶，3 月召开的市政协二届三次全会听取市委贯彻中共中央《意见》情况。县委及时召开会议组织学习《意见》，研究贯彻措施，进一步加强对县政协的领导，为政协开展工作创造条件。县政协围绕县委、县政府中心工作，切实履行政治协商、民主监督、参政议政职能，为全县经济社会发展作出了积极贡献。县政协全体委员会议每年举行 1 次，与县人代会同期举行，必要时可临时召集。开、闭幕式邀请县委、县人大常委会、县政府领导班子成员和曾经担任县政协领导职务的老同志出席。驻湖市政协委员和统战系统负责人列席会议。听取并讨论县委主要领导的讲话，听取审议县政协常委会工作报告和提案工作报告，列席县人代会，听取并讨论县政府工作报告及其他有关报告，讨论并通过大会决议，发动委员围绕经济社会发展重大问题撰写提案，积极建言献策。县政协六届之前，政协委员活动主要在县城，农村设 5 个联系小组。1987 年 4 月起，18 个乡镇均组建政协工作联络组，政协工作进一步向基层延伸。县政协常委会每季度举行 1 次，特殊情况可提前或推迟举行。根据会议议题需要，县政协各工作组、联络组负责人列席会议。主要职责是决定召开全体会议有关事项，审议提交全体会议的文件，主持县政协全体会议；执行县政协全体会议的决议，组织政协委员开展调研、视察等活动；审议通过向县委、县政府提出的建议案，评议有关部门工作；提出常委会组成人员增加或变更建议名单，由县政协全体会议决定；决定县政协工作机构的设置和变动，并任免其领导成员；协商决定下届县政协的参加单位、委员名额和委员人选及界别设置；协商决定本届政协增加或变更参加单位、委员名额和人选；讨论决定县政协其他重大问题。

三、群团组织建设及活动

为了贯彻落实中共中央《关于加强和改善党对工会、共青团、妇联工作领导的通知》精神和省委发出的贯彻落实要求，切实加强党对工青妇等群团组织的领导，充分发挥其在全县两个文明建设中的作用，县委于 1990 年 5 月出台贯彻意见，要求全县各级党组织加强对工青妇群团组织实行统一领导，使党的主张变成广大职工、青年、妇女的自觉行动，支持工青妇群团组织依法和章程独立开展工作，充分发挥群团组织在思想政治教育、国家和社会事务中的积极作用，工青妇等群团组织要重视加强自身建设，不断增强组织活力。

建湖县各级工会组织建立职代会制度，积极参与企业民主管理，创办业余学校，加强职工教育，举办职工业余文化活动，切实维护职工合法权益。20 世纪 80 年代初恢复职工教育工作，至 1985 年，全县有 229 名职工参加高级技术培训、8947 名参加中级培训。1984 年 4 月，县总工会召开第八次代表大会，出席代表 251 名，选举产生县总工会第八届委员会委员 29 名。同年，成立职工技术协作交流站，基层工会建立技术协作交流队。1985 年 10 月，4 名职工到北京参加全国职工技术协作交流会。12 月，省委组织部出台《关于加强工会系统干部队伍建设的意见》，为认真贯彻文件精神，1986年2月，县委组织部向各乡镇、县各部委办局党组织转发了通知，要求全县各级党组织按照文件精神，调整配备各级工会班子，积极支持县总工会协助党委管理工会干部。1987年，县酱醋厂两名职工到广西宜山县开展技术扶贫。县职工学校与庆丰乡文教联办2个高中全科班。在职工中开展演讲、演唱活动，举办深化改革文艺调演。基层工会开展“办好事树新风”活动，关心职工家庭生活，58家单位建立退休职工委员会。1988年7月，县总工会召开第九次代表大会，出席代表168名，选举产生县总工会第九届委员会委员35名。1989年，县工会女工委员会更名为县女职工委员会，先后组织开展“讲四自①、做主人、上素质、争五好②”、争当“五一巾帼标兵”等活动，多次举办女职工保健知识培训。

全县共青团组织扎实开展未成年人思想道德建设、青少年权益维护、服务青年就业创业等工作，进一步团结带领广大青少年为全县经济社会和谐发展贡献智慧力量。1982年12月13日至23日，建湖县召开第九次团代会，出席代表348名，选举产生第九届团县委委员30名、候补委员5名。1983年，团县委组织创办“青年之家”，开展政治教育、文化交流、科技竞赛等活动。1986年1月28日至30日，建湖县召开第十次团代会，出席代表250名，选举产生第十届团县委委员30名、候补委员5名。至1987年，全县共创办“青年之家”1080个，参加活动的团员3.6万多人次。团县委在团员青年中开展“学雷锋，为社会送春风，为团徽增光彩”活动，57名团员被省市评为优秀团员和新长征突击手。团县委先后开展“高举团旗跟党走”“唱响主旋律，激发爱国情”等主题教育活动，加强未成年人思想道德建设。1989年5月22日至24日，建湖县召开第十一次团代会，出席代表287名，选举产生第十一届团县委委员27名。1992年5月18日至21日，建湖县召开第十二次团代会，出席代表350名，选举产生第十二届团县委委员30名。

1983年1月11日，省委、省政府批转《关于加强保护妇女儿童权益工作意见的报告》，要求加强对妇女干部的教育，认识保护妇女儿童权益是应

---

①“四自”，即自尊、自信、自立、自强。

②“五好”，即好婆媳、好妯娌、好姑嫂、好邻里、好心人。

尽之责，宣传妇女在“四化”建设和精神文明建设中的地位和作用。县委要求全县各级妇联组织加大保护妇女和儿童的合法权益力度，配合有关部门，做好妇幼保健、计划生育和少年儿童工作。1984 年 11 月 6 日至 8 日，建湖县召开第八次妇代会，出席代表 300 名，选举产生县妇联第八届执委 35 名。1986 年后，县妇联联合相关部门继续深入开展“文明家庭”“文明楼宇”“文明庭院”创建活动。1987 年，全县开展争当“三八”红旗手比赛，获全国“三八”红旗手称号的 7 人、红旗集体 1 个，省“三八”红旗手 22 人、红旗集体 6 个。1988 年 5 月 20 日至 24 日，建湖县召开第九次妇代会，出席代表 210 名，选举产生县妇联第九届执委 35 名。同年，近湖乡裕丰村未婚青年家长和芦沟乡五联村的妇女分别向全县未婚青年家长、妇女发出移风易俗倡议书，全县成立 428 个红娘组织，560 对大龄青年喜结良缘。1989 年开始，县妇联组织广大妇女开展“双学双比”，即学文化、学技术，比成绩、比贡献活动。1990 年，县基层妇代会全面改选，建立 424 个基层妇代会。1991 年，县妇联编排以搞好社会主义教育为内容的文艺节目，参加市妇联调演获 3 个优秀奖。组成 7 个“扬正气树新风”典型报告团，在全县巡回宣讲 15 场次，1200 多人受到教育。

四、推进基层民主建设

20 世纪 80 年代中期起，建湖县将村民自治工作列为年度工作重点和全县经济社会发展规划考核内容。根据《中华人民共和国村民委员会组织法（试行）》要求，1986 年 12 月，县委组织第一届村委会选举，任期 3 年。1989 年 12 月举行第二届村委会换届选举。第一届村委会民主选举产生后，对集体财务、宅基地审批、经济项目承包等群众关心的热点问题，一律由村民代表会议讨论决定。建立完善村级财务管理、民主评议干部、村民委员会定期报告工作、村干部离任审计等制度，监督村民委员会工作开展情况。随着城市化进程和农村集镇建设步伐加快，县委、县政府不断强化以居委会为重点的社区民主政治建设。1990 年起，通过社区居民委员会、协商议事会、业主管理委员会等渠道，对社区内公共事务进行民主决策、民主管理。实行居民委员会事务公开，并对居民关心的热点、难点和涉及全体居民切身利益的重大事务，通过召开居民代表会议听取意见，接受监督。

第二节　加强社会主义法制建设

随着经济体制改革的全面展开和各项配套改革的深入推进，社会主义法制建设也迈开了新步伐。1985 年 6 月 9 日至 15 日，全国法制宣传教育工作会议召开，会议通过《关于向全体公民基本普及法律常识的五年规划》。7 月 24 日至 27 日，全省法制宣传教育工作会议召开，决定从 1986 年起，到 1990 年前后，用 5 年左右的时间，有计划、有步骤、比较系统地向全省公民基本普及宪法等与群众生产生活密切相关的法律常识。县委、县政府贯彻落实中共中央和省、市委部署，在全县实施"一五""二五"普法宣传教育，开展"严打"专项斗争，切实加强社会治安综合治理，有力地推动社会主义法制建设进程，为全县两个文明建设创造了良好的法制环境和社会治安环境。

一、实施普法宣传教育

随着 1982 年《中华人民共和国宪法》的颁布实施，全县法制建设步伐加快，采取创办农民业余法制学校、组建普法小分队、举行农民学法竞赛等多种形式，开展普法宣传工作。1983 年，上冈镇创办全国第一所农民业余法制学校，认真落实普法教育计划，强化对农民进行分层次、有计划地进行法制教育和法律知识宣传普及。1985 年 1 月 15 日，《人民日报》报道这一做法。同年 1 月，建湖县作为全国 11 个普法试点县之一，出席司法部召开的试点单位汇报会。1 月 17 日，县委决定从 1985 年 1 月至 1989 年 6 月，开展普及《中华人民共和国宪法》《中华人民共和国刑法》等"九法一例"法律常识教育。2 月 9 日，县委在全县总结推广利用业余法制学校开展法制宣传，普及法律常识的经验。其时全县创办业余法制学校 577 所，有法制教员 2178 人，参加法律知识学习 19 万人次。6 月，县司法局局长李文华出席全国法制宣传教育工作会议，介绍建湖县创办业余法制学校情况，与会人员观看建湖《法律常识教育之花》录像。7 月 24 日，县委、县政府举办县、乡镇干部学法短训班。10 月 16 日，全县 58 名部、委、办、局负责人参加省司法厅法律常识考试。12 月 26 日，县司法局被授予全国司法系统先进集体一等功。1986 年 1 月，《参考消息》报道建湖县建立 500 多个业余法制学习中心，组织近20万名居民上业余法制课的做法。2月，市司法局作出《关于向建湖县司法局学习的决定》。4月4日，省司法厅印发《适应改革形势，争做普法工程突击队——建湖县司法局先进事迹》材料，授予县司法局“普法工程突击队”称号。1987年3月，建湖县作为全国和全省普法联系点，出席全省第二次法制宣传教育工作会议，县委书记周侃作《努力学法用法，争当一名合格的领导者》的书面交流，县航运公司作《运用“水上文化室”，加强船民法制教育》的经验介绍。

1986年至1987年，县司法局举办副科级以上干部普法轮训班13期，参学1536人次。1987年12月10日，全县统一命题组织法律知识考试，35.45万人参加，占应普法对象的66%。1988年8月、12月和1989年4月，钟庄乡农民袁为国先后参加全市、全省、全国农民法律知识竞赛，连中“三元”，获全国学法特等奖第一名，被称为农民“学法状元”。1989年4月18日，县委印发《关于在治理经济环境整顿经济秩序全面深化改革中加强法制宣传教育的意见》，明确领导干部的学习考核由县法制宣传教育领导小组组织，县委宣传部和县司法局负责实施；城乡个体工商户的学习由所在地工商行政和税务部门检查督促，个体劳动者协会负责实施；农村干部和群众的学习由各乡镇党委和政府组织领导，乡镇宣传委员和司法助理负责实施。11月，建湖县被中宣部、司法部表彰为全国普法工作先进集体。1990年12月，全县完成“一五”普法任务，9392名干部法律法规普及率100%，居民、职工和农民的普及率分别为95%、96%、90%。建湖县被中宣部、司法部表彰为全国“一五”普法工作先进县。1991年1月26日，县十二届人大常委会第八次会议通过《关于在全县公民中实施普及法律知识宣传教育第二个五年计划的决议》。11月26日至27日，全市“二五”普法试点单位经验交流会在建湖召开，县司法局作《强化领导规范管理保证“二五”普法计划的顺利实施》的经验交流。《法制日报》《全国普法通讯》及省司法厅《法制宣传》等媒体多次报道建湖普法做法。

二、加强社会治安综合治理

开展文化市场专项整治。1982年至1985年，县公安机关配合文化、广播、工商等部门，清理整顿录像放映点和文化摊贩，收缴淫秽录像带、黄色歌曲磁带、淫秽书刊、非法入境印刷品，整顿溜冰场、游泳池、咖啡馆、舞厅等公共场所，严格整治管理，落实综合治理措施，协助各单位加强内部治安管理，建立治安责任制和安全保卫制度，做好后进失足青年帮教转化工作，落实企业包职工、学校包学生、街道包社会青年、家长包子女措施，发动社会力量齐抓共管。

落实治安管理目标责任制。1986年起，全县先后制定社会治安综合治理目标管理责任制、社会治安综合治理和平安建设领导责任制、社会治安综合治理一票否决制、警示制及综治成员单位联系点、综治工作例会、检查考核等制度。县委、县政府每年与各乡镇和县直有关部门签订社会治安综合治理目标管理责任书，县综治办定期召开乡镇分管领导、综治干事及县直单位分管领导或联络员会议，总结、交流、部署工作。每半年和年终组织检查考核，考核结果纳入党政综合考核和干部实绩考核，对没有达到工作目标，发生重大恶性案件、严重危害社会稳定事件的，按规定实行社会治安综合治理一票否决。县和乡镇定期、不定期地排查分析辖区内社会治安形势和社会矛盾纠纷，研究落实针对性工作措施。建立维稳重要信息报告制度、不稳定因素排查制度、检查督办制度和责任追究制度，保障维稳工作落到实处。

基层社会治安联防联控。1986年，全县建立20支71人的专职巡逻队。经贸企业、文教等单位有保卫干部230名。25家单位设立治安保卫委员会，302家单位建立治安保卫小组，11家单位设立保卫科（股），14家企业成立护厂队。企事业单位治保人员实行岗位责任制。1989年，加强农村护村员、集镇工厂护卫队建设。1990年，上冈镇开展“治安值日户”试点。1992年，村治保会与联防队整合，建立农村治安联防办公室。重点整治县内国道、省道、县道等公路沿线路边店，加强旅馆、私房出租及有关公共场所管理。全方位、立体化构建和织密治安防控网络，有效控制和减少重大案件和治安事件发生，守护了一方平安。

发挥民事调解组织作用。1984年，县司法局调整充实基层民事调解组织。村（居）建立调委会，村民小组建立调解小组。百人以上的厂矿企业建立调委会，千人以上的企业配备专职调解干部。各地调解组织建立健全纠纷调处登记统计、排查、会办、回访、检查、评比、案卷归档制度，调解工作做到经常化、制度化、规范化。1986年，县司法局分层培训人民调解员，合格率98%。庆丰乡董徐村调解委员会主任李俊学被表彰为全国调解工作先进个人。1987年，全县建立53个企业调委会，形成由纠纷信息员、联户调解组织、义务调解员、调委会、司法助理员、乡镇调解领导小组组成的调解组织网络。1989年，全县各村（居）均成立人民调解委员会，除村（居）委员会成员兼任委员外，其他调委会委员由群众选举产生，每3年改选1次，可连选连任。10月，建阳镇被列为《人民调解委员会组织条例》贯彻试点单位。1991年5月，县司法局印发《关于加强标准化人民调解委员会建设的意见》《建湖县标准化人民调解委员会验收办法》，开展争创“十佳人民调解委员会”“十佳人民调解员”活动。1992年，全县统一印制《人民调解工作手册》。人民调解组织的建立和调解力量的加强，为化解民间矛盾纠纷，维护社会大局稳定发挥了积极作用。

三、开展“严打”斗争

1983年8月25日，中共中央作出《关于严厉打击刑事犯罪活动的决定》。26日，省委发出《关于坚决贯彻执行中共中央严厉打击刑事犯罪活动的决定》，要求各地广泛宣传关于严厉打击刑事犯罪活动的方针政策，动员广大干部群众检举揭发各种犯罪活动。根据中共中央规定的严厉打击刑事犯罪对象和范围，全县政法部门和广大干警坚决贯彻执行中央“三年为期，三个战役”战略部署和“从严从快，一网打尽”方针，始终保持高昂的革命斗志和“严打”的高压态势，把严厉打击严重刑事犯罪和经济犯罪的斗争不断引向深入，为治理整顿和改革开放创造稳定的治安环境。1983年8月，县委成立“严打”指挥部，成立20个工作组投入“严打”斗争。8月18日至19日，县委召开全县政法工作会议，部署严厉打击刑事犯罪第一仗。8月22日至24日，县委召开乡镇党委书记会议，传达学习中共中央作出的关于集中财力物力，保证重点建设和严厉打击刑事犯罪活动的重大战略决策。9月5日凌晨2时，全县统一行动，打击刑事犯罪分子，逮捕刑事犯罪嫌疑人177名，拘留和收容审查违法人员15名，摧毁各类犯罪团伙15个。9月7日，县委、县政府在县体育场召开万人大会，动员全县人民投入打击刑事犯罪活动，各乡镇分别召开会议进行动员部署。11月1日，县委召开全县政法工作会议，总结“严打”第一战役第一仗成绩，抓捕各类刑事案犯142名，破获积案120余起，收缴一批枪支弹药等作案工具，依法从重从快判决一批犯罪分子。12月26日，县委、县政府召开“严打”

斗争表彰大会。1984 年 1 月 8 日，县委部署“严打”斗争第一战役第二仗，把中央规定的 7 个方面重点打击对象调查见底，把检举揭发和在押犯交代的材料查核见底，把各单位内部的犯罪分子调查见底，按地区、按村庄把流窜犯调查见底，真正做到“坚决打击，一网打尽”。3 月 18 日，县委政法工作会议部署“严打”斗争第一战役第三仗，重点打击流窜作案分子、盗窃犯罪团伙和重大盗窃犯、有复辟活动的反动会道门分子等。9 月 5 日起，开展“严打”第二战役，重点深挖隐藏深、罪行大的犯罪分子，及时打击“顶风上”的犯罪分子，追捕流窜犯，集中搜捕严重破坏社会治安刑事犯罪分子 60 名（含行动前批捕 4 名）。1985 年 10 月 18 日，县委对“严打”斗争进行阶段性总结，自 1983 年“严打”斗争开始以来，全县立案查处各类经济案件 191 件，结案 169 件，158 人被依法追究刑事责任，为国家和集体挽回经济损失 123 万元。1986 年 4 月 20 日至 22 日，县委、县政府召开全县政法工作会议，重点部署开展严厉打击严重刑事犯罪斗争第三战役第一仗。9 月 8 日，部署“严打”第三战役第二仗和社会治安综合治理工作。整个“严打”斗争从 1983 年 9 月开始至 1986 年 9 月结束，历时 3 年，共进行三大战役 8 次集中行动，严厉打击刑事犯罪活动，依法逮捕和惩处一批严重犯罪分子，全县社会治安状况明显好转，发案率逐年下降。1983 年发案率 5.6‰，1984 年 3.9‰，1985 年 3.4‰，90％以上的乡镇、部门、单位治安状况良好。1987 年，建湖县被省委、省政府表彰为社会治安综合治理先进县。1990 年 6 月，县委又制定《关于在全县开展“严打”斗争的行动方案》，明确目标要求、打击重点、斗争步骤、组织领导和政策法律，时间 4 个月，继续深入开展严厉打击刑事犯罪和严重经济犯罪活动，进一步维护社会治安秩序。

四、案件审判与执行

1983 年起，县人民法院严厉打击一批严重侵犯国家和集体利益，严重危害人民生命、财产安全，严重扰乱社会秩序的罪犯，重点打击杀人、放火、抢劫、强奸、流氓犯罪分子。第一战役审结的 282 起案件，全部组成合议庭，60 起 79 名被告人，委托辩护人出庭辩护，被告人的上诉权利得到保障。至 1986 年 9 月，“严打”3 个战役中，受理各类刑事案件 483 件 592 名被告人，全部审理终结。判处徒刑 547 名，拘役 4 名，管制 23 名，免予刑事处分 11 名，宣告无罪 7 名。1986 年后，县人民法院充分发挥刑事审判惩治违法犯罪、维护社会稳定职能，坚持“严打”方针不动摇，与检察、公安机关通力协作，积极参与“打黑除恶”等专项整治行动，每年有针对性地在县体育场、文化剧场及部分乡镇广场、学校召开公开处理大会，一批刑事犯罪分子受到严厉打击。1988 年，组建县人民法院行政审判庭，除受理正常行政诉讼案件外，每年均有针对性地受理大量非诉行政执行案件。1992 年 5 月，县人民法院将民庭调解书、裁定书统一签核权下放至各法庭。推进调解创新，通过法庭调解和辩论，在查清事实、明确是非责任后进行调解，改庭前就地调解为庭上调解，通过观摩庭审方式，推进公开审判。全县商事案件主要集中在法人之间、法人与其他经济组织之间的货款纠纷、农村土地承包合同纠纷、企业内部承包或租赁及产品质量纠纷、金融机构借款纠纷等。

第三节　加强社会主义精神文明建设

改革开放和发展商品经济的客观环境，迫切要求加强精神文明建设。中共十一届六中全会通过的《决议》强调社会主义必须有高度的精神文明。中共十二大进一步把建设高度的社会主义精神文明确定为我国社会主义现代化建设的一个战略方针。1986 年 9 月，中共十二届六中全会作出《关于社会主义精神文明建设指导方针的决议》。10 月 16 日至 21 日，省委召开七届四次全委（扩大）会议，通过贯彻落实意见。根据中共中央和省、市委部署，县委将精神文明建设工作列上重要位置，召开七届五次全委（扩大）会议，制定《关于“七五”期间社会主义精神文明建设的实施规划》，明确全县精神文明建设的指导思想和工作步骤，纳入年度目标考核，开展“五讲四美三热爱”、文明单位、文明镇村、文明家庭创建活动，涌现了一批文明单位、文明村镇，一大批农户被评为“五好家庭”①，恒济乡建立农民思想政治工作研究会，庆丰乡大力发展文化户，为丰富农民精神文化生活提供了新经验。同时开展抵制和清除精神污染、宣传弘扬 1991 年抗洪精神等

①“五好家庭”，即政治思想、生产工作好，家庭和睦、尊敬老人好，教育子女、计划生育好，移风易俗、勤俭持家好，邻里团结、文明礼貌好。

活动，全县精神文明建设走上制度化、经常化、持久化轨道。

一、开展“五讲四美三热爱”活动

在中共中央的重视和领导下，精神文明建设活动广泛开展起来。1981年2月25日，全国总工会、共青团中央、全国妇联等9个单位联合发出《关于开展文明礼貌活动的倡议》。3月4日，省委召开会议部署在全省广泛深入地开展以“五讲四美”为主要内容的文明礼貌活动。1982年2月，中共中央根据广大人民群众的要求，倡导开展以“五讲四美”为主要内容的第一个全民“文明礼貌月”活动。2月25日，县委积极响应中共中央号召，在全县开展第一个“文明礼貌月”活动。城镇和机关单位搞好清洁卫生，解决一个“脏”字；整顿公共秩序，解决一个“乱”字；改进服务态度，解决一个“差”字。建湖镇、上冈镇搞了4次规模较大的卫生突击月活动，建阳、高作等10个公社成立卫生专业队。县财贸系统推广食品公司“少两罚斤”的经验，修订文明服务公约，促进商业服务态度转变；农村也注重解决“脏、乱、差”问题，开展创建文明村和“五好家庭”活动，发动干群开展经常性的爱国卫生运动，改善饮水条件，做好人畜粪的无害化处理，加强集贸市场经营秩序和卫生管理。结合村镇规划，推进卫生设施建设，建立健全卫生管理制度，植树种花，美化庭院，改善农村环境面貌，提高社会文明程度。全县403个农村大队均制定乡规民约，县属镇10个街道居委会制定巷规民约，县直机关单位制定文明公约和道德规范守则。6月15日，县委发出通知，在全县开展查缴淫秽书刊、反动黄色下流录音制品和清理陈旧标语的扫黄打非活动，抵制精神污染，加强精神文明建设，活动于当月底结束。7月10日，县精神文明建设领导小组印发《关于在全县深入持久地开展“五讲四美”活动的意见》。10月8日，县委部署深入开展以治理脏乱差为重点的“五讲四美”活动，主要在县属镇和公社所在集镇展开。坚持每周六上午政治学习，下午开展社会公益活动制度，各单位组织人员参加卫生大扫除、交通秩序维护等活动。之后，同“三热爱”活动紧密结合起来。

1983年，县成立精神文明建设领导小组及办公室，负责全县精神文明建设的组织、协调和指导工作。2月，全县开展第二个全民“文明礼貌月”

活动，组织创建文明一条街。相关乡镇、部门和单位密切配合，抓好宣传发动、创建文明、建设市政、整顿市场和治理交通等关键环节，实行“门前三包”①，开展“三治三创”② 竞赛，强化巡查督导、考核验收，市容市貌大为改观，各行各业生机勃发。突出治“脏”，环境面貌改观。县直单位职工周末集中突击，搞好卫生区、绿化区清洁卫生，县城中小学万余名师生到街道、车站、码头打扫卫生，县直单位做到“五有”“五入”③。县精神文明建设领导小组成员和县直各单位参加治理育红巷义务劳动，80 多个单位 2.6 万人次拖运 4500 吨工业垃圾、生活垃圾，填平污水沟。建湖镇将辖区（包括县直机关单位）划成 8 个卫生片、100 个卫生组，落实包干管理责任。县政府下拨 1.4 万元专款，购置铁制小板车 15 辆、手扶拖拉机 1 辆，新建垃圾池 70 个。重点治“乱”，社会秩序好转。县交通局增设交通值班岗亭，重新划好县城主干道标线。县工商局重新登记县城 208 个亭棚摊点，定点定位，迁移建中桥南北人民路西侧亭棚摊点 36 个，取缔无证商贩摊点 5 个。县航运公司设立老干部和母婴候船室。县陆运公司候车室迎面新开 3 个大门，门前加搭雨棚，解决场地小、乘客拥挤问题。各单位加强内部治安管理，推行文明公约、市民守则，制定厂规厂纪，查缴黄色书画、音像制品，清理陈旧标语，狠刹赌博、盗窃和封建迷信歪风，做好后进、失足青年帮教转化工作，力促社会秩序安全稳定。着力治“差”，服务态度改善。服务行业开展优质服务竞赛和开门评店活动，设立顾客意见簿和咨询服务台，保、争文明礼貌流动红旗，全员参与，以月促年。全县 4.7 万名城乡青年参加“振兴中华”读书活动。县拉丝厂青年工人成代自学日语，翻译日文资料，被全国总工会评为“振兴中华”职工读书活动先进个人。县、乡镇 178 个团支部成立 210 个服务组，为五保户、军烈属服务。1984 年 2 月 25 日，建湖县“五讲四美三热爱”活动领导小组成立。7 月，县委、县政府召开“五讲四美三热爱”活动总结表彰大会，命名表彰 15 个文明单位、86 个先进集体和 178 名先进个人。

①“门前三包”，即包卫生、包绿化、包秩序。

②“三治三创”，即治脏创优美环境、治乱创优良秩序、治差创优质服务。

③“五有”“五入”，是指有垃圾箱、废物箱、痰盂、烟灰缸和卫生公约，垃圾入箱、污水入沟、吐痰入盂、粪便入厕、鸡鸭入圈。

二、开展文明创建评比

20世纪80年代起，县妇联联合县委宣传部在全县开展“五好家庭”创建活动，不断修订创建标准，开展创评活动，逐步将“文明家庭”创建工作延伸到农村基层。1982年，恒济乡苗庄村首先开展“建设文明村庄，培养新型农民”活动，县委及时总结推广苗庄村经验。1983年，全县启动实施23个文明村创建试点。1984年5月3日至5日，县委召开“文明村”建设工作会议，表彰创建活动先进单位9个和“文明村”29个，文化室普及率90%以上。80年代中后期，县委、县政府制定文明卫生城镇创建规划，进行经常性检查，健全和完善创建组织，成立创建文明城镇指挥部及办公室，层层落实分级包干责任制，强化舆论宣传，居民的城市意识和卫生意识普遍增强。县成立综合治理办公室、非机动车辆管理所，落实沿街单位“门前三包”“室内达标”责任制。开展行业卫生达标活动，全县食品卫生、公共场所卫生、饮水卫生管理、监督监测工作逐步走上制度化、规范化轨道。1988年，建湖县开展文明村镇创建活动，县政府命名表彰47个文明单位、35个文明村、7个农村先进文化户。1988年至1990年，连续3年在全市创建文明卫生城镇竞赛中获优胜奖。1990年2月，县委下发《关于在全县开展创建评比“四户一村”活动的意见》，开展创评“遵纪守法光荣户”“五好家庭户”“文明户”“文化户”“文明村（居）”活动。此后，“四户一村”创建工作在县内蓬勃开展，创建内容不断丰富，组建“四户一村”创评协会，成立创建活动竞赛小组，建立文明村镇示范点。9月，全县开展“水乡杯”文明村镇竞赛活动。近湖乡、庆丰镇、冈东乡被市委、市政府表彰为1991年至1992年文明乡镇。1992年，建湖县开展县城“绿化突击月”活动，新上综合连片治理项目4个。

三、抵制和清除精神污染

中共十一届三中全会召开后，全县思想文化领域开展实践标准问题讨论及补课，认真学习贯彻中共十一届六中全会《决议》，开展社会主义精神文明宣传活动，帮助广大党员干部群众统一思想认识，提高文明素质。创建了一批文明村、文明街道和文明单位。全县文艺工作者创演了一批文明进步的文艺作品，净化了人们的思想灵魂。县直75个单位举办了青工政治轮训班，近万名青年工人受到爱国主义、社会主义、共产主义的思想教育。全县青年读书活动广泛开展，广大团员青年立志振兴中华，勤奋刻苦学习。所有这些，对传播社会主义思想文化，加强社会主义精神文明建设起到了积极的推动作用。1983 年 11 月 22 日，省委印发《关于加强对思想战线的领导开展抵制和清除精神污染的意见》。11 月 29 日，县委下发《关于在全县开展抵制和清除精神污染活动的意见》，组织学习中共十二届二中全会精神，充分认识精神污染的危害和实质，召开县直文化单位负责人会议，部署清除精神污染措施。进一步明确剧本（节目）送审、彩排审查制度，加强对影剧场所和流散艺人的管理。由县委宣传部门牵头，组织公安、工商、文教、广播站等单位成立专门班子，检查县城 25 个出售录像带和修理录音机的单位及个人，收缴黄色录像带 78 盒，抹掉黄色歌曲 400 多首，收缴淫秽手抄本、油印小唱本 250 多册。组织县淮剧团演职人员学习中共中央文件，端正业务思想，克服“只顾票房价值，不顾社会效果”的不良倾向，坚持文艺为社会主义服务、为人民群众服务的正确方向，把社会效益放在首位。

四、宣传弘扬 1991 年抗洪精神

1991 年 6 月 14 日至 7 月 15 日，一场百年未遇的洪涝灾害袭击建湖大地。全县 18 个乡镇降雨量均超 800 毫米，最大达 1058.2 毫米，加之上游客水压境，下游河道淤塞排泄不畅，水位猛涨。短短几日，县城水位从汛前 0.97 米增至 2.77 米，地势低洼的恒济乡水位飙升至 3.38 米，创历史新高。其他各乡镇水位普遍超警戒、超历史。全县 90 多万亩农作物围水受淹，破圩堤 20 余条，鱼塘沉没 100 多口，受灾人口 35 万人以上，倒塌房屋 1500 多间。沿河乡 29 个村庄受淹，损失惨重。全县河坝频频告急，圩堤险象环生，建湖县被列为全省 10 个重灾区之一。

在无情的水灾面前，全县上下勠力同心，顽强拼搏，奋战月余，终将洪水制服，使灾害造成的损失降到最低，人心安定，社会稳定，抗洪斗争取得决定性胜利。同时，锻造了以坚决听党指挥，党员干部引领，团结依靠人民，各方协同发力为内核的“众志成城、严防死守、连续作战、忘我拼搏”抗洪精神。7 月 9 日，县委、县政府成立县抢险抗灾指挥部，县委书记、县长分任指挥、副指挥，指挥部下设办公室和灾情、抢险、调度、

救护、宣传、社会治安6个小组，各乡镇成立相应组织，负责辖区抢险抗灾工作。7月11日，县委、县政府发出《告全县八十万人民书》，号召全县干群奋起抗灾。县委、县人大常委会、县政府、县政协领导分赴各地，靠前指挥。在灾情最严重的20天里，县四套班子领导认真研究抗洪救灾措施，坐镇精心指挥保卫县城、保卫生命线工程、保卫人民生命财产安全和会战沿河重灾区四大战役，保证了大片粮田免遭灭顶之灾。

党员干部冲锋在前。整个抗洪斗争中，全县党员干部始终战斗在最危险、最关键的位置。第一个冲入激流堵漏的是党员干部，第一个为被困群众送衣物食品的是党员干部，最后一个撤离险境的还是党员干部。广大党员用率先垂范的实际行动践行宗旨、誓言，舍身护佑群众，成为抗洪救灾的旗帜和砥柱。沿河乡被洪水淹没后，县直机关和企事业单位每天都有数百人自备干粮，自带工具，奔赴灾区，参加抗洪战斗。

人民群众胸怀大局。洪水祸害之际，广大水乡人民群情激昂，全力以赴，上至高龄老者，下到年少学童踊跃参与抗灾，踏堤查险，修坝固圩。全县参战劳力20万人以上，最多时达35万人，2216个抢险队、5万余人日夜奋战在患工险段。人们争相献出旧衣、抱来棉被、扛来门板，甚至将建房用的木料作为抢险物资，各地沉船500余条，沿荡5个乡镇自毁10个副业圩区，接蓄上游洪水6000多万立方米。抗洪期间，全县加修圩堤950千米，加固闸坝2529处，加做次高地小圩572条490千米等，彰显水乡人民崇高境界和无私奉献精神。

社会各方通力协作。抗洪形势趋紧时，国务院工作组和省市领导多次到建湖视察指导，帮解难题。情势危急之际，徐州、淮阴、连云港和山东、河北部分地区运来援助物资。抗洪期间，县直机关单位想方设法提供柴油、煤炭和干粮食品等紧缺物资，干部职工还捐献50余万元救灾款，这些雪中送炭、助解燃眉的种种义举，谱写了一方有难八方支援的人道主义赞歌。据统计，兄弟市、县和市直单位援助建湖抗洪救灾物资情况：草包17.76万只，编织袋42.39万条，麻袋1.55万条，蒲包5000只，大米1万斤，煤炭90吨，现金10万元，医疗用药及防疫消毒药品价值22.7万元，以及各类食品、蔬菜。

汇聚灾后重建合力。8月8日，县委、县政府决定，对在抗洪救灾斗争中涌现出来的100个先进集体和296名先进个人予以表彰奖励，进一步宣传弘扬抗洪精神。县人民检察院、建设局分别被最高人民检察院和建设部授予抗洪救灾先进集体。县广播站宣传报道抗洪救灾先进典型和模范人物事迹，工厂企事业单位利用黑板报、橱窗等宣传阵地，刊载褒扬为灾区群众捐款捐物的好人好事，县乡各级领导率先垂范、带头为灾区捐款捐物，县驻外机构向驻地党委和政府通报县内灾情，争取外地支援，县总工会、团县委、县妇联发动工会会员、共青团员和广大妇女开展募捐活动，支援灾区重建家园，组织部门发动党员缴纳特别党费5.2万元，文化、卫生、教育部门组织多种形式的义演、义诊和义务宣传活动，县淮剧团将2次义演的7000元收入捐给灾区。9月8日，县委、县政府召开科技人员减灾增收千人义包誓师大会，全县1732名科技人员奔赴生产自救第一线，义务承包工副业项目，万名供销人员南征北战拓市场。县卫生部门抽调946人组成91支卫生防疫小分队，指导群众进行饮水、室内和环境消毒，同时组织大规模布饵灭鼠活动。在县委、县政府的坚强领导下，全县人民大灾后反思，反思后大干，采取工业补农业、商业补副业、短线补长线、科技补效益的多种措施，千方百计降低损失，实现大灾之年夺丰收。1991年，全县完成工农业总产值24.06亿元，比上年增长61.25%；粮食总产量8.8亿斤，比上年下降4.28%；财政收入4172万元，比上年增长6.43%。

第九章　改革开放初期党的建设

1983年10月，中共十二届二中全会讨论通过了《中共中央关于整党的决定》（以下简称《决定》），决定用3年时间对党组织和党员队伍进行一次全面的整顿。10月15日，省委发出通知，要求全省各级党组织迅速组织广大党员干部认真学习中共中央《决定》，统一整党的思想认识。1985年2月28日，市委召开整党动员大会，至1987年7月20日，全市整党工作结束。县委积极响应中共中央号召和省、市委部署，出台《建湖县县级机关整党工作计划》《关于农村整党工作的安排意见》等文件，对全县的整党工作进行统一部署。此后召开中共建湖县第九次代表大会，总结八届县委取得的主要成绩，部署九届县委工作任务。同时加强和改进思想政治工作，加强党的政治建设、思想建设、组织建设和纪律制度建设，为全县经济社会发展提供思想、组织和纪律保证。

第一节　开展新形势下的全面整党

根据省、地委部署，全县整党工作从1983年1月开始，至1987年2月结束。分县级机关、农村乡镇、县直企事业单位和村级整党4个层次。全县参加整党的基层党委34个、党组16个、党总支66个、党支部1427个，党员28781名。全县整党工作在县委的领导下，依靠各级党组织和广大党员，以中共十二大报告和新党章为指针，对各级党组织在思想、政治、组织、作风等方面存在的突出问题，进行一次全面整顿，达到思想上、政治上高度一致，全心全意为人民服务，坚持民主集中制，使党内政治生活正常化，广大党员成为合格党员，各种不正之风得到切实纠正，党群关系更加密切，党风根本好转，使党的各级组织成为坚强的领导核心和战斗堡垒，各级党政领导班子成为适应“四化”要求的战斗指挥部，带领全县人民开创两个文明建设新局面。

一、县级机关整党

建湖县县级机关整党分 2 批进行。第一批整党作为江苏省和盐城地区整党试点。1983 年 1 月 9 日起，至 9 月 10 日结束。参加整党试点的有县四套班子领导和部委办局 67 个单位，县级机关党组织 74 个，其中党委 4 个、党总支 14 个、党支部 56 个，党员 1234 名。1 月 20 日，县委制定《建湖县县级党政机关整党工作计划》，用半年时间，组织广大党员通过学习文件、检查对照、开展批评和自我批评、进行党员登记等方法，对党的作风和党的组织进行一次全面整顿。分整党准备、思想教育、对照检查、登记处理和组织建设 5 个阶段。通过整党试点，提高了党政机关广大党员的思想觉悟，增强了领导班子的战斗力，纠正了违规招工、转户口、建私房等一些不正之风，机关党风有了明显好转。11 月 29 日，县委召开六届四次全委（扩大）会议，研究制定《关于贯彻执行中央整党决定的意见》，在肯定县级机关整党试点工作成绩的同时，按照中央五条验收标准自我检查、排找差距，提出首批试点单位补课措施和其他单位开展整党的准备要求。

1983 年 12 月 5 日至 1985 年 3 月 5 日，县委开展 5 次整党补课。第一次整党补课于 1983 年 12 月 5 日至 1984 年 1 月 25 日进行，同县级机关机构改革相结合，重点解决整改遗留问题，纠正以权谋私等不正之风，抓紧清理“三种人”①，纯洁党的组织。1983 年 12 月 5 日，县委召开县级党政机关整党补课动员大会，印发《关于县级党政机关整党补课工作计划》。县委常委会用 10 天时间，进行班子内部对照检查，县人大常委会、县政府、县政协负责人分别提出批评意见，县委召开部委办局负责人会议和党外人士座谈会，通报整党补课情况。12 月 30 日，县委印发《关于县委常委会进行整党补课的情况报告》。1984 年 1 月 4 日，《新华日报》刊载《他们在生机勃勃地前进》文章，报道建湖县整党试点经验做法。1 月 14 日，盐城电视台拍摄《建湖县级机关整党新气象》专题片。第二次整党补课于 1984 年 3 月 22 日至 5 月底进行，县委召开“抓紧整党补课，迎接检查验收”动员大会，着重解决与中共中央保持一致性，大胆改革、勇于创新，继续核查

①“三种人”，是指追随林彪、“江青反革命集团”造反起家的人，帮派思想严重的人，打砸抢分子。

“三种人”，进一步纯洁党的组织，改进机关作风，建立和落实岗位责任制，抵制和纠正不正之风，提高整改成效等方面问题。3月26日，县委印发《关于县级机关整党补课情况和今后意见的报告》。第三次整党补课于1984年6月至8月进行，重点是端正业务工作指导思想，明确机关要为人民服务，为基层服务，为发展商品生产服务，全面推进改革。第四次整党补课于1984年8月至10月进行，深化彻底否定“文化大革命”教育，全面清理“左”的思想影响，从思想上、政治上、组织上根除派性，增强党性，加强团结，提高党的战斗力。第五次整党补课于1984年10月至12月完成，进行反对和纠正官僚主义的教育，开展中共十二届三中全会决定的学习培训。1985年2月16日，县委印发《关于县级机关整党补课的情况报告》。通过5次整党补课，进一步端正了业务工作指导思想，各方面改革顺利进行。农村延长土地承包期，完善联产承包责任制。城镇施行经济承包试验，对经济改革作出部署，县委印发《关于改进干部管理工作的意见》等文件，确定扩权松绑、奖金不封顶和国营小企业承包责任制试点，全县普遍推行“一包三改”，把城乡经济改革逐步引向深入。彻底否定“文化大革命”，进一步清除“左”的思想影响。改善和优化领导班子整体素质，提升了机关形象和工作效率，促进了经济建设。1984年主要经济指标好于上年，第一次出现工业超农业的局面。

县级机关第二批整党于1985年7月底开始，至1986年8月中旬结束。1985年7月27日，县委召开县级机关第二批整党动员大会，县委书记周侃作动员报告。参加对象是县四套班子和县各部委办局院行社司69个单位中未参加第一批整党的党员425名，其中正式党员359名、预备党员66名。在县级机关第二批整党的同时，县委还搞了一乡（建阳乡机关）、一村（马厂村）、一厂（县齿轮厂）、一公司（县糖烟酒公司）的整党试点。第二批县级机关整党分3个阶段进行。第一阶段学习文件，时间2个月。组织党员有重点地学习整党文件，提高对整党的认识，开展彻底否定“文化大革命”教育，进一步端正业务工作指导思想，进行理想和纪律教育。第二阶段对照检查，时间2个月。各支部结合贯彻中央文件精神，针对本单位在思想、作风、纪律、组织方面存在的一些同党的总任务、总目标不相适应问题，在党员中开展批评与自我批评，认真总结经验教训，切实纠正不正之风。第三阶段组织处理和党员登记，时间1个月。各级党组织对犯有严重错误的党员进行必要的组织处理，作出予以登记、暂缓登记、不予登记的决定。

县级机关整党工作告一段落后，县委整党工作办公室安排1个半月时间，组织各支部做好整党的检查总结和补课工作，组成专门班子对无组织处理对象和无缓登、不登人员的“两无”单位进行一次复查。

二、整党在全县面上展开

1985年11月24日，中共中央整党工作指导委员会发出《关于农村整党工作部署的通知》，县委根据通知精神和省、市委要求，于1986年2月4日，印发《关于农村整党工作的安排意见》，决定全县农村整党从1986年2月开始，至1987年1月结束，分3个层次进行。第一层次开展乡镇整党工作，从2月中旬开始至7月下旬结束，参加对象为17个乡镇党委（不含建阳乡党委）、613个党支部，6804名党员。第二层次进行县直企事业单位整党，从6月上旬开始至12月底结束，参加对象为县直企事业单位16个党总支、203个党支部，4196名党员。第三层次开展村级整党，从1986年10月开始至1987年1月结束，参加对象530个村居党支部，16122名党员。

县委成立整党工作领导小组及其办公室，农村整党开始后，又作了调整充实。县四套班子党员领导干部分工负责全县5个片区的整党工作。各乡镇和县直单位相应成立整党工作领导小组及办公室，明确专人负责整党工作，层层落实工作责任。县委向各乡镇和县直单位派出联络员和巡视员，各乡镇向所辖村和单位派出联络员，县直各部门向工厂、商店、学校等单位派出联络员，均于整党前进行培训，建立规章制度，明确工作规范。

整党开始前，上级党委安排人员对下级党组织和党员的思想和工作状况进行调查摸底，明确整党重点，对群众反映较大的重点人和事，安排专人调查核实，对触犯刑律的提交检察机关立案查处。整党工作中，组织对相关人员存在的问题进行调查，形成调查报告，对群众来信来访，逐人逐项调查核实处理。县委派出的3个试点组，配合试点党组织进行深入调查研究，探索总结出县齿轮厂整党经验、建阳乡卫生院整党做法、马厂村学议查改“一条龙”整党模式在全市交流，对整个面上整党工作的开展起了示范作用。

整党试点单位采取分散学习与集中讨论相结合，自学与上党课、专题辅导相结合，学习文件与直观教育相结合，典型教育与自我教育相结合等形式，普遍开展整党意义、理想宗旨、党性党风党纪、改革开放政策、彻底否定“文化大革命”和党员标准等专题教育。抓好党纪教育的同时，还举办普法学习班进行法制教育。各部门、各单位组织党员收看曲啸谈理想与追求、老山前线英雄介绍对越自卫反击战等电视录像，观看红色教育影片，开展凭吊烈士墓、参观周恩来故居和新四军重建军部旧址、重温入党誓词、“远学前方英雄、近学身边模范”专题讨论等活动。

1985 年 12 月，县委整党工作办公室增设财务检查组，全面清理基层单位整党前 3 年财务情况，作为准备阶段的重点工作。县各主管部门和各乡镇党委成立财务清理领导小组。财务清理安排在每个层次开始整党前 2 个月进行，基本做到清理结束，整党开始。全县清理县直企事业单位、乡镇及所属单位、村组及村办单位 5055 个，清理问题资金 1467.88 万元，经调查核实，认定并处理 299 人。

整党对照检查阶段，上级党委对下级领导班子和领导干部问题严格过堂把关。看问题抓得准不准，对照检查是否做到“准、像、实”；看认识程度深不深，有没有查到点子上，触到要害处；看整改措施实不实，解决问题是否切实可行。对照检查自上而下，先集体后个人、先一把手后班子成员，各级班子带头学习文件，带头谈心交心，带头解剖自己，带头批评帮助，带头落实整改。领导干部对自身存在的问题立足于早改、快改、坚决改，不等待、不观望、不攀比。裴刘乡党委书记清退私自安排到乡财政所工作的女儿，全乡清退私招乱雇人员 11 人，群众对干部的真改实举看在眼里，服在心里。

县委对县级机关整党查出的违规招工、违规安排农转非户口、乱建私房等问题，参照有关文件精神，作出处理规定。县委整党工作办公室组织专人到高作、荡中、蒋营、裴刘、近湖、庆丰、上冈等乡镇调查研究，拟定《农村整党中有关不正之风的处理意见》，总结推广高作乡党委抓乡办企业整党划清 10 个界限的做法，在全省整党工作会议上交流。将《半月谈》刊载的《纠正不正之风的几条界限》《沈阳 10 名厂长谈改革搞活与不正之风的界限》等文章转载到《建湖整党情况》上，要求县直各企业单位与市委下发的《关于划清整党经济活动与不正之风界限的意见》一起学习讨论。

村级整党一开始，就对农村党员雇工经营、拖欠公款、多占乱批宅基地、封建迷信活动、赌博、违反计划生育、长期不参加党组织活动等问题，提出具体处理意见，后又在县委常委（扩大）会上提出要划清的几个政策界限，在各乡镇专职书记会议上，强调要正确划清走群众路线与“群众整党”界限，处理好正面教育与从严治党关系，严禁借机整人和打击报复。由于在整党中始终注意正确地执行政策，全面贯彻“既要解决问题，又不能搞乱”的方针，做到既纠正不正之风，又保护广大党员干部矢志改革发展的积极性。

三、巩固发展整党成果

全县全面整党工作的开展，提高了党员的政治素质，纯洁了党员队伍，增强了各级领导班子的战斗力，纠正了群众反映强烈的不正之风。整顿县级机关软弱涣散领导班子 22 个，改选机关党支部 56 个，调整县级机关领导班子 37 个，同时调整乡镇领导班子、乡镇企业领导班子和村居领导班子。整党中查处了严重以权谋私和违法乱纪的人和事，进一步净化了党内风气，纯洁了党的组织，增强了党的向心力、号召力和战斗力。

县委认为，整党工作结束后，要以更高的标准、更严的要求、更实的举措，在新的起点上全面推进党的建设，充分发挥各级党组织的核心领导和战斗堡垒作用、共产党员的先锋模范作用，这既是巩固和发展整党成果的必然要求，也是夺取新时期改革开放和现代化建设新胜利的根本保证。

抓教育治本。从党性教育入手，着力提高党员的思想政治素质。县委书记周侃、副书记洪志爱分别在机关党员干部大会和城市基层整党会议上作《转变十个观念》《正党风、促改革、兴企业》报告。县工行开展人生观、价值观大讨论，鞭挞和纠正“一切向钱看”的错误倾向。卫生系统加强医德医风教育，查找乱收费和医药开后门、看“人情病”问题。宣传文化系统进行抵制精神污染，坚持四项基本原则教育，组织专题研讨会，探讨新时期做好思想政治工作的新途径、新方法。政法部门为县直机关举办法制教育讲座，利用身边典型案例，开展直观的形象教育。县委整党工作办公室印发县级机关一、二期整党工作总结，供各单位交流学习。县委宣传部组织“四有”报告团到各地巡回报告，结合贯彻中央文件精神，开展

“四查”[①] 活动，清除消极因素影响，“炼”出党员素质、树立党员形象。

抓“一整两带”。整党工作既着力解决整党正在进行的党员问题，又带动解决已结束和尚未开展整党的党员问题。县级机关第二批整党中，通过“一整两带”带出非本批整党对象135人，核查处理贪污挪用、侵占集体利益等问题。乡镇整党中，通过“一整两带”带出参加过整党和未参加整党的重点人11人。县直企事业单位整党中又带出重点人82人，对几个层次的重点人都进行了严肃处理。

抓验收把关。每个层次、每个单位的整党都严格按计划、有步骤地完成“规定动作”。转段前，先由单位党组织向上级主管部门党委提出申请，经验收合格后转入下一阶段，防止搞形式、走过场。凡需补课的必须通过“缺什么补什么”，确保达到规定标准，而不以时间长短论质量，看问题解决程度，坚持以时间服从质量。单位整党告一段落，先由各支部进行自查总结和补课工作，再由整党验收组采取听汇报、查记录、看资料、召开座谈会听取党内外群众意见等方法，对所属支部逐一检查验收。在此基础上，县委整党工作办公室结合检查验收情况，组织对各单位的整党工作进行“回头看”，看整党成果是否采取措施加以巩固，看各项制度是否认真执行，看整党遗留问题是否解决，看整党后有无新问题发生，看整党后工作有无新起色，突出抓好“两无”（无组织处理对象，无缓登、不登人员）单位，确保经得起时间和人民的检验。

抓自查整改。各单位在整党中严格要求，自查自纠存在问题，做到未整先改，边整边改。粮食系统开展“十清十查”，清理粮油平转易、易转超问题，供电部门严查以电谋私问题，税务部门重抓徇私舞弊、随意减免税收的人和事，公安部门突出督纠违规户口“农转非”歪风，农行系统组织财务互查互审，排出10个方面漏洞、7个方面的重点问题，并狠抓整改。冈西信用社1名副主任以贷谋私，推销和搭售商品、索贿受贿等违纪问题，经县纪检、司法部门联合立案调查，给予党内警告和行政撤职处分。通过查纠不正之风，严肃党的纪律，全体党员提高了免疫力，增强了保持自身纯洁和先进的自觉性。

---

①“四查”，即查腐败现象，查官僚主义，查自由主义、个人主义，查党性观念淡薄问题。

抓完善提高。建立健全党委抓党建工作责任制等系列制度，抓好“三会一课”，健全党的组织生活。规定每月 21 日为全县党员统一活动日，县委组织部开展不定期的检查、抽查。加强干部管理和党员队伍建设。县委出台《关于进一步加强和完善干部管理工作的意见》，严肃查处个别单位随意增设机构和提拔干部的不正之风。加强对流动党员的教育管理，1988 年实行“双信双长”① 制度，在流动党员较集中的地方建立临时党组织。同时积极做好发展党员工作，抓好教育培训，增强党性意识，提高综合素质，使各级党组织和广大党员永葆生机和活力，成为强县富民的中流砥柱。

第二节　加强和改进思想政治工作

1983 年 1 月 20 日，中共中央发出《关于加强农村思想政治工作的通知》。1 月 25 日，中宣部和中央书记处农村政策研究室联合发出《关于印发〈党的农村思想政治工作试行条例〉的通知》，进一步明确农村思想政治工作的主要任务、内容、原则、方法和渠道。1985 年 6 月 30 日，省委印发《关于当前加强思想政治工作的若干问题的意见》。同年 11 月，市委印发《关于加强农村思想政治工作的几点意见》。根据中共中央和省、市委的部署，县委印发《关于当前加强思想政治工作的意见》，召开全县政治思想工作会议，对宣传工作、职工思想工作、农村党员教育、民办教师整顿、青少年教育提出了明确要求。同步在全县开展反对资产阶级自由化教育和社会主义思想教育活动，进一步加强和改进思想政治工作，提高各级党员干部的思想政治素质，为加快改革开放，开创社会主义现代化建设新局面提供思想和组织保证。

一、开展反对资产阶级自由化教育

1986 年 9 月，中共十二届六中全会通过的《关于社会主义精神文明建设指导方针的决议》强调，搞资产阶级自由化，即否定社会主义制度，主张资本主义制度，是根本违背人民利益和历史潮流、为广大人民所坚决反对的。12 月 30 日，邓小平在同几位中央负责同志谈话时指出，要旗帜鲜

①“双信双长”，即介绍信、回执信，联系长、服务长。

明地坚持四项基本原则，反对资产阶级自由化。1987 年 1 月 17 日，县委发出通知，要求各地组织党员干部学习贯彻《邓小平同志在党的十二届六中全会上的讲话》，认清当前中国的政治形势，反对资产阶级自由化，维护和发展安定团结的政治局面，坚持改革开放，促进社会主义现代化建设。1 月 19 日，县委召开县级机关党员大会，传达学习中共中央文件精神，进一步强调坚持四项基本原则，旗帜鲜明反对资产阶级自由化，维护和发展安定团结的政治局面，保证和促进改革开放、社会主义现代化建设的顺利进行。1 月 28 日，中共中央发出《关于当前反对资产阶级自由化若干问题的通知》。2 月 7 日至 11 日，省委召开工作会议讨论《关于坚持四项基本原则，反对资产阶级自由化的部署意见》；9 日，省委作出《坚持四项基本原则，开展反对资产阶级自由化的斗争的决定》。2 月 10 日至 11 日，县委、县政府召开全县三级干部会议，学习中共中央和省委文件精神，统一各级干部的思想认识，坚定不移地坚持四项基本原则，旗帜鲜明地反对资产阶级自由化。3 月 2 日至 4 日，县委召开工作会议，传达中央领导在全国省长工作会议上的讲话和省、市委工作会议精神，研究开展反对资产阶级自由化斗争和“双增双节”① 工作。6 月 11 日，县委发出通知，要求各级领导干部认真学习邓小平《建设有中国特色的社会主义》、中共中央文献研究室和中共中央书记处研究室出版的《坚持四项基本原则，反对资产阶级自由化——十一届三中全会以来有关重要文献摘编》两本书，并在县委党校举办“两本书”学习班 4 期。1989 年 4 月 26 日，《人民日报》发表了《必须旗帜鲜明地反对动乱》的社论，县委迅速召开县直单位股级以上和乡镇部分干部会议传达部署，并下发了学习贯彻意见。县总工会结合基层职工的思想反映，及时下发文件，号召各级基层工会认真做好宣传教育的安排工作。5 月 19 日，中共中央、国务院召开党政军干部大会后，县委立即组织全县人民特别是机关党员干部认真收看讨论，并于 5 月 20 日下发通知，提出学习贯彻讲话的具体要求，落实当前全县需要抓好的几项工作。5 月 26 日，县委在收到北京市委书记李锡铭《关于北京学潮情况的通报》后，随即组织县四套班子领导认真学习。27 日，县委召开县四套班子和享受县处级待遇的离休干部会议，进行传达学习，县长刘鉴康就当前群众思想动

①“双增双节”，即增产节约、增收节支。

态和工作作了讲话，并组织讨论。6 月 17 日，县委召开八届四次全委（扩大）会议，传达学习邓小平讲话和中共中央《告全体共产党员和全国人民书》、中纪委《关于严明党的纪律，维护党的团结统一的通知》等文件，要求全体共产党员在这场严肃的政治斗争中，进一步增强党性，严守纪律，在政治上、思想上、行动上自觉地与中共中央保持高度一致。

县委在全县开展“双坚持”报告活动，挑选先进典型，组成报告团，进行坚持四项基本原则，坚持改革开放的巡回报告；开展“双对比”活动，组织基层党员干部通过中华人民共和国成立前后对比和中共十一届三中全会召开前后对比，充分认识党的领导、走中国特色社会主义道路和改革开放决策的英明正确。团县委在全县开展征文、知识抢答、演讲比赛活动，引导团员青年加深对“只有社会主义才能救中国”“没有共产党就没有新中国”的理解。县委组织召开交流会、讨论会、汇报会，通过富有说服力、吸引力和感染力的系列教育活动，把人们的思想和行动统一到中共十三大确定的“一个中心、两个基本点”的基本路线上来，聚精会神干四化，心无旁骛搞建设。

二、开展社会主义思想教育

根据省、市委部署，1991 年 11 月 1 日，县委成立农村社会主义思想教育领导小组及办公室，印发《关于在全县农村普遍开展社会主义思想教育的意见》。县农村社教工作办公室制定《关于农村社教村级组织建设工作实施意见》。11 月 20 日，县委、县政府召开全县社会主义思想教育动员大会，县委书记王智新作动员讲话。全县农村社教工作分 2 批进行，第一批 10 个乡镇 194 个村和 10 个居委会，所属乡镇企业和双管单位一并参加。建湖镇、建阳镇、颜单镇、近湖乡、恒济乡、钟庄乡、冈西乡、冈东乡、荡中乡、裴刘乡先行开展，1991 年冬至 1992 年春，时间 4 个月，分培训骨干、宣传教育、解决突出问题、组织建设和建章立制 4 个阶段。县委派出 10 个指导组驻乡镇进村居，指导活动开展，并举办农村社教骨干培训班。农村社教活动由县委统一部署，乡镇党委组织发动，县指导组具体指导，以村为单位分头实施。采用集中培训、正面宣讲、算账对比、典型教育等形式，通过组织抗洪救灾事迹报告团、勤劳致富先进个人现身说法和举办征文、演讲、歌咏比赛等活动，运用电影、录像、广播、展览等宣传手段，引导干群从政策上加深理解，从成果中切身感受，从实践中自我升华。坚持把思想教育与解决实际问题，为群众办实事结合起来；与农村党员干部群众学理论、学政策、学先进，普及法律常识教育结合起来；与发扬老区光荣革命传统、弘扬新风正气、开展“四户一村”创评活动结合起来；与继续深化农村改革，实施“六六工程计划”，实现“八五”时期翻番目标结合起来。皆取得预想效果。1991 年 12 月 16 日，全县农村社教思想教育阶段现场会在冈东乡召开。全县社教工作宣传教育呈现 3 个特点：落实宣教任务和社教责任制相结合，理论灌输与多形式辅助活动相结合，宣传教育与解决实际问题相结合。1992 年 4 月，县委召开农村社会主义思想教育总结表彰大会。至此，农村社教活动告一段落。

根据市委 1992 年 4 月 1 日出台的《关于在城市开展社会主义思想教育的意见》精神，县委决定在全县开展一次以加快改革和建设步伐为主要内容的城市社会主义思想教育。4 月 21 日，县委印发《关于在城市开展社会主义思想教育的意见》。成立县委城市社教工作领导小组及办公室，在农村社教工作领导小组的基础上，增加 1 名副县长任副组长，同时增加县计经委、机关党委主要负责人为成员。各主管局成立社教工作领导小组或办公室，明确专职书记或分管政工负责人，确定社教联络员和材料员。城市社教从 1992 年 4 月 16 日开始，至 6 月底结束。分机关、企业、事业、学校四块进行。机关由县级机关党委牵头组织。企业由计经委牵头组织，具体负责计经委、机电公司、化工公司、纺织公司、轻工公司、花炮公司、外贸公司、物资局、乡镇局、商业局、粮食局、供销社、交通局、建设局、水利局、农机局、多管局、农业局 18 个单位的思想教育。事业由县委宣传部牵头组织，具体负责宣传部、文化局、广播电视局、卫生局、党校、电大、计生委、体委 8 个单位的思想教育。企事业单位的社教工作由各主管部门组织实施。学校由教育局牵头组织实施。除上述单位之外的机关单位（含人武部、公安局），牵头单位和主管部门的党组织各负其责。县委确定工商局、建湖县中学、县人民医院、面粉厂、医药公司为联系点，抽调人员组成联络组，驻点协助开展社教工作，为面上社教作示范。城市社教分学习教育、排查问题、制订整改措施 3 个阶段。县委明确城市社教工作坚持“三为主，两不整”原则，即“以思想教育为主、正面教育为主、自我教育为主，既不整干部，也不整群众”。县委要求通过开展各种形式的学习讨论活动，自我教育，自查自排，自觉整改。妥善处理城市社教与其他工作的关系，注意科学安排，统筹部署。既要打足学习教育的时间，又要灵活安排，切不可因社教而影响机关其他工作，更不能干扰和冲击企业的正常生产经营活动。注意通过社教多办实事、好事来促进经济建设和改革开放，促进党的建设和廉政建设，促进精神文明建设。注重实效，防止形式主义。通过社教工作，机关广大党员干部、职工群众的社会主义信念牢固树立，以经济建设为中心的意识得到增强，思想作风有了明显改进，排查出来的突出问题基本得到解决，形成廉洁高效、勤政为民、运转协调、优质服务的机关作风。企事业、学校社教工作的标准由各牵头单位明确。社教工作结束后，各部门均进行了认真检查总结，并向县委和县委社教工作办公室作出书面报告。

第三节　加强党的组织建设

中共十一届三中全会后，全县各级党组织针对农村普遍实行生产责任制后出现的新形势、新情况，深入调查研究，探索解决农村党组织建设中出现的新问题。在全县范围内，完成了乡镇体制改革，实行政社分设，兴办乡镇党校，党员干部教育有了固定的阵地，实行党组织统一活动日，改进了党员教育管理工作，重视在知识分子、“两户”、社队企业骨干和青年、妇女中发展党员，使党组织增添了新鲜血液，对乡镇缺额的中层干部实行选聘合同制，改革现行干部制度等，使党的基层组织建设得到加强。1990年3月，市委组织部印发《建湖县委建立干部谈话制度，加强领导班子建设的通知》，在全市宣传推介建湖领导干部与下级谈话交心做法。此项制度于1987年1月开始建立，1988年县委对谈话的要求和方法作了进一步明确，1990年形成《关于健全领导干部分级谈话制度的意见》。

一、完善农村基层组织建设

1983年，建湖县建阳乡马厂村党支部在全国较早恢复党员统一活动日制度，在全省推广。1984年11月，县委出台《关于开创全县农村党组织建设新局面的意见》，强调各级党委要高度重视党组织和党员队伍建设，下决心扭转党不管党现象，实行党政分开。乡镇党委主要集中管好政策性、全局性的大事，管好政治思想工作，管好党的自身建设。县委每年年初召开1次基层党委、支部书记会议，部署开创党组织建设新局面的任务，年中进行1次检查分析，采取措施解决薄弱环节，年底进行总结评比。乡镇党委书记每个季度会办研究1次组织工作，并向县委作1次工作报告；专职副书记、组织、宣传、纪检委员均立足本职做好工作。

开展基层组织建设试点。县委确定冈西乡为政社分设后三套班子各司其职的试点，建湖镇和裴刘乡为党组织设置及党员教育管理适应经济活动的试点，高作乡为加快基层领导班子革命化、年轻化、知识化、专业化步伐的试点，近湖乡为做好发展新党员工作的试点，上冈镇和上冈乡为办好党校加强党员干部教育的试点。抓好农村党员的教育和发展工作，利用党校分期分批轮训党员，着重加强党的基本知识教育、党的方针政策教育、科学技术教育。积极吸收农村"两户一体"、知识青年、中小学教师中的优秀分子入党，迅速改变农村党员老化和缺乏文化的状况。

创新设置基层组织。1984年，建阳乡党委创新设置基层组织，在工商服务业发展较快、比重较大和党员50名以上的村居建立党总支，按行业、系统和经济联合体建立党支部，按党员的居住位置、经营地点和行业建立党小组，有3名以上党员的独立性经济联合体，建立党支部或党小组。离开原支部外出经营半年以上，固定在一地从业的党员3人以上的建立临时党支部或党小组，单个党员编入所在地对口行业的党组织。流动经营的党员，3人以上的也建立临时党支部或党小组，单个党员采取统一党的活动日、书信联系等制度，使其接受党组织教育。县委根据中组部《关于调整和改进农村中党的基层组织设置的意见》，及时总结推广建阳乡基层组织建设的经验，并进行完善提高。1988年，建阳镇党委出席中组部在北京召开的党的制度建设汇报会。

建强村党支部书记队伍。通过1983年的农村体制改革，1985年和1986年对后进村党支部的整顿，全县基本建立一支政治素质好、年龄较轻、文化较高的村支部书记队伍，但也有部分村书记不适应形势发展要求。为进一步加强农村基层党组织建设，提高农村党支部的战斗力，1989年10月，县委出台《关于加强农村党支部书记队伍建设的意见》，明确村书记必须具备的基本条件、选拔方式和程序，要求乡镇党委重视抓好农村党支部书记队伍建设，加强对村书记的培训教育，提高他们的素质和能力。建立村支部党员议事会制度，基层党委建立村支部书记例会制度、与村书记对话制度，各村支部建立培养后备干部的责任制。加强考核评比，实施党支部党建工作百分考核细则，建立考核评比、奖惩制度，激励先进，鞭策后进，完善村书记养老金制度，解决后顾之忧。

加强乡镇企业党组织建设。1987 年 8 月，县委转发县委组织部《关于加强乡镇企业党组织建设的意见》，将乡镇企业党建工作纳入党委的重要议事日程，定期研究部署，精心组织安排，经常检查指导。建立健全乡镇企业党建工作责任制、例会制及检查、交流和百分考核制，党员活动日制度，党员干部培训制度，党员联系职工制度，积极分子培养制度等。按照德才兼备的原则，把思想品德好、事业心强、懂生产、善经营、会管理、具有一定党务工作知识和经验的党员选拔到企业领导岗位上。党支部书记一般由正式党员的厂长（经理）兼任。加强乡镇企业干部政策理论水平和技术业务知识培训。通过党校、农干校、成人教育中心、职工业余学校等途径轮训企业党员干部，提高他们的理论和业务水平。合理调整乡镇企业党组织设置，对工业达一定规模、党员人数达到规定要求的乡镇，建立工业党总支。有 3 名以上党员，并有合适支部书记人选的企业，单独建立党支部，党员不足 3 人可按行业与邻近党委建立联合党支部。坚持标准，保证质量，有计划地发展新党员。

二、开展民主评议党员工作

民主评议党员是从严治党，保持党的先进性，提高党组织战斗力的重要措施。1988 年，省委组织部在颜单镇进行民主评议党员试点，试点经验在全省推广。1989 年，省委下发《关于贯彻落实中发〈关于建立民主评议党员制度的意见〉的通知》，指导基层单位在抓好试点、取得经验的基础上，有领导、有计划、有步骤地开展民主评议党员工作。县委和县直各单位、各乡镇党委成立民主评议党员工作领导小组及办公室，制订工作计划，提出方法、步骤、内容和验收标准。5 月，县委下发《关于全县民主评议党员工作的部署意见》；9 月，批转县级机关党委《关于在县级机关开展民主评议党员工作的实施意见》。在颜单镇、建阳镇和县总工会、缫丝厂、房管所进行试点和扩大试点，探索民主评议党员工作经验，明确不同行业区分和处置不合格党员的政策界限。

全县民主评议党员工作分4批进行：第一批，1989年8月至9月，在县级机关党委128个支部中进行。第二批，10月至11月，在县农业局、多管局、水利农机局、商业局、粮食局、供销总社、教育局、卫生局、交通局、物资局、建设局、纺工公司、工业公司、轻工公司、公安局等党委（组）及下属支部中开展。第三批，1989年12月至1990年1月，在上冈镇、庆丰乡、近湖乡、建湖镇、建阳镇、蒋营乡、恒济乡、沿河乡、裴刘乡、芦沟乡10个乡镇机关及所属单位和村支部中进行。第四批，1990年2月至12月，在冈东乡、草堰口乡、冈西乡、钟庄乡、辛庄乡、高作镇、荡中乡7个乡镇机关及所属单位和村支部中开展。

全县民主评议党员工作，依据《党章》规定的党员标准，评议整党以来，党员在坚持党的基本路线实践中，特别是在治理经济环境、整顿经济秩序、全面深化改革中发挥先锋模范作用的情况，着重从理想信念、路线政策、改革发展、党风党纪和联系群众5个方面进行评议。统一以支部为单位组织开展，分学习教育、调查摸底、民主测评、表彰处理和总结提高5个阶段。各单位党组织根据县委部署和评议计划，扎实做好每个阶段工作，把从严治党要求落实到民主评议的各个环节上，调查摸底抓住一个“准”字，掌握标准突出一个“严”字，评议结果体现一个“实”字。坚持标准，保证质量，正确处理时间与质量的关系，坚决反对抢时间、赶步骤忽视质量，草率从事的做法；正确处理执行政策的原则性和灵活性的关系，在坚持党性原则的前提下，科学灵活地处理评议过程中的具体问题，尤其是缺乏代表性的个性问题，坚决反对不讲原则搞变通，随意降低评议标准；正确处理领导把关与发扬民主的关系，既严格执行民主评议党员的方针、政策和标准，又充分发扬民主，增强评议工作的透明度，坚持党员标准面前人人平等，防止把关不严、失之偏颇，对有明显问题的人迁就照顾。

县委决定从1989年起形成制度，每两年在全县范围内开展一次以“五个一”① 为主要内容的民主评议党员活动。按照自我认格、民主评格、组

①“五个一”，即上好一次党课，写好一份小结，搞好一次评议，确定一个格次，进行一次总结。

织定格的程序和方法评出合格、基本合格、基本不合格和不合格 4 个格次的党员。首次评议活动于 1990 年底结束，从 1991 年起转入正常。开展民主评议党员，要把立足点放在教育提高多数和促进有缺点错误党员的转变上。每次民主评议党员结束均需按规定标准组织检查验收。至 1992 年底，全县开展民主评议党员活动 2 次。评议既促进了党的建设工作经常化、规范化和制度化，又提升了党员形象和党组织的凝聚力、战斗力，进一步加快了经济建设与社会发展，实现了“八五”时期的良好开局。

第四节　加强党的纪律建设

改革开放后，省委强调，各级党组织要提高对端正党风问题的认识，党员特别是党员领导干部要从自己做起，从现在做起，从每件事做起，端正党风。1985 年至 1989 年，针对改革开放形势的新发展，各级党委对党员继续加强党风党纪教育，党风廉政建设逐步制度化、经常化。省委、省政府先后制定并实施了《关于党政机关保持廉洁作风的若干规定》《关于保持廉洁和制止党政机关经商办企业的决定》，建立了一整套监督制度，包括党内民主生活会制度，评议党员干部制度，党风联络员制度，农村村级重大事项在党组织的领导下实行“两公开、一监督”① 制度等。1988 年 1 月后，根据全国人大常委会决定，江苏各级政府先后组建了监察部门，同党委纪检机构合署办公，坚持以廉政监察为重点，全面开展行政监察业务。1990 年 11 月，中共中央批转中纪委《关于加强党风和廉政建设的意见》，强调从党和国家生死存亡、改革开放兴衰成败的高度认识党风和廉政建设的重要性和紧迫性。省委办公厅发出学习贯彻落实的通知。根据中共中央和省、市委部署，县委围绕中共十二大提出的实现党风根本好转的目标要求，充分发挥纪检监察组织职能作用，抓住全县整党契机，深入进行党风党纪教育，严肃查处新的不正之风和违纪案件，提高广大党员干部拒腐防变能力，以党风廉政建设的实际成效取信于民，增强群众对党和政府的信任和信心，保证全县改革开放顺利进行和经济建设健康发展。

---

①“两公开、一监督”，即决议公开、实施结果公开，决议实施全过程接受党员和村民的监督。

一、开展党性党纪教育

县委结合学习贯彻中共十二大、十三大文件，以《党章》《准则》为教材，以增强党员的党性观念为重点，紧密联系各地、各部门、各单位党员的思想、工作实际，通过上党课、搞培训、印发学习材料、组织宣讲、收听收看英雄模范人物先进事迹录音录像、实境体验、通报剖析党员违纪案件等形式，对党员进行党的理想宗旨教育、政策纪律教育、社会主义法制教育、全局观念教育和否定“文化大革命”的再教育等。农村党员重点围绕如何深化农村改革，当好发展商品经济带头人、领路人，进一步发挥先锋模范作用等问题进行讨论。企业党员重点围绕实行厂长（经理）负责制、承包经营责任制后的变化，如何正确处理国家、集体、个人三者关系，在各项改革中当好排头兵等问题展开讨论。机关党员干部围绕“经济要繁荣，党政机关要廉洁”问题，讨论如何保持廉洁奉公和全心全意为人民服务的本色，正确对待和使用人民赋予的权力，自觉克服官僚主义，坚决同以权谋私、执法犯法、行贿受贿、奢侈浪费等不良现象做斗争。特别注重抓住经济体制改革和对外开放中出现的新情况、新问题，广泛深入地宣传执行党的政治纪律，广大党员不断增强坚持四项基本原则，反对资产阶级自由化的自觉性和贯彻执行党的路线、方针、政策的坚定性，在思想上、政治上、行动上同中央保持高度一致，做到有令必行，有禁必止，始终不渝地做改革开放的拥护者和促进派。全县 2 万多名党员在大讨论中，敞开心扉、畅所欲言，自我反思、互相启迪，经受了一次党风党纪教育洗礼。

1986 年，县委贯彻落实中纪委《关于整顿纪律的通知》精神，在全县开展纪律教育整顿工作。1987 年，县委在全县开展坚持四项基本原则，反对资产阶级自由化的教育，并按照中纪委《关于共产党员必须严格遵守党章的通知》精神，对广大党员进行党章的再学习再教育，严格党的政治纪律。组织“评议我们身边的共产党员和党组织”活动，调查总结 100 个党支部党性教育情况，通报 10 起典型违纪案件。1988 年 10 月，县委印发《关于党政机关保持清正廉洁的规定》，举办各类党训班 142 期。1989 年，全县各级党组织和广大党员严格遵守党的政治纪律，旗帜鲜明地反对资产阶级自由化，坚定不移地与中共中央保持高度一致，从而统一了广大党员的思想，保证了全县的政治稳定和社会安定。在全县开展“反腐败、讲廉洁”专题教育，得到省、市纪委的充分肯定。利用《建湖纪检》、广播电视宣传建湖油米厂等一批党组织和党员廉洁经营、秉公办事、勤政为民的先进事迹。组织全县党员学习中纪委关于党员违纪处分规定和党纪基础知识，重点抓好副科级以上党员干部的纪律教育，县四套班子党员领导干部和副科级以上党员干部参加党纪知识考试。

二、查处违法违纪案件

1984 年 12 月 3 日，中共中央、国务院印发《关于严禁党政机关和党政干部经商办企业的决定》。1985 年 2 月，省纪委召开全省党风党纪建设经验交流会，要求全省各级纪检组织采取坚决措施，刹住新的三股不正之风。县委按照省、市纪委部署，明确由县纪委牵头，抽调县直单位专职纪检干部和审计、财政、工商、税务、物价等部门 29 人组成 6 个专项检查组，开展新的不正之风专项整治，严肃查处了一些党员干部以权谋私、贪污受贿、赌博、严重官僚主义、弄虚作假骗取名利和建房分房中的违纪案件。1989 年 8 月，县委、县政府根据冈西供销社截留肥料计划和严重的经济问题，在组织初查基础上，确定冈西供销社为全县反腐败斗争的重点单位，由县纪委牵头，县人民检察院、监察局、供销联社党委、冈西乡党委联合查处冈西供销社经济问题。经过内查外调，查清冈西供销社亏损亏空 115 万元。1990 年 5 月 16 日，县委下发《关于在全县开展“反腐败、讲廉洁”教育活动的通知》，以市纪委《关于建湖县冈西供销社严重亏损情况的通报》为主要教材，在学习文件、座谈讨论，提高思想认识的基础上，组织党员对照《党章》《准则》，紧密联系实际，查党员干部廉洁意识强不强；查党组织战斗堡垒和党员先锋模范作用有没有发挥；查廉政制度建立和落实情况；查企业经营指导思想是否正确，方向是否对头，手段是否合法；查有无不廉洁行为和消极腐败现象；查选用干部是否坚持德才标准；查承包经营企业的监督与管理情况。各部门对所属企业生产经营情况进行一次全面清理，解剖亏损企业，分析原因，查清责任。县纪委、检察、监察和审计部门密切配合，选择解剖一些“穷庙肥和尚”的亏损企业，查处一批违纪党员干部，为企业挽回经济损失近 500 万元。

三、创新纪检监察工作机制

县委围绕加强对党员干部的党风党纪教育，探索创新纪检监察工作机制，正确处理党风廉政建设和经济建设的关系，严格把握3个原则和6条政策界限。即看是为公还是为私，看是失误还是失职，看是一般问题还是违法乱纪。把经营活动中的正常应酬招待同巧立名目的大吃大喝、铺张浪费区别开来，把赠送的小额纪念品同行贿受贿区别开来，把合理报酬同以权谋私、中饱私囊区别开来，把为职工谋正当福利同滥发钱物区别开来，把外出考察学习同游山玩水区别开来，把工作失误同失职渎职区别开来。真正做到支持改革者，鼓励探索者，帮助失误者，惩戒违纪者。通过向全县厂长、经理发送慰问信，召开厂长、经理座谈会，建立工作联系点等形式，广泛宣传新时期纪检监察工作的指导思想、党风廉政建设的方针政策，严肃查处干扰改革案件，为改革者撑腰鼓劲。对直接影响业务横联问题，既查清问题，又帮助疏导，巩固联营关系。结合查案帮助企业完善制度，封堵漏洞，加强经营管理，促进改革发展。总结推广抓党风、促改革、兴企业先进事迹和强化监督措施，促进行风好转，保证改革顺利进行的经验。

1985年12月，县委七届一次全会作出《关于端正党风的决定》，从坚决维护党的政治纪律、牢记党的根本宗旨、发扬党的艰苦奋斗的优良传统、认真改进工作作风和加强组织纪律性5个方面对县委委员提出约束性条款。1986年12月，县委印发《关于实现党风根本好转的验收标准》，分别对党政机关、企事业单位和农村基层党组织提出明确要求。1987年，县纪委制定《关于党员和干部参与赌博的处理意见》，处理党员赌博案件6起。1988年，县委作出《关于党政干部弄权勒索问题的处理规定》《关于党政机关保持廉洁的规定》《关于带头执行公开办事制度的决议》等文件。继续狠刹党政机关公款吃喝招待歪风，处理“吃公款”典型案件2起。率先推行“两公开一监督”制度，在省、市纪检监察工作会议上作经验介绍，并在全省推广，被监察部在1989年工作报告中点名表扬。1989年，创立干部考廉制度，县纪委搜集基层党组织和副科级以上党员干部廉政建设情况，记入廉政档案，作为评先评优、提拔使用的重要依据。1990年5月，县委下发《关于认真办几件实事密切党群关系的决定》，县纪委重点抓好纠正行业不正之风，清理和纠正党员干部利用公款送子女上学问题，巩固清理干部违章违纪违法建购私房工作成果，清理和纠正党员干部利用职权违反规定将户口“农转非”问题等四件实事。建立和实行领导干部重大事项申报制度，全县党政机关、企事业单位科级领导干部按规定申报个人建房分房、配偶和子女工作安排及调动、公费代培及个人家庭收入等情况。干部考廉制度和领导干部家庭财产申报制度，受到监察部部长尉健行的充分肯定。在探索和建立教育运行机制的同时，县委还重视抓好组织网络和制度体系的创新完善，在全县聘请纪检信息员、党风党纪监评员，形成多层次立体化监督网络。

第五节　中共建湖县第九次代表大会

中共建湖县第九次代表大会于1991年4月26日至28日举行，出席代表395名。大会听取并审议王智新代表八届县委所作的《坚持党的基本路线，强化党的核心领导，为建设富庶文明优美的新建湖而奋斗》工作报告，审议通过县纪律检查委员会工作报告，审查县委组织部关于党费收缴、使用和管理情况的书面报告，选举产生中共建湖县第九届委员会和县纪律检查委员会，审议通过《中国共产党建湖县第九次代表大会关于第八届委员会工作报告的决议》《中国共产党建湖县第九次代表大会关于县纪律检查委员会工作报告的决议》《中国共产党建湖县第九次代表大会关于1991—1993年党建工作规划的决议》。

大会总结八届县委的工作及取得的成绩：1990年，全县实现国内生产总值9.98亿元，年均增长19.6%；工农业总产值14.92亿元（按1980年不变价计算），年均增长16.68%；社会消费品零售总额4.27亿元，比1987年增长68.55%；财政收入3920万元，比1987年增长28.4%；城镇职工人均收入1614元，比1987年增长52.12%；农民人均纯收入733元，比1987年增长26.16%。农村改革着重稳定和完善家庭联产承包责任制，推行双向承包和“两田制”，发展多种形式经济合作组织，健全服务体系，推进产销一体化。企业改革全面推行承包经营责任制，实行领导班子集体承包，推广共保合同制，进行企业内部劳动、工资、保险、福利等配套改革，推行企业兼并拍卖和联合，组建农药、花炮、阀门等企业集团。外贸收购额大幅增长，1990年达到8641万元，比1987年增长1.56倍，建成

3个合资企业。各级党组织坚持四项基本原则，旗帜鲜明地反对资产阶级自由化。在城乡广泛深入地开展“四提倡，四反对”和创评“四户一村”、文明城镇、文明单位等活动，涌现出省、市、县3级文明单位72个，连续3年在市文明卫生城镇竞赛中获优胜奖。建湖县被评为全省基础教育先进县，通过了全国体育先进县的复查验收。人民武装达标活动经验在全省推广，民兵整组、兵役工作创“三优”受到省政府和省军区的表彰。建湖县被评为全国普法先进县和全省社会治安综合治理先进县。党建工作受到市、省、中央组织部的充分肯定，并被列为中组部组织工作联系点。发展新党员1617名。加强党内制度建设积累了一些经验。在全市率先实行“两公开一监督”① 制度，集中进行机关作风整顿，组织机关干部挂钩蹲点，改进机关作风，密切党群关系。

大会确定“八五”时期经济社会发展目标和战略重点：到1995年末，全县工农业总产值（以1980年不变价计算）30亿元，国内生产总值21亿元，财政收入1亿元，外贸收购额1.5亿元。全民集体职工人均年收入2400元，农民人均年收入1000元。战略重点是主攻“六大工程”，实施“六项计划”。

大会明确今后三年经济发展的主要措施：至1992年底，二档乡镇分别新建1个以上利税过百万元企业；1993年底，一档乡镇和经济主管部门分别完成2个以上利税过百万元企业，三档乡镇分别完成1个以上利税过百万元企业。推进“排头村”率先进入400万元档次。搞好种植业结构调整，确保粮食复种面积130万亩、棉花16万亩、湖桑3.5万亩。农村改革建立健全土地流转机制和统分结合的“双层经营”体制，大力开展村级服务升级达标活动。企业改革进一步健全竞争机制、约束机制、激励机制、监督机制和投入机制，建立多形式经济责任制。

大会确定精神文明与民主法制建设的任务和要求。农村广泛开展社会主义思想教育，培养爱国家、爱社会主义精神。工厂企业开展“爱党、爱国、爱厂、爱岗、爱社会主义”教育。学校应把社会主义教育与开展革命传统教育结合起来。城镇开展“建文明城市、创文明单位、做文明市民、树文明新风”活动。农村开展“四户一村”创评活动，至1993年，把全县

①“两公开一监督”，即公开办事程序、公开办事结果，主动接受监督。

70%的农户建成遵纪守法光荣户，40%的农户建成“五好”家庭户，20%的农户建成文明户，4%的农户建成文化户以及把10%的村建成文明村。实施“二五”普法计划，加强社会治安综合治理，力争1993年，刑事发案率控制在5‱以下，重特大案件不超过案件总数的1/3。

大会确定党的建设各项目标任务。加强“三基本”教育和党的光荣传统教育，组织学习优秀共产党员傅显忠和优秀村支书韦臣鸿的先进事迹。农村加强以党支部为核心的村级组织建设；企业党组织要参与企业重大决策，支持厂长（经理）依法行使职权；机关党组织要增强活力，发挥教育管理监督职能。集中力量查处大案要案，重点抓好纠正行业不正之风。坚持集体领导原则，重大问题要集体讨论决定，建立和健全党内生活制度，提高“三会一课”质量，坚持各项党建工作制度。

大会选举产生中共建湖县第九届委员会和县纪律检查委员会。九届县委由27名委员、4名候补委员组成，县纪委由13名委员组成。县委九届一次全会选举产生常委会，王智新为县委书记，袁世珠（女）、李宗耀、肖兰英（女）为县委副书记，王智新、袁世珠（女）、李宗耀、肖兰英（女）、张云鹤、韩家桐、王耀武、贺福林、吴春松为县委常委。县纪委九届一次全会选举产生县纪委常委会，王耀武为县纪委书记。县委九届一次会议讨论通过了《中共建湖县委员会关于加强自身建设的决定》。此后，县委任期由三年一届改为五年一届。

第三编

社会主义市场经济体制的建立与改革开放的深化

（1992年3月—2002年11月）

第十章　社会主义市场经济体制的初步建立

1992年春，在中国改革发展的关键时刻，邓小平发表了具有划时代意义的南方谈话，科学总结了中共十一届三中全会以来的基本实践与经验，从理论和实践的结合上回答了长期困扰、束缚人们思想的许多重大问题。同年10月，中共十四大召开，进一步确立邓小平建设有中国特色社会主义理论在全党的指导地位，明确经济体制改革的目标是建立社会主义市场经济体制，要求全党抓住机遇，加快发展，集中精力把经济建设搞上去。中共十五大召开前后，中共中央提出了一系列加快改革开放、推动经济发展、社会全面进步的主要任务和治国理政的方针政策。强调在社会主义改革开放和现代化建设的新时期，在跨越世纪的新征途上，一定要高举邓小平理论的伟大旗帜，用邓小平理论来指导整个事业和各项工作。省、市委认真学习贯彻邓小平南方谈话和中共十四大、十五大精神，掀起了继中共十一届三中全会后的第二次思想解放的高潮，确立了全面实现小康的奋斗目标，改革开放和现代化建设进入了高速发展期，加快了建立社会主义市场经济体制的步伐。在邓小平南方谈话和中共十四大、十五大精神指引下，根据省、市委确立的总体目标，县委、县政府及时解放思想，调整思路，制定发展战略，先后召开中共建湖县第十、第十一次代表大会，建立和完善市场体系，推进外向型经济发展，鼓励发展特色经济，进一步做大做强主体经济，初步建立起社会主义市场经济体制。

第一节　解放思想谋发展

20世纪90年代初，随着第一个社会主义国家苏联的解体，接踵而来的是东欧剧变，不少干群对社会主义前途产生疑虑，特别对改革开放姓“社”还是姓“资”困惑不解，甚至出现争辩。能否毫不动摇地推进改革开放，坚持加快发展，成为全党必须正视并解决的一个重大命题。根据省、市委统一部署，县委及时组织学习贯彻邓小平南方谈话和中共十四大、十五大精神，启动小康社会建设，制定实施“九五”计划和2010年远景目标纲要，明确全县经济社会发展目标和战略措施，并组织实施推进，取得较好效果。

一、学习邓小平南方谈话和中共十四大精神

1992年1月18日至2月21日，邓小平视察武昌、深圳、珠海和上海等地，就人们广为争论的一些问题，尤其是如何坚定不移地贯彻执行“一个中心、两个基本点”的基本路线，坚持走中国特色社会主义道路，抓住有利时机，加快改革开放，集中精力将经济建设搞上去等重大问题发表了极为重要的南方谈话。中共中央于2月28日将邓小平《在武昌、深圳、珠海、上海等地的谈话要点》以2号文件印发全党。3月2日，省委发出《关于认真传达学习邓小平同志重要谈话的通知》，要求重点抓好各级干部的学习。13日，省委八届五次全会召开，要求全省广大党员干部认真学习邓小平南方谈话精神。4月15日至17日，省委召开工作会议，进一步学习邓小平南方谈话精神，集中研究江苏加快改革开放和经济发展大计，作出《关于加快改革开放和促进经济发展若干问题的决定》。根据省、市委部署，县委迅速在全县组织开展邓小平南方谈话精神的学习贯彻工作。3月9日，县委印发《关于认真传达学习邓小平同志南方谈话的通知》，先后召开县委常委会会议、县委常委会（扩大）会议，以及县直单位全体党员干部会议，传达学习中央2号文件精神。4月县委再次召开常委会（扩大）会议，进一步研学谈话精神。县四套班子领导联系全县改革发展实际，畅谈学习体会，分析面临形势，围绕贯彻文件精神，研究确定亟须抓好的中心工作，要求大力发展外向型经济，稳定发展农业，聚力发展工业主体经济。会后，在全县开展“思想再解放，经济快发展”大讨论，历时月余。县委因势利导，把学习谈话精神、促进解放思想与加快改革发展紧密结合起来，出台政策措施，改善发展环境，人们的工作和劳动热情得以进一步释放，全县上下形成“敢闯、敢试、敢冒（冒尖）、敢干”的社会氛围，不断推进各项改革和建设向纵深发展。

1992年10月12日至18日，中国共产党第十四次全国代表大会在北京举行。24日，省委召开常委会（扩大）会议，传达学习中共十四大精神，研究贯彻意见。30日，省委发出《关于学习宣传贯彻党的十四大精神的通

知》，要求各级党组织把学习宣传贯彻中共十四大精神作为当前的首要任务，用邓小平建设有中国特色社会主义理论统一思想。11月16日，省委召开八届六次全委（扩大）会议，要求全省各级党组织认真贯彻落实中共十四大精神，用邓小平建设有中国特色社会主义理论武装头脑，围绕建立社会主义市场经济体制，分别从深化对“三个有利于”标准的认识，进一步强化与市场经济相适应的竞争意识、开放意识、风险意识、效益意识和法制意识，增强对全省经济发展中的一些重要问题的认识等3个方面，不断把思想解放引向深入。与此同时，10月13日，市委发出《关于认真组织学习党的十四大文件精神的通知》，要求迅速在全市掀起学习宣传中共十四大精神的热潮，用中共十四大精神统一广大干部群众的思想，坚决把中共十四大精神落到实处，加快全市改革开放和经济建设的步伐。根据省、市委的统一部署，县委及时召开会议，下发通知，对全县的学习宣传、贯彻落实作出具体安排，并通过新闻媒体将大会精神传达给全县广大党员和基层干部群众。10月27日，县委召开传达贯彻中共十四大精神动员部署会议，县委书记王智新作动员讲话。会后，县委宣传部牵头举办骨干宣讲培训班，编印宣讲材料，举行座谈讨论会。指导基层搞好映前宣传，布置黑板报、橱窗、专栏和大幅标语，开辟电视台专栏，办好专题广播，印发专辑材料，组织千人宣讲活动，教育部门发动学生进行宣传，举办淮剧节目专场演出和展播，层层举办培训班，利用“三会一课”组织学习，编写简明问答，以考促学。组织乡科级以上党员干部集中学习，要求一般干部在职自学，农村党员干部冬训主要学习中共十四大精神。组织“解放思想，加快改革，加速发展”大讨论，全县党员干部和广大群众联系实际，亮思想，找差距，认真排查束缚人们手脚、阻碍改革开放和经济发展的“左”的思想、旧的框框、小农意识和封建残余，营造一个让人放开手脚、敢冒敢试、敢闯敢干的浓烈氛围，为加速全县经济发展提供良好的思想保证。通过广泛深入的宣传学习，全县各级党组织和广大党员干部进一步坚定了改革开放的信心和决心，掀起新一轮加快改革发展的热潮。

二、启动小康社会建设

1993年1月，县委、县政府召开农业和农村工作会议，贯彻落实中共中央10项稳农措施，启动农村小康建设，明确小康村建设8项标准。1995年6月，县委、县政府制定的《建湖县小康村建设规划》提出，1995年创建30个小康村，1996年创建156个小康村，1997年、1998年分别创建124个、96个小康村，至1998年底，全县农村全面实现小康。8月召开全县小康村建设工作会议，通过《关于加快小康村建设的意见》《小康村量化标准》。1996年，以乡镇为考核单位，建湖镇小康实现程度100%，近湖、建阳、蒋营、恒济、颜单、沿河、庆丰、上冈、冈东、荡中10个乡镇90%以上，芦沟、裴刘、草堰口、冈西、钟庄、高作6个乡镇80%以上，辛庄乡61.47%。裴刘乡红亮村党总支、近湖乡镇南村党总支获市“小康示范村党组织”称号。1996年后，农村小康建设工作逐步与全县总体小康建设并轨。1997年7月，县委发文命名1995年小康村72个、1996年158个。

在着力推进农村小康村建设，加快以乡镇为单位实现小康的同时，以县为单位实现小康的工作也逐步向前推进。对照国家制定的农村小康建设综合评价的16项标准，1995年，建湖县基尼系数、衣着消费支出、钢木结构住房比重、电视机普及率、服务消费支出比重、人口平均预期寿命、用电户比重、已通电话行政村比重、享受社会五保人口比重、万人刑事案件立案数十项指标实现目标值，综合得分81.5分。人均纯收入等6项指标未达标，其中恩格尔系数56%，已通公路村比重、安全卫生水普及率均为60%。1996年1月，县委号召全县干群以“建湖精神”为动力，“奋战一年超百亿，加快步伐奔小康”。1996年后，全县加大农村基础设施投入，普及使用自来水，统筹规划中心村试点建设，村民居住环境逐步改善，加快农村公路灰黑化建设速度；落实有关涉农政策，减轻农民负担；实行农村医疗保险制度，逐步解决农民看病难、看病贵问题；普及九年义务教育，提高农村青年文化素质。至1998年底，14项指标达到小康标准值，仅蛋白质摄入量、已通公路行政村比重2项有缺口，总体实现目标值99.5分。

三、“九五”计划和2010年远景目标纲要的制定与实施

根据中共十四届五中全会通过的《中共中央关于制定国民经济和社会发展第九个五年计划的建议》和省委九届三次、市委三届四次全委（扩大）会议精神，县委发动全县上下经过广泛的调查研究和酝酿讨论，认真听取省、市有关行业主管部门的指导性建议，征求各方意见后起草了《中共建湖县委关于制定国民经济和社会发展第九个五年计划和2010年远景目标的建议（草案）》（以下简称《建议（草案）》），提交1996年1月15日召开的县委九届十次全委（扩大）会议审议通过，县委书记肖兰英就县委的《建

议（草案）》的制定作了详细说明，经县十三届人大四次全会批准后实施。县委的《建议（草案）》着重提出指导思想、奋斗目标、主要任务、战略重点等，注意突出宏观性、战略性和政策性，把重点放在“九五”（1996—2000）计划上，同时着眼于21世纪前10年的发展，对未来15年的经济发展具有较强的指导性和前瞻性。“九五”计划的制定把握5条原则，坚持以经济建设为中心，加快发展不动摇；坚持积极推进“两个转变”，大力提高经济运行质量；坚持不断深化发展战略，提高经济整体素质；坚持走可持续发展的道路，促进经济社会环境协调发展；坚持“两手抓，两手都要硬”的方针，促进物质文明和精神文明建设共同进步。

“九五”计划提出，首年超百亿，两年达小康，五年翻两番，加速两个转变。经济建设再上新台阶，国民经济保持快速增长，经济实力显著增强。到2000年末，全县实现国内生产总值100亿元，力争112亿元；工农业总产值（按1990年不变价计算）300亿元，力争320亿元；建筑业建安产值50亿元；经济结构进一步优化，经济质量明显提高，三次产业结构调整为20∶50∶30；对外开放进一步扩大，经济国际化进程明显加快。社会发展开创新局面，科教文卫体等各项社会事业明显进步，人民生活达到小康。各项改革要有新进展，大中型企业和重点骨干企业初步建立现代企业制度，集体企业和乡镇企业进一步深化改革，增强活力，基本形成统一开放、竞争有序的市场体系，建成基本覆盖全社会的社会保障体系。

县委就“九五”计划实施明确五大战略重点：紧紧围绕转变经济增长方式，加快工业化进程；巩固提高基础经济，大力实施农业产业化战略；进一步深化改革，增强发展活力；加速与国际市场全面接轨，努力推进经济外向化；切实加强基础设施建设，逐步缓解“瓶颈”制约。同时明确了6项任务：加大产业结构调整力度，坚持农业为基础，一、二、三产业协调发展，加快农业现代化，工业组织化、集约化和第三产业社会化进程；加快发展高新技术及其产业化进程，大力提高国民经济各部门技术装备水平和科学管理水平，坚持教育为本，加快人才培养，提高国民素质；加强基础设施建设，集中力量建设一批事关全局的重大项目，基本适应国民经济发展需要；进一步深化改革，初步形成社会主义市场经济运行机制和管理体制；全方位扩大开放，加快经济国际化进程；优化区域生产力布局，继续实施“积极提高腹部地区，加快发展边缘地区”的策略，主攻“八大工程”，形成优势互补，促进区域共同发展。“九五”计划实施一年多后，因受1997年亚洲金融风暴影响，国家实施宏观调控，县委、县政府亦对上述主要指标作了相应调减。

“九五”期间，全县人民在邓小平理论和中共十五大精神指引下，解放思想，抢抓机遇，迎难而上，积极实施“科教先行，外向带动，规模推进，名牌牵引”战略，着力推进经济增长方式的根本转变，促进两个文明建设协调发展，全县经济和社会事业发生了历史性变化。国民经济保持较快增长。2000年，全县完成国内生产总值57.23亿元，年均增长14.11%；实现工农业总产值154.04亿元，年均增长16.19%；三次产业结构由“二一三”调整为“二三一”，财政收入在“八五”末的基础上翻一番；城镇职工人均收入年均增长14.1%，农民人均纯收入年均增长11.36%，人民生活有了明显改善。以市场为取向，产权制度改革为重点的经济体制改革取得突破性进展，非公有制经济迅速发展，开放型经济较快增长。交通、通信、能源等基础设施建设明显加快，科教文卫体及新闻事业蓬勃发展。党的建设和精神文明建设取得丰硕成果，民主法治建设进一步加强。建湖县初步实现由农业县向工业县迈进的历史性跨越，为21世纪的更大发展奠定了坚实基础。

县委认为，今后15年是一个承前启后、继往开来的重要历史阶段，是全县现代化建设的关键时期，在制定“九五”计划的同时，同步制定2010年远景目标，对建湖跨世纪发展具有重要而深远的影响。2010年，全县将实现国内生产总值300亿元，比2000年翻一番半；工农业总产值1200亿元，比2000年翻两番。全县人民的小康生活更加宽裕，形成比较完善的社会主义市场经济体制。进一步推进经济管理体制和运行机制的规范化、法制化，更好地优化资源配置，显著提高国民经济的技术水平和整体素质，逐步实现城乡一体化，力争建成经济繁荣、科教发达、生活富裕、法制健全、社会文明的县份。明确了经济社会发展的主要任务和具体的保障措施。县委号召，全县广大党员和干部群众要全面贯彻落实中共十四届五中全会精神，团结一致，振奋精神，扎实苦干，为实现县委制定的2010年远景目标不懈努力。此后，在县委的正确领导下，全县人民努力拼搏，埋头苦干，大部分指标达到预期效果。

四、学习贯彻中共十五大精神

1997年9月12日至18日，中国共产党第十五次全国代表大会在北京举行。21日，省委召开常委会（扩大）会议，传达学习中共十五大精神；

22 日，省委发出通知，要求全省各级党组织迅速传达学习中共十五大文件，用中共十五大精神统一广大党员干部的思想；10 月 7 日至 10 日，省委召开九届七次全委（扩大）会议，研究落实中共十五大精神的具体部署，进一步明确今后一个时期的基本任务和工作思路。9 月 12 日，市委发出通知，要求全市各级党组织组织广大党员干部认真学习中共十五大文件精神，进一步搞好当前的经济工作和各项工作。16 日，市委理论学习中心组集中学习讨论江泽民总书记在中共十五大所作的重要报告。22 日，市委召开市委常委会（扩大）会议。中共十五大代表、市委书记林祥国在会上传达了中共十五大精神。23 日，市委召开传达贯彻中共十五大精神大会。根据省、市委的统一部署，为切实抓好中共十五大精神的学习贯彻，县委印发《关于组织全县党员干部收听中共十五大开幕式实况的通知》，开幕式当天，组织全县党政机关、企事业单位和广大农村党员干部及群众认真收看、收听大会实况直播。9 月15 日，县委发出《关于认真组织学习中共十五大文件精神的通知》，要求各级党组织迅速传达、认真学习，坚持理论联系实际，指导推动工作，对全县学习贯彻中共十五大精神作了部署。12 月 20 日，县委召开十届三次全委（扩大）会议，学习中共十五大精神，要求全县突出改革调整，推进开放发展。1998 年 1 月，县委宣传部印发《关于开展全县基层党员干部进行中共十五大精神轮训的意见》，各地各单位均组织中共十五大精神的学习培训，3.65 万名党员参加轮训，轮训率 98.6%。县委书记肖兰英对轮训中共十五大精神作了具体部署。全县各基层党委均制定了轮训工作意见。沿河、建阳、钟庄等乡镇成立轮训工作领导小组，各村居、乡直乡办单位、学校成立相应组织。先后举办各类培训班 28 期，培训人员 2500 多人次。组织 4 个不同层次的座谈会、研讨会。5 月至 8 月，县委宣传部成立 3 个督查组，进行普遍督查，保证轮训活动正常开展，并取得成效。分期组织 1000 多名副科级以上党员干部在县委党校轮训 6 天。机关一般党员干部、企事业单位中层以上党员干部、村支委和乡村企业党员干部参训时间不少于 3 天。全县各党委、各基层党校培训结束后，都进行统一考试，检查学习效果。7 月至 8 月，全县组织 4000 多名党员参加全市学习中共十五大精神知识竞赛，获二等奖 1 名、纪念奖 5 名。11 月中旬至 12 月底，县委宣传部对全县党员干部开展中共十五大精神轮训情况进行检查验收。通过深入浅出的学习培训，广大党员干部提高了对邓小平理论历史地位和指导意义的认识，增强了学习邓小平理论的自觉性，增强了对社会主义初级阶段基本国情的统一认识，增强了正确把握和运用社会主义初级阶段理论的科学性，推动了全县经济社会发展。

第二节 中共建湖县第十、第十一次代表大会

一、中共建湖县第十次代表大会

中共建湖县第十次代表大会于1996年4月26日至29日召开，出席代表400名。大会听取并审议肖兰英代表九届县委所作的《加强党的建设，加快两个转变，为实现“两年达小康，五年翻两番”目标而努力奋斗》工作报告和县纪律检查委员会工作报告，审查县委组织部关于党费收缴、管理使用情况的书面报告，审议通过《中国共产党建湖县第十次代表大会关于第九届委员会工作报告的决议》《中国共产党建湖县第十次代表大会关于县纪律检查委员会工作报告的决议》《中国共产党建湖县第十次代表大会关于1996—2000年党建工作规划的决议》。

大会回顾总结九届县委的工作及取得的主要成绩：1995年，全县实现国内生产总值29.58亿元，年均增长24.28%；工农业总产值67.15亿元，年均增长24.06%；财政收入1.48亿元，年均增长30.42%。建湖县被评为全国首批科技工作先进县和科技实力百强县。企业改革抓大放小，组建国家级集团1个、省级集团5个、市级集团14个，组建股份制和股份合作制企业794家。养老、失业、工伤、医疗、生育保险全面推进，在全省处于领先位置，住房制度改革开始启动，完善家庭联产承包责任制。1995年，城镇全民集体职工人均收入比1990年增长1.49倍，农民人均纯收入比1990年增长1.77倍。建湖县获评全国文化先进县、全省民政工作先进县、全省双拥工作模范县和国防教育先进单位、全省计划生育合格县；开展“二五”普法教育，强化社会治安综合治理，人民群众安居乐业。加强对各级干部的培训，选拔培养一批年轻干部，全面推行村组干部交叉兼职、竞争上岗，整顿农村后进党支部，积极做好发展新党员工作，基层组织战斗力和活力明显增强。坚持从严治党，查处一批大案要案，对群众反映比较强烈的不正之风进行专项治理。

大会提出今后五年的奋斗目标及战略措施：首年超百亿，两年达小康，五年翻两番。1996年实现工农业总产值103亿元，为“九五”开好头；

1997年，全县基本达小康；2000年，全县国内生产总值确保超100亿元（按1990年不变价计算），工农业总产值确保超300亿元，力争比1995年翻两番，初步建立社会主义市场经济体制。2000年，全县人均国民生产总值接近当时全省平均水平，形成比较完善的社会主义市场经济体制，人民生活全面进入小康。大力培植支柱产业，加快发展规模经济。加快农业现代化步伐，推进多种经营产业化。全方位扩大开放，进一步提高外贸工作水平；以主攻大的合资项目为重点，进一步加大招商引资力度；以劳务输出为重点，进一步扩大对外经济技术合作；以引进项目为重点，进一步加强县开发区和森达工业园区建设。全面深化改革，组建大集团，放活小企业，继续推进农村改革，大力推进社会保障制度改革，积极稳妥搞好机构改革。坚持科教兴县，积极吸收利用高技术成果，加快星火技术密集区建设，加强科技人才队伍建设，把教育放在优先发展的战略地位。加强基础设施建设，以“五纵五横、内畅外通”为目标，加快交通建设；以“水乡特色、苏北一流”为目标，加快城镇建设；以“四通一改、兴村惠民”为目标，加快实施“民心工程”。着力提高人民生活水平和质量，多渠道增加群众收入来源，加快小康村建设步伐，积极推进区域共同发展。高度重视宣传思想工作，大力加强社会主义民主政治建设，进一步强化社会主义法制建设。加强党的建设，认真实施党建工作五年规划，切实加强党的思想、理论、政治、组织和作风建设，引导全体党员干部特别是领导干部讲学习、讲政治、讲正气，大兴求真务实之风，大兴艰苦奋斗之风，大兴联系群众之风，大兴廉洁奉公之风，全面提高党组织的凝聚力、号召力和战斗力，充分发挥党在两个文明建设中的领导核心作用。

大会选举产生中共建湖县第十届委员会和县纪律检查委员会。十届县委由29名委员、4名候补委员组成，县纪委由13名委员组成。县委十届一次全会选举产生常委会，肖兰英（女）为县委书记，刘长青、王耀武、唐修国、王小平为县委副书记，肖兰英（女）、刘长青、王耀武、唐修国、王小平、戴元湖、赵扬武、刘云才、杨刚、董小平、吕立国为县委常委。县纪委十届一次全会选举产生县纪委常委会，赵扬武为县纪委书记。

二、中共建湖县第十一次代表大会

中共建湖县第十一次代表大会于2001年3月26日至28日召开，出席代表382名。大会听取并审议陈正邦代表十届县委所作的《实践“三个代表”，加快富民强县，努力开创全县两个文明建设新局面》工作报告和县纪律检查委员会工作报告，审查县委组织部关于党费收缴、管理使用情况的书面报告，审议通过《中国共产党建湖县第十一次代表大会关于第十届委员会工作报告的决议》《中国共产党建湖县第十一次代表大会关于县纪律检查委员会工作报告的决议》《中国共产党建湖县第十一次代表大会关于2001—2005年党建工作规划的决议》。

大会总结十届县委的工作及取得的主要成绩：2000年，全县完成国内生产总值57.23亿元，年均增长14.11%；工农业总产值154.04亿元，年均增长16.19%；财政收入3亿元，年均增长15.25%。经济结构不断优化，三次产业比例调整为24.8∶48.3∶26.9。农业产业化经营水平不断提高，建成一批特色基地和初具带动力的龙头企业；工业支柱产业和规模企业逐步成长壮大，2000年完成工业增加值25.9亿元，年均增长17.7%，培育皮鞋、花炮、农药等一批优势主导产品；第三产业占国内生产总值的26.9%。经济发展活力增强，以土地二轮承包为重点的农村改革取得显著成效，以产权制度为重点的工业企业改革不断深入，全县个体私营经济税收比“八五”期末增长24%；以教育、卫生为重点的事业单位改革逐步推开，医疗、养老、住房等社会保障制度改革取得新成效。以招商引资为重点的开放型经济难中求进，“九五”期间，实际利用外资7845万美元，外派劳务3176人。培植森达集团、上冈交巡警中队等在全国、全省有一定影响的两个文明建设典型；圆满完成“三五”普法任务，严厉打击各种严重刑事犯罪和经济犯罪活动。“九五”期末，农民人均纯收入3481元，年均增长11.36%；城镇在岗职工人均工资收入7756元，年均增长14.06%。党的思想建设得到加强，开展“三个代表”重要思想学习教育活动，党的组织建设跃上新台阶，作风建设有了较大改进，党风廉政建设和反腐败斗争成效明显，党风廉政建设责任制得到落实，有力地保持了党组织的战斗力和纯洁性，改善了党群、干群关系。

大会明确今后五年的奋斗目标：富民强县取得阶段性重大进展，实现宽裕型小康目标，综合竞争力明显提高；国民经济持续增长，国内生产总值突破100亿元，年均增长11.7%，财政收入保持12.6%的增长速度；经济结构调整取得较大突破，三次产业比例为18∶52∶30；城镇化进程不断加快，城镇化率40%以上；城镇在岗职工人均收入年均增长8.2%，农民人均纯收入年均增长7.59%。人民生活质量显著改善，生态环境不断优化；民主法制建设全面加强，依法治县取得明显成效，精神文明和社会事业再上新台阶；党的领导核心作用不断强化，党组织的凝聚力、号召力、战斗力进一步增强，党员干部队伍结构明显优化。

大会明确今后五年的战略重点及推进措施。以项目推进为主线，不断扩张经济总量；大力发展市场农业，努力增加农民收入；着力发展个体私营经济，构建区域经济新优势。大力推进体制和机制创新，加快发展外向型经济。大力提升城镇化水平，继续加强基础设施建设，不断优化经济发展软环境。切实加强精神文明建设，进一步加快发展各项社会事业，加大民主法制建设力度，切实做好社会稳定工作。面对党的建设的时代要求，必须用“三个代表”重要思想武装全体党员干部；面对现代化建设的艰巨任务，必须切实加强干部队伍建设；面对新的发展形势，基层组织建设必须不断探索新思路，增强新活力；面对党要管党、从严治党的重要职责，党风廉政建设必须突出重点，标本兼治；面对新世纪的发展，领导工作必须与时俱进，开拓创新。

大会选举产生中共建湖县第十一届委员会和县纪律检查委员会。十一届县委由27名委员、6名候补委员组成，县纪委由15名委员组成。县委十一届一次全会选举产生常委会，陈正邦为县委书记，曹友琥、王耀武、董小平、顾春芳（女）为副书记，陈正邦、曹友琥、王耀武、董小平、顾春芳（女）、刘云才、羊维元、张国山、张腾瑶、殷勇、王亚为县委常委。县纪委十一届一次全会选举产生常委会，张国山为县纪委书记。

第三节　建立和完善市场体系

1993年11月，中共十四届三中全会审议并通过《中共中央关于建立社会主义市场经济体制若干问题的决定》，指出社会主义市场经济体制的基本框架是：在坚持以公有制为主体、多种经济成分共同发展的基础上，建立现代企业制度、全国统一开放的市场体系、完善的宏观调控体系、合理的收入分配制度和多层次的社会保障制度。12月18日至21日，省委召开八届七次全委（扩大）会议，要求各级党委认真学习中共十四届三中全会精神，围绕建立社会主义市场经济体制基本框架，加快改革步伐。县委认真贯彻中共中央和省、市委部署要求，扎实抓好市场体系建设，进一步改革开放，为全县经济社会发展增添新的动力。20世纪90年代前，县内生产生活资料尚处于计划经济主导期，进货渠道垂直管理，上承省、市一二级批发供应站，下供城乡基层供销社、商场、商店和商业综合公司。进入90年代，伴随公退民进，计划逐步萎缩，全县市场体系培育与建立提上日程，着力推进。

一、逐步放开大宗商品和服务价格

中共十四大召开后，县委、县政府在中共中央和省、市委统一部署下，结合县情，采取调放管控结合思路，对各种物资，除国家少数经营商品外，一律走向市场，实行市场调节，积极稳妥地做好价格放开工作，努力构建符合社会主义市场经济规律，充满发展活力的物价运行体系。1996年11月，县政府转发市政府《关于严格控制居民消费价格上涨的通知》，加强对行政事业性收费的管理监督，大力整治服务收费价格秩序，加强涉企和农民负担的收费管理。1997年3月，县政府印发《关于下达物价调控目标的通知》，7月印发《关于调整物价调控目标的通知》，明确商品零售价格涨幅5.5％，居民消费价格涨幅7.5％。

农产品价格管理。1993年4月1日起，省委、省政府决定放开粮油收购价格，销售价由经营单位随行就市，自主定价。至11月下旬，全省粮油价格出现波动，涨幅达20％。12月31日，省政府下令所有国有粮库挂牌限价，很快平抑了粮油价格。20世纪90年代中期，县委、县政府贯彻执行国家规定，取消粮棉统购，实行合同定购。2000年起，早籼稻、常规籼稻和玉米退出保护价收购范围，根据市场行情自主定价。棉花价格逐步放开。1990年前后实行“倒三七”比例计价，1995年9月1日起，收购价外奖励（每100斤奖44元）通过价格实现，1998年收购价由政府定价改为政府指导价，1999年后放开收购价格，由购销双方协商定价。蚕茧价格管理。1986年前，蚕茧收购价实行由中央管理的政府定价。1989年，为稳定蚕桑生产，提高蚕茧质量，对蚕茧收购实行最高限价。1993年4月，实施茧丝绸商品流通体制改革，以县为单位自主经营。1995年6月后，蚕茧收购价由国务院定价改为国务院指导下的省级政府定价，县抓执行，1998年又由政府定价改为政府指导价，2000年后，由省物价局和省丝绸行业总会每年按春、秋两季下达收购价格，县物价部门负责做好宣传、组织和落实工作。生猪价格管理。1991年前，建湖县生猪收购实行国家指导价。1992年，生猪收购价由国家指导价改为市场调节，国营食品公司实行原规定的浮动幅度，自行确定收购价格和等级差价率。1999年，城乡生猪购销价格实行差率控制和同行业议价管理，物价部门负责抓落实。

1999年10月1日，国家计委对江苏省关于实行统一售电价格和峰谷电价方案作出批复，对机械、冶金、化工、医药、建材、纺织六大行业售电量在315千伏安及以下的工业用户，以及电力锅炉用电的电价，实行峰谷电价，规定非普工业电压1千伏至10千伏的电价标准为：峰时0.974元/千瓦时，谷时0.325元/千瓦时，并明确峰、谷的具体时段。县物价部门协助供电公司制定实施细则，指导企业科学安排，错时用电，保证满负荷生产，降低生产成本。2000年，国家除水、电、燃气和医药等价格继续管理外，其余工业品价格全部放开，企业自主定价。县城居民自来水价格由自来水公司拟价报物价部门审核，经县政府同意后上报市物价主管部门审定执行（必要时由市物价主管部门报市政府批准）。农村居民先是使用自家井水（自制压把式水井提水），接着饮用镇村小水厂提供的地下水，前者无需缴纳水费，后者按户收取水费，直至后来用上与县城同源同价安全放心的自来水。县城居民和企业原先使用液化石油气。2002年起，同时使用管道燃气，供气渠道为华阳罐装燃气和中石油管道燃气。两家公司从供气起，县物价部门即参与价格确定和日常气价检查监督工作，较好保证了居民和企业的合法权益。

20世纪90年代中后期，随着商品房市场的发展和住房制度改革的深入，县物价部门在实施房产价格管理工作中，根据《盐城市商品房价格管理实施细则》要求，严格执行经济适用房实行政府定价，普通住宅商品房实行政府指导价，高档住宅商品房和非住宅商品房实行市场调节价等规定，制定经济适用房和普通住宅商品房价格时，坚持以成本核算为基础、市场供求为导向，兼顾国家、企业、消费者利益，依据区位、楼层、朝向、质量等因素综合评议，差别定价，同时规定商品房价格一律明码标价，阳光透明。

经营性项目消费价格随着市场需求变化也作相应调整。1998年起，县物价局印发《建湖县沐浴业价格行为规则》，要求沐浴业经营者根据主管部门评定的等级和公布的价格水平，在规定幅度内自主定价，浮动不超过20%。2001年，县政府印发《建湖县机动车辆停放服务收费管理实施细则》，机动车停放服务收费实行政府定价、政府指导价、市场调节3种形式。随着改革持续深入和开放不断扩大，部分行政单位乱作为、滥收费现象日渐突出，引起企业和社会各方反感。根据县委、县政府部署，全县取消不合理行政性收费390多项，涉及农业、林业、建设、公安、广电和旅游等部门，较好遏制了各种乱收费现象。

二、建立生产要素市场

20世纪90年代后，改革和发展不断提速，生产资料货紧价扬，再次制约工业经济和农业生产的发展。对此，县委、县政府坚持“两手抓”：一手抓县内发力，强化工农业生产的组织推进；一手抓县外物资市场开拓，扩大要素资源总量，全力服务经济持续快速发展。

1996年，国务院关于化肥经营政策放宽后，生产厂家、农资部门和民营企业等均可经营化肥，县供销部门作为化肥经营主渠道，年销量10万吨以上。县内使用的农药一部分由县农药厂（剑牌公司）、农药二厂（克胜集团）提供，其余多从县外购进。1997年起，农药经营改供销社独家经营为供销社、农业部门、生产厂家多方经营。随着设施农业不断升温，民营企业和个体工商户“加盟”销售，助推农膜业务膨化。

煤炭石油能源市场。建湖不产煤炭，用煤从外地购进。购进煤分民用煤和工业用煤两类。1991年前，城镇居民用煤凭证定量供应，1992年取消。工业用煤1990年后货源紧缺，组织难，运输难，价格直线上升。县计划物资部门组织人员到山西、山东、徐州和秦皇岛等省市组织货源，催兑订单，同时停止港口煤炭销售，组织车辆全部运至县内，保证工业所需。1993年起，县内石油市场完全放开，参与市场竞争。1997年10月，县政府出台《关于加强全县民用煤市场管理及民用煤生产供应的意见》。1998年起，石油市场开展清理整顿，历时三年结束。2001年，成立江苏省盐城建湖石油分公司，隶属于中石油化工股份有限公司。全县原有石油批发企业只保留建湖石油公司1家，另有24个加油站、61个成品油销售点，成为县内成品油经营主渠道。

县内经营的建材品种主要有：水泥、石灰、黄沙、油毡、沥青、平板玻璃、白矾石、玻璃钢、瓷砖和防水制品。计划经济时期，供需矛盾突出，为解决“缺口”，需计划外购进。1993年起，水泥等市场全面放开。此后，随着经济发展和物产丰富，水泥等要素市场也迎来发展机遇，供需矛盾随之缓解。2000年前后，替代材料不断出现，木材使用量逐年减少，木材短缺矛盾逐步缓解。

三、加强市场建设管理

20 世纪 80 年代后期，县内消费品市场逐渐形成国有、集体、私营个体商贸并驾齐驱的格局，极大地丰富和活跃了市场，方便和改善了群众生活。与此同时，加快专业市场、综合市场开发建设的任务迫在眉睫。县内规模化市场建设起步于 80 年代中后期，由政府主办，建成一批规模较大的农贸市场。1998 年 10 月管办脱钩后，县城和各乡镇新建的各类市场分别由政府、业主、市场经营户共同集资筹建。

发展大型商场、超市。20 世纪 90 年代后，随着企业改制和老城区改造的推进，县城原有商场大多解体或被拆除，股份制商场随之兴起。至 2002 年，县城大型商场和超市主要有农工商、世纪联华、雅家乐、时代超市和苏宁、五星、国美、文峰、南峰等专业超市。这些商场、超市的年销售额高达数千万元。

建设批发市场。20 世纪 90 年代初，县内稻米、畜禽、水产、蔬菜、炕孵等专业市场逐步形成，主要有上冈蔬菜、大南庄苗禽、颜单镇水产和庆丰镇粮食等批发交易市场。1992 年，上冈粮油批发市场和县城湖垛招商场建成开业。90 年代中期，县工商局自筹资金 2700 万元，在县城和建阳、上冈等乡镇并购、重建或新建 18 个规模较大的农贸市场，其中湖东、湖中、城北（凯兴）和建西 4 个市场，日营业额 25 万元以上。至 2000 年，全县有各类农副产品交易市场 20 个，都有较鲜明的专业化特点，备受顾客青睐。创办于 1996 年的中捷建材批发市场是全县第一家规模较大的装潢装饰材料市场，经营商品 2000 多个系列，被商业部列为国内首批专业市场。2005 年，建成德容装饰城，后因县城建设和发展所需，两家专业市场整合重组为中捷·德容装饰城。

构建小商品市场。县委、县政府引领相关部门和群众放胆涉足琳琅满目的小商品世界，设点办场，境内小商品零售业迅速发展，批发零售遍及城乡。至 2002 年，全县小商品零售突破 2 万户，注册资本 1200 多万元。县城人民路、兴建路商业街、上冈小商品市场成为境内小商品批发零售主要集散地。

加强市场管理。在搞好市场建设的基础上，各级采取措施，积极抓好市场管理工作。县委、县政府通过召开多种会议，印发相关资料，广泛宣传中共十四大精神、市场经济知识和有关法律法规，使全体经营者确立正确的价值观和职业理念，自觉依法经营。县工商和城管等部门每年结合市场巡查，选择典型案例，进行解剖警示，引导市场经营主体自戒自律。20世纪90年代起，县委、县政府和市场管理部门每年结合年度工作总结，表彰一批依法经营的先进集体和个人，通过典型示范增加正能量，促进文明经商，使守正执业成为新风尚。

四、金融业的转型发展

随着市场经济体制的建立，境内金融机构逐步由国家专业银行向国有商业银行转变。1994年，县内金融机构经营方式实施重大改革，各银行的商业性业务不再按原先服务对象划分，并取消对各自指令性业务的限额管理，采取以资产负债比例为模式的信贷管理方式。1995年，《中华人民共和国人民银行法》颁布，明确中国人民银行主要行使金融监管和金融服务职能。县内各金融机构经营管理转变为商业化模式，并陆续撤并布局不合理、业务量不大的小网点，逐步集中基层网点贷款，实行统一管理，审贷分离。县农村信用合作联社于1996年1月与县农行脱钩，由市农村金融体制改革领导小组办公室管理，1997年改由市人行中心支行管理，2000年10月起实行统一法人管理，12月向阳城市信用社（1993年5月成立）并入，2001年9月县城市信用社（1988年9月成立，2000年8月更名为湖中农村合作信用社）并入。县农村合作基金会（1987年2月设立）于1996年根据国务院要求进行清理整顿，撤销377个村级基金会，保留18个镇合作基金会和近湖镇12个环城村基金会，1999年并入农村信用社。1996年3月，中国人民财产保险股份有限公司建湖分公司与中国人寿保险股份有限公司建湖分公司分别设立。

县金融部门主动优化服务，支持全民创业，助推全县经济持续快速健康发展。各专业银行经县人行批准，开办10多种存储业务。县工行坚持“区别对待，择优扶持”原则，拓展优质信贷市场，优先扶持森达集团、东华公司、宇晖公司等规模企业。森达集团起初由县农行扶持，规模扩张时，县工行安排1.25亿元贷款，解决资金需求。为解决中小企业“贷款难”问题，县政府举办企业负责人金融知识培训班，出台《建湖县金融机构支持中小企业发展指导意见》，银政、银企携手合作，共谋发展。2001年，县举办银企联谊暨重点项目推进会，全县4家国有银行及信用联社扶持项目33个。2002年，县举办4次银企对接联谊会，全县中小企业贷款较上年净增3.31亿元，居全市各县（市、区）之首。随着单位和公民的保险意识逐步增强，全县保险事业发展加快。2002年末参加保险的家庭1.03万户8.7万人，保险金额近50亿元，全县保费收入9541万元，理赔1362万元。

第四节 推进外向型经济发展

1992年，邓小平南方谈话发表后，县委、县政府更加坚定了外向发展的思路，抢抓机遇，扩大开放，加快县域经济发展，创办县工业开发区，设立上冈政策特别优惠区，近湖、钟庄作为政策放宽试点乡，出台组织人事、金融管理、投资环境等一系列优惠政策。1993年，县委提出“高科技、外向型、适度规模”发展战略，把外向型经济作为牵引全县经济的“牛鼻子”。1995年，县委提出“高科技、外向型、适度规模和名牌”发展战略，全县外向型经济进入新的发展阶段。1998年10月，县委、县政府举办首届中国·建湖烟花杂技节，“办节”招商，文化搭台，经贸唱戏。1999年9月，县政府出台《关于加快重点私营工业园区建设的意见》，提出一系列优惠政策。2000年起，县委、县政府实施外向带动战略，加强对外交往，扩大外资规模；推动县经济开发区“二次创业”，拓展招商引资载体；创办近湖民营工业园，配套实施“一区三园”① 战略，成立县优化经济发展环境领导小组，组建县优化办，为招商引资提供承载平台和环境保障。优惠的投资政策和良好的发展环境，吸引美国、意大利、加拿大、德国、韩国、日本等国家大批客商到建湖投资兴业，全县外向型经济出现前所未有的喜人局面。

一、创办县经济开发区

县委着眼加快做大工业主体经济，为招商引资、项目推进提供载体，培育和释放集群效应，经研究决定，在县城东北郊近湖乡桥东村建立工业开发区，并出台开发区招商引资优惠政策。1992年10月，县工业开发区正式成立，正科级建制。1993年2月，县委、县政府建立“建湖工业开发区管理委员会”，撤销工业开发区领导小组办公室，作为县政府派驻机构，1994年2月更名为县经济开发区。2001年2月，县委、县政府启动开发区

①“一区三园”，即开发区、高新产业园、上冈产业园、民营创业园。

新一轮建设，出台《关于加快县经济开发区发展的若干意见》。同年 12 月 31 日，市政府批准改称盐城市建湖经济开发区。

县开发区以“优化环境、提升功能、注重创新、形成特色”为总体发展思路，以建设高新技术孵化器和现代化新城为目标，先后委托同济大学、东南大学和省城乡规划设计研究院等规划设计单位编制园区总体规划及分区、产业、道路、环保等 8 个分规划，并设计工业、仓储、市政、行政、金融、商贸和居住等功能区，规划总面积 33 平方千米。至 2002 年，辖区内东升路、上海路、南京路、明星路、冠华路、永兴路、明珠路、长江路、北京路、天津路等“八纵五横”主干道全线贯通，道路绿化、美化、亮化工程全部实施到位，供电、供水及宽带网络全覆盖，项目用地实现“九通一平”，环保热电厂、污水处理厂、11 万伏变电所先后建成投入使用。商贸繁荣，功能放大，承载力倍增，园区城市化、现代化、信息化水平不断提升。

经过多年打造，开发区内建成节能灯具、机械制造和高新技术三大特色主导产业。节能灯具业依托全国规模最大的双螺旋节能灯管生产基地优势，先后引进上海亚明灯泡、上海光达照明、上海诚赢照明、厦门东林电子、豪森绿色照明产业园、LED 半导体数码照明、浙江佳丽照明电器等一批重大特色项目，区内绿色照明企业拥有国际最先进的研发中心和遍及全球的营销网络，有 47 项专利产品通过美国“能源之星”国际认证，参与中国节能灯行业 GB1684 产品标准化体系修订，20 多个系列 180 多种规格的节能灯产品畅销欧美市场。机械制造业围绕拉长做粗产业链，加快机械制造业转型升级，新建国内先进的加工中心、研发中心，促进和带动上下游产业的配套延伸，形成石油机械、工矿机械、农业机械、出口机床、汽车配件和五金工具等产业板块，“建人”牌旋耕刀出口量居全国同行之首。高新技术产业相继实施一批科技含量高、支撑作用大、辐射能力强的大项目，森达生物工程公司、剑牌公司、新业公司和克胜集团等企业成为经济增长的新亮点。至 2002 年底，县开发区建成区面积 4.4 平方千米，人口 1.6 万人。与创办初期的 1993 年比，开发区入园企业增至 102 家，资产总值增长 85%，地区生产总值增长 88.3%，入库税金增长 90.2%，成为全县经济特别是工业主体经济发展的新亮点和增长极。

二、开展招商引资工作

建湖县将招商引资作为推进全县经济提速发展的龙头工程，以大开放推进大招商，以大招商驱动大发展，招商引资成为赋能全县经济跨越发展的强劲动力与支撑。1992 年 10 月 28 日至 30 日，建湖县举行首届农副产品交易会，达成贸易项目 80 多个，成交额 4.4 亿元。1994 年 5 月，建湖南京经贸洽谈会举行，引进资金 300 万美元，达成意向性投资合作项目 8 个，洽谈出口供货 215 万美元。1998 年 9 月，县委、县政府举办北京投资贸易说明会，达成合资项目意向 15 个，协议利用外资 1000 万美元，外贸出口 200 万美元。同年 10 月 8 日至 10 日，县委、县政府举办第一届烟花杂技节，达成合资合作项目 56 个，总投资 51.2 亿元，签订内贸合同 16.5 亿元，出口供货 3.5 亿元。2000 年初，成立县招商局，下设产业招商机构，突出石油机械、节能灯具产业招商。编制招商项目目录，确定县开发区和颜单工业园为节能灯具项目承载区，县高新技术产业园、近湖民营科技创业园和建阳工业园为石油机械项目承载区。2002 年，全县组织综合性招商活动 20 多次，签订各类利用外资意向项目 170 个，实际利用外资 1608 万美元。县政府还在北京、上海、苏州、东莞、南京设立招商办事处。

20 世纪 90 年代起，为扩大招商成果，县委、县政府动员全县上下特别是机关事业单位人员，利用建湖籍在外人士、上级部门人脉和亲友等关系，通过联络感情，收集信息、寻找商机，推进招商工作，同时出台全员招商的政策规定，鼓励各方面人员关心招商，参与招商，为全县招商引资献智出力。2000 年后，县委、县政府每年下达县直机关各部门招商引资任务，明确责任，年中检查，年底考核，在次年初召开的全县年度总结表彰大会上，表彰奖励成绩突出的先进集体和个人，激发党员干部招商引资的热情。2000 年 9 月至 10 月，县委在全县开展整治投资软环境活动，县委常委会会议专题研究活动方案，成立整治工作领导小组及办公室，排查影响投资软环境的 23 个重点问题。全面清理 1996 年后的四大类 13 份文件 202 个条款，取消收费项目 32 项，合并收费项目 16 项，降低收费标准 20 项，71 个单位向社会公开服务承诺，46 个部门公开服务承诺编印成册，建立完善公开办事大厅 22 个。2001 年，县委、县政府出台招商引资优惠政策，明确重大项目除享受规定待遇外，一事一议，提供更大优惠。不久，县委再次下发《建湖县招商引资优惠政策的通知》，加大投资激励力度。推进机关效能建设，落实项目责任制，创建平安开发区，建立行政服务中心，推行“一站式”服务，缩减办事流程，大力优化服务环境。

三、主攻“三外”项目

1992年，县委提出加大开放力度，坚持外资、外贸、外经“三外”齐上，实现外向型经济整体突破的思路。1993年11月，县外经贸委与外贸总公司实行政企分开，分别为科级行政建制和科级企业，隶属县政府管理。1994年，县委作出主攻“三高”合资项目，实现“三外”翻番的决策。年内，10个乡镇成立外贸公司，8个乡镇设立外经科，15个部门成立经贸股(科)，设立北京、上海、南京、厦门等17家办事处和2个对外窗口。1995年，县委提出主攻“双十双争”目标，全县外向型经济步入快车道。1996年，县政府撤销县对外经济贸易委员会，成立县对外经济贸易局，实施“三外齐抓，三外联动”发展战略。1997年，县委推进外经贸工作“两个根本性转变”，全县外向型经济从量的扩张转向质的提高。1998年，开展“外向开拓年”活动，较好地克服亚洲金融危机的负面影响。1999年和2000年，全县多措并举推进开放和引外联外工作，实施“大经贸”“市场多元化”“科技兴贸”等战略，促进外向型经济健康发展。2001年，县对外经济贸易局更名为县对外贸易经济合作局，为县政府工作部门，负责全县“三外”工作，行使行政管理职能。

1992年，全县外贸收购额1.32亿元，其中丝绸类4523万元、纺织品类3154万元，出口商品总额1.44亿元，其中“三资”企业出口402万元，出口商品结构不断调整，工业品出口占84%，棉纱、禽蛋等原料型初级产品出口下降14%。新增长点不断增加，开发冈西土工器材厂、县卫生材料厂等4个年出口500万元以上的规模企业，培植药棉、化妆品等6个年出口500万元以上的拳头产品，“三资”企业新增自营出口300多万元。供货渠道不断拓宽，在确保完成省口岸8000万元收购任务的基础上，生产企业直接供货北京、上海、广州等6个省外口岸，扩大出口4500万元，年内组织县外出口货源4000多万元。1994年，外经贸部授予县对外经济贸易公司进出口经营自主权。县外贸部门组织参加全国各种交易会、洽谈会和恳谈会，通过委托总代理等形式拓展商品知名度，扩大出口供货额。1996年，近湖、庆丰、颜单、建阳、纺工等乡镇和部门出口额超亿元。2002年，新批自营出口企业5家，全县完成进出口额1619万美元，实际完成自营出口1078万美元。

1993年11月，县农机配件厂（飞达尔公司）在印度注册登记“中印农用机械有限公司”，项目总投资25万美元，其中飞达尔公司投入8.05万美元，12月投产，生产旋耕刀、刀轴及配件。1996年，钟庄镇创办中外合资企业澳华家具有限公司，输出建筑劳务89人。1998年，县花炮工业公司与巴西米纳斯吉拉斯州银湖市太阳烟火工商有限公司达成合资兴办烟花企业意向。1999年1月，建湖爆竹烟花实业有限公司在巴西注册登记“中巴合资乐花乐烟火工商有限公司”，总投资113.5万美元，其中建湖以设备、半成品投入，占40%；巴西以厂房、设备等基础设施投入，占60%。生产经营爆竹烟花系列产品和烟花原辅材料设备及产品。同年，外经贸部批复同意县建筑工程总公司开展对外经济技术合作业务，核准对外经营范围。2002年，全县完成外经营业额3250万美元。

1992年，全县签订劳务输出合同100多人，派出建筑劳务60多人，实施联合国55万马克援助救灾项目，兴建县二中教学楼，洽谈境外办企业项目6个。1995年4月，江苏国际经济技术合作公司建湖分公司成立，从事对外工程承包和劳务输出工作。同年，全县劳务输出157人，合同额204万美元，营业额98万美元。1996年，县建业集团获批国家外经签约权，直接参与国际市场竞争，承接国外一手业务，输出建筑劳务174人，实现营业额149.9万美元。“八五”期间，建湖县向科威特、美国、新加坡、毛里求斯、阿联酋派出劳务331人次。2000年底，全县出国劳务人员遍布科威特、阿联酋等20多个国家和地区，从事行业由建筑工、木工、钢筋工等20多个粗壮劳务型工种向家政护理、餐饮等管理服务型工种转变。

20世纪90年代初，县农机配件厂（飞达尔公司）与中国包装进出口公司江苏省分公司、中国台湾洽义发精机工厂股份有限公司、美国国泰公司合资建立的盐城四方耕耘机具有限公司，成为县内第一家中外合资企业。1992年，全县批准建立“三资”企业50家，开业28家，合同利用外资595.16万美元，实际利用外资241.52万美元。1997年末，全县实有“三资”企业111家，受东南亚金融危机影响，外资企业正常运营的不到30家，合同利用外资295万美元，实际利用外资1027万美元。1998年2月，市政府印发《关于加快利用外资若干政策的通知》；3月，县委印发贯彻执行利用外资政策的通知。2002年，新批“三资”企业11家，合同利用外资3540万美元，按新口径统计实际利用外资1608万美元。

第五节　鼓励发展特色经济

20 世纪 90 年代，全县农村经济步入稳定增长的新阶段，按照市委、市政府统一部署，全力推进多种经营致富工程，农业进入结构调整的新时期，农业的市场化、产业化、外向化得到长足发展，沿荡特水（特种水产养殖）、沿冈特经（特种经济作物种植）、内圩畜禽的区域特色基本形成。工业经济逐步成为县域经济的支柱产业，培植皮鞋、农药化工、纺织服装、电子电器、油田机械、花炮六大特色产业。随着企业产权制度改革的全面推进，原为县工业主体经济的乡镇企业，经过两轮股份制改造，公（国）有资本逐步退出，组建股份合作制、股份制和个体私营企业，成为全县民营经济主体。2000 年后，原县属国有、集体企业，或改制或破产，不少营销、技术、管理人员和下岗职工陆续办起个体私营企业，县属商贸流通企业通过承包、租赁等方式，逐步演变为个体私营企业。此外，还有外来民间资本通过参与改革、合资合作等形式进入县内，成为民营经济的重要组成部分。县委在强化工业主体经济发展的同时，加大投入力度，推动第三产业加快发展。

一、打造农业区块经济

1992 年，为充分发挥区划、规划、开发三位一体的作用，加强农业资源开发的计划性和科学性，县委编制了区域开发总体规划，为全县中低产田改造和吨粮田建设提供依据。制定全县农业结构调整方案，继续大力调整农业内部结构。种植业积极扩种高产、高质、高效、高创汇的经济作物，优质粮种植面积有所扩大，部分土地实施“退耕还副”“退耕还渔”。多种经营集中力量发展品种好、耗料少、效益高、出口创汇的项目和产品，特别是把加工、流通作为突破口，搞好产供销、农贸工一体化。建湖县被评为全国平原绿化县、全省水产先进县。1993 年，结合镇村经济的主要特点，在农业区划的基础上，县委将全县农村区域划分为 4 个经济区，即沿冈经济区，包括上冈、冈东、草堰口 3 个乡镇，以发展特经、蔬菜、林果为主；内圩经济区，包括庆丰、芦沟、辛庄、裴刘、钟庄、高作、冈西 7 个乡镇，以发展商品粮基地、畜禽养殖加工为主；环城经济区，包括建湖镇、近湖镇和县经济开发区，以工兴农，带动三产；沿荡经济区，包括建阳、荡中、颜单、沿河、蒋营、恒济6个乡镇，大力发展水产养殖，做好水文章。重点培植恒济等6个乡镇和大溪河开发公司2万亩特种水产养殖基地，冈东乡林果、花木生产基地，蒋营等7个乡镇菜鹅生产基地。1994年，县委重点实施十大“兴水”工程，建立10万亩养蟹基地，抓好西南片和西北片2个5万亩大型水产品养殖开发区，形成10万亩淡水养殖基地，同时在大溪河建立千亩河蚌育珠基地。1995年，县政府作出实施农业10项工程的决定，建成高效桑园1万亩，推广水稻轻型栽培技术示范工程和快速养猪“百千万”等工程。1996年，建成5个连片3000亩以上的“三高”① 农业示范区，推广稻田养殖鱼蟹虾6万亩，培植千头猪场115家，建立高效水产养殖基地10万亩等。1997年，县委、县政府出台《关于加快推进农业产业化经营的意见》，着力培植水产、畜禽、果蔬三大主导产业和鱼虾蟹、生猪、荷藕等十大主导产品。培育和发展三条龙型经济产业链，重点抓好沿荡水产品批发市场、上冈镇南庄苗禽交易市场、上冈蔬菜批发市场、县冷冻总厂畜禽加工、冈东镇蔬菜加工、钟庄镇猕猴桃加工、恒济乡荷藕加工、沿河乡蔺草加工等龙头加工、流通企业。1998年，新增和壮大各类农业规模生产基地65家，新建龙头加工企业15家，建成“三高”农业示范区47家。冈西乡被列为国家“863”计划两系杂交稻中试基地。1999年，继续大力实施“四十”工程，即西南沿荡地区10万亩水生作物和10万亩稻田养殖工程，内圩和沿冈地区10万亩立体种植和10万亩蔬菜工程。2000年，积极实施市场牵引、科技兴农、外向带动和机制创新战略，突出退耕还经（经济作物），提高农业结构层次；突出深度加工，提高农产品附加值；突出示范园区建设，提高农业科技成果转化辐射率；突出创塑农业品牌，提高农产品市场竞争力；突出合作经济组织建设，提高市场化运作程度。2001年，重点实施蟹苗繁育、特禽养殖、优质荷藕和慈姑种植等项目，国省道和县镇公路两侧建成农业结构调整示范带。2002年，县政府印发《关于农业结构调整的指导性意见》，种植业合理缩减粮食面积，稳定棉花和油菜面积，扩大水生作物、蔬菜、饲草面积；林桑果业积极拓植庭院林果，适度发展花卉苗木；养殖业提高蛋禽和水产“六小”品

①“三高”，即高标准农田、高科技含量、高产量效益。

种产量，积极开发特种养殖。特经作物和林牧渔业比重不断提高，区域特色生产基地建设成效显著，冈西等镇建成“两优培九”制种基地，近湖、庆丰等镇被确定为省级苏太猪扩繁基地，以意杨为主的绿色通道工程得到国家林业局认可。

二、培植工业支柱产业

1992年，县委以实现“双百利税工程”为目标，突出重点，分档推进，抓好一批规模企业和群体，大力培植新的增长点，新建利税过百万企业15家，组建皮鞋和节能灯电子集团。1993年，县政府作出实施工业重点工程项目的决定，全县实施59项重点工程，完成投资2.1亿元。1994年，县委确定工业主体经济主攻“名牌效益、规模效益、科技效益”，大跨度调整工业企业产品结构，森达皮鞋、黄海牌旋耕刀争创国际名牌产品，剑牌农药、大桥牌烟花等7个产品争创国家名牌产品，白云面粉、仙姑挂面等7个产品争创省级名牌。全县建成皮鞋、药化、铸管等规模企业37家。1995年，县委重点抓好高档皮鞋、新型电光源、多功能工程塑料、花炮、农药等支柱产业培植，按照调大、调高、调强的要求，集中倾斜扶持，促其优势和潜力充分发挥。1996年，县委、县政府作出在全县开展“企业管理年”活动的决定，争创盐城市星级企业30家、市级以上名牌产品10个，乡以上工业产销率95%。五大支柱产业产值占全县乡以上工业总量的25.6%。企业规模发展不断壮大，森达集团在全市实现产值、销售、利税和增加值4个第一，新组建百倍、克胜、绿隆、三江4个省级集团，百倍集团、轻通厂、恒济矿山机械厂、电子器材厂等一批重点骨干企业发挥了支撑带动作用。1997年，县政府出台《关于深入开展“学邯钢、学春兰、学小天鹅”活动的实施意见》，进一步推广邯钢、春兰和小天鹅公司的发展经验，促进县内企业向机制转换要效益、向科学管理要效益、向结构优化要效益、向规模扩张要效益、向科技进步要效益，全力培植五大支柱产业，重点扶持15家规模企业，加快扩张26家骨干企业，改造提升传统产业，纺织行业以提高产品质量和档次、增加花色品种、开发新织品和名牌服装为重点，进行改造，适应多层次、多样化的消费需求。机械行业走“专业化、大市场”的路子，积极挂钩大企业、大集团，着重对设备、工艺加以改造，推动产品上档次、上规模。粮食加工和食品行业重点改造深加工能力，不断提高产品附加值。1998年，县政府印发《关于推进全县工业经济发展的若干政策的通知》，通过实施增资减债、扶持技改项目、推进企业技术进步、鼓励企业资产重组、再就业工程、促进压锭重组等6项政策，切实提高工业经济的整体素质和竞争能力。制定实施全县工业产品结构调整意见，发展一批市场容量大、带动性强、规模大、具有比较优势的产品，培植一批有一定科技含量或潜在优势的产品，加速研制开发一批市场前景好、科技含量高的新产品，压缩限制一批滞销积压、加工层次低、高消费低效益的产品。1999年，重点抓好森达、克胜、莫尔、县花炮厂等10家产销超亿元或利税过千万元的规模企业，在领导力量和生产要素等方面给予倾斜扶持，使之形成行业优势或产业优势，积极发展电子器材厂、陶瓷复合材料厂、轻通厂、方行集团等30家具有较强竞争力、发展前景良好的成长型企业，使其成为县域经济新的增长点。2000年，加速培植块状经济，强化支柱产业和规模企业对县域经济的支撑力；加速优化生产力布局，推动资源向更有效率的部位配置；加速产品结构调整，提高工业产品的竞争力。2000年底，全县拥有各类企业1000多家，培植出皮鞋、农药化工、纺织服装、电子电器、油田机械、花炮等支柱产业，实现工业增加值25.9亿元。2001年，县委、县政府出台《关于在全县开展“项目推进年”活动的实施意见》，坚持三业齐上，突出工业项目提档升级，精心组织各类项目推进活动，大力营造投资兴业的良好环境。县政府制定县城工业企业实施“退二壮二”“退二进三”管理办法，除县纺织厂、缫丝厂、床单厂等8家企业暂不退出外，其余企业全部退出县城规划区。2002年，规模成长型企业成为工业经济的台柱，森达、东华、特达、克胜、宇晖等10家规模企业实现工业增加值9.4亿元，占定报工业总量的44.8%。全县形成皮鞋、纺织服装、油田机械、精细化工、灯饰灯具等特色板块，规模效应初步显现。森达集团跻身全国16家最具国际竞争力企业，森达品牌获“中国名牌”称号。

三、支持个体私营经济

1992年，县委、县政府出台《关于进一步鼓励支持个体经济发展的意见》，规定凡新办个体工商户的户主持居民身份证（或户籍证明）即可向所在地工商所申请注册登记，办结时间由一周缩短为3天。1994年3月，县出台《关于大力发展个体私营经济的若干意见》，将发展个体私营经济列为全县年度目标任务之一。1996年底，全县从事第三产业的个体户1.33万户，占全部个体工商户的81%；从业人员2.63万人，占全县总人口的3.3%；三产私营企业130户，占全部私营企业的35%。1998年，黄金灯饰、全盛土工器材和县日用品厂入围全市私营企业前20强。2000年，县委、县政府制定出台20项鼓励发展个体私营经济的政策措施。2001年，为进一步拓展民营经济发展空间，完善服务体系建设，规范行政服务行为，减少行政事业性收费，推动全民创业，县委、县政府出台“绿卡”政策。县直机关抽调干部组成全民创业工作组挂村入户指导创业，开展“送信息、送项目、送培训、送资金”活动。搭建载体，加大县民营创业园基础设施和配套服务投入，各重点镇在抓好工业集中区建设的同时，建成一个民营创业园，构筑融资平台，打造最佳服务环境。同年4月，县委、县政府出台《关于发展私营个体经济的若干意见》。至2002年，全县民营经济经营户2.48万户，森达、克胜、东华、永林、日月、特达等民营企业进入全市前50强。

四、加快发展第三产业

县委认真贯彻落实中共中央、国务院《关于加快发展第三产业的决定》和省政府《关于加快发展第三产业的若干意见》精神，在强化工业主体经济和加快农村多种经营致富工程的同时，解放思想，更新观念，摆正三产位置，加大投入力度，推动第三产业快速发展。1992年9月，县委、县政府专题召开大建市场、大力发展第三产业现场会，研究部署加快第三产业发展工作，出台系列扶持政策。1993年7月，县编委批复同意在县计经委增设“第三产业科”。1994年3月，县政府出台《关于加快发展第三产业的意见》，明确第三产业发展的重点是：商品流通、饮食服务等传统支柱行业，交通运输、邮电通信等基础行业，信息咨询等各类技术服务新兴行业，社会综合服务业和社会保障业。突出抓好市场培育、科技进步、交通、通信、金融保险、旅游和房地产。1996年，商业大厦、粮贸大厦、精品城等一批规模经营网点投入运营。1997年1月，县委、县政府召开全县第三产业工作会议，出台《建湖县“九五”期间第三产业发展规划》，明确提出到2000年末，全县第三产业增加值30亿元，占国内生产总值的30%，从业人数16万人。1998年4月，县政府印发《关于加强城镇商业网点市场建设项目审批管理工作的通知》，促进商业网点和市场建设合理布局，协调发展，同时出台《关于加快第三产业发展考核奖励意见》《关于建立第三产业发展引导资金的意见》。1999 年 5 月，县政府再次出台《关于加快发展第三产业的意见》，提出十二条激励措施，公布第三产业行业发展导向目录。印发《建湖县商业、服务业网点和市场建设近期规划》，重点发展商贸流通业、餐饮服务业、交通运输业和邮电通信业等基础产业。2000 年，全县完成第三产业总产值 15.4 亿元，比 1995 年增长 119.5%。

大力发展传统第三产业。1992 年，建湖宾馆运营后，县域相继建成永林、润嘉等旅馆、酒店。1993 年，建湖旅社、新泉浴室旅社、经济旅社、上冈车站饭店等对外承包，实行公有民营。1999 年，全县有国营旅馆 7 家，从业人员 260 人，集体旅馆 1 家，从业人员 71 人。20 世纪 90 年代，快餐服务在县内全面放开，经营项目主要是面点。2000 年前后，境内国营、集体从事正餐服务的企业逐渐萎缩，私营正餐服务业快速发展。2002 年，全县餐饮业营业额 4.23 亿元，占社会消费品零售总额的 10%。县内茶楼发展迅速，个体茶楼超 30 家，从业人员逾百人，并出现现代茶餐厅和连锁茶楼等时尚饮茶场所。酒吧、舞厅、网吧、健身会所以及生活服务业相继发展。

现代服务业发展提速。改革开放后，信息时代加速到来，县内各级党政组织层层设置信息机构，民间信息咨询服务业应运而生，涉及政治、经济、文化、科技、民生等领域。日常涉及较多的是住房、医疗、就业、物价、物资以及党和政府的大政方针等。至 2002 年底，全县有信息服务机构 36 个，从业人员 70 多人；中介机构 20 多个，从业人员 50 人。与此同时，家政服务、休闲娱乐、文化旅游及房地产等新兴服务业快速发展。

第十一章　深化经济体制改革

为贯彻落实中共十三届八中全会通过的《关于进一步加强农业和农村工作的决定》和省、市委下发的《关于进一步加强农业和农村工作的意见》精神。1993 年 3 月，县委、县政府出台《关于进一步加强农业和农村工作的意见》。1994 年，县委印发《关于农业农村工作的意见》，6 月出台经济体制改革要点，以建立现代企业制度为方向，重点推进“一制三营”产权制度改革，加快转换企业经营机制；在发展商品市场的基础上，重点培育生产要素市场；以搞好农村服务体系和乡镇企业产权制度改革为重点，进一步深化农村改革。1997 年，县委提出实施科技兴农、外向带动、规模发展、重点突破、多元投入等农业农村发展战略。县委、县政府出台《关于加快推进农业产业化经营的意见》《关于推进农业产业化经营的若干政策规定》，培育和发展水产、畜禽、果蔬龙型经济产业链，进一步改革完善农村经营体制。县内工业改革以县属企业产权制度改革为抓手，推进开放式改制，国退民进、公转私营，发展和壮大民营经济。继续深化流通体制改革，推促商贸流通业加快发展。完善调控体制改革，推进财政税收和物价改革。随着改革的逐步深入，全县经济发展活力不断增强，经济总量加快做大，财政收入逐年增加，改善了民生福祉，促进了社会和谐稳定。

第一节　完善和稳定农村经营体制

县内农村改革在深化完善中持续前行。其间，开展土地二轮承包、农业内部结构调整、土地征用制度改革和农民负担监管等。一系列改革新政的推出和到位，进一步稳定人心，调动群众积极性。广大农民生产热情高涨，农村经济步入快速发展新时期，建湖县先后受到省、市表彰。

一、实施土地二轮承包

为稳定土地承包关系，提高农民积极性，促进农业发展，1993 年 11 月 5 日，中共中央、国务院印发《关于当前农业和农村经济发展的若干政策措施》，指出在原定的耕地承包到期后，再延长30年不变，并提倡在承包期内实行增人不增地、减人不减地的办法，允许土地使用权依法有偿转让。1997年，中共中央办公厅、国务院办公厅发出《进一步稳定和完善农村土地承包关系的通知》，省委办公厅、省政府办公厅转发省委农工部《关于稳定和完善农村土地承包经营制度的意见》《关于加强农村集体农用土地流转管理的若干意见》，提出积极稳妥地搞好稳定和完善土地承包工作的要求。此后，市委、市政府相应出台实施意见。根据中共中央和省、市委部署，1998年，县委、县政府出台《关于进一步稳定和完善农村土地承包关系的意见》，按照“大稳定，小调整”原则，调整承包中矛盾突出的土地，稳妥开展土地二轮承包工作。全县417个村居的农民领取二轮土地承包证，领证率96%，通过市级考核验收。全县通过延长土地承包期，理顺农民负担与土地承包费的关系，加强了宏观指导和对农业的保护，加快建立适应社会主义市场经济要求的农村经济运行机制和管理机制，进一步释放农民生产积极性，县内农村经济迅速发展。

二、加快农业结构调整

县委围绕农业增效、农民增收、农村发展目标，引导全县农民稳定发展粮食生产，调整农业结构，发展“三高”① 农业，加快产业化进程，促进农业农村全面发展。

实施多种经营致富工程。根据市委统一部署，1992年至1995年，县委、县政府在全县实施多种经营致富工程，成立多种经营致富工程领导小组，在县委农工部设置办公室，配备人员专抓。1993年，县委、县政府成立县丝绸总公司、畜禽食品总公司和水产开发总公司等多种经营专业公司。明确以特种水产养殖、黄淮海二期开发、水稻抛秧技术推广、千元效益工程、致富典型培育和小康示范村建设等为重点，突出抓好多种经营双千元工程、专业村建设。1994年2月，县委、县政府提出调整深化思路，重点抓好优化种植结构，发展高效农业；突出主体经济，重抓乡村工业；引导鼓励并重，发展个体经济；扩展致富门路，强攻建筑业；启动多种经营双千元工程，深化专业村建设等措施，实现多种经营致富工程产值15.2亿

①“三高”，高产量、高质量、高经济效益。

元。1995年，县政府出台《关于多种经营生产规划的意见》，实施“四五战略”，即建立母猪、苗禽、水产品种苗繁育、蚕种繁育、银杏苗等五大种苗基地，主攻百万头生猪饲养、2500万只家禽、17万亩水产养殖、10万亩蚕桑和百万株银杏五大重点工程，兴办恒济乡盐水藕加工厂、上冈镇食品保鲜公司、冈东乡酱品厂、粮食局板鸭加工厂、县水产冷冻加工厂五大龙头企业，培育虹桥苗猪、南庄苗禽、石桥头禽蛋、冈南蔬菜和县城水产品批发五大专业市场。同年底，全县建成多种经营生产基地54个。1995年后，县委、县政府制定《建湖小康村建设规划》，多种经营致富工程作为小康村建设工作的一个重要方面，继续加以推进。1996年，县委、县政府实施“十个一”① 多种经营重点工程。2002年，县政府印发《关于农业结构调整的指导性意见》，继续强调多种经营，进一步拓宽农民增收致富渠道。

创建“三高”农业示范区。20世纪90年代，县委、县政府从改变农业收益不高，农民收入长期较低的状况考量，将发展高效农业列上位置，以推进“三高”农业示范区建设为重抓手，发挥辐射带动效应，力促农业提质增效。1995年11月，市政府将上冈镇与庆丰镇和稻田养殖地域确定为全市发展“三高”农业挂钩示范区。1996年4月，县委、县政府作出《关于实施农村十项工程的决定》，抓好示范区的高效主体种植、水稻轻型栽培技术、高产高效水产养殖、百万银杏、龙头企业和创汇农业等10项重点工程建设，全县建成“三高”农业示范区47个。1999年，在辛庄、上冈和冈东等乡镇建成“三高”农业示范区，其中辛庄乡为发展订单农业示范区，种植荷兰豆1000亩和蔬菜500亩，与连云港如意集团签订产销合同。上冈镇科技示范园区建成钢架蔬菜大棚1200亩，亩均纯收入超5000元。县委、县政府借鉴“三高”农业示范区建设经验，先后创成上冈镇饼干专用小麦科研生产园区、冈东镇精品创汇蔬菜园区、庆丰和冈西等镇两系杂交稻制种园区、近湖镇农作物节水灌溉实验示范园等。新建科技示范带16条，改造农业科技示范园区16个。

构建农副产品生产基地。1992年后，沿荡乡镇实施一批水产养殖基地工程，为养殖业提供载体。1998年，冈东镇建成创汇蔬菜科技示范园，沿

①“十个一”，即一头猪、一只禽、一条鱼、一只蟹、一只鳖、一棵菜、一根丝、一粒果、一把刀、一条船。

河镇开发荡滩建成荷藕基地、蔺草种植综合试验示范区，上冈镇建成蔬菜市场，年销售蔬菜5000吨以上，近湖镇建成智能化温控花卉科技培育基地，建阳镇投资兴办养猪场，年饲养生猪万头，产值500万元。1999年，高作镇樱桃谷鸭等特种畜禽养殖形成规模。此外，沿河镇波尔山羊、冈西镇红脸番鸭等特种畜禽养殖竞相发展。近湖镇裕丰村创办苏北最大的父母代种鸡场。冈西镇以方圆禽业有限公司为龙头，形成年产万只草鸡规模，方圆公司被确认为全省无公害草鸡养殖基地。20世纪90年代末，县内形成沿荡特水、沿岗特经、内圩畜禽三大特色产业区域。2000年，钟庄镇青豆基地、芦沟镇黑牧草基地建成全县农业结构调整示范基地。

三、推进土地征用制度改革

1990年起，县内实行集体土地有偿使用，规定使用集体土地的各类非农业生产经营单位和个人，需逐年缴纳土地使用费。1992年9月8日，县委、县政府下发《关于深化土地使用制度改革的意见》。10月对商品房开发用地改行政划拨供地为有偿出让供地。1993年前，根据《中华人民共和国土地管理法》，征用耕地3亩以下，其他土地10亩以下由县政府批准，超过标准报市或省批准。1993年起，对旅游、娱乐等经营性用地、外资企业用地以及具备条件的工业用地，全面实行有偿出让供地。建立城镇国有土地二、三级市场，将划拨土地使用权的自发交易行为纳入依法运行轨道。明确转让土地使用权必须向财政补交不低于标定地价40%的土地出让金；土地使用权出租根据不同用途、不同土地级别收取租金（土地级别县城分为一、二、三级）。乡镇土地使用权出租收费标准按县城二、三级地段标准执行（后因运作困难停止）。县内划拨土地收费标准为：城镇国有土地每平方米30元，城镇以外国有土地每平方米15元。划拨对象是机关、学校、社会公益以及配合住房制度改革的职工住房等非经营性用地。划拨的土地使用权不得转让、出租和抵押。1994年后，为减轻农民负担停收农民集体土地使用费。1994年1月，上冈镇进行国有土地小地块招标出让试点，13宗土地使用权经过多轮竞标，出让给镇内外个体工商户。1996年起，国有土地抵押对象为划拨土地使用权的企业和个人。1997年，县国土局为支持企业发展，借鉴外地做法，对森达、烟花二厂等9宗企业用地采用转权承租办法，分别与企业签订国有土地使用权租赁合同，以年租金抵交出让金，同年收取租金23.16万元（1998年后停收）。1998年起，以收取年租金的转权承租及协议出让为部分国有企业和私营企业供地。根据国家有关规定，严格限制土地划拨条件与需求，凡不符合法律法规规定的划拨项目，均采取有偿使用方式供地，有偿使用方式对经营性用地由协议出让过渡到上市公开交易，实行招标、拍卖、挂牌出让供地。1999年新土地法实施后，建设项目凡涉及占用农业用地的，必须严格按规定办理转用审批手续。新土地法还规定，征用集体土地以及农用地的审批权限是国务院和省政府，市、县政府不得批准。供地方式由拨用、无偿划拨逐步向有条件的划拨以及有偿使用方式转变。2000年，根据国土资源部文件精神，全面清理全县村民宅基地，清出超规定标准7.3万户。

四、控减农民负担

境内农民负担的项目，1991年至1998年为村提留乡统筹、“两工”①、农业税、农林特产税、水资源费；1998年至2002年为农业税、“两工”、水利工程水费。根据中共中央办公厅、国务院办公厅《关于涉及农民负担项目审核处理意见的通知》和省委办公厅、省政府办公厅《关于涉及农民负担项目审核处理意见的通知》精神，县农民负担监督管理领导小组对涉及农民负担的文件和项目进行了清理、审核。1993年10月，县委、县政府印发《关于取消一批涉及农民负担项目的通知》，取消90项涉及农民负担项目。1995年6月，县委、县政府出台《关于进一步减轻农民负担工作的意见》，提出严肃农民负担监督纪律，坚持十个不准：不准把村提留、乡统筹资金平调挪作他用；不准强制农民以资代劳和平调以资代劳金；不准把向农民收费、集资、罚款等同各级干部利益挂钩；不准向农民摊派保险、有价证券和电影费；不准搞向农民收费的各种达标升级活动；不准以服务为名向农民强行收费；不准以任何理由向农民预收提留和乡统筹；不准在农民交售农副产品和发放预购定金时强行扣款；不准将非法定负担项目签订在农民的承包合同里；不准采取非法手段强制向农民收款、收物。1996年起，县内全面推行农民负担监督卡制度，即将农民负担的项目、数额一次性上卡，每年4月前发放到户。控制村提留、乡统筹提留比例，以村为

①“两工”，即劳动积累工、义务工。

单位不超过上年人均纯收入的5%。做好涉农收费项目清理工作，18个乡镇和18个涉农收费单位清理1993年至1996年涉农收费文件326件，涉及农民负担项目188个。1996年至2000年，推行农民负担总量控制、监督卡、专项审计、涉农收费公示和村务公开、村财镇管、取消村级招待费等制度。2002年，全县政策规定的农民负担人均149元，比1998年下降16.29%。建湖县控减农民负担做法，除在省、市相关会议上作经验介绍外，1995年和1996年，县委农工部被省、市政府分别表彰为减轻农民负担和农民负担监督工作先进集体。

第二节 推进工业企业改革

1993年8月，县政府出台《关于进一步加强企业管理工作的意见》，推进企业经营机制转换。1994年进行企业内部经营体制改革和1997年企业产权制度改革，逐步理顺政企关系，打破长期以来企业吃国家“大锅饭”、职工吃企业“大锅饭”的格局。1995年11月，在县属企业试行资产经营责任制、企业评价星级制和企业经营者收入年薪制，逐步建立“效益好地位高，贡献大收入丰”的企业评价体系。1996年3月，县委、县政府出台《关于放开放活中小企业的意见》，在全县开展“企业管理年”活动。1997年3月，县委、县政府印发《关于深化企业改革的意见》，推行企业内部改革10项制度。2000年，全县启动以“三置换一保障”① 为主要内容的新一轮企业改革。经过几轮的改革攻坚，县属工业企业基本实现国退民进、公转私营。

一、完善企业经营机制

1992年起，县属工业企业加大经营机制改革力度，普遍推行全员劳动合同制。次年底，绝大部分职工与企业签订了劳动合同。1993年5月，县政府出台《进一步完善和发展工业企业承包经营责任制的意见》，县属工业企业开始实行第一轮承包，对企业经营者实行规模效益分档工资制。同年

①“三置换一保障”，是指置换国有、集体产权或股权，置换国有、集体职工身份，置换国有土地使用权，建立社会保障。

11月，县委出台《关于加强企业厂长经理队伍建设的意见》，选拔优秀人才担任企业厂长经理，多渠道提高企业厂长、经理的综合素质。1994年，全县工业企业深入开展以“转机制、抓管理、练内功、增效益”为主要内容的“双增双节”活动。1997年9月，县政府出台《关于进一步深化企业改革，大力推进股份制、股份合作制的实施意见》，企业改革进入推行股份合作制阶段，将职工集资款、风险抵押金等直接转为股份，由于持股面过大，职工积极性还未得到完全释放。1999年，在“彻底改，改彻底”原则指导下，逐步形成经营者持大股、经营层控股、转换职工身份的重大变革，企业活力显现。2000年起，县属工业企业开始进入以“三置换一保障”为主要内容的二轮改制，直至完成企业转为民营、全员转换身份的改革使命。

二、创新企业运行制度

20世纪90年代初，县委、县政府结合调整产业结构和企业组织结构，从利用闲置资产和优化资源配置入手，通过兼并拍卖，先后组建花炮、水泥船舶、化工、羽绒服装和阀门5个企业集团。1993年前后，县委贯彻落实《中华人民共和国企业法》，引导企业面向市场，转换经营机制，开展企业内部配套改革，树立独立法人地位。在搞好试点基础上全面推开，加快工业企业经营、定价、用工和分配放开步伐，增强发展活力。重视市场建设和运用工作。关注科技市场、人才市场和劳务市场等生产要素市场的信息动态，抓好企业内生机制建设，坚持改制和转制并重。1994年，县委、县政府出台经济体制改革要点，以建立现代企业制度为方向，以推进开放式改制、组建企业集团和改革企业内部机制为重点，推进企业制度创新，改制企业普遍建立健全新“三会”（董事会、理事会、监事会）。同时处理好与老“三会”（党委会、职代会、工会）的关系，初步理顺政企关系，打破企业吃国家“大锅饭”的格局，为建立和完善企业法人治理结构积累了经验。发展大企业大集团既是推进企业制度创新的重要内容，又是建立现代企业的应择取向。全县有省级集团2个（森达、玛莎），市级集团9个（白云面粉、天捷水泥、欢跃食品、建大工贸、鑫朋电子、明江油米、奇峰纺织、华林水泥、正大丝绸），县级集团12个（三江、沿海、远洋、三阳、新宇、通榆、恒丰、红亮、百利达、摩云、金虹、金阳），股份制公司1个（江苏华宏股份有限公司）。1996年，白云和天捷集团公司被确定为盐城市建立现代企业制度试点企业。1998年，县委总结推广齿轮厂“十制”[①]内改经验。1999年，县委取消企业行政级别，依据企业规模、效益实行分级管理。2000年，县委、县政府出台一系列优惠政策，吸引和鼓励外部资本参与建湖企业改制，如天子福收购县制药厂、沪强公司收购县拉丝厂、中山花炮公司收购县花炮厂等。引导企业通过上市等方式拓宽融资渠道，借“资”发展，做大做强企业，专门成立上市筹备工作小组，调研准备。县日月公司、信得公司、永林公司、特达钻采公司等企业被列为重点上市后备企业培育。

三、改革企业产权制度

1994年5月，建湖县进行企业股份制和股份合作制改革试点，经省体改委批准，建湖首家定向募集的股份有限公司——江苏华宏股份有限公司成立。1996年，全县落实各类改制企业试点59家。1997年9月，县委、县政府出台《关于进一步深化企业改革，大力推进股份制、股份合作制的实施意见》，召开全县深化企业产权制度改革动员大会，确定年内改制企业533家，其中乡镇企业453家、县属企业80家，至此企业股份制改革全面展开。以县齿轮厂、克胜集团为主体分别组建明月机械股份有限公司和江苏克胜集团股份有限公司，县建机厂、橡胶厂、水表厂、电子仪器厂等企业先后改制为有限责任公司和股份合作制企业。1999年7月，全县首例产权制度改革企业资产拍卖活动在县阀门总厂进行。2000年，县委、县政府出台《关于进一步推进县属工业改革发展的若干意见》，成为指导新一轮企业改革的主要政策性文件。此阶段，县委、县政府重点抓好突破大而难、大而空、大而亏企业的改制，坚持国退民进的改革思路，将其改制为股份有限公司或有限责任公司；先租后股，挂靠大企业、大集团，改制为有限责任公司；建新买旧，设立有限责任公司，改制为股份合作制；建新租旧，分块搞活。售、租、破多种形式一起上。县纺织厂、轻通厂、制药厂、床

①“十制”，在人事和劳动制度改革上，推行干部任标聘任制、行管人员竞争上岗制、职工轮岗培训制；在分配制度改革上，推行企业经营者年薪制、行管人员比例工资浮动制、职工按件计酬制；在产销供管理上，推行销售买卖制、供应公开制、三产分离制；岗位责任制。

单厂等企业改制到位。2002年，县委按照“全面、彻底、规范、配套”要求，力推开放式改制，实施资产重组，国退民进，完成县属工业企业改制13家，二次改制企业11家，进入破产程序27家，终结10家。

四、完善乡镇企业改革

20世纪90年代起，全县乡镇企业进入提速发展期，“九五”时期是辉煌发展期。后经1997年和2000年两轮较大规模的产权制度改革，陆续转为民营企业。1996年10月，县委农工部、县乡镇企业管理局联合印发《关于深化和完善乡镇企业产权制度改革的意见》，提出先出售后改制为首选形式，规范乡村集体企业资产评估工作，明确集体资产量化政策，培植股份合作制企业控股层和搞好改制企业工商注册登记等9项原则。1997年，境内乡镇企业启动产权制度改革，乡办、村办等集体企业逐步改为股份合作制企业、有限责任公司和私营企业。1998年，建立县级乡镇企业发展基金，首笔资金由县财政筹措200万元，以后每年增加100万元。全县乡镇企业变更登记685家，改制企业占90%以上，大多数采取股份合作制模式。1999年，全县70家乡镇企业变更工商登记，其中19家改为股份制和股份合作制企业。2000年5月，县委、县政府出台《关于进一步推进乡镇“三大”企业①改革的若干意见》，围绕“彻底改，改彻底”，集体资产加快退出，全县731家乡镇企业改制722家。森达、克胜、矿山机械厂、颜单服装鞋帽厂等一批重点乡镇企业改制全部到位。至2001年底，县内乡镇企业完成向民营和私营经济体制转型。

第三节　深化流通体制改革

县内流通体制完成由计划经济向市场经济的转换，流通部门随即跟进改革。县商业局先后更名为贸易局、贸易办公室，县物资局先后更名为物资办公室、服务业发展局，流通企业通过拍卖、租赁、破产、股份制改造，进行经营体制改革和产权制度改革，实现公转民营。1993年，国家全面放开粮油销售价格，全县粮食购销企业逐步建立起民营化运作机制。1996年

①“三大”企业，大而难、大而空、大而亏的企业。

5月至6月，全县开展成品油市场整顿，查处4家单位超范围经营，查处4个无证经营网点。1997年10月，县政府印发《建湖县煤炭经营管理暂行办法》，规范煤炭企业经营行为，加强煤炭市场管理。2000年4月，市政府印发《县级粮食流通体制改革实施方案》，县委、县政府按照文件要求，建立县粮食购销公司，理顺县粮食局的机构和职能。供销系统通过股份合作、破产还债、成立有限责任公司等形式，完成产权制度改革。物资系统继续推行经营方式改革，启动实施产权制度改革。2001年12月，县属流通企业217家，其中粮食企业44家、贸易企业83家、物资企业36家、供销企业42家，其他12家。已改制26家，改制中103家，未启动88家。

一、商业企业改革改制

1993年4月，县成立畜禽总公司，商业局下属食品公司、冷冻总厂、蛋厂划归其管理。冷冻总厂组建盐城市欢跃（集团）公司，蛋厂更名为县工贸实业公司。1994年10月，原商业局下属三级企业上冈商场新组建上冈工业品公司，为县属二级法人企业。1996年1月，全县规模最大的二级零售企业——商业大厦建成开业。12月县畜禽总公司撤销。1997年初，商业局更名为贸易局，食品公司、欢跃集团、工贸实业公司重归贸易局管理，下辖11个二级商品流通企业、5个二级商办工业企业。1998年下半年起，商业大厦、国贸大厦、国贸商城、百货大楼、五交化商场、裕丰商场实行公有民营，推行抽本承包经营①，以柜组为核算单位测算标的，在职工内部按照公开、公平、竞争、择优的原则竞标承包。国贸商城75个柜组参加抽本承包经营，抽回资本金80多万元。因县城规划拆迁，百货、糖烟酒、蔬菜、五交化总公司等17个门点被整体拆迁，为安置下岗职工，各公司根据不同情况采用保留建制、分散组合、个人承包、集体大包干等形式，与职工签订承包合同，形成一司多策的经营模式。1998年后，县百货集团总公司、饮服公司、蔬菜公司等下属16家独立核算单位，在老城区拆迁改造中被整体拆除，依法实施破产或注销。2001年4月，国贸大厦、国贸商城与上海农工商超市签订为期20年的租赁合同。百货大楼与南通蒙莱服饰公

①抽本承包经营，即固定资产产权性质不变，抽回国家或集体流动资金，由经营者出资经营。

司签订合作租赁协议。同年 7 月，贸易局更名为贸易办公室，为县政府直属事业单位，依照国家公务员管理，除负责对所属 15 个二级企业国有资产的营运、管理和监督外，还履行生猪屠宰管理、危险化学品经营许可等行政执法职能。商业职工学校划归县教育局，蔬菜办公室、社会商业调研室撤销，重新组建县生猪屠宰经营管理执法大队。国贸大厦、国贸商城因负债严重，依法申请破产。2002 年 6 月，县医药公司实行公转民营改制，组建建湖华茂药业有限公司，县工贸实业公司、上冈商场宣告破产。2003 年 4 月，百货集团总公司与百货大楼合并改制，组建建湖县大洋百货有限公司。11 月，县食品总公司实行股份制改造，组建建湖县食品有限责任公司。

二、粮油经营管理改革

县委、县政府贯彻落实省政府“取消粮食定购，放开收购价格，放开粮食收购，放开粮食市场”的改革政策，全县粮食购销逐步走上市场经济轨道。1993 年，建湖县上冈粮油交易批发市场建成。1994 年，辛庄、钟庄、高作、大崔、乔舍米厂合并到所在地的粮管所（库）。组建以原县面粉厂为核心企业的盐城白云集团公司和以原县油米厂为龙头的盐城明江油米集团公司。建湖粮管所生猪养殖场划出，成立县生猪生产合作社。1997 年，粮贸大厦投入运行，为独立核算单位。原冈西麻纺厂改为县兴达粮油经营公司。县饲料厂增扩的电子镇流器厂划出，成立县鑫光灯饰厂。1998 年，蒋营、东夏油米厂，建湖、洪桥、冈西米厂合并给所在地的粮管所（库）。2001 年 5 月 1 日，全县取消市镇居民粮食供应转移证明，城镇户口居民迁移，以及农业户口转为非农业户口不再办理粮油关系转移证明，农村粮油供应转移证也一并取消。为进一步深化棉花流通体制改革，打破垄断经营，鼓励公平竞争，规范市场秩序，提高调控效率，建立适应社会主义市场经济要求的棉花企业经营机制和管理机制，根据国务院文件精神，市政府专门出台《关于进一步深化棉花流通体制改革的实施意见》（以下简称《实施意见》），同年 9 月县政府转发了《实施意见》，要求全县各级放开棉花收购，加强信息和政策指导，规范市场管理，实施棉花品牌战略，改进棉花信贷资金管理办法，推进产业化经营，加大供销社棉花企业改革力度。2002 年 3 月，全县国有粮食购销企业统一实行租赁经营，建立民营化运作机制，成为自主经营、自担风险、自负盈亏、自求生存、自谋发展的市场主体，对全县粮食企业实施清算、解体、破产、拆迁、撤并、重组的全面改革。县国家直属粮食储备库建成运营，4 月成立县粮食购销总公司，7 月粮食职工学校并入县职教中心。

三、供销企业产权制度改革

1994 年，县供销总社对亏损严重、扭亏无望的“空壳企业”进行破产试点。1995 年，县供销总社联购分销公司实施破产。县酒厂破产，重新组建县东方酒精厂。1996 年，县委发文明确供销社为企业性质的合作经济组织。建湖大厦集团出资 1000 多万元，新建县显像管厂，后因经营不善于 2000 年破产。1997 年 1 月，近湖供销社在原址建成湖东农贸市场。1998 年，轧花工业企业直接收购棉花，不再经由县棉麻公司批准。1999 年 1 月，县供销总社改革基层供销社，精简行政科室人员，限制领导班子职数，大社 5 人，小社 4 人。14 个基层供销社经营门店实行公转私营。2000 年，县农资总公司、上冈轧花厂等企业资产整体转移，解除职工劳动关系。供销系统解除劳动关系 563 人，1078 人自缴“两金”，上冈卫生材料厂破产。2001 年，供销企业取消档案工资，实行按绩取酬。2002 年，县城老城区拆迁改造，建湖轧花厂、县农资总公司、日杂果品总公司、富达供销公司等企业整体拆迁，置换职工身份 277 名，4 月县东方酒精厂破产，138 名职工自谋职业。供销系统所有基层供销社，除向银行作抵押的房产外，其余房产均改制出售给个人。

四、物资经营管理改革

1992 年，县物资局引导企业实行经营、价格、分配、用工制度“四放开”改革。1993 年 5 月，建立生产资料交易市场，主营木材业务，12 月木材加工厂从县木材公司划出，成立县木材工业公司。1994 年 2 月，成立县建化物资公司，4 月县煤炭实业公司从县燃料公司划出单独核算，5 月县物资配套供应公司从县金属材料公司划出单独核算。全县 15 个乡镇物资公司划归 12 个县属物资专业公司管理。完善、重组机电设备分公司和金属材料分公司。县机电设备总公司实行分公司制后，经营规模、范围扩张，成为跨行业集物工贸为一体的新型物资流通企业。县三资物资公司、沿河物资公司和蒋营物资公司分别进行增股扩股、股份制改造和内部兼并的产权制度改革。同年11月，县政府印发《关于改革化肥等农业生产资料流通体制的通知》，要求组织好化肥等农业生产资料供需总量平衡；减少流通环节，减低流转费用；整顿流通秩序，加强市场管理；加强对农资价格的管理；建立化肥淡季储备制度。1995年，县物资局以转换企业经营机制为重点，优化企业内部组织结构，抓住骨干科室和重点经营项目，上批量创效益，放开小科室、小网点，实行自主经营、抽本经营。采取合同承包、租赁承包、国有民营、公转私营、大包干、内部参股等形式，完善企业内部承包，建立企业与职工风险共担机制。县生产资料服务公司和县化工轻工公司采取“切块搞活，分线作战”的办法，职工自筹资金，自主经营，进入破产程序。1996年，县政府印发《关于进一步加强废旧金属市场管理的通知》，明确废旧金属经营单位与范围、收购加工、管理机构建设。2001年7月，县物资局更名为县物资办公室，为县政府直属事业单位，下辖直属公司和乡镇基层物资公司（站）等44个单位。县物资综合公司从燃料公司划出单列，成为独立核算自负盈亏的法人实体。县煤炭实业公司和木材工业公司推进股权集中和内部机制转换，县物资公司实行股权流转公转私营，盐淮、盐阜和盐益3个国有企业改制为有限责任公司，裴刘、冈东、冈西、芦沟、沿河、恒济、荡中等基层物资公司实行公转民营。

五、成品油经营管理改革

1993年，石油市场放开，建湖县许多行业、单位自建加油站销售议价油。1996年4月，县政府批转县石油市场整顿监督领导小组《关于贯彻成品油流通体制改革实施办法的通知》，确定成品油批发企业和零售网点，县石油支公司是经营石油产品的主渠道，为全县指定的石油产品批发企业；县煤炭石油公司为主要经营成品油外购外销批发企业；县石油化工实验厂为石油产品加工企业，生产的汽油、柴油等油品由县石油支公司合同收购，其他任何单位和个人不得从事成品油批发业务。全县70个石油零售点按国家规定零售价格挂牌销售，逐步实行代销制。规范成品油经营行为，严厉打击油品走私活动。油品经营单位严格执行国家资源配置计划和价格政策，实行挂牌销售。营业执照不得出租、出借、转让、出卖，不得一照多点。1998年，按照国家和省、市有关文件规定，清理整顿石油市场，历时三年完成。1999年，县政府办印发《关于认真做好我县小炼油厂清理整顿工作和规范石油成品油流通秩序的通知》，在全县开展专项整治行动。取缔土法炼油，依法清理整顿小炼油厂，整顿成品油批发企业，实行成品油集中批发，整顿各类加油站（点），规范成品油零售市场。2001 年，成立中国石油化工股份有限公司江苏盐城建湖石油分公司，收购新富、东方、冈西、冈东、官渡、昌盛 6 个社会加油站。同年底，全县有成品油批发企业 1 家、加油站 24 个、成品油销售点 61 个。

第四节　深化财税价格体制改革

1993 年 12 月 15 日，国务院下发《关于实行分税制财政管理体制的决定》，从 1994 年 1 月 1 日起，改革原有的财政包干体制，实行分税制财政管理体制。1994 年起，县委、县政府根据省、市要求，推行县乡分税制财政体制，积极实施中央、地方分税制改革，进一步放开物价，加大价格监测检查力度，依法打击哄抬物价行为。

一、实行分税制财政体制

1994 年至 2000 年，县级财政实行分税制财政管理体制。建湖县列入中央固定收入项目主要是消费税，全额归中央；列入地方固定收入项目主要是营业税、地方企业所得税、个人所得税、房产税、农业税、耕地占用税；列入中央和地方共享收入项目主要是增值税，中央与地方按 75∶25 分成。实行分税制财政体制后，中央对地方实行税收返还制度。2001 年，省调整分税制财政体制。建立财政转移支付制度，将 1999 年人均财力低于 1.1 万元标准的县（市）列入财政转移支付范围。经省核定建湖不符合享受转移支付条件，不享受省财政转移支付补助。2002 年，企业所得税和个人所得税收入实行中央和地方各按 50%分享。

1994 年，乡镇财力结算按 1993 年各乡镇实绩，减去 1992 年以前欠税部分，加上 1993 年的欠税以及 1994 年财政收入适当增长的部分作为收入分配依据。1995 年，乡镇财力结算按测算的税源以及当年财政收入适当增长的部分作为收入任务。1996 年至 2002 年，实行以“划分收支范围，核定收支基数，收入分税分成，增收分类结算，短收自补或赔补，上解定额递增，补助逐年比例递减或不变”为基本内容的分税制财政体制。近湖乡、颜单镇和建湖镇实行“定额逐年递增上解”，建阳、蒋营、庆丰、上冈、恒济、沿河、冈东和钟庄等乡镇实行“核定补助、逐年递减”，芦沟、裴刘、草堰口、冈西、辛庄、高作等乡镇实行“定额补助、一定三年不变”，荡中乡实行“三年自给”等政策。

二、推行分税制改革

1994 年 1 月 1 日起，全县对工商税务制度进行重大改革，实行中央与地方分税制，在划分事权的基础上划分税种，税种划分为中央税、中央与地方共享税和地方税，同时普遍建立纳税申报制度，积极推行税务代理制度，建立严格税务稽核制度，加速推进税收征管计算机化进程。同年 9 月，建湖县国家税务局、建湖县地方税务局挂牌成立。

将原征收的产品税、增值税、营业税和工商统一税改为增值税、消费税、营业税 3 个税种，改革后的流转税制统一适用于内外资企业，取消对外资企业征收的工商统一税。对商品的生产、批发、零售和进口普遍征收增值税并实行价外计征，选择部分消费品征收增值税，并在生产、委托加工和进口环节征收消费税，消费税采用从量定额和从价定率两种办法征收。对不实行增值税的劳务服务等第三产业征收营业税，按所含税价依率计征。此税制一直沿用。

将县内原有的国营企业所得税、集体企业所得税、私营企业所得税，统一为企业所得税，统一了内外资企业所得税；实行 33％的税率，对部分盈利水平低、应税额在 10 万元以下的暂实行 18％、27％两档优惠税率；用税法规范企业所得税前的列支项目和标准。将原征收的个人所得税、个人收入调节税、城乡个体工商户所得税统一为个人所得税。工资、薪金所得超过 800 元的部分，采用六级超额累进税率，最低一档为 5％，最高一档为 45％，实行分项计征。对个体工商户生产经营所得实行 5％至 35％的超额累进税率。

将盐税并入资源税的征收范围，改革后资源税的征收范围包括所有金属矿产品和非金属矿产品。开征了土地增值税、耕地占用税等，取消了盐税、奖金税、集市交易税等若干税种，并将城乡维护建设税、土地使用税、车船使用税、房产税、屠宰税、固定资产投资方向调节税、印花税改由地税征收，设立了遗产税和证券交易税。

三、实施物价调控责任制

1993年后，县政府推行物价调控目标责任制，将控制目标任务分解到部门和乡镇，实行条块结合，双向控制。建立粮食风险基金和副食品调节基金，对与人民群众生活密切相关的26种重要商品和服务价格继续实行提价申报备案制度。成立商业流通企业同行议价小组，对市场12种消费品和工业品进行价格协调。1994年，对10种钢材实行指导价销售，对22项32种居民生活必需品和服务价格实行监审，对地产化肥实行出厂价管理，零售价格实行差率管理，国家、省、市、县4级共取消548项行政事业性收费项目。1995年，县政府出台加强集贸市场的价格管理意见，物价部门制定制止餐饮业、衣着类经营中牟取暴利的实施细则。1996年底，列入社会商品零售总额统计中的商品，政府定价的比重下降到3.6%，政府指导价下降到1.9%。在农副产品价格中，政府定价比重下降到12%，政府指导价下降到4.1%。在生产资料价格中，政府定价和政府指导价只占13.7%。县直接管理的商品和服务价格项目只有16种，间接管理的保留4类26种。1997年后，价格改革法制逐步完善。根据国家和省有关规定，不断完善关于制止价格垄断、价格欺诈、低价倾销等不正当价格行为的规章制度及措施，加强市场物价监测和价格监督检查等综合治理，加强依法治价，稳定市场物价，强化物价服务职能。

第十二章　深化综合配套改革

“八五”期间，县内改革坚持以经济领域改革为主体，历经从农村到城镇，从农业到工业，从生产到流通渐次展开和深化的过程，通过改革，促使经济运行体制由计划为主导进入计划与市场并存，逐步发展为市场为主导的社会主义市场经济体制。县委、县政府在抓好经济体制改革的同时，推行行政体制和社会事业改革，完善社会保障制度改革，建立与新的经济运行体制相适应、协调运转充满活力的综合配套体系，巩固和发展经济体制改革成果。

第一节　行政体制改革

20世纪90年代后，县委、县政府将行政体制改革作为引深综合配套改革的先行工作来抓，优化乡镇设置，搞好党政机构、事业单位改革，推行国家公务员制度，实施人事管理制度改革，有步骤地把改革的各项任务推进到位。

一、行政区划调整

1994年4月，撤销草堰口乡，设立草堰口镇。1995年8月，撤销钟庄乡，设立钟庄镇。同年12月，撤销蒋营乡，设立蒋营镇。1996年11月，撤销冈东乡，设立冈东镇。1997年4月，撤销近湖乡，设立近湖镇。1999年12月，撤销恒济乡、沿河乡、冈西乡，分别设立恒济镇、沿河镇、冈西镇。2000年3月，荡中乡与建阳镇合并，设立建阳镇。同年8月撤销辛庄乡、芦沟乡、裴刘乡，分别设立宝塔镇、芦沟镇、裴刘镇。2001年6月，建湖镇与近湖镇合并，设立近湖镇；裴刘镇与芦沟镇合并，设立芦沟镇。至此全县有近湖镇、上冈镇、建阳镇、颜单镇、恒济镇、庆丰镇、蒋营镇、高作镇、芦沟镇、沿河镇、钟庄镇、冈东镇、草堰口镇、冈西镇、宝塔镇、开发区16个镇区。县开发区设立于1992年10月。至2002年底，全县统一实行县、镇（区）、村（居）建制。

二、县镇党政机构改革

1996年12月，县委、县政府出台《建湖县党政机构改革实施意见》。1997年，根据中共中央和省、市委部署，按照政企、政事分开和“精简、统一、效能”原则，以“三定”①为中心，按一类县标准实施机构改革；同年4月，县编委下达县、乡镇两级党政机关编制数；7月，县委工作部门“三定”方案确定；11月，县政府工作机构“三定”方案印发。县人大常委会、县政协、县人民法院、县人民检察院、各人民团体作相应改革。市编办核定全县18个乡镇行政编制800名，其中建湖镇、上冈镇编制数分别为45名左右，其他一类乡镇40名左右，裴刘、荡中2个乡镇各35名。

改革后，县级党政机构37个，核定编制775名。县委机构设纪律检查委员会（监察局与其合署办公），县委工作机构设县委办公室、组织部、宣传部、统一战线工作部、政法委员会、农村工作部。部门管理机构为县级机关党委、老干部局、政策研究室、机要室。直属事业机构为党（干）校、档案馆（局）、党史工作办公室（地方志办公室）。县政府工作机构设县政府办公室、计划与经济委员会、农业局、教育局、公安局、民政局、财政局、人事局、卫生局、计划生育局、审计局、工商行政管理局、统计局、劳动局、科学技术局、建设局、交通局、司法局、乡镇企业管理局、地方税务局、国土管理局、文化局、环境保护局、物价局、水利局、监察局、粮食局、对外经济贸易局、体育运动委员会、林牧局、贸易局。部门管理机构为县信访局（正科级），由县政府办公室管理。县政府直属事业局（办）（正科级，由政府委托行使行政管理职能）分别是：经济体制改革办公室、广播电视局、技术监督局、农业机械管理局、农业资源开发局、工业局、纺织工业局、轻工业局、地震局、建工局（建筑工程总公司）。县政府其他直属企事业单位有：丝绸总公司、投资总公司、电大、医改办、房改办、城管办、外贸总公司、花炮公司、中江公司。派驻纪检监察机构分别是：县级机关党委、计划与经济委员会、教育局、农业局、财政局、民政局、人事局、劳动局、卫生局、计划生育局、建设局、交通局、工商行政管理局、地方税务局、国土管理局、公安局、水利局、贸易局、粮食局、

---

①“三定”，即定职能、定内设机构、定人员编制和领导职数。

物资局、广电局、工业局、轻工局、纺工局、建工局（建筑总公司）、林牧局、农机局、供销合作总社、花炮公司、法院、检察院等单位的派驻纪检、监察机构，纪检组和内设纪委均为副科级。

2001年，又进行新一轮县级党政机构改革，设县级党政机构31个。县委除设县纪律检查委员会机关（与县监察局合署办公）外，设工作机构6个：县委办公室（挂“县委研究室”“县委保密委员会办公室”“县国家保密工作局”牌子）、组织部（县委企业工作委员会与其合署办公，挂“县级机关党委会”“县委组织员办公室”牌子）、宣传部（挂“县精神文明指导委员会办公室”“县文学艺术界联合会”牌子）、统一战线工作部（挂“县委台湾工作办公室”“县政府台湾事务办公室”“县政府侨务办公室”“县政府民族宗教事务局”“县归侨侨眷联合会”牌子）、政法委（县社会治安综合治理委员会办公室与其合署办公）、农村工作办公室、机构编制委员会办公室（与县人事局合署办公，不计入机构数）。部门管理机构3个：老干部局、信访局、机要室。直属专业机构4个：党（干）校、档案馆（局）、党史工作办公室（县地方志办公室）、建湖报社。机要室、档案馆（局）为副科级建制，其余均为正科级建制。

县政府工作机构设置25个（县监察局与县纪律检查委员会机关合署办公，列入政府工作部门序列，不计入机构数）：县政府办公室（挂“县政府研究室”“县政府法制办公室”“县政府外事办公室”“县接待办公室”牌子）、发展计划委员会、经济贸易委员会（挂“县乡镇企业管理局”牌子）、教育局（挂“县体育局”牌子）、科学技术局（挂“县地震局”牌子）、公安局、民政局（挂“县老龄工作委员会”牌子）、司法局（挂“县依法治县领导小组办公室”牌子）、财政局（县国有资产管理委员会办公室与其合署办公）、人事局（县机构编制委员会办公室与其合署办公）、劳动和社会保障局、国土资源局、建设局、交通局、水利农机局、农林局（挂“县绿化委员会”牌子）、对外贸易经济合作局、文化局（挂“县旅游局”牌子）、卫生局（挂“县爱国卫生运动委员会办公室”牌子）、计划生育委员会、审计局、环境保护局、统计局、物价局、粮食局。此外，设县经济体制改革委员会办公室。直属事业局（办）8个：城市管理局、广播电视局、农业资源开发局（水产局）、贸易办、工业办、纺工办、轻工办、物资办。上述机构均为正科级建制。保留县经济开发区，原建制不变。县铁路筹建办公室、县投资总公司、县残疾人联合会等事业机构维持现状。

各部门大力精简和调整内设机构，精简比例为20%。职能交叉的内设机构合并和理顺，职能相同或相近的合并到一个机构承担，辅助决策和机关内部管理机构进行综合设置，职能较少、工作量不大的内设机构撤销，原则上不设3人以下的股室。机关纪检监察机构和党、团、工会等机构的设置按《党章》和有关规定办理。县委工作机构和县政府工作部门中的挂牌机构原建制不变。县人大常委会、县政协和群团机构编制精简及人员分流工作同步进行。2001年12月，启动县人民法院、检察院和公安局改革，使用政法专项编制，清理超编人员，进行人员编制精简和分流工作，至2002年5月结束。

2001年机构改革后，县镇行政编制统筹使用，总数（不含政法专项编制）为1221名，县级党政机关不再使用非国家干部身份人员。县级机关行政编制由775名减至621名，精简比例为15%。合署办公机构按2个机构分别核定编制。县委工作机构、县政府工作部门，县人大常委会、县政协机关和各群团组织的领导职数和中层职数的核定，原则上掌握在：领导职数，设正职1名、副职2至4名。中层职数，3人以下设1职、4至7人设1正1副、8人以上设1正2副。其他人员的职位设置按照上级有关规定和《国家公务员暂行条例》的要求确定。不设股室的部门，股级干部职数按编制数的25%配备。

2001年，建湖县同步实施镇级党政机构改革。镇纪检与监察机构合署办公，各镇设党政办公室（其中组织委员、宣传委员、人武部长、团委书记、妇联主席等职位单设）、财经办公室、社会事务办公室、经济发展办公室，为股级建制。镇机关行政编制由800名减至600名。镇机关后勤服务人员编制按行政总编制的10%核定。较大镇编制掌握在50名左右，一般镇编制不超过35名，较小镇编制不超过30名。镇司法行政编制单列，不计入镇行政编制数。各镇领导职数的核定：近湖、建阳、庆丰、上冈4个镇党委设1正3副（含镇长兼职），镇人大设专职副主席1名，镇政府设1正4副；其他镇党委设1正3副（含镇长兼职），镇人大设专职副主席1名，镇政府设1正3副，纪委书记作为领导职数。中层职数的核定，3人及以下设1职、4至7人设1正1副、8人及以上设1正2副。镇办公室人员职务分别称主任、副主任、科员、办事员。镇党政负责人不兼任办公室领导职务。

三、事业单位综合改革

1994年前，县内事业单位参照行政机关有关规定考核工作人员。1995年，按照“管住全额，管好差额，管活自收自支”的原则，对事业单位实行分类管理。同年起，每年年初县人事部门核定事业单位津贴总量，各事业单位制定分配方案，对职工德、能、勤、绩考核后发放，充分体现多劳多得、少劳少得、不劳不得。1996年，根据人事部下发的《事业单位工作人员考核暂行规定》，实行岗位目标责任制管理。2000年9月，把风险机制、激励机制引入内部分配，奖勤罚懒，奖优罚劣，改变吃“大锅饭”“平均分配”状况，建立适应市场经济发展、符合各类事业单位特点的分配制度。县新华书店、县建筑设计院等单位实行工效挂钩，县农业、水利、卫生、交通等系统事业单位从实际出发，实行浮动工资制、结构工资制等，将报酬与工作绩效和社会、经济效益挂钩。12月事业单位年度考核增加“基本合格”等次，即优秀、合格、基本合格和不合格4个等次。根据国务院出台的《事业单位登记管理暂行条例》和省、市编办的部署，2001年1月1日至3月31日，建湖县对事业单位实施初始登记工作，10月根据事业单位的不同类型和经费自给能力，县采取区别对待的办法，重新界定财政供给范围和形式，12月成立县事业单位登记管理局，在县编办挂牌。

2001年10月，县属事业单位实施综合配套改革，以“脱钩、分类、放权、搞活”为基本思路，通过界定性质、明确职能，强化其独立法人意识，促使单位布局和结构更加合理。推进教育体制改革，以社会化办学为方向，调整结构，合理布点，优化资源配置。全县小学由2001年的278所调减为2002年的211所，初级中学由2001年的51所调减为2002年的44所，并将调整压减下来的行管干部和非教学人员充实到教学一线。其他全额拨款、差额补助、自收自支等事业单位人员精简20%；自收自支事业单位（除收取规费单位）逐步实行企业化管理，单位自主用人，或直接改为企业，实施公司化改造；13个生产经营类事业单位全部列入产权制度改革计划于2005年改制到位。

根据省委办公厅、省政府办公厅有关乡镇事业单位机构改革意见，县内乡镇事业单位改革于2001年启动。改革坚持政企分开和“精简、统一、效能、因地制宜、公平择优”原则，理顺管理体制，精简人员编制，搞好重组整合，保留镇水利站、土管所为条块共管、以条为主的管理体制。其他事业单位调整为7个服务中心，即在原文化站、广电站基础上，组建文化广播电视服务中心；在原农技站、林业站、蚕桑站、水产站、畜牧兽医站基础上，组建农业服务中心；在原村建所基础上，组建村镇建设服务中心；在原计生站基础上，组建计划生育服务中心；在原企管站（工业公司）基础上，组建经贸服务中心；在原经管站（含审计）基础上，组建农村经营管理服务中心；在原人才服务站、劳动所、农保所基础上，组建人力资源服务中心。各服务中心均为全民事业单位，股级建制。各镇未经县编委批准设立的审计办、文教办等机构撤销。此后各镇不再增设事业机构，不再增加人员编制。全县镇级事业单位原有编制1600名，改革后为1120名，精简30%。

四、推行国家公务员制度

1993年10月，国务院颁布《国家公务员暂行条例》。11月，县委、县政府印发《国家公务员制度实施方案》，明确公务员制度实施范围。建湖县按照中共中央和省、市委部署，着手在全县推行公务员制度。1994年5月，县成立推行国家公务员制度和工资制度改革工作领导小组。1997年9月，县委印发《县乡两级机关参照国家公务员管理的实施意见》。12月，县委成立全县推行国家公务员制度领导小组，举办国家公务员职位分类骨干培训班。县、乡镇机关根据“三定”方案，开展国家公务员职位分类工作。1998年2月，县组织实施国家行政机关现有工作人员向国家公务员过渡，明确实施过渡的范围和对象：全县行政机关和经县编委认定的使用事业编制、行使行政职能的单位中除工勤人员以外的工作人员，包括专职从事党群工作的人员。全县1565人过渡为国家公务员，其中县直771人、乡镇794人。政府机关实施公务员制度，党的机关、人大机关、政协机关、法院和检察院机关、民主党派机关、社会团体机关参照公务员制度管理，具有行政职能的事业单位依照公务员制度管理。2002年，全县党政机关组织公务员学习实践人事部印发的《国家公务员行为规范》。依据《国家公务员暂行条例》和相关法规，县组织人事部门对公务员考试录用、考核、辞职辞退、轮岗、退休、奖励、职务任免、培训、申诉控告等业务工作实行法治化管理。把建立竞争激励机制作为公务员管理工作的重点，新一轮机构改革中县级党政机构先后有300多个股级中层职位实行竞争上岗，并选择工业办、纺工办、轻工办等原由事业局改建的五大办公室进行试点，通过考试、考核、考评的方法进行公开竞争。组织县镇机关面向社会和应届毕业生，招考公务员和工作人员，进一步优化公务员队伍结构。应对加入世贸组织需要，重点开展公务员初任培训、任职培训、世贸知识和创新知识培训、普通话培训、学法用法和依法行政培训，提高公务员能力素质。把考核作为公务员管理的主要抓手，积极推行量化考核和分类考核，对年度考核不合格（不称职）人员实施降职降级降薪。

五、编制职称管理改革

县编委负责全县机构编制管理，包括机构的设置、撤销、合并、更名及隶属关系的调整。县编委由县长兼主任，县编办与人事局合署办公，负责日常工作。根据工作需要及精简编制管理原则，严格控制行政事业单位人员的增长，注重人员年龄文化结构和行政经费的支付能力，核定行政事业编制。2001 年，行政编制分配县委工作机构占总编制的 15%，政府工作部门占总编制的 78%，县人大常委会机关、政协机关、工青妇等群团机关占总编制的 7%。镇机关后勤服务人员编制按镇行政总编制的 10%核定。

1992 年，县职称改革领导小组对全县首次专业技术职务聘任工作进行验收，并经市职称改革领导小组同意，全县企事业单位的专业技术职务聘任工作转入正常化。1993 年，县组织经济、卫生、交通工程等专业不具备规定学历拟晋升助理级、中级职务的人员，参加全省统一考试，不再进行经济专业初级、中级职务任职资格的评审工作，实行“以考代评”。同年 9 月乡镇企业综合技术职务任职资格评审委员会成立。1994 年，全县各企事业单位按国务院有关部委制定的岗位设置结构比例下限提出设岗方案，分别报主管部门、县和市职称部门批准备案。1996 年，县职称改革领导小组更名为县专业技术人员职称工作领导小组，职称评定职能由县科委移交至县人事局。1999 年，县专业技术人员职称工作领导小组开始推行以结构比例控制为主的专业技术职务岗位管理制度，完善专业技术职务聘任制，实行全国专业技术人员职称外语等级统一考试。2000 年，县人事局取消事业单位专业技术职务岗位指标，推行按结构比例管理，实行评聘分开，并按批准设置的岗位择优聘任；依照公务员制度管理的事业单位可以参加专业技术职务任职资格的评审，但不得聘任其专业技术职务，不兑现工资待遇

(依照管理的事业局不参加评审)；规定所有报评初级（初聘）专业技术职务资格（含以考代评系列）者，须持有计算机培训考核合格证。2002 年，国家人事部取消国家系列的职称初级评审委员会，不再进行初级职称的评审工作。对于国家尚未统一开考的，一律实行“以考代评”。

第二节　继续深化社会事业改革

在机关事业单位改革取得阶段性成果的基础上，县委、县政府开阔视野，用系统化思维，推进全县社会事业改革，促进释放活力，更好服务经济社会协调发展。

一、推进科技改革创新

1992 年，县委、县政府提出把建湖建成“科技先导型经济”的县份。同年 4 月发出《关于加快实施“科技兴县”战略的决定》。1993 年，建湖县被评为全国首批科技工作先进县。1994 年提出“高科技、外向型、适度规模和名牌”的发展思路。其间，科技大会、科技恳谈、科技进步企业创建、科技进步乡镇创建等活动相继展开，“前厂后院”“前田后院”等产学研结合模式给建湖各个方面带来深刻的变化。1997 年 6 月，县委、县政府印发《关于实施科教兴县战略，加速科技进步的若干政策措施》，建湖县被评为全国首届科技实力百强县。

开展科技创建活动。20 世纪 90 年代初，建湖县成立乡镇科技进步达标领导小组，将科技进步乡镇的 22 项指标列入科技杯奖、科技工作目标和科技助理岗位考核文件。1995 年至 1999 年，全县有 15 个乡镇获评江苏省科技工作先进乡镇，49 人获评创建工作先进个人。在推进企业改革的同时，县委、县政府提出“加大科技创新力度，构筑新的竞争高地”，皮鞋、农药化工、纺织服装、机械加工、节能灯、花炮等支柱产业逐步提升科技内涵。1997 年 3 月，县政府印发《建湖县科技进步先进企业评选暂行办法》，成立科技先进企业评审领导小组。2000 年，森达集团组建全市第一家省级工程研究中心。县油米厂、森达集团先后被评为江苏省技术进步先进企业，县农药厂、克胜集团、特达钻采设备制造公司获评盐城市技术进步先进企业，咸中石油机械公司等 40 家企业被认定为江苏省民营科技企业。2001 年 12 月，县委、县政府出台《关于开展“创建科普示范县”活动的意见》，建立适应市场经济的科普工作体制与运行机制，成立创建活动领导小组，制定创建工作计划，相继获评 1999—2000 年和 2001—2002 年等年度全省及全国科技进步先进县。2002 年 8 月，永林油脂化工有限公司被授予盐城市十佳民营科技企业。全县有农药、有机化工、缫丝、花炮等民办研究所 48 家。

实施科研攻关项目。1994 年 3 月，农药扫螨净被列为国家级星火计划项目，ZXN-Ⅱ/Ⅲ型湿蒸气热流量显示仪、CHGQ-0.8/60 型抽油杆动力钳被列为国家重点新产品，“年产 100 吨扫螨净原药装置”“湿蒸气热流量显示仪”被列为省星火计划，“1.5-8GHZ 数字微波通信设备”“废轮胎再生精细橡胶粉”被列为省火炬计划。1995 年 4 月，陶瓷复合钢管被列入国家级火炬计划，森达鞋业被列入国家级星火支柱产业，恒丰塑料被列为省级星火支柱产业。1996 年 2 月，R-PP 石油管道防保温新材料、QT-100/30 型船坞液压边墩被列为国家星火计划项目，R-PP 改性沥青、RPV 植绒装饰板、金属模液压壳体铸造、SMD-6420 三维制鞋辅助测量设计系统、蚜虱净 5 个项目被列为省星火计划项目。1997 年 3 月，BYG 自动给水机、热熔复合胶粉和年产 30 吨（100%）蚜虱净原药、乙酸乙酯等分别被列为省火炬（星火）计划和国家级星火计划。1998 年 4 月，县玻璃钢渔轮、高强度工程网被列为省级星火计划项目，高档皮鞋技术开发和多功能塑料瓶等被列为国家星火计划。20 世纪 90 年代中后期，石油机械等行业开发一批市场前景好、附加值高、效益高、创汇高的产品，如中压电能传输系统、扭矩自动控制液压钳等项目被列入省级、国家级火炬项目。2002 年 1 月，制鞋业被列入全省星火带建设成果展。

建立知识产权保护制度。1995 年，由县科技局牵头，会同工商等部门做好知识产权保护工作。2001 年 4 月，组织全县 500 余名专利工作者参加全国知识产权竞赛。2002 年，县科技部门开始酝酿和制定保护知识产权规划和试点方案，以及企业知识产权联席会议制度，通过宣传培训，打击假冒商标、专利侵权等活动，增强全社会知识产权意识。建湖县积极申报各项专利，被评为盐城市专利申请先进县。

二、加快教育综合改革

1992 年 9 月，省委、省政府作出《关于加快教育发展和改革若干问题的决定》。同年建湖县被省教委确定为第二批农村教育综合改革试点县。1993年3月，县政府制定《建湖县教育综合改革实施方案》，明确分级办学管理体制，有计划地实施九年制义务教育，大力发展职业教育，着力加强成人教育，重视教学科研改革，切实加强德育教育。1996年6月，全县农村教育综合改革通过市级验收。2000年3月，县委、县政府作出《关于加快教育改革与发展，全面推进素质教育的决定》。

办学管理体制改革。20世纪90年代初，全县义务教育办学体制推行“分级办学，分级管理”模式，人事调配由县乡共管，以县为主；教育经费由县乡共管，以乡为主；事业计划和教学业务以县为主，实行统管；干部任免，县直学校按干部管理权限进行，农村以乡镇党委为主。县幼儿园、小学、中学由县直管。1995年3月，县政府出台《关于加快实施农村中小学布局调整的意见》，年底完成村办初小（教学点）、片办完小、乡镇办初中和中心校（中心初中、中心小学、中心幼儿园和成人教育中心）任务。1999年，全县开始实施新一轮学校布局调整，形成“县办完中、乡镇办初中、联办完小、村办初小和幼儿园”的格局。社会办学以培养职业技能人才为主。2001年8月，县政府出台《关于鼓励扶持和规范管理社会力量办学的意见》。2002年，张家港市客商投资创办建湖外国语学校，招收初、高中学生，每学年承担400多名学生的义务教育。此后民办教育成为全县教育事业新的组成部分。

教育教学科研改革。1994年，县教育局印发《建湖县中小学教学“五认真”[①] 细则》，并多次组织教学“五认真”的督导与检查。1997年，县直各学校相继成立教科室，负责学校教学科研工作。1998年秋季，全县调整部分学科教学内容与要求，深化基础教育改革，减轻学生过重负担。1999年，全县各乡镇划分为5个片，初中教研活动分片进行。2000年，县实验小学开展国家级重点课题“小学生生活作文”研究，为全省小学作文教学研究会提供现场。2001年，举行全县联办初中校长会课，召开全县教科研工作总结推进会。2002年，各乡镇中心小学、中心初中直接承担和指导学校教学科研工作，县教研室对全县中小学教研工作按学期或学年提出书面指导意见，并抓好落实。1996年至2002年，全县教育系统申报国家级科

①“五认真”，即认真备课、认真上课、认真布置批改作业、认真辅导和认真检测。

研课题 20 项、省级科研课题 140 项、市级科研课题 150 项。此外，每年还向市以上推荐参评教改论文数百篇。

中小学招生制度改革。根据《中华人民共和国义务教育法》规定，县内小学招生按施教区就近入学，毕业后就近进入施教区内的初级中学就读。2001 年开始，小学只进行毕业考试，初中招生免试就近入学。初中在施教区范围内招收小学毕业生入学，未达小学毕业水平的学生可回原小学复读。民办初中招生对学生进行综合素质测试，择优录取。高中招生实施毕业考试与升学考试合一形式，试卷由市教育局统一命题。1996 年后，初中毕业生可报考五年制大专。

教育人事制度改革。2001 年起，建湖县推行校长竞聘制、教师聘用制、岗位责任制、绩效挂钩制、职称评聘公开制，实行按需设岗、公开招聘、竞争上岗、择优聘用。全县参与改革的学校 150 多所，校长竞争上岗的学校 134 所，中层干部竞聘上岗的学校 122 所，实行教师全员聘任的学校 134 所，中层干部竞聘试聘人数 300 多人，待聘 30 多人，清退代课教师 451 名。加强农村师资队伍建设，促进城乡师资力量均衡。城乡学校开展结对帮扶活动，互派校长和教师挂职任教制度化。

三、推进文化体制改革

1992 年起，县内文化市场由文化、广播电视 2 个部门共同管理。1993 年开始，县图书馆逐步实行办公和业务自动化，建立馆藏文献数据库。在参评全国和省文化先进县期间，县内各乡镇均通过万册图书馆检查验收。1993 年 8 月，县电影管理站将原试片室改成圆梦娱乐厅，对外营业。在全国电影业推行院线制改革后，县影剧院、电影管理站圆梦娱乐厅率先加入盛世亚细亚院线，适时调整、改造场所环境。1997 年 1 月，经省编委批准，江苏省杂技培训中心在建湖杂技团挂牌成立。1998 年，县政府实施老城区改造，原县人民剧场被拆除，在原址上重建，年底建成营业。同年 10 月《建湖报》复刊试行，1999 年 1 月正式出版发行，市编委批准成立建湖报社，为县委直属正科级全民事业单位。1999 年开始，县内文化市场归口文化部门管理。县内出现的网吧新业态，由电信部门主管。2001 年开始，将网吧、音像制品出版、复制、进口以及批发、零售、出租、放映的管理职能统一划归文化部门。县域文化市场日渐活跃，恒济镇建河村文化室、建阳镇文化大院、沿河镇家庭文化户相继出现，成为基层群众文化新模式。

随着市场经济体制改革的不断深入，县内文化经营单位逐步陷入困境，于是陆续采取能人承包、租赁经营、转型改项、自谋职业等办法放开搞活。1997 年 1 月，建湖新华书店恢复事业单位性质，用工管理由县劳动局移交县人事局。1999 年 4 月，江苏新华发行集团成立。建湖新华书店成为江苏新华发行集团子公司，人、财、物划归省集团公司，党组织关系和劳动工资均由地方管理。2001 年，县文化局组织下属单位负责人和局机关干部到苏中参观学习，解放思想，拓宽文化产业发展思路。县淮剧团采取团校结合、引培结合方式，与上海戏剧学院和盐城鲁迅艺术学校合作，加快人才培养和精品生产步伐。探索推行演出承包责任制、人员工资浮动制、演出竞争上岗制、职称评聘分开制等改革新举措，创新节目表演形式，拓展演出市场，取得较好的经济效益和社会效益。市杂技团与江苏省文化产业集团开展项目化合作，实现资源共享。在内部管理上，细化分工、强化责任、工效挂钩、奖惩分明，演出市场稳步发展。其间，钟庄淮剧团和冠华杂技团首开县内民营演艺团体的先河。金乐剧团、志祥剧团等一批群众性文艺团体在自娱自乐、自我发展的同时，也大大增强了淮剧杂技艺术的影响力和辐射力。进入 21 世纪，由于经济体制改革，撤乡并镇，乡镇文化站由 18 个缩减至 15 个。2002 年，乡镇文化站和广播站合并建立文广服务中心。

四、深化医疗卫生改革

县内医疗卫生工作顺应形势发展特别是服务人民健康需要，革故鼎新，砥砺前行，医卫体制机制改革呈现多点开花、协调并进局面，为提高人民健康水平，推进全面小康社会建设提供卫生保障。

县内卫生主管部门为县卫生局，其下属医卫机构及建制变革情况大致是：县人民医院 1990 年初为二级建制（副科），后曾升格为一级（正科），但不长时间又复为二级，1995 年获评二级甲等医院。县中医院 1999 年 7 月被省中医药管理局确认为二级甲等医院，8 月国家中医药管理局为之挂牌。县第二人民医院 1991 年 9 月由原上冈中心卫生院升格而成。县精神病防治院 1993 年更名为县第三人民医院。建湖镇卫生院更名为县第四人民医院。建阳眼科医院 1997 年从建阳迁至县城明珠路（2012 年被市卫生局确认为全市首批二级眼科专科医院）。此外，县内还有县级机关门诊室、中心卫生院、乡镇卫生院、村企校社区卫生室（服务中心）等医疗机构，形成覆盖全县城乡的医疗卫生服务网络。1996年后，镇村实施行政体制改革，村级卫生管理体制发生了变化。1999年9月，县政府印发《关于加强乡村卫生组织一体化管理的通知》，各乡镇成立乡村卫生组织一体化管理办公室，撤销原乡镇卫管办。

20世纪90年代后，县人民医院首创的文明行医、医疗质量、合理收费等服务承诺制在全县医疗机构普遍推行。2000年开始，针对群众对看病难、看病贵以及“收红包”“吃回扣”等问题反映强烈的实际，以县级医院为重点，着重将服务态度、医疗质量和医德医风的整治列上要位，重抓严管。2002年，在县中医院试行“六制、两清、一推行”① 的综合配套改革试点，取得经验后，向各医疗单位推开。接着又组织县人民医院等医疗单位到安徽、江西、河南和徐州铜山等地考察学习，并结合建湖实际抓好落实，进一步加强医政管理，改善和优化医疗卫生服务。药政改革推行药品招标采购制。2000年5月前，医疗单位用药一直采取“谈判式”采购，6月起，根据省、市部署，施行药品监管体制改革，药品监管职能从县卫生局划转给新成立的建湖药监局。此后，县卫生局成立药品集中招标采购办公室，统管全县医疗单位药品采购供应工作。县政府出台《深化医药卫生体制改革意见》，明确全县基层医疗机构一律使用政府“目录”规定的基本药物，实施零差价销售。全县卫生系统仅县中医院、建阳眼科医院和裴刘卫生院进行产权转让，其中建阳眼科医院于2002年6月整体转让，成为民营医院。

第三节　实施社会保障制度改革

经过多年的探索试点，全县社会养老保险制度、生育保险制度、工伤保险制度、失业保险制度、城镇居民基本医疗保险制度陆续出台，启动实施住房保障制度改革，停止实物分房，实行货币补偿，大力实施再就业工程，社会保障体系逐步完善。

①“六制、两清、一推行”，即干部选任竞聘制、职工双向选择合同制、职称等级评聘分开制、工资分配浮动制、考核末位诫勉制、后勤服务招标制，清理临时工、清理借用人员，推行全成本核算。

一、养老保险制度改革

1992年起，建湖县贯彻国务院《关于企业职工养老保险制度改革的决定》，参保人数逐年增加。1994年7月，县政府印发《关于调整企业职工社会养老保险基金统筹方案的通知》。1995年，根据国务院《关于深化企业职工养老保险制度改革的通知》精神，全县企业和职工养老保险实行统一制度、统一标准、统一管理、统一调剂使用基金，首次执行社会统筹与个人账户相结合的制度，首次实行社会保险行政管理与基金管理分开，执行机构与监督机构分设的基金管理新模式。1996年7月1日，《江苏省城镇企业职工养老保险规定》颁布施行，建湖县企业职工养老保险统筹比例调整为28%，其中企业缴费比例24%、职工个人缴费比例4%。1997年，国务院《关于建立统一的企业职工基本养老保险制度的决定》下发后，建湖县社会基本养老保险与国家新政并轨，参保人员缴费年限到法定退休年龄时由满10年改为满15年。2000年7月1日起，企业离退休人员养老金100%社会化发放，建立基本养老金正常调整机制；逐步做实个人账户，巩固“统账结合”模式；社保基金的征收管理全面执行“税务征收，财政管理，社保支付三位一体”的新体制。

1994年3月，县机关事业单位社会保险管理处成立，负责全县机关事业单位在编工作人员养老保险基金征缴，隶属县人事局管理。同年4月县政府出台《机关事业单位部分工作人员养老保险制度改革暂行办法》，机关事业单位工作人员开始实施养老保险制度改革，结算方式为全额结算，差额拨付。纳入机关事业单位养老保险基金支付的养老金基础和标准为：国家和省政府规定的离退休金，省政府规定的综合补贴和职岗津贴（含基础津贴）。2001年9月，县机关事业单位社会保险管理处划入县劳动和社会保障局管理。

建湖县是省政府确定的首批开展农村养老保险工作的试点县。1992年7月，在全省率先推行农村社会养老保险制度，12月被民政部表彰。同年，成立县农村社会养老保险事业管理处，隶属县民政局管理，2001年划入县劳动和社会保障局，纳入整个社会保障体系。此阶段的农民投保模式为“个人缴费为主、集体补助为辅”，国家对补助个人参与农保的企业及其他单位集体给予政策扶持。

二、医疗保险制度改革

1994 年 9 月，县政府出台《建湖县企业职工医疗社会保险试行办法》，建立企业大病医疗保险制度。1996 年 2 月，县政府出台《关于推行农村合作医疗保险制度的意见》，12 月成立县职工医疗保障制度改革领导小组办公室（以下简称“医改办”）和县职工医疗保险基金管理中心（以下简称“医保中心”）。2001 年 7 月，医改办被撤销，其职能划转县劳动和社会保障局，医保中心并入县劳动和社会保障局。

城镇职工医疗保险制度改革。1997 年 1 月，启动城镇职工医疗保险制度改革试点工作。职工医疗保险基金由用人单位和个人共同缴纳，用人单位按在职职工年工资总额的 12%缴纳，个人按年工资总额的 1%缴纳，单位退休职工个人不缴费。职工医疗保险基金由个人医疗账户资金和社会统筹医疗基金组成，前者用于支付参保职工门诊医疗费用，后者用于支付参保职工住院医疗费用。医改前的 1996 年，全县公费医疗人均支出 897.54 元；1997 年医改后，人均医药费支出 657.4 元，比 1996 年下降 26.8%；1998 年人均医药费支出 652.2 元，两年为财政节约支出 500 多万元。1998 年在职参保职工医疗费 365.65 元，退休职工 1009.49 元，二等乙级以上革命伤残军人 2258.98 元，离休人员 4551.72 元。1999 年，在全市首家出台《企业离休人员医疗保险管理暂行办法（试行）》。

设立基本医疗统筹基金。1998 年 12 月，国务院发出《关于建立城镇职工基本医疗保险制度的决定》，县政府建立基本医疗保险统筹基金和个人账户。2001 年 4 月，县政府出台《关于进一步完善医疗保险有关政策的意见》，按照二等乙级及以上革命伤残军人前三年实际医疗消费水平，建立专项统筹基金，实行单独列账管理。全县二等乙级及以上革命伤残军人医疗专项统筹基数为 3600 元/年，其中 1620 元划入个人医疗账户，专门用于门诊医疗费用。在全县参保人群统筹基金总额中划拨 10%和从职工个人医疗账户基金中每人每月提取 5 元（包括退休职工），建立大病补充医疗保险基金。医疗保险基金从 2001 年 1 月 1 日交由地税部门征收，医改部门每月 6 日前将有关征缴对象应缴纳医疗保险费数据汇总提供给地税部门，作为征缴依据，并报县财政部门备案。

建立农村合作医疗保障制度。农村推行家庭联产承包责任制后，县内农村合作医疗逐步解体。1999 年 3 月，县政府出台《关于印发建湖县农村大病风险合作医疗实施办法（暂行）的通知》；6月，县卫生局会同县委农工部印发《关于农村大病风险合作医疗资金筹集与管理的有关规定》，制发农民合作医疗就诊卡，公开有关制度，方便群众监督。全县大病风险合作医疗行政村覆盖76%。2000年，县卫生局和县委农工部专项审计全县农村大病风险合作医疗资金使用与管理情况。2001年6月，县政府召开专题动员会，出台《建湖县农村居民大额费用合作医疗暂行办法》，进一步加大推进力度。2002年9月，在宝塔镇召开现场推进会进行再动员，同年底在全县推开。

三、失业、工伤、生育保险制度改革

1992年10月，全县失业保险覆盖面由国有企业扩大到县属以上集体企业、乡镇企业和街道办企业中城镇户口的劳动合同制职工。1999年1月，根据国务院《失业保险条例》，全县失业保险覆盖面由国有、集体企业扩大到城镇各类企业、事业单位及其职工，失业保险基金缴费比例提高到工资总额的3%，其中单位按工资总额的2%缴纳、个人按工资总额的1%缴纳。2002年，全县失业保险参保人数5.3万人。至2002年，全县按照基金使用和发放救济规定，为3755名失业职工发放失业保险金675.8万元。

1992年9月，县政府印发《建湖县企业职工工伤保险暂行办法》，在全省率先出台企业职工工伤保险项目。工伤保险业务由县劳动局监察股行政认可，社会劳动保险处工伤生育科作业务结算，县内工伤保险业务逐步展开。全县工伤保险业务首选在事故易发的建筑、花炮、化工和机械等行业试行。2003年4月，《中华人民共和国工伤保险条例》颁布施行。全县工伤保险根据新的工伤保险条例完善体制扩大范围，企业和职工参保的积极性高涨，工伤保险工作步入法制化轨道。

1994年9月，县政府下发《建湖县企业女职工生育社会保险试行办法》，企业职工生育保险业务由县社会劳动保险处经办。女职工生育费补助标准：1994年至1997年，按当地上年度职工月社会平均工资额（下同）计算，顺产和难产（剖宫产）分别补偿4个月和6个月的标准保费，多胞胎和晚婚女职工分别增加1个月补偿标准。1998年，企业女职工生育保险待遇调整为：顺产、剖宫产分别补偿6个月和8个月的标准保费。

四、住房保障制度改革

1993年4月，县政府出台《建湖县城镇住房制度改革实施方案》，要求逐步提高租金标准，加快公房出售。1995 年 12 月，县政府印发《关于深化城镇住房制度改革方案》，全面推行公积金制度，积极推进租金改革，逐步增加职工住房工资含量，稳步出售公有住房，加快经济适用房开发建设。1998 年 12 月，县政府出台《建湖县进一步深化房改实施方案》，取消住房实物分配，逐步实行住房分配货币化。1999 年 12 月，省住房制度改革办公室批复同意建湖县房改房上市交易暂行办法。2000 年 4 月，县政府出台《建湖县城镇房屋权属登记管理办法》，12 月出台《建湖县房地产市场管理暂行规定》，规范房地产经营活动。2001 年，全县全面停止以福利实物为特征的统包统管分房制度。

建立住房公积金制度。1995 年 7 月，建湖县住房公积金管理中心成立，与县住房基金管理中心两块牌子一套班子，开始实行住房公积金制度。1998 年 7 月 1 日，调整职工住房公积金计缴基数，按职工 1997 年度平均工资核定。至 1999 年底，县级机关、事业单位基本建立住房公积金制度，并辐射到一半以上的乡镇。公积金计缴比例调整到职工个人月工资总额的 7%，单位和职工个人均按 7%缴纳。2000 年 7 月 16 日，县政府制定出台《建湖县房改调整方案》，职工住房公积金缴存比例调整为 8%。至 2002 年底，全县归集住房公积金 8.38 亿元，职工支取公积金 2.87 亿元，发放住房公积金贷款 6.58 亿元，同时解决 400 多名离休干部的住房补贴。

推进公房上市交易。1998 年，随着全县房改工作的启动，县内公房出售跟进实施。在国税局、粮食局、农机局、工业公司等单位开展首批公房出售试点，盘活存量住房，使大部分职工有了住房的原始积累。此后，公房出售工作继续推进，至 2000 年底，全县出售公房 5000 多套 38.2 万平方米。搞好公房出售，为实现住房商品化奠定了基础。

实施货币化分房。1998 年 12 月 1 日起，建湖县开始实施取消住房实物分配，逐步建立以住房分配货币化为主要内容的新房改方案。新方案实行“老人一次性补贴，新人按月补贴”的政策。1999 年 3 月 24 日，县政府出台《建湖县职工住房分配货币化暂行办法》，规定 1998 年 12 月 1 日前参加工作的职工购房时实行一次性补贴，标准为每平方米 170 元，并给予 1995 年前的房改工龄补贴；1998 年 12 月 1 日后参加工作的职工实行按月发放住房补贴，标准为新职工月工资总额的 7%。建立住房供应新体系，最低收入家庭可租用廉租房，中低收入家庭购买经济适用房和普通住宅，其他高收入家庭按市场价购、租商品房。

建设经济适用房和廉租房。县内从“八五”开始启动经济适用房建设，至1999年底，全县竣工各类经济适用房6.8万平方米（含教师安居房），解决1100多户职工住房，完成县城人均6平方米以下住房解困任务。2000年，在西苑小区建设经济适用房180套1.1万平方米，其中安置老城区拆迁户30套2000平方米。2001年，新建经济适用房41套2500平方米。2002年起，着眼解决最低收入家庭住房困难，将廉租房建设提上日程，分年立项实施，并按规定做好租金补贴扩面工作。

五、实施再就业工程

20世纪90年代中后期，多种因素导致县内下岗待业人员骤增，就业压力加大。面对繁重的再就业任务，县委、县政府在深入调研的基础上，召开会议，研究对策，多措并举推进再就业工作的落实。1996年，县政府出台《关于建立解决困难企业职工生活困难资金制度的意见》，印发《关于进一步做好解决困难企业职工生活困难工作的通知》，大力实施再就业工程，多渠道安置企业下岗职工。1997年6月，县委、县政府成立县再就业工程领导小组，由主要负责人挂帅，分管领导具体抓，县各相关部门主要负责人为领导小组成员，其他部门和各镇协同配合；出台《关于深入实施再就业工程的意见》，明确再就业工作的指导思想、就业对象、政策措施和组织领导；之后又制定出台《关于进一步做好下岗失业人员再就业工作的意见》等跟踪配套文件，针对问题提出措施，指导和推进再就业工作实施到位。县委、县政府先后筹措近9000万元资金，用于资助1.2万名生活困难职工和5000多名就业缺资人员，帮助解决基本生活、发放社保和就业培训等所需。县劳动、人事、金融、税务等部门提供就业指南，发放再就业优惠证，安排小额贷款，实施税费减免，支持创新创业、自主就业。发展城镇就业，通过建立企业、街道、社区服务平台，开发就业岗位，使2.51万名下岗人员在自谋职业、非公经济和灵活就业三条渠道上实现再就业，16.42万名农村闲置劳力通过就地就近转移实现再就业。组织劳务输出，开拓县外劳务市场，先后向苏州、无锡、常州、上海和广州等先进发达地区输出劳动力10.91万名。拓宽视野，多路并举，打开了全县再就业工作新局面。

第十三章　协调推进城乡建设和社会事业发展

20 世纪 90 年代后，县委、县政府高度重视统筹推进城乡各项事业协调发展，编制完善县城总体规划和镇村建设规划，加快城乡建设与管理，进一步完善基础设施，城市功能不断完善提升，加大环境治理力度，全县生态环境进一步好转。同时加快社会事业发展，全面改善科技、教育、文化、卫生等各项事业发展条件，优化运行机制，提升发展质量。1993 年，县委集中 5 万余名劳力投入县城接通国道 204 工程。1995 年，接续完善建北路东段建设，铺设兴建路下水管道及新杨路混凝土路面，疏浚城区部分排水河道，兴建颜单至建阳公路，完善国道 204 接通工程，建设东塘河大桥，扩容市话程控交换机和架设县城至乡镇光缆中继线，建设草堰口 35 千伏变电所和上冈镇、草堰口镇、冈东乡电力线路“两改三”（两相电改三相电）工程，增添调频发射设备和发电机组。1996 年起，县城“五路一场”① 建设和老城区及冠华路等拆迁改造工程稳步实施。统筹抓好小城镇及交通、水利、邮电通信等基础设施建设工作，为全县经济社会协调发展奠定基础。

第一节　城乡规划编制

20 世纪 90 年代，县城进行两轮总体规划修编，同时进行集镇规划编制。根据城乡规划和不同时期城市建设出现的新情况，县委、县政府及时出台有关规定、意见，使城乡建设和管理工作有章可循。

一、县城总体规划编制

随着经济社会的发展，加之新长铁路将从城北通过，县委于 1987 年开

①“五路一场”，指建北路、兴建路、湖中南路、湖中北路、建宝路，湖中农贸市场。

始对原县城总体规划进行多次讨论调整和完善，1989年初形成县城建设第二轮总体方案，6月提交县第十一届人大常委会第十九次会议审议通过，1990年12月26日经盐城市人民政府批准同意实施。规划期为1990年至2000年，建成区东至湖东路，西至永太河，南至县皮鞋二厂，北至规划的铁路站场，面积为13.2平方千米。规划控制区北至夹荡港，东至鱼种场，南至李家庄，西至韩圩河，面积40平方千米。近期至1995年常住人口为9.5万人，远期到2000年常住人口为12万人，建成区总用地13.2平方千米。控制向东，适当向南，重点向西，结合发展北部。

1997年3月，县委、县政府委托江苏省城市规划设计研究院对县城总体规划进行第三轮修编。1998年10月31日通过盐城市规划局组织的专家评审，1999年1月18日经县第十四届人大常委会第七次会议审议通过，1999年12月30日经盐城市人民政府批准同意实施。规划期限：近期1997年至2000年，远期2001年至2010年。包括建湖镇和近湖镇全部，建阳镇的镇区和建南、陈圩、顾坝、杨沟、建北、马厂、建东、冯晏、金桥、胡桥、商家11个村，钟庄镇的南华、建新2个村，面积120.2平方千米。城市人口规模近期13万人，远期20万人。城市建设用地规模近期10.8平方千米，远期18.72平方千米。向北为主，向西为次，适当向南、向东发展。同时，编制向阳路、湖中路、新建路、建北路、跃进路、建湖东路及老城区人民剧场以北地段拆迁改造规划方案，完成湖中路、向阳路两侧建设详规。

二、镇村规划编制

1995年，在完成县城规划的基础上，根据省政府《关于认真做好村镇规划编制工作的通知》要求，县政府成立村镇规划编制与基本农田保护区划定工作领导小组，在全县开展乡镇规划编制工作。各乡镇相应成立领导小组，1996年5月全面完成规划编制。全县乡镇规划科学界定村镇建设规划区和基本农田保护区，合理预测人口规模，控制人均建设用地，保证一二级基本农田保护面积落实到位，形成科学合理、节能高效的镇村体系。规划把全县6856个自然村庄居民点（不含县城）及2933个独家墩、零星户缩并成353个中心村和684个基层村，人均建设用地控制在100平方米以内，节约用地5.42万亩。1996年6月中旬，成立建湖县乡镇规划技术鉴定小组，对全县各乡镇规划逐一过堂、评审，形成鉴定意见；6月29日，县政府批准实施。全县村庄布局以“适度集聚、节约用地、有利农业生产和方便农民生活”为原则，1595个自然村落保留780个居民点和118个村庄纳入全县小城镇建设总体规划。完成26个规模较大、地形复杂、文化遗存厚重的村庄规划和130个一般村庄布局规划及506个居住点建设规划，通过专家评审和省检查验收。1999年，调整完善集镇新一轮总体规划修编工作，完成沿河、冈东、冈西、草堰口、裴刘、辛庄第三轮规划修编、论证和审批工作。2000年起，上冈、庆丰和蒋营被列为全省重点中心镇，省、市有关高校和市政规划设计院帮助进行第三次总体规划修编。对省级风景名胜区九龙口作总体规划修编。此后，相继完成15个集镇26条街道、15个住宅区、15个工业集中区和10个公园绿地的修建性详规。

第二节　城镇建设与管理

1992年后，县委、县政府围绕配套设施全、工程品位高、环境质量好的目标，重点实施老城区拆迁改造，完善城区配套功能，加快小城镇建设，加强城市管理与执法，城市化水平不断提高。1993年底，县城规划区面积由原来的20平方千米扩大到40平方千米，建成区面积扩大到5.03平方千米，常住人口8.5万人，其中非农业人口6.5万人，新辟县工业开发区，并启动实施。1998年4月，县委、县政府组织城市建设考察学习组到天津市河西区、静海县，北京市顺义县、怀柔县，山东省威海市、荣成市等地考察城市建设，形成调研报告。2000年7月，建湖县被评为全国第三次城市综合整治优秀县，全国仅59个县获此荣誉。

一、县城老城区拆迁改造

1996年4月，县政府作出《关于为人民群众办实事的决定》，突出抓好县城“五路一场”建设。5月3日，县委、县政府召开“五路一场”建设动员大会，拆迁改造工程全面展开，完成9.2万平方米的拆迁任务，建成建北路、兴建路、湖中南路、湖中北路、建宝路和湖中农贸市场。1997年12月24日，县委、县政府召开工程建设总结表彰会。至此，“五路一场”建设竣工。1998年至1999年，县委、县政府实施老城区一期改造，南起盂兰河，北至电信局北侧小河，东起西塘河，西至新河。一期改造工程新建各类用房40幢，建设市民广场1.6万平方米。工程于1998年5月启动拆迁，7月开工建设，道路、绿化等配套设施一次性实施到位。1999年，县委、县政府实施湖中路、向阳路、兴建西路、人民南路等路段拆迁改造，6月开始拆迁，8月进入全面建设阶段。2000年至2002年，县委、县政府实施老城区二期改造，东至西塘河，西至人民路，南至电信局北侧小河，北至建港沟。二期改造工程重点建设两大商业片区，向东延伸兴建路，建造新世纪大桥，2000年4月拆迁，6月启动建设。2001年2月，建成南区兴湖花苑（兴建路南）。2002年7月，建成北区世纪园。2001年，县委、县政府实施明珠路、丰收路、跃进路、塘河东路等部分路段拆迁改造，5月启动拆迁，8月开工建设，年底竣工交付。2002年，县委、县政府实施冠华路、秀夫南路地段拆迁改造，其中冠华路两侧建成有水乡特色的现代化城市片区。秀夫南路于2002年7月实施拆迁，8月拆迁结束。

二、市政配套设施建设

基础设施建设步伐加快。1993年，改造东出口，调整改架“三线”，道路铺设泥结砖渣路面。同年改造南出口，铺设沥青路面，向阳路铺设混凝土路面，盐城复线铺设沥青路面。1994年湖中桥建成通车，1995年森达桥建成通车，2000年新世纪大桥建成通车。1998年至2002年修建完善建宝路、湖中南路、人民南路、滨河大道、丰收路、明珠路及塘河东路等道路。建设完善供水排水设施。1991年12月，县自来水厂更名为县自来水公司，负责县城自来水生产供应，兼营自来水安装、维修和水卫器材销售。1992年后，新修的道路主干道均埋设双向排水管道，次干道埋设单侧排水管道，县城防洪排涝能力增强，防洪区域逐渐扩大。1993年，县政府建设地面水厂一期工程。1994年8月前，县城生产、生活用水主要采用地下水源，先后开凿19口深井，分布在镇西、镇北、近湖、桥东、湖中等地，属循环供水。1994年8月18日县地面水厂投入运营，日供水能力2.5万吨。2002年，县政府建设城北污水处理厂，铺设污水管道41.28千米。

城市公共交通开通运行。1991年1月19日，县陆运公司开通1路公交汽车，3个月后停运。1995年5月，县环宇集团成立公交公司，购置14辆中巴车，于8月1日恢复县城公交运营。县城出租车起步于1996年，首批投放100辆。同年10月，县政府常务会议明确由县住建局牵头，成立出租车交通管理办公室，加强县城出租车的交通管理，实行车辆总量控制，办理营运手续，审查收缴各种规费。1998 年移交县公安局管理。1999 年成立环宇、长城出租车公司。2000 年出租车管理划归县城管局。2000 年底，县城开通 8 条公交线路。2001 年 12 月，县城公交经营权转让给浙江省建德市绿源现代农业开发有限公司，成立建湖县兴建公交客运有限公司。2002 年 8 月，县城首期 40 辆中巴车投入运行。

三、加快小城镇建设

1995 年 12 月，县政府印发《建湖县小城镇小康村建设试点工作方案》，上冈镇被列为全国小城镇建设试点镇，庆丰镇为省级试点镇，颜单镇、钟庄镇、蒋营乡、近湖乡镇南村、上冈镇冈南村、庆丰镇东乔村、芦沟乡红亮村为市级试点。上冈镇实施老镇区"脱胎"式改造，新建府前、冈南、镇东和康宁等 10 多个住宅小区，1997 年被评为盐城市新型示范小城镇，1998 年被评为江苏省新型示范小城镇，1999 年被省建设厅确认为全省重点中心镇联系点。庆丰镇被评为盐城市新型小城镇和江苏省百家试点镇。建阳镇实施新一轮集镇建设，原址改建成明清商业街，镇区街道形成"三横五纵"框架。蒋营镇被国家发改委列为第二批国家发展改革试点小城镇。1999 年，全县投入 1.5 亿元加快村镇建设，新型小城镇创建率 47%。钟庄镇、建阳镇创成市级新型小城镇。冈西镇东徐村、钟庄镇大王村、上冈镇冈南村、建阳镇马厂村、高作镇西站村建成一批新型示范住宅，初步展现社会主义新农村风貌。颜单镇建成工交路、兴颜路、单庄路、新世纪路、人民路等主要道路，临街有 2 至 5 层楼群建筑，设各类商铺、旅馆和超市。恒济镇政府迁至恒丰中路北侧，新建府前路，沿街开辟门面商品房，有商铺 78 家。2001 年和 2002 年，高作镇被评为江苏省文明乡镇。芦沟镇 2000 年建成新镇区。冈西镇 2002 年获评市级新型小城镇。2002 年，县政府在全县开展村镇建设"五个一"工程竞赛活动，建设一条较高规格的集镇街道、一块高品位的公共绿地、一幢标志性的特色建筑、一个高标准的住宅小区和一个上规模档次的中心村。活动结束对每项工程的前 3 名进行表彰，后 3 名予以通报批评。

四、城市管理与执法

1996 年前，城市管理工作由建湖镇负责。1996 年，成立县城市管理办公室，为县政府直属正科级单位。1997年，县环境卫生管理所更名为县环境卫生管理处（简称“县环卫处”），负责县城环境卫生保洁与管理、环卫公共设施建设与管理，对县城规划区范围内环境卫生实施监察、执法、协调与指导，为驻城企事业单位提供有偿服务。2001年7月，县委、县政府成立县城市管理局，负责县城市容和环境卫生、户外广告、城市客运交通和非机动车管理等工作。2002年3月，县环卫处（原隶属建设局，副科级全额拨款集体事业单位）、县城非机动车管理所（原隶属近湖镇，为镇属规费征收全民事业单位）、县城市客运交通管理办公室（原隶属公安局）划归县城管局。2002年4月，县委、县政府成立县城市管理委员会（简称“城管委”），为城市管理议事决策机构，县有关部门派出执法人员参与城管委的日常工作，实行联合执法。

2001年9月，县委、县政府开展以落实“门前三包”为主要内容的城市管理月活动，抽调500多名机关干部深入临街单位、门市，宣传“门前三包”内容和要求，各单位落实包干路段，2次开展县城环境综合整治。县城市容管理实行“门前三包”责任制、区域路段包干责任制，执法模式由集中整治向长效管理转变。对县城流动摊点疏堵结合，以疏为主，设置夜市排档、临时摊位疏导点、报刊亭。2002年4月至5月，县委、县政府组织突击整治县城主次干道乱设市场、乱摆摊点、乱停车辆、乱贴广告、乱倒垃圾等问题，公安、建设、工商、交通、卫生、环保、城管部门分段督查，取缔占道经营摊点，查处流动占道经营三轮车，治理沿街门市出店经营，清除墙面、建筑物和电线杆等野广告，拆除乱搭摊篷，处理小区加工家禽、养禽养畜、噪声、有毒喷漆和大排档夜市、喇叭扰民等信访举报和县长热线、城管热线交办事项。2002年12月，县城后街保洁实行市场化运作，组建民办保洁中心，成立4个保洁站（后增至9个）。

第三节 推进城乡基础设施建设

20世纪90年代起，县内交通建设先后实施干线公路等级化、“村村通”灰黑化、航道生态化、港站桥涵配套化工程。里下河地区入海的四大干河中黄沙港、射阳河穿越县内。水利建设着重提高抗御各种水旱自然灾害能力，先后实施大溪河、通榆河、戛粮河等整治工程，开挖土方近千万立方米。在遭遇1991年特大洪涝灾害和1994年、1997年严重旱情后，建湖县加大硬件投入，进一步完善防汛防旱决策信息系统。邮电通信、广电事业得到空前发展，现代化通信体系覆盖全县。通过实施扶贫通电、农网改造、城网改造等工程，全县电力供应状况明显改善，为经济社会快速发展奠定坚实基础。

一、交通建设提速推进

20世纪90年代后，全县交通发展出现质的提升：公路形成“五纵五横”主骨架；水路形成“四纵四横”主航道；铁路、高速公路，国道、省道、县道、镇村道形成便捷快速的现代交通网络。

县内交通路网建设。1993年1月9日，县城接通国道204工程全面展开，当年春节前完工。2002年3月，县城接通国道204北半幅工程开工建设，当年9月竣工通车。“九五”时期，县内公路建设以“两化一通”① 为目标，制订计划，通力实施，确保实现。以省道新盐淮线和建宝线为依托，组建全市首家公路实业公司——建新公司，借贷筑路，收费还贷，建成颜单、沿河、蒋营等支线100余千米。交通部门通过国家拨款、地方筹资、社会融资等渠道筹集道路建设资金。2002年底，县城和各镇道路全面黑色化，村居道路全面硬质化，全县形成“五纵五横”公路交通主骨架。“五纵”是：新国道204，草堰口河桥至新潭洋河桥；冈庆线，冈西镇至庆丰镇朱港村；宝芦线，宝塔镇阜建桥至芦沟镇裴刘大桥；永建线，朦胧大桥至沿河大溪河桥；建恒线，建阳镇通荡大桥至恒济镇山河村。“五横”是：宝冈线，阜宁县永兴镇至冈东镇树新村；冈高线，高作镇至冈东徐庄；涟淮线，建阳镇戛粮河桥至庆丰镇洪桥；高速连接线（九龙口线），蒋营镇九龙口至裴刘大桥；恒芦线，恒济镇至裴刘大桥。

县内新长铁路建成通车。20世纪90年代，经国家计委批准，由浙江、江苏联合投资建设新长铁路。铁路从东陇海线新沂站引出，经淮安、建湖、盐城、海安等地，由靖江轮渡到江阴，从宜兴进入浙江长兴与宣杭铁路接轨。新长铁路从县内高作镇合兴村进入，由上冈镇宋楼村出县，途经高作、建阳、近湖、开发区、庆丰、上冈。1997年10月，县成立铁路筹建办公室，负责征地拆迁、协调关系和保证供给等相关事宜；1998年9月，进入

①“两化一通”，即网络化、黑色化、村村通。

全面施工阶段；1999年7月12日，铁轨铺架到县内；8月27日，境内铁轨铺架全部结束；11月30日，新长铁路至南通段正式营运。新长铁路在县内设建湖站和庆丰站。建湖站为四等客货站，货站建于站房东侧；庆丰站为停靠小站（2004年7月1日，首列客车驶入境内，建湖由此结束不通火车的历史）。在新长铁路开工建设的同时，县委、县政府以“新长线”为母线，派生建设一条地方铁路货运专线。

撤渡建桥取得新进展。1993年，经县政府批准设置的渡口尚有158道，其中因无船和船质差停渡8道。1995年，县政府印发《建湖县建桥撤渡和渡船更新工作规划》。1995年至1999年，县政府建代渡桥24座。2001年，撤渡建桥被列为县政府实事工程，兴建代渡桥128座，全县渡口减少到22道。至此，县乡干道的重点渡口全部建成代渡桥。随着城乡公路、桥梁建设的进一步发展，剩下的一部分除被公路桥替代外，加之期间又新建10余座代渡桥，且全部改用钢制渡船，并建起候船亭、水泥公路及混凝土码头等设施，安全性进一步提高。

二、水利建设步伐加快

1991年特大洪灾发生后，按照省、市部署，县委、县政府先后制定境内骨干河道整治、圩区治理和防汛防旱信息系统建设等规划并付诸实施。县内先后实施大溪河、通榆河等重大整治工程。大溪河整治后，河面、河底拓宽，提高了防洪能力。通榆河工程分南北两段，穿越境内上冈、冈东、草堰口3个乡镇。南段工程于1997年11月20日启动，1998年5月20日通过竣工验收；北段工程于1998年下半年开工，1999年完成。工程首开机械化施工先河，完成土方450万立方米。接着，县委、县政府又发动各地进行河道清淤疏浚工作。县内“圩子”多，是水乡建湖的一大特点。1991年洪灾后，启动新一轮联并计划，多方筹措资金，清坝联圩，为防洪泄洪提供屏障和通道。1999年，建湖在全市率先建成“无坝县”。闸站建设系境内多年来农业基础建设的要务之一。1992年起，闸站建设连年升温，其中1998和1999两年新建的圩口闸350座。2000年建成闸站80座，防灾抗灾能力持续增强。县委、县政府把防汛防旱工作作为保障水乡安澜，让人民安居乐业的大事来抓，重视弘扬传统经验与倡导举措创新相结合，提升抗灾能力与胜算。县水利等部门按照“见事早、行动快、措施实”的要求，针对县内河多、圩多、地势低洼的“两多一低”特点，提前制定应急预案，争取抗灾主动权。围绕搞好防灾抗灾，县、乡镇、村三级于汛期到来前即建好防汛抗旱专门机构。县将河堤、圩区和沿荡等低洼地带作为全境防汛工作重点，防汛抗灾期间除当地党和政府倾力重抓外，县防指和水利主管部门从人力、资金和器材等方面倾斜支持，优先保障。沿河、沿堤、沿荡乡镇及村组贯彻属地管理原则，修圩固堤，分工负责，严防死守，确保安全度汛，万无一失。1992 年起，县防指、防办、各乡镇和基层水利站、水文观测点利用传真、短信、微电脑和人工智能等现代媒介，下发防灾部署，上报雨情、水情、灾情，服务防汛抗灾，工作效能提高。2000 年后，新建了县防汛防旱信息中心机房，置办了汛情监测及信息传收等时新设备，进一步增强对灾情的掌控和抗灾指导能力。

三、邮电供电并驾齐驱

1993 年，全县新增 4 个邮电局所开办特快业务。1994 年增加商业信函、包裹业务。1995 年，县政府发出《关于加强城镇通信配套设施建设和管理的通知》，城镇规划区内新建的高层或多层建筑物均预埋电缆管道。至 1995 年 6 月，邮政局（所）均办理储蓄业务和特快业务。1998 年，邮政电信分营，成立县邮政局，停办快件业务。2000 年底，各邮政局（所）均实现电子化，邮政储蓄实现联网和异地通存通兑。

1992 年，建湖开通程控电话；1993 年，县内始有移动电话；1995 年，撤销人工长话台，市话均为自动电话，范围扩大至县城区和近湖乡各村组，开通市网 126、127，省网 128、129，国网 198、199 频道。同年 4 月，县乡党政系统传真通信网络工程全面启动，6 月底正式开通。1997 年起，建湖电信经营的传真业务减少。1998 年 8 月，建湖移动从原建湖县邮电局剥离出来。同年 10 月，中国电信建湖分公司成立，撤销基层局所电报业务网点和县电信局报房，由营业大厅受理发往盐城报房或转交客户；12 月，成立建湖国信寻呼有限公司，开办寻呼业务。1999 年 2 月，中国联通盐城分公司建湖营业部成立，3 月，注册成立江苏移动通信有限责任公司建湖分公司。2000 年，县内寻呼业务停止，长话业务 11.65 万门，实施 G 网五期扩容工程，新建基站 6 座，移动用户普及率 3.68%。2001 年，开通互联网，开始运营宽带多媒体业务，117 个用户使用 ADSL 上网。推出“金卡快捷通”业务。至2002年，建成移动基站35座，移动信号实现县域全覆盖，移动用户总数5.55万户。

1993年，成立县农电管理总站，负责管理乡镇电管站。1995年3月，建湖县启动扶贫通电工程，历时三年，至1998年底完成。1995年，全县村民小组通电率100%，户通电率99.91%，新建35千伏农村变电所2座。1997年，建湖供电公司被省政府表彰为扶贫通电工程先进集体。1998年至2000年，建湖供电部门完成全县246个行政村及15个乡镇所在地的农网改造任务。2001年8月，撤销县农电管理总站，成立县农电管理所，同时撤销各乡镇电管站，成立供电所，负责所辖供电区域内10千伏及低压电网的建设管理及日常供电营业工作。2002年，全县有变电所14座，主变压器23台，总容量35.7万千伏安。

四、广电事业同频共振

1993年6月，县政府撤销县广播电视管理站，成立县广播电台、电视台和有线电视台，副科级建制，隶属县广播电视局，实行四块牌子一套班子。9月，县电视台增开30频道转播中央电视台节目，2频道转播江苏电视台节目，13频道转播盐城电视台节目，并开设《建湖新闻》栏目，9月1日开播。同年底，调频广播开办，广播节目实现无线发射播出，县城广播开始实现无线调频音箱覆盖，各乡镇机房开始接收92.8兆赫无线调频信号。有线电视起步于1993年。1995年至1998年，全县15个镇建成有线电视网。1996年，明确广播电视局为县政府直属正科级事业局，原县广播电台、电视台、有线电视台，合并建立广播电视台，与广播电视局实行“局台合一”模式。1997年起，县城有线电视网络开始首期改造，采用星型光缆到小区，铺设近70个光节点，实现市县光缆联网；1998年底，县镇光缆联网。1997年底，全县实现户户通广播，动圈喇叭行政入户率95%，通响率98%，村村建成标准化广播室。1999年，全县新发展有线电视及“双入户”村100个，增加有线电视户5000户。1999年后，各镇广播开始通过县至各镇的有线电视光缆传输调频广播信号，镇至村采用有线电视光缆和电缆传输广播信号，开通有线电视用户的广播信号采用共缆传输入户。2001年，将音像制品出版、复制、进口以及批发、零售、出租、放映的管理职能交由县文化局承担，新增管理监督信息网络（包括广播电视传输覆盖网、通讯网、计算机网、闭路电视系统等）上的广播电视节目、广播电视类节目播出前端和经营广播电视传送业务。2002 年 8 月，实现村村内部联网、组组通高音喇叭，播出接收设备良好，广播通响率、覆盖率 100%。配全村级广播维护员，建立完善标准广播室。

第四节　推进生态环境治理

1993 年 4 月，县政府发出《关于实施江苏省环境综合整治“611”工程的通知》，建湖镇、建阳镇被列为全省环境综合整治工程 100 个小城镇定量考核单位，庆丰镇董徐村、荡中乡跃进村被列为全省 100 个农村生态环境定量考核单位，县染料化工厂被列为全省 600 个重污染企业定量考核单位。1995 年，县政府出台《县城环境卫生实行分级管理的意见》，印发《建湖县环境保护“九五”计划和 2010 年环境规划》。1996 年，县环保部门取缔和关停县染料厂等一批污染严重的企业。1997 年，县政府批复同意县环保局实施环境监测站标准化建设计划，出台《关于加强饮食娱乐服务业环境管理的意见》，在全省率先实行环保行政执法责任制。1998 年 7 月，县政府下达环境保护限期治理任务。2000 年 3 月，县政府发出《关于对超标污染源实行限期治理的决定》，对县东南精细化工等 8 家企业实行停产治理。2001 年 4 月，县政府发出《关于对超标污染源实行限期治理的决定》《关于加强九龙口省级风景名胜区水质保护的意见》，通过一系列环保文件的执行和环保政策的实施，全县的生态环境进一步好转。

一、加强环境污染防治

1994 年，县政府实施《建湖县城噪声功能控制达标区建设方案》，通过对达标区范围内的各类噪声源登记监测。制定《建湖县城烟尘控制达标区建设方案》，限期治理县城内炉、窑、灶烟尘排放超标问题。1998 年，县城建成 70%噪声达标区，烟尘控制达标区覆盖率 85%。县环保部门坚持工业项目通报制度，依法否决 10 个污染严重的项目。加强污染源治理，巩固淮河流域达标排放工作成果，7 家省市重点督查单位实现稳定达标排放。1999 年开始，加大对中考、高考期间噪声排放监测力度，保证考生有安静的应试环境。重点治理锻打炉和浴室业锅炉烟尘，县城烟尘控制达标区覆盖率 100%。按照“一控双达标”工作要求，县政府召开“一控双达标”

专题会议，出台工作方案，与各乡镇和有关部门签订责任状。同年6月底，建宇化工公司放射性废水和天捷集团水泥粉尘、克胜集团焚烧炉烟尘等重点治理项目通过验收。2000年起，重点治理工业和三产业烟尘，实现县城烟尘达标排放。至2000年6月，全县工业企业基本上实现达标排放，首批通过市政府考核验收。2001年，县政府对4家重点烟尘污染企业实施限期治理；5月；县政府下发《关于公布秸秆禁烧区的通知》，明确近湖镇、建阳镇、庆丰镇、上冈镇、草堰口镇、颜单镇、高作镇、沿河镇、建湖镇、开发区等镇区的部分村居和县农业局粮棉原种场为秸秆禁烧区，上冈轻通厂建成稻麦秸秆生产人造板示范工厂。2002年，县委、县政府推动县城化工园区建设，实现工业企业集中管理，统一治理，部分企业获得污染治理专项资金，提高了工业污染治理水平，有效削减了污染排放量。

二、实施环境综合整治

1992年后，县政府与各镇、各部门和重点企业签订环保目标责任状和主要污染物总量削减目标责任书，明确各自的职责和任务。县城工厂逐年增多，大量工业、生活废水排入城区河道，部分河道变黑发臭，水污染问题突出。1998年，县城区内工厂逐步外迁。1999年，县城新建和改造水冲式公厕、垃圾池、中转站、无害化处理填埋场等环卫设施。县城积极推行垃圾袋装化，垃圾清运和无害化处理率100%。督促有关单位实施“退二进三”战略，将排污严重、难以治理的企业搬出县城，完成县食品厂、机械厂等企业的搬迁改造。全面实现工业废水达标排放，工业废气处理率97%，工业固体废弃物综合利用率97%，全县环境质量保持稳定。2000年，新建落地式垃圾中转站、化粪池、洒水车加水站兼洗车场，完善颜单垃圾处理场。2001年起，对重点污染企业实施重点监管；4月，县政府发布《关于实施县城市容环境综合整治的通告》，规范经商秩序、交通秩序、卫生保洁、户外广告，落实门前“三包”责任制；6月至7月，在全县开展严肃查处环境违法行为专项行动；8月，在县城全面推行门前“三包”责任制，县城主干道两侧所有机关、企事业单位、经营门市和居民户，包干负责清洁卫生、包规范经营、包车辆不乱停乱放，签订门前“三包”协议书。县城主要道路两侧设立禁鸣高音标志，创建人民路禁鸣一条街，取缔一批商业性噪声超标单位的音响设备。县城烟控区建设成果明显，召开烟尘治理专项会议，建立例会制度，出台加强城镇浴室管理工作意见，启动县城生活污水处理厂建设前期工作。禁止使用一次性发泡塑料餐具，白色污染得到有效控制。

三、开展环保执法检查

1994 年，县城大气质量增加二氧化硫项目检测，对 19 个污染企业进行处罚，责令县农药厂、县光明印绸厂和云梦池浴室停产整顿，5 家企业实施限期治理。1996 年，县城增设近湖织布厂东大气监测点，监测项目为二氧化硫、氮氧化合物、总悬浮颗粒物。开始对县城大气环境和交通噪声进行监测，县城区域划分为文教区、混合区、工业区和交通干线两侧四类功能区。1997 年，县政府出台《建湖县环境污染事故纠纷调查处理程序》《建湖县环境信访规定》，成立环保信访处理领导小组。1998 年，县环保执法部门立案查处环保违法行为 120 起，实施行政处罚 34 起，人民法院强制执行 8 起，依法否决 5 个重污染、难治理项目。1999 年，县环保执法部门修订完善监理人员岗位目标责任制，加强日常执法的考核和监督，促进依法行政、规范执法。2000 年，环境管理“三同时”① 制度执行率 100%。2001 年起，县城建成区范围内采用 250 米×250 米网格布设环境噪声监测点 101 个，调整县教师进修学校、县中医院和县监测站大气监测点。地表水监测断面调整为西塘河、黄沙港、串场河、戛粮河、射阳河、通榆河 6 条河流的 9 个断面，设 14 个监测点。2002 年 9 月，县环保部门开展“严肃查处违法行为，遏制污染反弹”专项行动，取缔 19 家小电镀企业，整顿 40 家小塑料生产企业。

第五节　科教文卫体全面进步

20 世纪 90 年代，随着社会主义市场经济体制的初步建立，经济发展步伐加快，各项社会事业呈现加速发展的态势。科技方面通过举办科技节，开展科技合作与交流，举行科技咨询活动，创建科技示范单位，组织申请专利发明，加大知识产权保护力度，全县不断取得新的科技成果。教育方面坚持抓牢各类基础教育，提质发展高中教育，办好职业教育和成人教育，多次受到国家和省、市表彰。与此同时，文化体育和卫生医疗事业也取得

①“三同时”，即同时设计、同时施工、同时投产。

了长足发展。

一、科技事业日新月异

举办科技节。1992 年至 1997 年，县委、县政府举办 6 届科技节。1992 年 4 月 7 日至 10 日，举办首届科技节，召开科技大会，出台《关于加快实施“科技兴县”战略的决定》，县政府与南京大学、南京化工学院等高校签订技术合作协议、技术合同 128 份，协议投资 5423 万元。1993 年 4 月 28 日至 29 日，举办第二届科技节，县政府与国家教委科技管理中心、南京航空航天大学、南京理工大学和中国药科大学等达成科学技术合作意向，聘请 100 多名专家教授担任技术顾问，签订技术协作合同 113 份。1994 年 4 月 9 日至 26 日，举办第三届科技节，分别在武汉、西安和南京举行，全县组建 18 个高科技公关队，招引高新技术项目及科研成果 200 多项，其中 15 项为国家“863”计划、国家重大攻关项目和国家星火计划项目，13 项达国际领先水平。1995 年 10 月 8 日至 21 日，在北京举办第四届科技节，引进高科技项目 50 多个，其中 14 个项目被国家有关部委列入“九五”计划，签订正式技术合同 4 项。1996 年 11 月 7 日至 9 日，举办第五届科技节暨县星火密集区塑料支柱产业战略研讨会，省科委增列建湖星火技术密集区庆丰密集小区。1997 年 10 月 26 日，举办第六届科技节暨科技恳谈会，县政府与南京大学、东南大学、江苏省农科院续签经济技术合作协议，县内 16 家企业与有关高校、科研所签订技术合作协议。

开展科普宣传活动。在每年的科普宣传周、科技活动周等大型科普活动中，科技专家走上街头、走进田头，就种植养殖技术、动植物疫病防治等技术问题解答咨询。县政府先后 2 次召开科技示范试验交流现场会。1992 年，庆丰镇、近湖乡被列入全省“八五”期间重点建设的 107 个科技示范乡镇。2000 年后，企业科研开发更多地采取市场化的运作方式，农村科技推广体系更多地转向以农业示范园区、龙头企业、经济合作组织为主导的模式。2001 年起，县政府组织实施科教兴农工程，开展多层次、多门类、多形式的农民实用技术培训。

加强专利管理保护。1992 年 9 月，县政府出台《建湖县专利管理工作试行意见》，明确专利工作协调、管理以及专利技术开发、实施、保护、奖励、权属等有关规定。1993 年，县矿山石油机械厂（盐城特达钻采设备有限公司）获授“中国专利江苏百强企业”称号。1995 年 3 月 31 日，市政府授予县电子器材厂、矿山石油机械厂“专利明星企业”称号。1993年至1997年，在中国专利及新产品博览会上，建湖有30个专利产品参展，获金奖15项、创新奖4项。县化肥深施器厂、油封弹簧厂实施的“化肥深施器”和“汽车密封蛇形条簧”获评最佳专利奖。盐城特达钻采设备有限公司被列为“江苏省重点领域企业和行业知识产权战略推进计划项目”承担单位，生产的行星爪式开口型液压动力钳和建湖鑫磐道路器材有限公司生产的井盖系列产品被认定为“江苏省中小企业专利新产品”。至2002年，136件发明专利申请获得省专利扶持资金资助。

科技成果显著。“八五”期间，建湖县引进国外专家15人，项目10个。承担各级科技项目248项，其中火炬计划项目7项，星火计划项目19项；专利申请85项，授权50项，实施30项，1家企业获省专利百强企业，2家企业获盐城专利明星企业。1995年5月，经省科委批准，建湖县建立省级星火技术密集区，森达皮鞋工业城被列为省级星火支柱产业。1998年10月，建湖县被科技部批准为国家级星火技术密集区。杂交稻三系七圃法由南京农业大学和庆丰农技站等单位合作完成，在国内外首次解决专业化、大批量生产三系原种技术难题，先后获江苏省科技进步奖三等奖、国家教委科技进步奖一等奖和国家星火计划二等奖。县农药厂研创的粉锈宁农药新品被列为国家“六五”攻关项目，1993年获中国农药行业最高奖项国家科技进步奖一等奖。克胜集团研制的吡虫啉，又名蚜虱净，1997年获国家新产品奖，被列入国家星火计划，获第十五届国际植物保护大会金奖。2002年，扭矩自控液压动力钳被认定为江苏省高新技术产品。

二、教育事业质效齐升

1993年，马庄小学被省教委授予“江苏省首批模范小学”称号。1995年，县幼儿园被省教委评定为全省唯一的电化教育示范幼儿园，县级机关幼儿园撤并至县幼儿园。1996年9月，全县第一所希望小学——钟庄镇武港希望小学建成启用。1998年，县教育局出台《建湖县乡镇中心幼儿园工作考评细则》，开展村办园（班）乡、县级评估定类和一类幼儿园卫生保健合格评审活动，促进农村幼儿教育规范管理。县实验小学加大硬件建设，1998年通过省实验小学验收，1999年通过省模范学校验收，并率先在苏北地区开设“双语小班化”教育实验。县第二实验小学确立“实验型、示范型、高质量、有特色”的办学目标，走质量立校、科研兴校、内涵发展之路，获评省德育工作先进学校、省绿色学校。20 世纪 90 年代末，村幼儿班与村小撤并同步进行。2001 年，县政府出台《关于鼓励扶持和规范管理社会力量办学的意见》后，县城私人投资新建幼儿园 20 所。各镇（区）调整幼儿园布局，实施改革改制多元化办学。全县各乡镇根据新一轮布局调整规划和少儿生源状况，撤并大部分村小，按片保留一些定点小学。

全县初中积极实施“两基”、改造薄弱学校和布局调整，在苏北地区率先通过“两基”验收，钟庄乡、建阳乡、上冈镇、恒济乡、颜单乡的初中还为市、省提供薄弱学校改造、危房改造和布局调整现场。1996 年，县教育部门制定《关于加强初中建设的意见》，出台《建湖县初中分类定级评估方案》，启动初中“腰杆子工程”。县内福初、永安、建兴、东付等初中进行的“初三分流”“3＋1”“3＋X”等试验，为农村初中教育适应经济建设需要开辟新途径。1997 年至 2000 年，全县初中积极实施“双高两基”① 创建活动，16 个镇（区）中心初中“双高两基”工作成效显著，其中 13 所达到市、省规定的上限标准，并通过市、省的验收。庆丰镇还通过省教育现代化工程的验收。调整高中布局，撤并和改造薄弱高中，把 4 所省、市级重点高中办成升学预备教育模式的学校，将颜单中学、冈南中学、庆丰中学、建阳中学 4 所农村完中办成“二一分段，高三分流”的综合高中，招生数逐年上升。1998 年，易地新建建湖高级中学，2000 年通过验收，2001 年被认定为国家级示范性高中。2002 年，上冈中学被认定为国家级示范性高中。全县撤并颜单中学、冈南中学 2 所农村完中，创办县艺术高级中学，并利用社会力量创办建湖外国语学校。2002 年，钟庄中学迁址县城。

强化特殊教育工作。1993 年，全县出现了庆丰培智校和钟庄小学、单庄小学、草堰口小学培智班等一些兼有特教特色的学校和班级。1994 年，建湖被国家教委表彰为首批“特殊教育先进县”。1999 年 8 月，创办建湖县特殊教育学校，依据教育部 1998 年 12 月颁布的《特殊教育学校暂行规程》施行九年一贯制义务教育。自此全县形成县有特殊教育学校、镇有特教班、普通学校有残疾儿童随班就读的格局，全县残疾儿童入学率 96％以上。2002 年，新建特教综合楼一幢。

重视发展职业教育。1996 年是职业教育大发展的一年，全县普通中专

①“双高两基”，“双高”即高标准普及九年义务教育，高标准扫除青壮年文盲；“两基”，即基本普及九年义务教育，基本扫除青壮年文盲。

招生742名，职业中专招生391名，电视中专招生75名，成人中专招生220名，职业高中招生1220名，技工学校招生356名，在校学生3566名，职、普招生数之比1.12∶1。2002年7月，县职业高级中学与建湖电大合并，组建县职业技术教育中心，同时进行职业技术教育布局调整，技校、卫校、农校、水利职工学校仍为自办，交通职校、纺织职校自行分流，其他8所行业职校均并入职教中心。

加强中高等教育。1999年，建湖电大开始实行专科教育完全学分制。学历教育形式有普通大专班、成人脱产大专班、成人业余大专班、五年一贯制大专班（前三年接受普通高中教育、后两年接受大专教育）、成人中专班等5种形式。2000年，建湖电大增设春季招生，招收法制专业学员48人。建湖电大大力推行素质教育，大专部学生的毕业论文在市电大论文评审中，一次性合格率100%。至2002年，建湖电大共开办41个专业，累计向各条战线输送各类毕业生2716人，各类岗位培训4448人次。建湖电大改为县教育局管理，与县职业高级中学合并办学，扩大开放专科教育规模。开放教育以免试入学、完全学分制为特色，采取传统教学方式与卫星、电视、电信、计算机网络技术等现代传媒相结合，为社会培养高等应用人才。

1994年，建湖县被国家教委评为农村学校卫生工作先进县。1995年，建湖县被省政府授予“普及九年义务教育县”“扫除青壮年文盲县”称号。1996年，建湖县被省教委表彰为农村教育综合改革先进县，被国家教委命名为全国电教实验县。1997年，建湖县被省政府评为职工教育工作先进县、教育工作先进县。1998年，建湖县被省纪委确定为规范中小学收费达标县。1999年，建湖县被教育部命名为全国农村艺术教育实验县，全省仅3家，建湖县被省政府表彰为教育促小康先进县。2002年，建湖通过省首批中小学无危房县验收，受到省政府表彰奖励。

三、文体事业亮点纷呈

进入“八五”后，县域文化工作驾乘改革大潮，各级合力共抓，文化工作者队伍不断壮大，文化设施日益完善，文艺创作百花齐放，全县文化事业呈现欣欣向荣的局面。1992年，建湖县跨入全省首批文化先进县行列。1994年获评全国文化先进县。1997年7月，县委、县政府出台《关于进一步繁荣文化的若干意见》，提出“九五”时期，全县推出一批思想性、艺术性、观赏性较强的文艺作品，培养一批优秀文化专业人才，加强文化设施建设，活跃城乡群众文化，建立充满生机和活力的文化新体制，建立繁荣健康有序的文化市场。

县委、县政府多措并举加强文化阵地建设，为文化事业发展提供载体，改善工作环境。县文化馆占地1.54万平方米，设有电子阅览室、书画展览室、多功能活动室、橱窗画廊和音乐茶座等10多个活动场所，2000年前后，相继被评为全国先进文化馆和国家一级文化馆。县图书馆内设读者服务部和电子阅览室、报刊阅览室、图书外借室和文献资料室等11个部室，藏书10万余册，1993年起，启动图书开架借阅。县博物馆被列为1999年和2000年政府实事工程，2000年4月建成使用，馆藏文物1600余件，其中国家一级文物1件、二级文物8件、三级文物300余件。上述三馆于2011年后迁址县文化艺术中心和双湖公园。

改革开放后，为保护传统淮剧剧种，回收原剧团的部分人员，吸收一批新学员，而重新恢复县淮剧团。1995年起，县委、县政府从舆论、政策和资金上给予扶持，将离退休人员工资列入财政拨款，并下达专项资金，帮助剧团走出困境，重现生机。淮剧团先后5次参加江苏省淮剧节均获大奖。1998年，建湖县被命名为中国淮剧艺术之乡。建湖是全国杂技三大发祥地之一。20世纪90年代起，杂技团先后到加拿大、波兰、日本、韩国等多个国家和地区访问演出，受到国际友人和专家的好评。

全县文艺创作以小戏为主，先后创作戏剧、文学作品万余部（篇），涌现出一批知名剧作家。2000年后创作的小戏、小品、曲艺等近300部。金学桂创作的《土地神换任》、袁福荣创作的《丈母娘拜师》等先后在省、市获奖。袁福荣、王友理创作的大型现代淮剧《冲天鸟》演出逾万场，获市“五个一工程”提名奖。湖海艺文社和蒹葭诗社以创作旧体诗为主，刘俭、陶天真以创作新体诗和非格律散文诗见长，深受读者喜爱。此外，小说、散文和报告文学等方面亦创作出数量颇丰、广为传播的好作品。在重视文学创作的同时，加快发展书法、美术、音乐、舞蹈等文化事业，全县涌现出一批书画名人，并多次在国家、省级比赛中获大奖。

1995年末，全县有62个书报刊销售点、77个录像放映点、18个电子游戏室、17个舞厅。县成立县文化市场管理委员会，下设办公室负责日常工作。文化局设文化市场管理股，文化经营户按项目建立管理小组。县文化局聘请义务监督员对县城重点地段的文化经营户实施经常性监督。县文化部门制定《建湖县文化市场管理暂行规定》和舞厅、录像、书刊、电子游戏机等8个项目管理规定，建立保证金制度、从业人员例会制度、检查制度和年审制度。将文化市场管理法律法规汇编成册，印发各经营户，每月组织集中学习交流，举办法律法规业务知识讲座，组织文化经营者岗位考试，发给合格者上岗证书。开展文化市场专项检查整顿，打击取缔违法经营户。

20世纪90年代，建湖体育事业发展步伐加快，体育活动丰富多彩，形式生动活泼，业绩令人鼓舞。1992年，县教育局被表彰为全国学校体育工作先进集体。完善提升体育场馆，建成约550平方米的室内训练场和3000平方米有固定看台的田径运动场以及游泳池等一批设施。县文化馆、航运公司分别建成儿童游乐场，上冈镇建成气枪、电子游乐场，部分乡镇建成篮球、排球、足球场等活动场地。1994年，庆丰镇被评为全国农民体育活动先进乡镇。1999年，县政府出台《关于实施〈全民健身计划纲要〉的考核意见》。至2000年，县内中小学有田径场220个，篮球场285个，排球场160个。钟庄小学建成全国第一家农村小学游泳池。2001年，建湖县被表彰为全国群众体育先进单位。

1993年起，县全民健身工程委员会建立，基层建立全民健身工程领导小组，域内形成全民健身组织网络，全县三级体育健身指导员2000余人。1995年，县体委被评为全国全民健身先进单位。2002年，全县建成300多个健身点，供职工居民健身活动。20世纪90年代起，阳光体育运动在县内中小学全面展开，各学校响应“每天活动1小时，健康工作50年，幸福生活一辈子”的号召，组织师生参加体育课、课间操以及跑步、打球等体育活动，加大对中小学传统体育传承力度，创建一批省、市级体育特色传统学校，发展布局、数量、质量均列全市排头。1995年10月，国家体委主任伍绍祖到建湖考察农民健身运动，给予高度评价。20世纪90年代中期，全县形成县、乡镇、村三级老年体协组织网络。1997年，成立建湖县太极拳联谊会。2002年，组建腰鼓队、门球队、夕阳红活动中心等。1993年至2002年，全县举办老年中小型比赛逾千次，老年体育步入全市先进行列。全县还多次组织残疾人体育活动，选拔多人参加省、市比赛，获金牌14枚。

建湖县在参加市级以上比赛中，棋类、球类、游泳、田径等均取得较好成绩。1992年至1994年，县棋类代表队在盐城市第一至三届运动会上连获前三名。1992年，农民棋手谢承贵在全省农民象棋比赛中夺得第一名，代表江苏省参加全国农民象棋比赛获第五名。1993年至1994年，建湖县参加市第二、第三届运动会获金牌36枚。市第四届运动会后，县游泳队比赛成绩稳居全市前三名。县田径队除保持市田径赛冠军优势外，成为全市唯一进入省田径甲级县行列的县份。1999 年，建湖县运动员张俊在省青年射箭比赛中夺得冠军。2000 年和 2003 年，县实验小学足球队和县实验初中足球队分别获“省长杯”比赛第二、第三名。县少年足球队 1999 年获省青少年女子足球比赛第四名、2001 年获第三名、2002 年获省第十五届运动会女子足球比赛第六名、全国女子足球 U-18 青年联赛第一名。2001 年，建湖县运动员陈正虎获省青少年举重 60 公斤级抓举、挺举和总成绩三项冠军。2002 年，建湖县在市级以上比赛中获奖牌 124 枚，其中金牌 49 枚。建湖县再次获授“江苏省田径甲级县”称号。

1993 年，县少年体育学校成立，编入普教序列。此后运动员培训工作日益加强。至 2000 年，全县运动员总数增加到 800 多名，包括等级运动员 425 名，其中国家运动健将 5 名、一级运动员 10 名；全县有省中级教练员 6 名，初级教练员 4 名。2000 年前，境内尚无等级裁判员。2001 年，朝阳小学副校长于京风被国家体育总局认定为全市唯一的国家级游泳裁判员。此后，逐步增加（至 2008 年，县内国家级游泳裁判员 1 名；一级裁判员 8 名，二级裁判员 51 名，三级裁判员 100 多名）。20 世纪 90 年代初，县文教局和县体委通过短期培训等措施，为县直各小学、农村初中、乡镇中心初中和中心小学配齐专职体育教师。到 2000 年，全县专职体育教师近 200 名，兼职体育教师 100 多名，有效增强了学校体育的师资力量。

1998 年，县内体育产业经济开始起步。县体委对体育闲置资产实行对外公开招标租赁经营，并单独建账、规范管理。引资 10 多万元，在体育场西南角新建运动员浴室、食堂和宿舍。1999 年，首次在县城组织体彩销售，吸纳社会闲散资金 350 多万元，新建股份制温泉游泳馆，在全省体彩销售大会上介绍做法，被《体育时报》《江苏体育简报》报道。2000 年在县城和上冈镇建立 3 个电脑体彩销售点，销售体彩 700 多万元，促进了全民健身活动的开展。2001 年 7 月，县体委更名为县体育局并入县教育局。

四、卫生事业与时俱进

1992 年，全县有医疗机构 89 个，其中医院 22 个。20 世纪 90 年代末，卫生技术人员突破 2000 名，之后呈现快速增长态势。2001 年 11 月，县卫生局药政职能划入药监局，医药行政股改为医政股。2002 年 6 月，县卫生局各个股室改股称科，增设法制监督科。2002 年底，有卫生机构 30 个，其中医院22家；有卫生技术人员1769名，其中医生834名。

20世纪90年代中后期，县卫生医疗单位学习引进对肺结核和乙肝、高血压、糖尿病等慢性病防治新技术，积累了一定经验。1996年初，省卫生厅专家组宣布建湖“基本消灭麻风病”，9月在北京召开的全国麻防工作会议上，县皮防院（所）被卫生部表彰为先进集体。1998年，建湖县传染病总发病率比上年下降16.52%。2000年，举办职业病防治培训班，提高用人单位的法律意识和广大职工自我保护能力。县卫生部门对0至7周岁无免疫接种和无全程免疫史以及辖区内所有0至4周岁冬春没有接种疫苗的流动儿童，全部进行计划免疫服务。2001年，建湖县认真贯彻《全国结核病防治规划（2001—2010）》，与复旦大学公共卫生学院共同开展《中国农村多耐药结核的社会学与生物学危险因素研究》，接受国际专家督导，取得重要成果。2002年6月，对县级医疗卫生机构技术人员进行性病、艾滋病知识培训，培训率95%以上。

1992年至1999年，县卫生学校开办1个职高班，学制18个月，与响水县卫校、滨海县卫校联办医士班6个（乡村医生培训、复训），学制18个月。2000年后，县卫生局举办乡村医生全科教育班2个，学制18个月；与山东煤炭卫生技术学校联办护士班2个，学制3年；与苏州医学科技学校联办药剂班1个，学生在建湖读1年，在苏州读2年。1993年，县人民医院建成远程会诊、教育中心，为全县中高级专业技术人员接受新理论、新技术、新知识、新方法提供方便，每年的4月至11月，每月开放1次。此外，县卫生进修学校增设“好医生”网站（卫生部主办），在职医技人员在网上接受继续教育，每年8月至9月参加考试，合格者可获得必须完成的年度学分（国家Ⅰ类学分）。20世纪90年代开始，各类学术交流活动趋向正常化。1995年后，县人民医院、县中医院、眼科医院等单位与省级以上高等院校开展合作交流，先后与扬州、南通大学医学院、上海第九人民医院、中山医院、上海心血管病研究所以及省肿瘤医院等单位挂钩联姻，形成协作关系。80年代中期后，建湖卫生系统获得科研成果100多项，在省级以上刊物发表论文1000余篇，多项成果填补市内空白。县人民医院开展新项目并获得科研成果奖51项，其中省级奖2项、市级奖21项；县中医院29项课题获省、市立项，30项课题获科技进步奖。

第十四章　统筹推进民主法制和精神文明建设

1996年10月，中共十四届六中全会作出《关于加强社会主义精神文明建设若干重要问题的决议》，对新形势下社会主义精神文明建设作出部署。省委发出《关于认真学习党的十四届六中全会精神的通知》，召开省委常委会（扩大）会议，传达学习中共十四届六中全会精神。省委召开九届五次全会对今后一段时期的精神文明建设作出部署。10月11日，市委发出通知，要求各地认真学习中共十四届六中全会精神，统一思想，提高认识，落实全会提出的加强社会主义精神文明建设的各项措施。根据中共中央和省、市委部署，县委于1997年1月出台《关于贯彻落实党的十四届六中全会〈决议〉的实施意见》，切实加强社会主义精神文明建设。同时，大力推进民主与法制建设，保证人民代表大会及其常委会依法履行职能，继续支持人民政协推进政治协商、民主监督、参政议政的规范化、制度化建设，巩固和发展最广泛的爱国统一战线，发挥群众团体参与管理国家和社会事务的积极作用，保证人民群众依法行使民主权利。深入开展普法宣传教育，增强全民的法律意识，着重提高领导干部的法制观念和依法办事能力，全面推进依法治县进程。

第一节　稳步推进民主政治建设

中共十五大报告指出："社会主义民主的本质是人民当家做主。国家一切权力属于人民。""共产党执政就是领导和支持人民掌握管理国家的权力，实行民主选举、民主决策、民主管理和民主监督，保证人民依法享有广泛的权利和自由，尊重和保障人权。"县委以中共十五大精神为指引，坚持和完善人民代表大会制度、政治协商和民主监督制度，巩固和发展爱国统一战线，加强群团组织建设，扩大基层民主管理覆盖面，加快社会主义民主政治建设进程。

一、坚持和完善人民代表大会制度

为了进一步加强和改善党对人大工作的领导，更好地坚持和完善人民代表大会制度，充分发挥地方国家权力机关的作用，促进依法治县和民主法治建设，推动全县改革开放和各项事业的健康发展，根据中共中央和省、市委有关文件精神，县委于1999年12月制定出台《关于进一步加强人大工作的意见》，要求全县各级党组织进一步深化对人民代表大会制度的认识，支持人大及其常委会依法加强监督工作，尊重人大及其常委会依法行使决定权，注重发挥人大及其常委会在依法治县中的主导作用，坚持党管干部原则和人大依法行使任免权的统一，充分发挥人大代表的作用，加强乡镇人大工作，大力加强人大自身建设，切实加强党对人大工作的领导。

建湖县人民代表大会及其常务委员会围绕经济建设中心，以保障和促进全县改革发展稳定为重要职责，以推进社会主义民主和法制建设为重点，认真履行宪法和法律赋予的职责，积极开展各项工作。听取并审议县人民政府、县人大常委会、县人民法院和县人民检察院工作报告，并通过相关决议。同时对一些重大问题进行专题讨论，依法选举国家机关工作人员，选举出席盐城市人民代表大会代表，审议全县中长期经济和社会发展计划。自1993年2月召开的县第十三届人民代表大会后，县人大常委会、县人民政府由三年一届改为五年一届。1994年2月，县十三届人大常委会第九次会议通过《建湖县人大常委会关于县政府组成人员和“两院”领导人向县人大常委会述职的决定》。1996年2月，县十三届人大四次会议审议通过《建湖县国民经济和社会发展第九个五年计划和2010年远景目标纲要》。1997年3月，县十三届人大五次会议作出《关于多渠道筹资，尽快实施县乡公路重点工程的决议》。1998年1月，县人大常委会撤销城乡建设工作委员会、教科文卫委员会和民族宗教侨务委员会，新设社会发展委员会。2000年9月25日，县十四届人大常委会第二十次会议通过《建湖县人大常委会评议和述职评议暂行办法》，进一步规范评议和述职评议工作。2001年2月，县十四届人大四次会议审议通过《建湖县国民经济和社会发展第十个五年计划纲要》。县人大常委会定期组织代表视察、执法检查、调查研究，跟踪监督法律法规贯彻实施情况、经济建设和民生实事落实情况，有力推促经济社会和谐发展。2002年底，县人大常委会内设机构为：办公室、内务司法委员会、财政经济委员会、社会发展委员会、人事代表联络委员会。

二、坚持和完善政治协商制度

1998年7月，县政协内设机构增设专委会办公室，为正科级建制。县政协九届委员会把应邀作为工作组、联络组成员的往届委员改称为名誉委员。从此届起，县政协由三年一届改为五年一届。县政协十届委员会不再设立名誉委员。县政协通过全会、常委会、主席会、专题协商会等形式，对全县大政方针及政治、经济、文化和社会生活中的重要问题在决策前和决策中进行政治协商。县政协常委会通过建议案或有关报告、委员提案、社情民意和调查检查及政协委员担任特邀监督员等形式开展民主监督。每年围绕经济社会发展重大问题和群众关心的热点问题，组织政协委员开展调研视察，广泛征求各界意见建议，形成调研报告或社情民意，积极参政议政。县政协每年选取部分提案作为重点提案，采取主席领衔督办、集中办理、现场办理等形式，促进提案转化落实。

三、巩固和发展爱国统一战线

县委认真贯彻落实省委出台的《关于进一步加强统一战线工作的意见》及全国和省、市统战工作会议精神，构建完善大统战工作格局，促进大团结大联合，巩固和发展爱国统一战线，充分调动一切积极因素，为全县改革发展稳定凝心聚力。建立统战工作联席会议制度，完善统战部负责协调的工作机制。县委在近湖、上冈、庆丰、建阳配备专职统战委员，其他镇和县直各单位均明确一名领导分管统战工作。1995年，建立全县党外科级后备干部队伍，制定培养、选拔、使用党外干部三年规划。1999年，统战理论政策被列入党委（党组）中心组学习内容和基层党员冬训内容，首次召开统战理论研讨会，建立统战工作信息员队伍。2000年，县委统战部门在全县非公经济代表人士中组织开展“致富思源，富而思进”主题教育活动，培养推荐优秀党外后备干部。2002年，县委实施常委与党外代表人士联系交友制度，县委常委与党外代表人士结对交友；在县政协换届时委员界别增设“无党派代表人士界”。

统战部门宣传贯彻党的民族宗教政策，维护少数民族的合法权益，尊重少数民族的风俗习惯，帮助解决语言交流困难，对生产经营活动采取优惠照顾政策，引导少数民族同胞脱贫致富。1999 年，全县设立少数民族扶贫专项资金，帮扶 86 户少数民族同胞脱贫，达到或超过全县人均生活水平。1999 年 3 月，扶持少数民族同胞陈丽在冈东镇创建海郡达花卉基地；2001 年 8 月，该基地被列为全省少数民族扶贫示范基地。依法加强宗教事务管理，进一步规范宗教活动场所秩序。1996 年，成立全县宗教活动场所登记工作领导小组，对全县 38 个宗教活动场所进行依法登记，纳入依法管理范围。对从事佛事活动的佛教信徒进行调查摸底，依法认定，建立名册，并组织培训，进一步规范全县农村佛事活动管理。2001 年，东冯清洁庵、恒济新九华开山寺、沿河观音庵和颜单延寿寺被评为县模范宗教活动场所；依法登记 16 座寺庙，颁发宗教活动场所登记证；2001 年至 2003 年，县政府批准宝塔净慧寺、建阳南林寺、上冈文庙、蒋营九龙寺等寺庙为合法佛教活动场所。

四、强化群团组织建设

在改革改制过程中，全县工会组织召开职代会或职工代表大会，认真审议讨论改制方案，协调解决改制中的矛盾问题，维护职工和企业双方的合法权益。县总工会在全县企业中开展“双爱双评”“双爱一建”① 等活动。1992 年，县总工会被全国总工会授予“基层工会工作先进单位”称号。1993 年 5 月 11 日至 13 日，县总工会召开第十次工会代表大会，出席代表 165 名，选举产生县总工会第十届委员会，其中执委 33 名、常委 9 名。1996 年，县总工会成立下岗职工再就业培训中心，每年培训下岗职工 300 多人次；同年成立职工互助互济会，筹集帮扶资金，建立特困职工生活档案。1997 年，18 个乡镇先后设立工会工作委员会，组织委员兼任工委主任。1998 年 12 月 28 日至 29 日，县总工会召开第十一次工会代表大会，出席代表 154 名，选举产生县总工会第十一届委员会，其中执委 33 名、常委 9 名。为认真贯彻落实 1998 年省委制定下发的《关于在深化改革中进一步全心全意依靠工人阶级和加强工会工作的意见》（以下简称《意见》）精神，

①“双爱双评”“双爱一建”，即企业爱职工、职工爱企业，评选热爱企业的好职工、评选关爱职工的好厂长，建设企业利益共同体。

1999 年 10 月县委出台实施办法，要求全县各级党组织深入学习宣传省委《意见》，坚定不移地贯彻落实全心全意依靠工人阶级的指导方针；坚持和完善职工民主管理、民主参与、民主监督制度，真正落实职工群众当家做主的权利；切实维护职工合法权益，调动和保障职工群众的积极性；加强思想道德和文化技术教育，提高职工队伍整体素质；加强和改善党对工会的领导，尊重和支持工会依法独立开展工作。2000 年起，各镇先后成立乡镇联合工会委员会。2001 年，蒋营镇首家成立工会委员会。县总工会实施爱心助学工程，每年为考取高校的特困职工子女提供助学金，开展与特困单亲女职工家庭结对帮扶，开展首届县级劳模评选，评出县级劳动模范 80 名。2002 年，建湖县获全省工会“十强县”称号。

1993 年起，团县委先后开展“手拉手，与我同行”“农村助学行动”等扶贫助学活动，兴建钟庄镇武港等 4 所希望小学。1994 年，开展“十佳少先队员、十佳少先队辅导员”评选活动。1996 年 9 月，成立县青年志愿者协会，此后每年的 3 月为志愿者春风行动月。1998 年 5 月 19 日至 21 日，县第十三次团代会召开，选举产生第十三届团县委委员 31 名。1999 年，在全市率先成立县级未成年人保护委员会。2000 年，各乡镇团委建立未成年人保护机构。2001 年，成功举办五届“建湖县十大杰出（优秀）青年”，两届“十佳青年园丁”“十佳青年医务工作者”“十佳青年卫士”以及“十大杰出青年创业之星”“十大优秀青年企业家”评选表彰活动。2002 年 8 月 2 日至 4 日，县第十四次团代会召开，选举产生第十四届团县委委员 31 名。

1993 年 9 月 15 日至 17 日，县妇联召开第十次妇代会，选举产生县妇联第十届执行委员会，其中执委 33 名、常委 9 名。1994 年，县妇联开展社会公德、职业道德、家庭伦理道德教育，9 月妇联领导职务由主任改称主席。1995 年，农村基层妇代会建设纳入以党支部为核心的村级组织配套建设的整体规划，在全县城镇妇女中开展“巾帼建功”活动。1997 年，县直 40 个单位配备兼职妇女工作者。1998 年，县妇联牵头开展“五好文明家庭”“文明楼幢”“文明楼院”创建活动。1995 年至 1998 年，县妇联组织开展“美在万家”家庭文明系列活动和“妇女文化中心户”创建工作。1998 年 11 月 1 日至 3 日，县妇联召开第十一次妇代会，选举产生县妇联第十一届执行委员会，其中执委 33 名、常委 7 名。1999 年至 2000 年，县妇联组织开展“科学进家家家富，文化进家家家乐，文明进家家家美，道德进家家家新”系列活动。2001年后，根据机构改革、乡镇调整、村组合并的实际，基层妇代会作相应调整。法律援助、妇女干部特邀陪审员和妇女权益联席会议三项制度得到不断完善。开展群众性“禁毒”“禁止毒品进我家”宣传和防治艾滋病“巾帼红丝带”培训活动。

五、加强基层民主管理

1992年7月，县政府总结近湖乡36个村和建阳镇、蒋营乡、草堰口乡、钟庄乡、建湖镇5个乡镇8个试点村开展村民自治示范活动经验，出台《1992—2000年建湖县村民自治工作初步规划》，着力抓好村委会民主选举、村民议事、村务公开三项制度建设，构建民主选举、民主决策、民主管理、民主监督的村民自治体系。1992年12月和1996年6月分别举行第三届、第四届村委会换届选举。1999年3月，贯彻落实新修订的《中华人民共和国村民委员会组织法》，举行第五届村委会选举，全县18个乡镇448个村（居）完成换届选举，其中2个乡镇、64个村进行直选。同年8月县政府批转县民政局《关于开展村民自治示范活动的意见》，建立健全民主选举制度、民主决策制度、民主管理制度、民主监督制度。2001年12月，完成第六届村委会换届选举。村委会民主选举后，村民事务逐步改变过去少数人说了算的管理模式，对集体财务、宅基地审批、经济项目承包等群众关心的热点问题，一律由村民代表大会讨论决定。2002年，县政府办转发县民政局《关于开展村民自治示范活动的意见》，指导各镇村依法制定《村民会议和村民代表会议制度》《民主理财制度》，村民自治工作逐步实现制度化、规范化、法治化。随着城市化进程和农村集镇建设的加快，不断强化以居委会为重点的社区民主政治建设。

第二节　协调推进民主法制建设

1992年，依法治县工作全面展开，县委提出“一年准备，二年治理，一年巩固，长期实施”的目标，对全县依法治县工作作出部署，通过开展依法治村居、依法治乡镇、依法治理企事业单位和依法治校等基层依法治理，逐步实现依法治县。1996年，完成依法治县第一个五年规划任务，建湖县被确定为全国依法治理工作联系点，同时被确定为省、市依法治理试点县。1997年，县十三届人大常委会第三十四次会议作出《关于全面开展第二个五年依法治县工作的决议》。在全省率先成立依法治县办公室，设在县司法局。2002年，县委批转《建湖县依法治县工作第三个五年规划》，县人大常委会作出《关于推进第三个五年依法治县的决议》。在县委依法治县领导小组的领导下，组织、指导、协调、督查各镇、各单位依法治县工作，强化全民普法教育，推进依法执政、依法行政、公正司法、依法经营管理和基层民主法治建设，开展民主法治示范村（社区）、法治镇（单位）、法治县创建活动，优化全县法治环境。

一、开展普法宣传教育

1991年至1995年，全县实施“二五”普法宣传教育，聘请专家学者举办法制讲座，实施法律常识进课堂，加强对青少年的法制教育。1992年5月，县法制宣传教育领导小组在全省第六次法制宣传教育会议上作经验介绍，并被评为全省1991—1993年普法工作先进集体。1994年组建普法工作宣讲团，在县广播电台开辟《法制方圆》专栏，钟庄乡成立“二五”普法广播教育中心，编印《法与案》普法简明教材。1994年5月，县委在全省第九次法制宣传教育工作会议上作《不断深化法制宣传教育，努力促进两个文明建设》的经验介绍。1995年3月，吴春松、赵万勇、袁彬、马红云组队代表江苏省参加全国消费者权益保护法知识竞赛，获冠军。7月，开展全县“二五”普法知识竞赛活动。在县城人民路建立“法制一条街”，展出“二五”普法成果及法律法规知识宣传戗板，举行法制文艺演出活动，设立法律咨询服务站，沿街张贴宣传标语，悬挂宣传横幅，拍摄1部全面反映“二五”普法工作录像片。

1996年至2000年，实施“三五”普法宣传教育。1996年5月，县委批转县委宣传部和司法局《关于在全县公民中开展法制宣传教育的第三个五年计划》。1997年8月，县政府转发市政府《关于在全市公务员中进行法律法规宣传教育工作的实施意见》（以下简称《实施意见》）。50多万人次参加年度学法考试，合格率100%。建湖县探索和推行的青少年“三教一体”（家庭教育、社会教育和学校教育）普法模式和完善普法考评体系等经验被司法部宣传推广。1999年2月，县委书记肖兰英、县司法局局长高文祥到北京参加全国学法用法依法治县会议，并在会上交流经验，受到罗干等党和国家领导人接见。“三五”普法期间，探索建立执法责任制、“三教一体”模式被司法部推广。建湖县被评为全国“二五”“三五”普法工作先进县。2002 年 9 月，建湖县被司法部列为全省唯一的县级普法依法治理联系点。

二、推进依法行政

建湖县是全国依法治理联系点、全市依法治市试点县，全县各级组织认真贯彻依法治国方略，稳步推进依法治县进程，依法行政工作取得较好成效。各级领导干部和行政执法人员的法律意识和法制观念逐步增强，依法行政水平不断提高。每年的县政府工作报告都有加强政府法制建设、推进依法行政的目标和任务，利用县政府常务会议、政府组成人员会议讲授法律知识，组织各乡镇、各部门负责人和法制工作者参加行政执法基础知识和新法规培训。县政府遇到重大问题或处理重要事务均听取法制机构关于法律法规的意见建议。加强政府法制队伍建设，在 10 个行政执法部门设立法制股（室），各乡镇和其他县直部门配备专兼职法制工作人员。

1990 年 9 月，建湖县设立县政府法制局，副科级建制。1991 年 3 月，县成立行政复议委员会，由县政府领导和有关部门主要负责人组成，县政府法制办负责承办行政复议和应诉工作，指导协调县政府各部门和乡镇人民政府的行政复议及应诉工作。行政复议机构遵循“以事实为依据，以法律为准绳”的原则，通过纠错实施层级监督，支持和监督行政执法部门依法履行职责，同时充分发挥行政复议制度的救济、监督、保障功能，切实维护行政相对人的合法权益，根据不同案情采取不同的审查方式，对案情复杂的案件，组织双方当事人质证，加强与双方当事人沟通，力求行政复议案件的办理取得法律效果和社会效果的统一。法制办对涉及县政府的行政应诉案件，坚持在收到每一件行政诉讼案的开庭及举证、答辩通知后，均认真调查了解，查寻法律、法规依据，在规定的时间内向法院提出答辩意见，提供证据材料，并在维护法律尊严和公平正义的前提下，切实帮助协调解决实际问题。1993 年 5 月，县政府制定《建湖县人民政府工作规则》《建湖县人民政府工作人员守则》，对政府组成人员职责、科学民主决策程序、依法行政要求、行政效能监察、会议制度、公文审批、政务公开、作风纪律、行政领导责任追究等作出规定，严格政府公共权力运行中涉及的重大事项决策程序，坚持做到未经合法性论证的不决策，未经调研论证的不决策，未经会议集体讨论的不决策，对重要信访、征地拆迁等重大问题实行听证制度，切实提高行政决策的合法性、科学性、公信力和透明度。充分发挥政府法制机构作用，政府所有文件必须由法制办审核把关。

1995年10月，县政府印发《关于贯彻实施〈江苏省行政执法监督办法〉的通知》，县政府法制办举办培训班，建立和完善行政执法监督制度，提高依法行政、依法管理水平。1997年起，全面清理行政执法主体及执法人员执法资格，认定39个行政机关和组织具备执法主体资格。县政府先后出台《建湖县行政执法违法责任追究办法》《建湖县行政评议考核办法》，1999年行政执法公示制在全县推行。1997年5月，县政府作出《关于建立健全行政执法责任制的决定》，在县国土局试点，然后在公安、工商、建设、交通、卫生、技术监督等部门推开，1998年，在全县行政执法部门全面实施。1998年初，重新修订《建湖县人民政府规范性文件制定程序》，明确由法制部门对县政府及各部门的规范性文件制发实行归口管理。1999年4月，《中华人民共和国行政复议法》颁布施行，建湖县举办3期培训班，县政府主要领导、分管领导在《建湖报》撰文和电视台发表专题讲话。6月开始，法制部门对1993年后县政府和县政府办发布的文件逐一审核清理，至2001年10月底，继续执行的173件，宣布废止和自行失效的310件，修订后重新发布的63件。2000年8月，县政府作出《关于加强依法行政工作的决定》，进一步加强和改善行政执法，提高依法行政水平，增强行政执法队伍法律素质。2001年，县政府法制局更名为县政府法制办公室。2002年4月，县政府办下发《关于进一步加强行政措施备案工作的通知》，法制办加强对各镇政府和县各部门制定行政措施的备案审查工作，提高规范性文件质量，保证行政措施的合法有效。

三、开展社会治安整治行动

构建治安防控网络。1992年，全县建立农村治安联防队83个，有联防队员613名。1993年，公安机关成立巡逻机动队，在公路沿线巡逻检查。1996年，在公路沿线、治安复杂地段、案件易发地区设置治安卡口、报警亭，在经济较发达的村（厂）组建联防队。1997年1月10日，开通110报警服务台，县公安局公开承诺“有警必接、有难必帮、有险必救、有求必应”。1998 年 4 月，建立“110”社会化服务体系，公安、民政、医疗卫生等 12 个部门单位参与。将各镇划分为 147 个警区，试行一区一警、一警多能、一包到底的治安承包责任制。同年 12 月，上冈交巡警中队被公安部记集体一等功。1999 年 3 月 30 日至 4 月 1 日，公安部在建湖县召开全国公路巡逻民警队伍建设座谈会，推广上冈交巡警中队“与民同行、保民平安、为民服务、让民满意”的做法；9 月，上冈交巡警中队被国务院授予“人民满意的公路巡警队”称号。2001 年，实现保安、联防一体化，全县有专职联防队 19 支 284 人、义务联防队 234 支、治保会 882 个。

开展专项整治行动。1991 年，县公安部门制定《建湖县废旧收购业治安管理暂行办法》，堵塞销赃渠道，将收旧业纳入规范化管理。1992 年至 1993 年，县公安、交通部门重点整治国道、省道、县道沿线路边店，加强对旅馆、私房出租户的管理。根据中共中央和省、市委政法工作会议部署，1993 年 6 月至 8 月，全县开展夏季“严打”专项斗争。6 月 25 日，县委政法委制定《全县集中开展夏季“严打”斗争的实施方案》，县委召开全县政法工作会议，进行专项部署，明确打击的重点是重大的“车匪路霸”犯罪分子和犯罪团伙骨干分子，以及危害严重的行凶杀人、抢劫、强奸、流氓捅刀子、绑架残害人质和重大盗窃等严重刑事犯罪分子，侦破各类刑事案件 517 起。1994 年 4 月至 6 月，又在全县集中开展一次“严打”斗争，侦破各类刑事案件 171 起，抓获刑事作案分子 87 名。根据全国农村社会治安综合治理工作会议精神，县委决定 1994 年至 1995 年，在全县开展集中整治城乡治安专项斗争，突出整治治安秩序不好的重点地区、重点单位和重点问题，依法严厉打击严重危害治安的刑事犯罪活动，建立健全维护治安的防范机制，整顿健全基层党政组织，推动社会治安综合治理各项措施落实。1998 年至 1999 年，县公安会同工商、文化等部门开展公共娱乐业清理整顿，登记发证 400 家，取缔执照 19 家。2000 年，集中整治废旧金属收购行业，县公安局、工商局联合取缔一批无证经营户。2000 年至 2001 年，县政府办印发《全县整顿和规范歌舞娱乐服务场所秩序专项行动方案》，开展娱乐业整治专项行动，清理娱乐场所，查处违法经营单位 411 家，严厉打击卖淫、嫖娼、赌博、吸毒、贩毒等社会丑恶现象。2002 年 5 月，县政府办印发《建湖县公众聚集场所消防安全专项治理方案》，利用 5 个月时间，开展公共场所消防安全专项治理。

开展“创三安”① 活动。1995年，建湖县开展创建社会治安综合治理模范乡镇、模范单位和群防群治工作合格单位活动。1996年，在县城开展居民住宅小区创建活动。1997年至2000年，根据省、市统一部署，全县开展“创三安”活动。省市“创三安”意见下发后，县委迅速召开常委扩大会，传达学习市政府的“创三安”意见精神，研究制定创建方案，成立创建工作领导小组。县综治委、宣传部、公安局等部门多次召开联席会议，进行工作分工，明确创建责任，制定行动方案，组织检查督导。县、乡镇、部门分别召开“创三安”工作会议，层层宣传发动，统一各级思想。县广播电台、电视台开辟“创三安”专栏，县城主要街道悬挂宣传横幅、张贴标语、刊出宣传板报，各镇和司法、公安部门出动宣传车巡回宣讲，全县160多所中小学将“创三安”标准印发给学生，举办县、乡两级骨干培训班。1997年3月，召开全县“创三安”试点工作会议，确定颜单镇、徐河小区、工商银行等15个单位为试点单位，制定试点工作方案，抽调相关人员组成3个工作组，各试点单位相应成立创建班子，经两个月的奋战，圆满完成试点任务。召开全县“创三安”试点工作经验交流会，推广7个先进典型。将83个百人以上县直企业、106个百人以上乡镇企业、93所中小学列入创建范围，同时将建湖镇、近湖镇辖区内21个小区列入创建规划。至2000年，全面完成创建任务，创成“三安”单位1001个。

第三节 大力推进精神文明建设

1992年开始，盐城市连续6年开展农村“新风杯”竞赛活动，有效遏制封建迷信活动和婚丧嫁娶等大操大办行为，净化社会风气，建湖分别夺得全市“新风杯”竞赛金杯和银奖。1995年1月，县委、县政府印发《建湖县社会主义精神文明建设“九五”规划》，提出实施教育工程、文明城镇工程、标志工程、创建工程、领导牵引工程，争创精神文明建设新特色，2月，县委出台《关于进一步加强全县爱国主义教育的意见》，开展中华民族悠久历史、优秀传统文化、党的基本路线和现代化建设成就、国情县情、民主法制、民族团结和“和平统一、一国两制”7个方面教育；8月，县

①“创三安”，即创安全文明小区、创安全文明村镇、创安全文明单位。

委、县政府决定在全县开展文明城市、文明村镇、文明行业、文明单位创建活动。1998年起，以创建文明城市为主要载体推动全县精神文明建设。建湖县被盐城市表彰为创建文明城市先进单位。1999年，通过市级文明卫生城市验收。提炼和弘扬“团结拼搏，求实创新，敬业奉献，负重争先”的建湖精神，开展县外学习张家港经验和孔繁森事迹，县内学习森达集团、学习朱相桂活动。加强公民道德教育，进一步提高公民道德素养。

一、学习张家港经验和孔繁森事迹

县委决定从1995年5月起，用半年时间开展学习张家港经验、学习孔繁森事迹活动。5月5日，县委下发《关于深入开展学习张家港经验、学习孔繁森事迹活动的意见》，召开学习动员大会，县委书记郭健生作动员报告。5月6日，县委常委会召开学习张家港、学习孔繁森特别民主生活会。7月5日，县委常委会召开廉洁自律和坚持民主集中制原则专题民主生活会。全县各级党组织认真召开特别民主生活会，严格按照“六比六排查”要求，自觉排差距，找不足，订措施。发动全民大讨论，提炼出台“团结拼搏、求实创新、敬业奉献、负重争先”的建湖精神，组织宣讲团深入各乡镇开展宣讲活动，各乡镇、各部门和规模企业负责人在县电视台谈体会，选取4个典型在“七一”庆祝大会上介绍学习体会。9月16日，县召开“双学”活动汇报会，部分单位和个人作交流发言，县领导作总结讲话。活动于10月初告一段落，学习转入常态化。通过“双学”活动的开展，提振了全县党员干部的精神状态，促进了机关干部的作风转变，自我加压、争创一流的局面初步形成，服务经济、无私奉献的自觉性得到普遍提高。

二、开展学习森达集团、学习朱相桂活动

森达集团系1993年从建湖大地上升起的一颗耀眼的企苑“新星”，成为全市首家销售超亿元的乡镇企业。1997年4月，森达商标被认定为中国驰名商标，为盐城市首例。集团前身为原近湖乡镇南村村办皮鞋厂。高中毕业立志回乡创业的朱相桂出任董事长、总经理后，带领集团一班人团结奋斗，拼搏争先，在风云跌宕的市场竞争中胜不骄、挫不馁，始终视今天为落后，实现从“牛棚”起家到国内制鞋业排头兵，争创世界级企业的历史性跨越，经历了从借牌、创牌到国内驰名登上“鞋王”宝座，向国内外

输出品牌的突破性飞跃，发生了从村办企业到创建现代企业制度的根本性转变，使名不见经传的作坊小厂，快速从建湖崛起，冲出江苏，走向全国，迈向世界，成为全球最大单个皮鞋制造企业及中国16家具有国际竞争力的企业之一，朱相桂先后当选中共十五大、十六大和十七大代表。1997年1月8日，朱相桂被《中国乡镇企业报》认定为1996年度中国企业十大新闻人物。

为传扬正能量，实干促发展，县委在坚持继续学习张家港、孔繁森等外部先进典型的同时，宣传学习县内身边先进典型特别是森达集团和朱相桂干事创业精神。1998年11月16日，县委、县政府作出《关于在全县进一步深入开展学习森达集团、学习朱相桂同志活动的决定》。11月19日，市委、市政府作出《关于在全市深入开展学习森达集团和朱相桂同志的决定》（以下简称《决定》），要求学习活动紧扣中心，凸显重点，突出学习他们志存高远、永不言止、永立潮头、敢创大业的进取精神，学习他们不懈追求、埋头苦干、艰苦奋斗、执着做事的创业精神，学习他们勤于学习、与时俱进、放眼世界、不断创新的时代精神，学习他们顾全大局、不计得失、报效社会、服务人民的奉献精神。活动分3个阶段：宣传发动阶段。县召开规模较大、层次较高的大会进行动员部署，层层贯彻落实，频频宣传造势，形成浓烈学习氛围。对照排查阶段。各镇、各部门、各企业引导广大党员干部围绕学习要点，对照先进事迹和精神坐标，联系单位和个人实际，细排差距，深找原因，狠抓整改。制定规划阶段。各镇、各部门、各单位按照市委、市政府的《决定》要求，制定学赶先进、争创一流的计划和措施，并切实抓好落实，学以促行，实干见效。

这次学习活动领导重视程度高，宣传发动声势大，所学典型靠身边，对照排查近距离，狠抓整改措施实。普遍反映，学得深入，查得透彻，改得到位，收到预期效果。活动中干部群众自觉把学习活动激发的热情投入到两个文明建设的实践，全县改革进程加快，发展质效提升。2003年7月，县委、县政府又作出《关于在全县进一步深入开展向森达集团、向朱相桂同志学习活动的决定》，号召全县广大干群继续深入学习森达集团、学习朱相桂先进事迹，为全面建设小康社会作出积极贡献。

三、提炼和弘扬“建湖精神”

县委遵循“发展需要有能够鼓舞人的斗志，焕发革命热情的巨大精神力量为驱动”的理念，参考外地经验，制定出台符合县情实际的“建湖精神”，作为激励全县人民加快改革发展的精神支柱和行动指南。1995 年 4 月，县委宣传部发出征集“建湖精神”的通知，县委政策研究室到张家港和常熟等地考察学习，与县委宣传部一起归纳整合形成“十六字”送审方案，同时草拟“四句八词”具体内涵一并报请县委审定。同年 6 月，经县委常委会会议研究，确定“建湖精神”为：团结拼搏，求实创新，敬业奉献，负重争先。

“建湖精神”公布后，全县迅即掀起学习、宣传、落实热潮。1995 年 7 月 1 日，县委召开庆祝中国共产党成立 74 周年大会，县委书记郭健生作《发扬优良传统，弘扬建湖精神，为推进全县两个文明建设而奋斗》的讲话。7 月 2 日，县委宣传部发出《关于在全县开展“建湖精神”大学习、大宣传活动的通知》(以下简称《通知》)，县委明确 7 月为“建湖精神”宣传月。县委宣传部的《通知》发出后，全县学习、宣传、实践“建湖精神”的热潮高涨。县内交通要道、集镇中心、沿路村落、公共场所、机关企事业单位、中小学校等在醒目位置书写、张贴标语，宣传“建湖精神”。报刊、电台、电视台等媒体开设专题专访栏目，及时报道各地学习践行“建湖精神”的经验做法。“建湖精神”成为深化改革、加速经济社会发展的强大精神力量。2011 年 7 月，县委根据形势发展需要，重新确定将“开放包容、创新创业、敢为人先”作为新时期的“建湖精神”。

四、加强公民道德教育

20 世纪 90 年代中期，县委把公民道德教育摆上重要议事日程。1998 年 5 月，县委宣传部、县文明办发出开展“说文明话、做文明事、当文明人、树立建湖新形象”主题教育活动的通知，抓好以社会公德、职业道德、家庭美德为重点的思想道德教育，着重解决文明言行、环境卫生、服务质量、交通秩序等存在的突出问题，不断提高广大干部群众的思想道德水平和社会文明程度。2001 年，《公民道德建设实施纲要》颁布后，县内通过广播、电视、报刊、座谈会、图片展览等途径大力度宣传，县委宣传部印发《公民道德建设实施纲要》导读，组织干群学习，广泛开展社会公德、职业道德、家庭美德教育，提高广大干群的思想道德素质。在城镇着重开展市民城市意识教育，宣传部门将《建湖县文明市民读本》《市民守则》

《市民行为规范》等翻印给市民，组织学习宣传。教育部门在学校广泛开展“小手拉大手、文明路上一起走”活动，以学生促家长、以学校带家庭，家校联动共建精神文明。全县各级党组织和广大党员干部带头开展公民道德建设实践活动，强化“爱国守法、文明诚信、团结友善、勤俭自强、敬业奉献”20字公民基本道德规范的学习和实践。倡导文明礼貌、助人为乐、爱护公物、保护环境、遵纪守法的社会公德，倡导爱岗敬业、诚实守信、办事公道、服务群众、奉献社会的职业道德，倡导尊老爱幼、男女平等、夫妻和睦、勤俭持家、邻里团结的家庭美德。

五、开展精神文明创建活动

开展文明卫生城市创建活动。县四套班子领导带队千人会战清除垃圾，万名小学生走上街头整治乱写乱画现象，广大干群投放灭鼠药；在县城繁华路段过街灯箱设立永久性宣传标语，县电台开展“美化建湖大家谈”活动，县电视台开辟《创建之窗》特别栏目，县卫生、公安等部门出动宣传车巡回宣传。成立县创建文明卫生城镇工作领导小组，与各部门签订《创建目标责任书》，县城主干道、后街背巷卫生分别由县环卫所、建湖镇、近湖镇和开发区切块包干，县城垃圾日产日清。县政府出台《关于对县城垃圾实行分级管理的通知》《关于加强市政设施管理的通告》《关于加强县城绿化管理的通告》《关于对人民路等主要路段实行交通管制的通告》《关于县城烟尘控制的通告》等规范性文件。1996年，县城实施“五路一场”拆迁改造，对创建工作起了积极推进作用。1997年8月，县委在全县组织开展“两学三促四创”① 主题教育活动。1998年，建设完善垃圾处理厂和中转站，下大力气治理污水沟塘，强化农贸市场管理，突出后街背巷道路和下水道的整治改造，实施住宅小区配套工程。抓好创优美环境、优良秩序、优质服务工作，对创建不力的单位亮“黄牌”、挂“黑牌”，评出县城创“三优”10个最佳和2个最差单位。1999年9月，县委、县政府召开文明卫生城市创建动员会，成立创建指挥部，划分任务路段，开展突击行动。建湖县被评为市级文明卫生城市。2001年底，建湖县获授市级文明城市创

①“两学三促四创”，即学理论、学先进，促调整、促改革、促发展，创文明城市、文明村镇、文明行业、文明机关。

建工作奖。

开展文明村镇创建活动。1993年6月，近湖乡、庆丰镇、冈东乡被市委、市政府表彰为1991—1992年度文明单位。1997年，8个乡镇、261个村（居）被授予“安全文明村镇”称号。1997—1998年度，近湖镇镇南村获授“江苏省文明村”称号，近湖镇、蒋营镇获授省“创建文明村镇工作先进镇”称号，上冈镇冈南村、建湖镇镇西村、颜单镇曙光村、钟庄镇大王村获授省“创建文明村镇工作先进村”称号。1999年，14个文明镇村受市命名表彰。2000年，沿河镇丰河村等8个村获授“市级文明村”称号。

开展文明家庭创建活动。1995年至1998年，县委宣传部联合县妇联等单位开展“美在万家”① 家庭文明系列活动。庆丰镇张芳兰家庭、近湖镇周爱梅家庭被授予“江苏省五好文明家庭户”称号。1998年“三户一村”（之后，扩大到“四户一村”）创建活动的内容不断丰富。1999年，县委宣传部、县文明办在沿河乡进行“十星级文明户”② 创评活动试点。从2000年起，“十星级文明户”创评取代“三户一村”创评。2001年后，县委、县政府把文明家庭创建与扶贫济困、移风易俗、绿色环保、文明村镇、文明城市、文明行业、文明机关等创建活动有机结合，先后评出“五好”文明标兵户1143户、“五好”文明家庭示范村（居）76个、文明楼院53个。2001年，在颜单镇进行建立农民家庭道德档案尝试。

开展文明社区、文明小区创建活动。1997年，全县开展创建安全文明小区、安全文明村镇活动，有7个小区达安全文明标准，并予以命名。1998年，全县共评出5个市级文明小区。2000年，徐河小区、先锋小区获授市级“文明小区”称号。2001年，在文明社区创建中，实施居委会与行业、机关、单位结对共建，在有关行业、机关、单位帮助下，新建的太平、红旗、先锋小区增设治安设施。2002年，倾力打造现代社区，按照以创建文明城市为龙头、带动其他各项创建工作思路，突出抓好文明社区的创建工作。在巩固文明小区创建成果的同时，不断优化社区服务和社区资源配置，从治理“脏、乱、差”入手，以创优美环境、优质服务、优良秩序为

①“美在万家”，即万家互助活动、万家洁净活动、万家敬老活动。

②“十星级文明户”，分别是五爱星、守法星、致富星、和睦星、新风星、科技星、卫生星、文体星、教育星、计生星。

重点，向基础设施配套、生态环境优美、服务功能完善、文体活动丰富、道德风尚良好、群众放心满意的目标努力。

开展文明单位、文明行业创建活动。1998 年，县文明办选择教育局、供电局、国税局建湖分局作为试点，启动全县文明机关、文明行业、文明服务窗口的创建工作。1999 年，10 个行业、22 个文明单位受市命名表彰，森达集团、上冈交巡警中队被评为全国创建工作先进单位。2000 年，县委、县政府制定完善文明行业、文明单位管理制度。县文明办组织“万人测行风”问卷调查，发动社会各层各界对全县各行业文明服务情况进行评价，让群众说话，请人民监督，促行风建设，这项活动得到省委宣传部的好评。2001 年，县委、县政府加大文明行业创建力度，开展“百城万店无假货”活动，联华超市、苏果超市、东风药店被命名为全国“百城万店无假货”活动盐城示范店。2002 年，县委、县政府扎实推进文明行业（单位）创建，供电、税务、交通、公安、教育、卫生等行业（单位）作为重点，供电局的“心桥行动”、国税局的“满意在国税”、审计局的“五佳五创”、建湖中行的“树一流形象、创最佳银行”等创建活动有声有色。

第十五章　推进党的建设新的伟大工程

1994年9月，中共十四届四中全会作出《关于加强党的建设几个重大问题的决定》（以下简称《决定》），把党的建设提到“新的伟大工程”的历史高度，为新时期党的建设指明了方向。10月，省委召开八届九次全委（扩大）会议，就学习贯彻落实中共十四届四中全会精神和加强党的建设作出部署，通过《关于学习贯彻党的十四届四中全会决定的决议》。9月29日，市委召开常委会会议，传达学习中共十四届四中全会精神。中共十五大报告对党的建设的总目标和总任务作出新概括，要求全党“按照新的伟大工程的总目标，从思想上、组织上、作风上全面加强党的建设，不断提高领导水平和执政水平，不断增强拒腐防变的能力”。根据省、市委部署，县委深入学习贯彻中共十四届四中全会的《决定》和中共十五大精神，紧密结合改革开放和发展社会主义市场经济的实践，坚持党要管党，全面从严治党，扎实推进党的建设新的伟大工程。

第一节　党的思想建设

20世纪90年代中期起，县内改革进入全面攻坚阶段，经济建设处于加快发展的关键时期，国际国内形势复杂多变。难得的发展机遇和面临的严峻挑战，对党的各级组织、领导干部和党员的思想政治素质、驾驭复杂局面和解决实际问题的能力，提出新的更高要求。而在一部分党员干部中不同程度地存在着忽视理论学习、理想信念动摇、政治敏锐性和政治鉴别力缺乏、官僚主义和形式主义盛行等现象，如任其发展蔓延，势必影响和损害改革发展大局。根据中共中央和省、市委部署，县委以加强党的思想作风建设为中心，在全县各级党组织和广大党员干部中，扎实开展“三讲”“双思”“三个代表”重要思想等专题学习教育活动，组织“解放思想促发展”大讨论，加强理论武装，提高政治素养，改进思想作风，团结带领全县人民奋发进取创新创业。

一、开展“三讲”教育活动

1998年11月21日，中共中央发出《关于在县级以上党政领导班子、领导干部中深入开展以“讲学习、讲政治、讲正气”为主要内容的党性党风教育的意见》，要求通过“三讲”教育，推进县级以上党政领导班子和领导干部深入学习邓小平理论和中共十五大精神，并对这次活动的必要性和重要性、基本原则、方式方法作了明确规定。1999年1月11日，省委召开“三讲”教育试点工作会议，决定在全省县以上党政领导班子、领导干部中，深入开展以“讲学习、讲政治、讲正气”为主要内容的党性党风教育，要求以整风精神，认真解决好领导干部党性党风方面存在的突出问题。1月19日，全省市委组织部长会议召开，要求把“三讲”教育作为组织部门的工作重点，进一步加强领导班子建设，加强农村和企业为重点的基层党组织建设，深化开展制度改革。4月2日，省委召开省级领导班子“三讲”教育动员大会，对省级领导班子和全省县级以上领导班子开展“三讲”教育进行动员部署。8月20日，市委召开市级领导班子、领导干部以“三讲”为主要内容的党风党性教育动员部署大会。2000年3月28日，市委决定在全市县处级领导班子、领导干部中开展以“讲学习、讲政治、讲正气”为主要内容的党性党风教育。

根据中共中央和省、市委的部署，县委决定从2000年7月至8月，在县委、县人大常委会、县政府、县政协领导班子及领导干部和县纪委、组织部、宣传部、检察院、法院、公安局6个部门班子成员中，开展“三讲”教育（党外领导干部只参加学习）活动。县委从6月12日开始做准备工作，即向市委办、市人大办、市政府办、市政协办、市纪委（监察局）、组织部、宣传部、农工部、政法委、信访局10个机关（部门），发放征求意见函，同时成立领导班子和领导干部“三讲”教育领导小组及办公室。7月1日，县四套班子领导集中收看省、市委召开的县（市）“三讲”教育电视电话会议，建湖县级领导班子、领导干部“三讲”教育活动正式启动。7月6日，县委出台《关于在领导班子、领导干部中深入开展以“讲学习、讲政治、讲正气”为主要内容的党性党风教育的实施意见》。7月8日，县委召开“三讲”教育动员大会，要求以中共中央总书记江泽民视察森达集团为动力，以“三个代表”重要思想为指导，扎实搞好“三讲”教育工作。

“三讲”教育活动分思想发动、学习提高，自我剖析、听取意见，交流思想、开展批评，认真整改、巩固成果4个阶段进行。8月2日至5日，县委分别召开“三讲”教育民主评议和测评大会。8月30日，县委向市委上报《关于建湖县开展“三讲”教育工作的总结报告》。9月2日，县委召开“三讲”教育总结会议。

历时2个月的“三讲”教育活动提高了全体参学人员的思想政治素质，实践“三个代表”重要思想的自觉性和坚定性明显增强。教育活动期间，县四套班子领导撰写读书笔记150多篇。学习紧密联系思想和工作实际，按照“严、准、实、深”要求，采取“自己找、群众提、上级点、互相帮”的办法，开展批评与自我批评，找准自身存在的问题，制定切实可行的整改措施，进一步推进思想和工作作风的转变，密切了党群干群关系，一门心思抓建设，加快了全县改革开放和经济社会事业的健康发展。

二、开展“双思”教育活动

2000年2月，中共中央总书记江泽民在广东考察工作时指出，要在广大干部群众特别是发展较快地区的干部群众中开展“致富思源，富而思进”的教育活动。中组部、中宣部就如何开展这项活动发出通知，省、市委也就开展“双思”教育活动作出具体部署。根据中共中央和省、市委的部署，县委决定于2000年4月至9月，在全县党员干部和群众中开展一次“致富思源，富而思进”的教育活动，县委成立“双思”教育活动领导小组，各乡镇、县直各单位分别成立相应机构，负责教育活动的组织工作。活动分3个阶段进行：

宣传发动阶段（4月份）。4月8日，县委召开全县“双思”教育动员会议。4月18日，县委出台《关于在全县开展“致富思源，富而思进”教育活动的决定》。县委宣传部牵头举办学习骨干和副科级以上干部培训班，各镇、县直各单位分别轮训辖区党员干部，编发宣讲材料，组织开展“富从何来”“源在何处”“如何思进”等专题大讨论，《建湖报》、建湖电视台等新闻媒体开辟专栏、专题，宣传全县各地、各部门开展“双思”教育的做法。

集中教育阶段（5月初至8月中旬）。5月21日，县委举办“致富思源，富而思进”教育专题报告会，中国人民大学教授、党史系副主任温乐群和新华社高级记者、《半月谈》杂志社副总编张正宪应邀到会作“双思”

教育专题报告。全县各级党组织运用多种形式，分层推进教育活动，剖析“思进”障碍，共谋“思进”大计。组织并抓实机关及基层党员干部的学习。副科级以上党员干部由县委党校组织轮训，机关普通党员干部采用培训班、学习日和上党课等形式学习，农村基层及企事业单位党员干部利用“三会一课”和基层党校培训等形式组织学习教育。

检查总结阶段（8月中旬至9月中旬）。各镇、各部门认真回顾总结本单位教育活动情况和主要经验，提出巩固教育活动成果的措施和办法，并向上级党组织提交书面报告。县轻工局党委在下属企业中开展学习轻通厂厂长张永干先进事迹活动，增强员工图强求变的责任感和紧迫感。县工商联发动非公经济人士捐资100多万元，用于修路修桥、助残助学、扶贫济困等光彩事业。县委统战部采取宣讲、座谈、研讨等形式，帮助部分非公经济人士克服“小富即安、小胜即满、小进即止”的自满思想。县供销总社组织“庆七一、颂党恩、思进取”卡拉OK大奖赛。县纺织厂党委结合“双思”教育，开展国情、行情、县情、厂情的“四情”教育。《中国民兵》《基层生活》等多家刊物报道县人武部组织民兵预备役人员开展“双思”教育的经验和做法。

为期半年的“双思”教育，全县先后轮训党员干部6万多人次，增强了全县广大干群的致富获得感，坚定了改革开放的信心，“思进”的积极性和创造性得以进一步发挥。

三、开展“三个代表”重要思想的学习教育

2000年2月，中共中央总书记江泽民视察广东等地指出，“中国共产党要始终代表中国先进生产力的发展要求，始终代表中国先进文化的前进方向，始终代表中国最广大人民的根本利益”（以下简称“三个代表”）。“三个代表”重要思想，是我们党始终保持先进性历史经验的基本总结，是当代中国发展着的马克思主义，是党必须长期坚持的指导思想。5月16日，省委召开常委会（扩大）会议，传达学习江泽民在江苏、浙江、上海视察工作时的重要讲话，要求全省各级党组织认真学习、深刻领会、全面贯彻江泽民总书记的重要讲话精神，以“三个代表”重要思想为总纲，指导全党的建设和各项工作。5月25日，省委发出关于认真学习贯彻“三个代表”重要思想的通知。11月30日，中共中央办公厅印发《关于在农村

开展“三个代表”重要思想学习教育活动的意见》，要求从 2000 年冬、2001 年春开始，县（市）部门、乡镇、村（居）的领导班子和基层干部用两年左右的时间，有计划、有步骤地开展“三个代表”重要思想的学习教育活动。12 月 19 日至 20 日，省委召开全省农村“三个代表”重要思想学习教育工作会议。22 日，省委根据中共中央决定，下发《中共江苏省委关于在农村开展“三个代表”重要思想学习教育活动的实施意见》，要求用两年左右的时间，在全省县（市）部门、乡镇、村（居）领导班子和基层干部中有计划、有步骤地开展“三个代表”重要思想的学习教育活动。2001 年 1 月，省委书记回良玉在全省农村“三个代表”重要思想学习教育活动领导小组会议上，强调要扎扎实实把全省的学习教育活动引向深入，确保取得成效。

根据中共中央和省、市委部署，1 月 6 日，县委出台《关于深入开展“三个代表”重要思想学习教育活动的实施意见》，活动分 2 批进行：第一批从 2001 年 1 月 8 日至 3 月 23 日，参学对象是县级机关和乡镇机关党员。第二批从 2001 年 12 月 15 日到 2002 年 5 月 11 日，参学对象是村（居）、站（所）党员。围绕“干部受教育、群众获实惠、组织得加强”的总体要求进行，重点抓好学习教育、对照检查、整改提高 3 个阶段工作。县委成立学习教育活动领导小组及办公室。县四套班子党员领导干部分别联系指导挂钩镇或部门的学习教育活动。县委向各镇、各部门派出指导组，各单位安排1 名联络员，负责做好学教活动的协调服务工作。1 月 8 日，县委召开“三个代表”重要思想学习教育活动动员大会，部署第一批学习教育工作。2 月 10 日，县委召开“三个代表”重要思想学习教育活动转段动员会，学教活动转入对照排查阶段。3 月 2 日，学教活动转入整改提高阶段。3 月 23 日，县委召开学习教育活动总结大会，县委书记陈正邦作总结报告，宣布全县第一批学习教育活动圆满结束。8 月 6 日，省“三个代表”重要思想学教活动专项检查组到建湖复查回访活动开展情况。对第一批学教活动中基层党委（党组）实行旁听制度，机关干部实行夜学制度，农村党员干部以冬训和基层党校轮训方式，开展多种形式的学习教育活动，给予充分肯定。通过认真学习、排查整改和总结提高，切实解决部分干部事业心和责任感不强、发展思路不明、作风不实、形象不佳的问题，提高了全体党员干部的“三服务”意识和综合素质，推动了农村经济发展，党群关系更加密切，基层组织建设进一步加强。2001年8月至12月，钟庄镇为全市学教活动提供了现场与经验。12月15日，全县农村村（居）站（所）“三个代表”重要思想学习教育活动动员大会召开。2002年1月10日至11日，省“三个代表”重要思想学教活动检查组到建湖抽查村（居）站（所）学教活动开展情况，肯定建湖学教活动达到省委要求。5月11日，县委召开全县农村村（居）站（所）“三个代表”重要思想学习教育活动总结大会，县委书记陈正邦作总结报告，指出全县参加第二批学教活动的246个村（居）、403个站（所）、2315名党员干部按照省、市、县统一部署要求，认真组织，科学实施，善始善终，富有成效，达到预期效果，对于提高广大基层党员干部思想认识水平、推进经济社会发展和强化党的基层组织建设起到了积极作用。会议表彰了全县“五十佳”村（居）和农村“三个代表”重要思想学习教育先进个人。全县第二批学教活动整顿软弱涣散村党支部12个，改造村级党组织123个，调整村党支部书记28人，机关干部下派到村任实职26人，有力地增强了农村基层组织的凝聚力和战斗力。

四、组织“解放思想促发展”大讨论

2001年冬，县委领导在基层调研发现部分干群产生浅尝辄止心态，特别是对事关全县发展的一些重大问题认识欠深刻，观表象，不见内在；看眼前，疏于长远；满现状，小进则安；畏困难，不思进取；等等。县委意识到，出现这一状况，概源于思想错位，观念扭曲，不及时解决，势必影响改革发展。此时，县委书记陈正邦收到盐城苏源翔宇科技发展有限公司总经理李玉中的来信，反映建湖人思想保守，因循守旧，造成体制机制僵化而妨碍发展的状况。陈正邦当即批示：“此事非常重要。信内反映的思想问题符合实际，建湖如不继续在人的思想解放、观念更新方面有所突破，经济工作将很难打开新的局面。”并建议由县委副书记王耀武牵头，有关新闻单位参加，县委宣传部组织推进思想解放大讨论。《建湖报》获悉后头版头条刊登李玉中来信，由此引发全县上下广泛而深入地开展了一场前所未有的“解放思想促发展”大讨论。其间，县委、县政府还组织县、镇领导到浙江、苏南等地考察学习，开阔眼界。同时，充分利用各种宣传工具，通过“党委书记话发展”“经济部门领导访谈”“政工负责人撰写署名文章”等多种形式，全方位、多渠道、深层次宣传造势。这次讨论收到稿件近

500篇，报纸遴选发表50余篇，在全县形成思想解放程度决定工作推进力度和经济发展速度的共识。

为拓展活动效果，大讨论还从4个方面引导党员干部解放思想，增强改革发展的紧迫感和责任感。一抓学，即组织党员干部认真学习与改革发展相关的政策、文件、文章和领导讲话等，学、议结合，讲、疏并举，引导人们运用科学的理论武装头脑，转变观念，走出认识误区。二抓忆，即组织回忆改革开放的亲历亲为、切身感受，通过致富思源，富而思进，确立改革才有出路、发展方能幸福的理念。三抓辩，即排查梳理改革发展中干群存在的模糊认识，重点围绕“快”与“慢”、“难”与“易”、“苦”与“乐”等问题在讨论争辩中明是非，分对错，树立正确的改革观、发展观、进取观。四抓比，即与发展目标比，与先进地区比，与上级要求和群众企盼比，比出内在动力，比出精神追求，比出奋斗激情，比出工作成效，认识发展唯靠奋斗，戒满才能思进。

这次大讨论，坚持正面教育，重抓学习，致力引导，特别注意运用身边人、身边事，开展自我教育，以事论理，交流互启。全体参学人员尤其是党员干部的一些偏颇认识率先得到纠正，精神风貌为之一新，普遍激发起行至半山不停步、中流击水斩浪行的旺盛斗志。新思想、新风貌为改革攻坚和发展提速奠定了良好的思想基础。21世纪之初，全县掀起能快则快、能超则超的大发展、快发展热潮。

第二节　党的组织建设

中共十四届四中全会作出《关于加强党的建设几个重大问题的决定》，把党的建设提到新的伟大工程的高度，明确提出党的建设的总目标和总任务，并出台一系列文件，指导和推动各领域党的基层组织建设。省委作出《关于学习贯彻党的十四届四中全会决定的决议》。根据中共中央和省、市委部署，县委高度重视基层组织建设，调整充实各级领导班子，注重加强党员干部的教育管理，为全县经济社会发展提供坚强的组织保证和力量支持。

一、注重基层组织建设

1993年，县委组织开展经济薄弱村赶超活动和“争当搞翻番、奔小康带头人”主题活动。1994年12月，县委出台《关于加强和改进村级班子组织建设的意见》，设置党支部、村民委员会和经济合作社，实行“三块牌子一套班子”，村组干部交叉兼职。1995年，县委在全县开展村组干部交叉兼职工作，被省委组织部在全省推广。整顿转化后进村和经济薄弱村。1997年5月，县委出台《关于加强中间村党支部建设的意见》，全县中间村占行政村总数的60%左右，配优培强村级班子，选准发展路子，完善激励机制。1998年，县委在全县采取村企联合、村村联合、产业联合模式，优化基层组织设置。1999年，建湖县被市委命名的“六好”① 乡镇党委有4个。推广钟庄镇党委“改革农村党小组设置，充分发挥农村党员作用”的做法，改革全县农村党小组设置形式，在全市推广。2000年10月，县委开展农村基层组织建设创新成果观摩评比活动。巩固村组干部交叉兼职成果，推行村支书、村主任“一肩挑”。建湖镇开展社区党建试点工作，成立“中共建湖镇社区工作委员会”。在企业党组织中开展争创“四好”② 党组织活动，创成“四好”企业党组织50个。2001年，建湖镇和近湖镇合并，以近湖镇街道为主体，设立近湖镇社区工作委员会。2002年，建湖县把支部建在产业链上，推行“四改”③ 模式，进一步激活农村党组织在发展特色经济、培植支柱产业方面的功能，中组部《党建研究》作了宣传推介。县级机关党组织与企业党组织采取“一对一”“几对一”“一对几”等形式，开展联建联创活动。开展人民路“党建工作示范街”创建活动。2002年末，全县有基层党委43个，党总支337个，党支部1711个。

二、推进干部队伍建设

创新干部选拔任用方式。按照干部革命化、年轻化、知识化、专业化要求，结合乡镇党委换届，县委对部分乡镇和县直部门、单位领导班子进

①“六好”，是指一个好的领导班子、一支好的干部队伍、一条好的发展路子、一套好的管理制度、一种好的工作作风、一个好的工作格局。

②“四好”，即一个好的领导班子、一支好的党员队伍、一个好的工作机制、一套好的工作制度。

③“四改”，即改革村级党组织设置、改变党组织编组方法、改进党支部职责、改善党员教育管理。

行调整，领导班子整体结构得到优化。县委顺应计划经济向社会主义市场经济转变，对干部工作提出新要求，在抢抓机遇中发现干部，在落实重大改革举措中考察干部，一批勇于改革、敢闯敢试、熟悉市场经济的干部走上领导岗位。1993年，县委选派200多名县级机关干部到企业一线工作，直接参与经济建设。1995年，县委制定《建湖县跨世纪领导干部培养选拔规划》，各级领导班子形成合理梯次结构，以大专以上文化为主，具备一定的专业知识。1998年，县委出台《关于进一步加强年轻干部培养选拔工作的意见》，全县选拔任用35岁以下年轻干部118名。1996年10月至1998年10月，县委选派50名机关干部到基层挂职锻炼。1998年11月，县委又选派50名年轻干部到企业挂职锻炼。12月，县委出台《关于选拔大中专毕业生到经济薄弱村任职的意见》。1999年，县委选派83名大中专毕业生到村任职。全县建立280人的科级后备干部队伍，100名干部参加20个部门单位的46个中层职位公开竞聘。县委出台《关于县属工业企业干部管理的实施办法》，取消企业行政级别，调整县属企业干部管理体制，规定企业干部产生方法、任职条件及程序，成立企业经营管理人才评价交流中心，选聘11名县属企业厂长（经理）。2000年至2001年，县委妥善做好镇行政区划调整中干部人事变动和富余人员安置工作。2000年9月，县委印发《领导干部个人向党组织推荐干部责任制》《干部考察工作责任制》，提升选人用人水平，避免失察失误，防止和纠正选人用人上的不正之风。县委首次采用公推公选的办法，对县高级中学校长等空缺领导职位面向社会公开选拔，完成荡中乡撤并过程中的干部分流安置工作。2002年，县委在部分镇实行领导班子成员兼职制，建立科级领导干部参与重大活动和重要工作实绩考核登记制度。

强化干部监督管理。县委继续完善领导干部重大事项报告、任期经济责任审计、谈话、诫勉、回复组织函询、述职述廉、勤廉公示制度。1999年，县委组织部门建立基层党委民主生活会质量评估机制，加强对科级单位领导班子民主生活会的督查指导。2001年，县纪检监察部门在全县广大干部中推行自我约束承诺制，600名科级领导干部签订“八小时以外”自我约束承诺书，进一步改进工作作风。2002年，建立组织部干部联系领导班子制度，拓宽组织部门与科级领导班子之间的联系渠道，强化对科级干部的日常监督。

加强干部教育培训。1992年，县委组织部举办两期县属、乡镇企业厂长后备人员培训班。1994年，县委组织部牵头组织“市场经济条件下党员先进标准”“党委书记怎样管党理论研讨”，在南京举办外经外贸知识培训班，培训厂长（经理）和经济干部。1995年，县委组织部联合县委党校举办3期干部理论培训班，轮训全体副科级以上干部。1996年，县委组织部选拔推荐86名干部到高校学习深造。1997年，县委组织部联合县委党校举办科级干部培训班、后备干部培训班等13期。1998年，县委组织部联合县委党校举办学习中共十五大精神轮训班，在苏州培训村党组织书记。1999年，县委组织部联合县委党校分期举办科级干部、新上岗干部学习邓小平理论和中共十五届四中全会精神培训班，在苏州举办乡镇组织委员和村党组织书记培训班。县委组织部点名调训42名受到党政纪处分和年度考核不合格人员。县委组织部印发《关于在全县科级干部中开展述学、评学、考学的意见》，把干部理论学习作为年度工作考核的一项重要内容，组织753名科级干部参加闭卷考试，在各级干部中开展“学森达、学上冈交巡警中队”活动。在全省率先开展农村基层干部“三项教育”（宗旨、政策、法制），全县近万名农村基层干部受到了较为系统的教育。县委书记肖兰英在全省农村基层组织建设电视电话会议上作了专题介绍。2000年，县委组织部联合县委党校举办科级干部学习邓小平理论和“三个代表”重要思想轮训班4期，1200名股级干部分5期轮训，在苏州农干院举办第三期村支书培训班。2001年，县委组织部制定《建湖县“十五”干部教育培训计划》，在苏州举办重点企业党支部书记“党建与经济”培训班。2002年，县委组织部在上海举办青年干部外经外贸知识培训班，在全县启动“送教下基层”活动。县国土局被评为全国“三个代表”重要思想学教活动先进集体。

三、强化党员教育管理

县委要求各级党组织全面贯彻“坚持标准、保证质量、改善结构、慎重发展”的方针，认真做好发展党员工作，加大女党员、青年党员、知识分子党员发展比例，改善党员队伍的年龄和文化结构。1998年至1999年，全县新发展党员2019名，其中女党员556名，党员队伍结构进一步优化。2000年，实行发展党员公示制。2002年，采取发一本《入党培训》教材，举办一次集中培训，组织一次理论考试，开展一次“未进党的门，先做党的事”的“四个一”活动，加强对入党积极分子和发展对象的培养教育。

1992 年，在全县广大党员中开展“作表率，兴建湖，向十四大献厚礼”活动，引导党员带领群众共同致富。1993 年，开展状元户、冒尖户、示范户评比活动，全县有致富能力的农村党员中 80%以上成为示范户，开展党员学用科技活动，举办党员科技培训班 128 期。2001 年，分 2 批在县直机关和镇村党员中开展“三个代表”重要思想学习教育活动。2002 年，开展党员“双带”工作，全市“双带”工作现场会在建湖召开。通过党员活动阵地建设、规范组织生活、民主评议党员等工作，进一步强化党员管理。1992 年后，持续不断加强党员活动阵地规范化和标准化建设，使其成为党员政治学习的中心、思想教育的阵地、传授知识的课堂。规范党员组织生活，执行每月 21 日统一党日活动制度，正常开展“三会一课”，支部活动正常化、制度化、规范化。每两年开展一次民主评议党员活动。1998 年起，在各基层党委开展创建党员管理示范点活动，全县建立党员管理示范点 136 个，其中 12 个被市委组织部评为全市党员管理示范点。建立 70 多个党员双带示范基地和 3000 多个党群联合体，参加帮扶党员干部 11176 人，帮扶贫困户 2680 户。加强流动党员管理。1992 年，在全县基层党委开展“召开一次恳谈会，开展一次走访慰问，组织一次专题培训”流动党员活动，召开流动党员恳谈会 21 次，走访慰问流动党员 626 名，开展流动党员培训 16 期。2001 年，对流动党员进行全面调查摸底，建立流动党员名册，入册党员 1012 名。加强外出流动党员和下岗职工党员的管理，完善流动党员活动日制度。

四、江泽民视察森达集团暨镇南村

2000 年 5 月 8 日上午 9 时许，中共中央总书记江泽民和中共中央政治局候补委员、书记处书记、中组部部长曾庆红飞抵盐城，在省委书记回良玉、省长季允石陪同下，驱车驶向江苏森达集团。集团党委书记、董事长朱相桂代表万名员工向江泽民汇报工作。

在集团会议室，江泽民看完反映森达集团发展变化的电视短视频后，饶有兴趣地问起朱相桂与制鞋业结缘的动因以及集团得以快速崛起的秘诀。朱相桂如数家珍地介绍了他从 1977 年起，同镇南村几位乡亲一起，从牛棚起家，经过 20 多年的艰苦奋斗，使森达由村办小厂逐步发展为国家级大型制鞋企业，1999年取得年产皮鞋600万双，销售收入17亿元，利税2.28亿元的佳绩。电视短视频和朱相桂的汇报都有这样的表述："依靠党的坚强领导，凝聚员工同心干"，坚持和践行"三个代表"，加强党组织建设不动摇；"160名党员成为160面旗帜，这就是森达发展的根本动力!"江泽民频频点头，给予肯定。

听完汇报，江泽民前往集团部分科室、车间一线视察，接着又来到镇南村党支部副书记吴宏胜家。江泽民夸赞党支部领导全村人民在两个文明建设中取得的巨大成绩，强调农村党的基层组织就是要千方百计发展经济，有了经济实力，基层党组织才有号召力、凝聚力和战斗力。江泽民说，手里没有一把米，唤鸡也不灵。在谈及今后党的建设时，要求注意在工人、农民和科技人员中发展党员，使党的队伍增加新鲜血液，保持生机活力。

江泽民这次到建湖视察及作出的指示，为建湖党的建设指明了方向，成为全县各级党组织推进新时期党的建设伟大工程的强大动力。

第三节 党的纪律建设

为把反腐败工作落到实处，真正形成领导重视、全党动手、齐抓共管、整体推进的态势，县委认真贯彻落实中共十四届三中全会精神，根据省、市委部署，制定出台《贯彻落实中共中央近期反腐败斗争工作部署的实施意见》。在1993年底召开的全县三级干部会议上，县委提出"三项目标不能动摇，态度要坚决，工作要扎实，真正见成效，绝不走过场"的具体要求。1994年明确"三个不能变"，即反腐败工作分工负责把关格局不能变、抓反腐败的专门班子不能变、工作人员不能变，建立党政领导抓反腐败工作责任制，深入持久地开展反腐败斗争，为全县改革发展稳定提供了坚强的纪律作风保证。

一、突出党风廉政建设

全县各级党政组织建立健全党风廉政建设制度，把"两公开一监督"推向纵深，并使之逐步完善、配套、规范、科学。县委常委会每半年听取1次关于全县党风廉政工作情况汇报，县人大常委会、县政府、县政协党组建立相应的党风廉政建设责任制，每半年向县委作1次抓党风和廉政工作情况汇报，县委每年组织1次党风廉政建设大检查，各级党政组织把党风廉政建设工作纳入年度目标考核内容，加强监督检查。县纪检监察机关加强监督检查，对违反党风廉政建设规定的党政组织和党员干部，严肃查处，对违法犯罪的，依法追究法律责任。

1993年，县委、县政府出台《关于进一步加强党风廉政建设的意见》。1994年，要求在反腐败斗争中正确区分“四个界限”①，抓好“六个结合”②，推动反腐败工作向纵深发展。1998年，全县18个乡镇建起“廉政灶”，326个部门、单位招待费单独立项，448个村居全部取消招待费。4月，根据中纪委办公厅、国家经贸委办公厅、国家监委办公厅联合发出的《关于加强国有企业领导干部廉洁自律工作联系的通知》和省、市委要求，县委成立国有企业领导干部廉洁自律工作领导小组及办公室，设在县计经委。1999年，县委出台《农村党支部书记廉洁自律十项规定》《关于国有企业领导干部廉洁自律的工作意见》，在全县41个部门和18个乡镇推行政务公开，全面推行政府采购制度。2000年，推行县直行政事业单位会计统管统派制度，向78个单位委派会计98名，减少独立会计机构61个，精简专业会计110名，撤销账户272个，县委制定《关于企业领导干部廉洁自律的十项规定》。2002年，县委制定《县委、县政府领导班子和领导干部党风廉政建设责任制》，与各镇、县直各部门签订党风廉政建设责任书，将全年23项反腐败重点工作细化分解到35个部门。

1994年，县纪委组织2000多名党员干部参加全省“党风廉政建设百题知识竞赛”，被省纪委以《建湖县真抓实干，搞好反腐倡廉教育活动》文件转发全省。县委常委会、18个乡镇党委和36个县直单位党委（党组）召开廉洁自律专题民主生活会。1998年，在全县党员干部中开展“高举旗帜，增强党性，艰苦创业”为主题的党性党风党纪教育，举办形势报告会、专题座谈会100多场次，组织1200名副科级以上干部参加廉政法律法规知识竞赛，获全市集体组织一等奖。1996年至2000年，县纪委在全县开展

①“四个界限”，即把政府行为与企业行为、正常的经济往来与非正当的经营手段、党政机关负责人与企业负责人、一般案件与大要案区别开来。

②“六个结合”，是指把反腐败斗争与发展经济、深化改革、全民教育、专项治理、完善各种制度、企业扭亏增盈有机结合起来。

廉政主题教育活动6次，召开各种廉政教育会议58场次，播放案例教育录像片116部，编发党纪条规资料8000余册。2000年，县纪委联合县妇联向科级以上干部家属发放《当“廉内助”，做“贤管家”》公开信，建立科级干部廉政档案980份。2001年，县纪委定制《廉政知识台历》1500本。2002年，围绕“树立正确的权力观”主题，深入推进读书思廉、先进引廉、案例警廉、社会监廉活动，重点宣传罗学文等6个先进典型事迹，开展“党风廉政电教月”活动，巡回播放28部廉政电教片。在县电视台开办《廉政之窗》专栏，每月播出1期。

二、依法查处违纪违法案件

1993年，县委出台《关于贯彻落实中共中央近期反腐败斗争工作部署的实施意见》，党政机关领导干部对照“八个不准”自查自纠，查办一批大案要案，刹住几股不正之风。1994年，开展反腐败斗争专项教育，立案查处各类违纪案件79件，挽回经济损失130.9万元，处分党员干部77人，其中开除党籍14人。1996年至2000年，全县党政纪立案547件，审结547件，给予党政纪处分541人。其间，受理群众来信来访5558件（次），处理纪检业务信访5186件（次），掌握党员干部违纪违法案件线索1044条，初查立案424件。2002年，全县立案查处各类违纪案件117件，给予党政纪处分116人，撤销党内职务或行政降级以上处分52人。建湖县《重视“三辩”工作，提高案件质量》被《中国纪检监察报》刊载，市纪委专刊转发。

三、严厉查纠不正之风

1992年至1994年，县纪检部门组建专门工作班子，清收宕欠公款、违规借贷公款2681.96万元，全县撤并村合作基金会178个，合作基金净增2771.42万元。1995年6月，县委、县政府出台《关于加强农村集体资产管理的意见》。1996年，全县推行村级经费“村有乡管”制度，407个村减少招待费110万元。1997年4月，县委出台《关于清理整顿村级财务工作的意见》；7月，县委、县政府出台《关于加强村级财务管理的意见》，核查违规金额27.06万元，清收两款1449万元，压缩非生产性支出395万元，撤销所有行政村银行账户。2001年8月，县委、县政府出台《关于保证村级组织正常运转的意见》，严禁乡村集体向农民乱收费、乱集资，严格控制和规范村级支出，完善规范村级财务管理和村务公开制度等。

1994年，县委、县政府出台《关于抓紧落实干部建购私房中违法、违章、违纪问题处理工作的意见》，向417名干部职工发出缴款通知书，166名干部职工按要求补缴相关费用82万元。1994年至1995年，县建设部门为437名清房对象补办手续，收缴规费211万元。1995年10月，县委制定《关于对县城规划区内个人违法占地、违法建房问题的处理意见》《关于严格控制县城规划区内私人建房的意见》。1996年至1997年，县纪检监察部门清理违纪违法建私房689户，收缴规费310余万元。2001年，县纪检监察部门清理县城规划区“三违”建房户1275户。

1994年，县“剖亏”领导小组按照市“剖亏”办的意见，及时对全县“剖亏”工作作出部署，乡镇和县直有关单位建立31个领导小组，并设立办公室，解剖24个单位。1993年至2000年，县纪检部门清理涉企收费文件和项目381个，减轻企业负担2300多万元。1997年起，县委、县政府对规模骨干企业实行挂牌重点保护，至1999年，对65家重点企业实行挂牌保护，减少付费1700余万元。2000年起，县委、县政府对重点外贸企业和重点私营企业实行挂牌保护。

四、加强行风作风建设

1997年6月至8月，县委在县级机关开展思想作风整顿专项行动，通过学习动员、排查整改和总结验收3个阶段工作，取得了预期效果。突出以经济建设为中心，坚持用“三服务”统一全体机关党员干部的思想，不断深化认识；突出学习教育，坚持把学习贯穿整顿工作的始终，以思想整顿促进作风整顿；突出抓好关键，依据阶段工作的重点和要害开展活动，不断推进整顿工作的深入；突出抓好副科级以上干部，坚持领导带头，率先垂范。通过整顿，县级机关党员干部服务意识、群众观念进一步增强，群众反映强烈的突出问题得到有效解决，建立健全了新的机关工作运行机制。

1997年7月，县委印发学习贯彻中共中央、国务院《关于党政机关厉行节约制止奢侈浪费行为的若干规定》的意见，1998年排查整改各类问题381个，减少支出1561万元。党政机关停建楼堂馆所11幢，节约资金1035万元；取消高标准装修办公楼22幢，节约资金288万元；制止购置高档办公设施451件（套），节约资金71万元。1996年至2000年，全县停建、缓建办公楼12幢，取消各种庆典活动117次，取消和压缩检查评比99次，节约资金1709万元。

2002年3月，县委、县政府出台《关于开展“投资者满意在建湖”活动的实施意见》，集中整治影响发展的8个方面突出问题，进一步优化投资环境，营造亲商、富商、安商氛围，为全县经济超常发展、越位争先提供保证。评议活动在县镇两级党政机关、行政执法机关、经济主管部门、事业单位和窗口服务行业中进行，县本级重点在计划发展委等33个部门、单位和中介机构中开展。3月至6月为集中整治阶段。县委、县政府召开动员部署会议，学习宣传相关文件，统一思想认识。县优化办会同有关部门组织投资者开展专项评议，褒优惩劣。各部门、单位主要领导在电视台公开承诺优化服务内容，并接受社会监督。在县政府大门口设立征求意见箱和投诉举报电话，广泛征求社会各界意见，梳理排查存在问题，制订整改方案。7月至12月为巩固提高阶段。县优化办督促各部门制定各项规章制度，抓好首问负责制、办事公开制、限时服务制、部门承诺制、一次申告查实待岗制和重大项目“一卡”通行制的推行和落实。1995年至2002年，县纪检监察部门组织开展行风监督和民主评议工作。对全县48个部门、55个重点科室行风进行评议，整改各类问题158个。加强工程建设招投标监管，26个50万元以上的建设工程实行公开招标，节约资金306万元。开展重点交通工程执法检查，调处工程建设矛盾12起，节约投资207万元。查处中小学违规收费4起，清退违规收费8.9万元。集中整治政令不畅、涉企收费、执法不公不廉、地霸村霸行霸（“三霸”）、城镇综合环境等突出问题，取消不合时宜的政策规定31项，查处涉企乱收费项目121个，打击“三霸”违纪违法犯罪24起。

第四编
全面建设小康社会
与开创科学发展新局面
（2002年11月—2012年11月）

第十六章　贯彻中共十六大、十七大精神制定发展战略

2002 年 11 月 8 日至 14 日，中国共产党第十六次全国代表大会在北京举行。大会提出全面建设小康社会的目标，要求有条件的地方发展得更快一些，在全面建设小康社会的基础上，率先基本实现现代化。中共十六大以后，面对复杂多变的国际形势和国内艰巨复杂的改革发展稳定任务，中共中央团结带领全党全国各族人民开拓了马克思主义中国化新境界，开创了中国特色社会主义事业新局面。2007 年 10 月 15 日至 21 日，中国共产党第十七次全国代表大会在北京举行。中共十七大提出实现全面建设小康社会奋斗目标的新要求，从思想上、政治上、组织上为夺取全面建设小康社会新胜利、不断开创中国特色社会主义事业新局面提供了根本保证。根据中共中央和省、市委部署，县委深入学习贯彻中共十六大、十七大精神，及时优化发展思路，出台一系列发展战略，制定实施国民经济和社会发展“十五”计划、“十一五”和“十二五”规划，召开中共建湖县第十二次、第十三次代表大会，加快运用高新技术推进发展提速、总量扩张、质量升档，全县经济发展综合竞争力出现质的飞跃。2008 年，建湖县建成国家级石油装备和节能电光源两大基地，入选中国产业发展百强县。2009 年 1 月，建湖县进入全国商标发展百强县行列，列第 96 位，系苏北地区唯一上榜县份。2010 年 10 月，建湖县跻身全国县域基本竞争力百强县行列，11 月再次被表彰为全国科技进步先进县。2011 年和 2012 年，建湖县继续位居全国县域基本竞争力百强县行列，2011 年列第 95 位，2012 年列第 92 位。

第一节　学习贯彻中共十六大、十七大精神

2002 年 11 月 20 日，省委召开十届三次全会，认真传达学习中共十六大精神，要求全省上下牢固树立率先意识，努力实现率先发展，全面建设

一个惠及全省人民的更高水平的小康社会，在此基础上向率先基本实现现代化的目标迈进。12月9日至10日，省委、省政府召开全省农村工作座谈会，学习贯彻中共十六大精神，分析农村工作面临的新情况、新问题，研究2003年及今后一个时期全省农业和农村工作思路。根据省、市委要求，中共十六大开幕当天，县四套班子领导集中收看中共十六大开幕式实况，并组织讨论。11月11日，县委印发《关于迅速组织全县党员干部认真学习党的十六大精神的通知》，全县42个党委1800多个党支部4万多名党员，通过党委中心组学习、集中学习日、“三会一课”等形式，原原本本学习中共十六大报告。11月18日，县委在县文化剧场召开传达学习中共十六大精神大会，中共十六大代表朱相桂介绍大会盛况，县委书记陈正邦部署学习贯彻中共十六大精神工作。11月29日，县委召开常委会（扩大）会议，传达省、市委关于学习贯彻中共十六大精神的指示。12月3日，县委召开十一届六次全委（扩大）会议，研究确定全县贯彻落实中共十六大精神的具体部署。12月5日和11日，县委分别印发《关于深入学习贯彻党的十六大精神的意见》《关于深入开展学习党的十六大精神系列活动的意见》。县委组织部牵头举办学习中共十六大精神理论骨干培训班，58名理论教员经过一周培训后，分赴各镇、各单位宣讲40多场，辅导近10万人次。县委宣传部建立党委中心组学习旁听制度，召开中共十六大精神研讨会，举办中共十六大精神知识竞赛活动。各镇党委把中共十六大精神作为党员冬训的主要内容，各部门按系统对党员干部进行辅导培训。在全县党员中开展“学习十六大精神，争当三个代表”的先进性教育活动，《盐阜大众报·建湖新闻》开辟专栏刊登理论学习研讨文章，县电台、电视台开展学习访谈活动，全县文化系统举办以歌颂中共十六大为主题的文艺汇演活动和广场文艺演出，文联组织举办专题书画展。全县各基层党组织开展“话成就、议发展、谈体会”主题教育活动。2003年2月15日至23日，县委组织部举办科级干部学习中共十六大精神轮训班3期，600多名科级干部参加培训。3月21日，县委书记陈正邦主持县委中心组学习会，县四套班子领导集中收看《学习十六大党课辅导》专题片。

2007年10月15日至21日，中国共产党第十七次全国代表大会在北京举行。中共十七大召开后，省委召开传达中共十七大精神大会，发出《关于认真学习贯彻党的十七大精神的通知》，召开省委常委会会议，学习中共十七大精神，研究全省贯彻落实中共十七大精神的工作部署，成立省委学习贯彻中共十七大精神宣讲团。根据中共中央和省、市委部署，10月23日，县委中心组举行中共十七大精神学习报告会。当日，市“喜庆十七大，巾帼创新业”先进事迹报告团到建湖巡回演讲。11月15日，省委宣讲团在建湖举行中共十七大精神报告会。12月1日，县委组织部印发《关于在全县基层党组织和共产党员中开展“学习十七大精神，加快新建湖建设”主题教育活动的通知》，主题教育活动至2008年12月结束。12月12日，县委印发《关于认真学习宣传贯彻党的十七大精神的通知》。县委组织部开展“喜迎十七大，永葆先进性”主题实践活动，制定出台贯彻落实中央4个长效机制文件精神活动簿，为全市提供样本。县委宣传部组织举办中共十七大精神理论骨干培训班、学习专题轮训班，组织宣讲团深入16个镇（区）巡回宣讲60多场次。

第二节　优化经济发展思路

为深入学习贯彻中共十六大、十七大精神，全面推进全县经济社会又好又快发展，县委、县政府不断优化经济发展思路，先后出台“三化”① 战略，实施“双倍”② 计划，推进“双轮”③ 驱动战略，实施“四化联动”④ 战略，通过这些战略计划的实施，全县经济社会取得长足发展。

一、出台“三化”战略

2003年1月4日，县委召开十一届七次全会，会议号召全县各级党组织贯彻落实“三个代表”重要思想，大力实施工业化、外向化和城市化战略，加快推进富民强县，为全面建设高水平小康建湖，加速现代化进程努力奋斗。

加快推进工业化，做大做强主体经济。坚持项目为王，全力实施项目

①“三化”，即工业化、外向化、城市化。
②“双倍”，即经济倍增、环境倍优。
③“双轮”，即新型工业化、城镇化。
④“四化联动”，即新型工业化、高效农业规模化、服务业现代化、经济外向化。

推进。重抓招商引资、发展园区经济和培植“小巨人”企业，以更开放的姿态、更灵活的政策、更优质的服务，寻找项目、引进项目，特别是重大项目的引进实施。2003年，全县实现工业总量、重大项目和新办企业“三个超历史”，完成工业总产值105.74亿元，比上年增长20.34%。

加快推进外向化，全面提高国际竞争力。加大利用外资力度，将着力点放在关联度大、带动力强、集中度高的产业链项目上。2003年11月8日至10日，县委、县政府举办第二届烟花杂技节。参会客商多、层次高，邀请投资商679名、贸易商1172名，组织专场淮剧、杂技演出和大型烟花燃放活动，举办20多场专题招商推介会，实现贸易成交额36.36亿元，签订投资千万元以上项目110个，总投资71.8亿元，其中亿元项目14个。2005年11月26日至28日，县委、县政府举办第三届烟花杂技节暨森达、好人缘皮鞋双获中国名牌祝捷活动，以杂技为媒，以烟花传情，全方位推介建湖，共1000多名客商参加。举办工业、农业、城建、服务业等专题招商活动，达成贸易额43.88亿元，签订千万元以上项目133个，组织重大项目集中开工活动，开工建设千万元以上项目24个，总投资11.54亿元。

加快推进城市化，拓展经济发展新空间。县委高起点、高品位编制城镇规划，注重把文化融入城市规划建设中，以建设水乡绿色园林城市为目标，挖掘建湖文化底蕴，塑造有鲜明特色和文化内涵的城市个性。高标准建设会展中心、行政审批中心、广电中心和法院审判中心等重点项目，实施冠华路建设、西塘河沿岸改造等10项重点工程。举办城建项目招商会，吸引各类资本参与城市开发建设。同时做好上冈镇和蒋营镇规划与建设，将上冈镇打造成“工贸型”集镇，将蒋营镇建成“生态旅游型”集镇。

二、实施“双倍”计划

2003年，县委把实施“经济倍增，环境倍优”计划（以下简称“双倍”计划），实现“两个率先”作为贯彻落实“三个代表”重要思想的根本任务。5月县委、县政府出台《关于实施经济倍增发展计划的激励意见》，明确主要经济指标一档镇三年翻一番、二档镇三年翻一番半、三档镇三年翻两番。工业经济主管部门：工业办年增长100%、轻工办年增长50%、纺工办年增长30%。7月3日，县委、县政府印发《关于在全县实施环境倍优的工作意见》；7月25日，县委召开十一届八次全委（扩大）会议，制定出台“双倍”计划具体目标要求及推进措施。12月27日至28日，县委召开十一届九次全委（扩大）会议，明确一档镇和城工局领先发展，财政收入和入库税金指标三年翻一番，年增长30%以上；二档镇和开发区跨越发展，三年翻一番半，年增长50%以上；三档镇超常发展，三年翻两番，年增长60%以上。着力推进环境倍优，全面推进机关效能革命，精简行政审批事项，缩短办事流程，严禁拖拉推诿，以铁的决心、铁的手段、铁的纪律改善软环境。2004年，县委、县政府出台《深入开展项目推进活动的意见》《进一步激励企业做大做强的意见》，鼓励企业提升规模档次、加速技术改造、加强产品研发，实行“绿卡”扶持政策，全力实施“双倍”计划，推促经济持续快速健康发展。7月26日和12月27日，县委分别召开十一届十次和十一次全委（扩大）会议，会议提出大力实施“双倍”计划，积极推进“四创战略”①，强力主攻“六大经济”② 的目标。2005年7月10日，县委召开十一届十二次全委（扩大）会议，印发《关于实施“全市争先、全省进位”计划的意见》，从2005年起，用三年时间，在完善“双倍”计划的基础上，经济社会发展主要指标进入全市前三位，在全省上升五位，部分指标力争全市第一、全省前列，继续凸显倍增发展主题，全力以赴冲刺“双倍”目标，凝心聚力，加快争先进位，为构建和谐建湖实现全面小康不懈奋斗。

三、推进“双轮”驱动战略

2008年12月31日，县委召开十二届三次全委（扩大）会议。会议确定从2009年起，经济工作聚焦新型工业化和城镇化“双轮”驱动，加快实现“两突破一提升”③，促进高水平全面建设小康社会取得新进展。会议围绕推进“双轮”驱动战略，提出着力在项目推进上取得突破，加快新型工业化进程；着力在基础设施建设上取得突破，加快城乡一体化步伐；着力

①“四创战略”，即创业富民、创优结构、创新机制、创塑人才。

②“六大经济”，即主体经济、民营经济、特色经济、园区经济、服务业经济、城市经济。

③“两突破一提升”，即新特产业发展实现突破、县域综合竞争力实现突破，人民生活幸福指数提升。

深化改革开放，释放经济社会发展活力。会后，全县迅即掀起实施“双轮”驱动战略热潮，并取得明显效果。2009年，面对金融危机带来的严峻挑战，全县上下迎难而上，趋利避害，推进新型工业化，产销依然保持快速增长的发展态势。与2007年比，全县完成工业增加值83.4亿元，增长63.53%；应税销售104.1亿元，增长19.52%；入库税金6.96亿元，增长42.33%；万元地区生产总值能耗下降8.6%，主要经济指标位列全省前列。

在加快新型工业化的同时，城镇化步伐也在提速。县城按照“三环”“五大片区”① 的总体规划，全面拉开城市框架，南环路和南环、中环大桥建成通车，城市内环、中环全面贯通。双湖公园东园、大润发购物中心和省道234西环段等重点工程开工建设，体育中心、文化艺术中心和城南新区学校、县人民医院南院等工程快速推进，城南新区步入内涵建设新阶段。各镇基础建设同步推进，上冈镇实施南扩工程，改变了多年“一贯制”的镇区面貌，其他镇旧址改造或新区建设陆续展开。随着“双轮”驱动战略的进一步落实，全县出现城乡一体、协调并进、同步发展的新局面。

四、实施“四化联动”战略

2006年，县委提出实施新型工业化、高效农业规模化、服务业现代化、经济外向化“四化联动”战略。2011年6月，县委在县第十三次党代会上，调整出台“新型工业化、新型城市化、农业现代化、经济国际化”四大发展战略。全县各级党组织和广大干群以推进科学发展、建设幸福建湖为主题，实施“四化联动”战略，加快发展步伐，奋力赶超苏中，打造实力建湖、创新建湖、生态建湖、幸福建湖，在苏北率先建成高水平全面小康社会。

新型工业化。把加快发展新特产业作为推进新型工业化的战略重点，坚持重点重抓，不断提高新型工业化水平。壮大新特产业。开展产业招商，突破一批投资10亿元以上的重大项目，拉长石油装备产业链条，建成国家级新型工业化产业示范基地，节能灯具产业加快向LED、平面光源等高端产品和重点领域进军。培植新兴产业。坚持把航空装备、生物工程作为战

①“三环”“五大片区”，是指内环、中环、南环，城东、城西、城中、城南、城北。

略新兴产业，到2015年，两大新兴产业力争实现销售100亿元以上。提升传统产业。推进皮鞋、服装和液压机械等产业转型升级，加快科技进步，争创发展新优势。优化园区载体。继续推进“两区三园”① 建设，到2015年，建湖开发区经济总量突破100亿元，其他园区分别突破50亿元。

新型城市化。围绕建设沿海新兴城市、“三环”“五大片区”总体布局，重点突破城南，建成集行政、文化、教育、居住和高新产业为一体的现代化新城。着力改造老城，建设城市核心商区。加快发展城东，打造城市新特产业核心区。积极发展城北，建成区域性物流中心。稳步建设城西，着力改善商贸居住条件。以“双湖”“两河”（西塘河、神台河）为重点，加强环境建设，做足水绿文章，县城建成绿色生态、宜居宜业的现代化沿海新兴中等城市。着力打造特色集镇。坚持科学规划，有序实施，加快建成一批特色鲜明、功能完善、环境优美的新型集镇，其中上冈镇建成县域副中心，九龙口镇建成生态湿地特色集镇。各镇依托自身区位、产业、人文等条件，立足个性，做好规划，推进实施，提升集镇整体建设水平。

农业现代化。按照东部设施果蔬、中部优质稻米、西部特色水产的思路，科学规划，合理布局，加快建设九龙园艺等十大现代农业产业园区。大力开展农业龙头项目和精深加工项目招引，提升农业产业化水平。积极推广应用新技术、新品种、新模式，加大农业科技创新力度，提高科技对农业发展的贡献率。从培育农机专业合作社和农机大户入手，推动农业机械进村入户，以农业机械化带动农业现代化。推进农村金融体制改革创新，引导社会资金投入农业，形成多元化的农业投入机制，加速农业现代化进程。推动基础设施建设向农村延伸，改善农村生产生活条件和村容村貌，建设富庶、文明、和谐、优美的新农村，加快农业农村现代化。

经济国际化。坚持将科技创新作为经济发展的主要驱动力，围绕新特产业发展需要，集中力量开展重大项目科技攻关，加强国际交流合作、创新成果转化和品牌建设，推动“建湖制造”向“建湖创造”转变。落实人才优先发展方针，重视招揽国际高端人才和国内顶尖人才，优先招揽外资

①“两区三园”，即建湖经济开发区、建湖高新技术经济区，县石油装备产业园、县民营科技创业园、上冈产业园。

外贸、电子商务和规划建设等紧缺人才。同时加强企业家队伍建设，为全县经济又好又快发展提供人才支撑。扩大对外开放，开阔外向视野，广泛吸纳县外特别是国际有利元素，为建湖发展服务。拓展利用日韩等外资和中国港澳台资渠道与领域，引导投向新特产业和现代农业。加快转变外贸发展方式，组织企业参与国际各类行业展会，把握产业发展前沿信息，进口先进技术装备，搞好技术引进，推动外贸出口，促进产业转型升级。推动区域合作。坚持将对外开放和对内合作相结合，突出与先进发达地区的交流与合作，深度接轨上海，全面融入江苏沿海开发和长三角一体化，将建湖变成联系东部沿海和西部腹部地区的重要枢纽。深化各项改革，引导企业适应经济国际化新要求，摒弃保守封闭的思维方式，学习借鉴国外先进经营模式和管理方式，扩大企业规模，提升发展层次。围绕推进经济国际化，继续推进农村改革，提高发展外向度。通过改革，更好地动员全县人民解放思想，创新创业，合力加快全县经济社会发展现代化、国际化进程。

第三节　“十五”计划、“十一五”“十二五”规划的制定与实施

2000 年 11 月、2005 年 12 月和 2011 年 1 月，县委分别提出制定全县国民经济和社会发展第十个五年计划和第十一、第十二个五年规划的建议，并动员全县各级党组织和广大党员干部群众，按照规划要求切实抓好落实，较好地完成各项目标任务。

一、“十五”计划的制定与实施

为贯彻落实中共十五届五中全会通过的《中共中央关于制定国民经济和社会发展第十个五年计划的建议》和省委九届十二次全委（扩大）会议、市委三届十六次全委（扩大）会议精神，2000 年 11 月 30 日，县委召开十届七次全委（扩大）会议，提出“奋战五年超百亿，富民强县快发展”，作为全县今后五年经济社会发展的奋斗目标，大会审议通过《中共建湖县委关于制定建湖县国民经济和社会发展第十个五年计划的建议（草案）》（以

下简称《建议（草案）》)。县委认为“十五”（2001—2005）计划是进入21世纪的第一个五年计划，是社会主义市场经济体制初步建立后的第一个五年计划，也是建湖县由小康向现代化迈进，由工业化初期向中期迈进的第一个五年计划，对加快推进工业化和城镇化进程，实现全县经济社会和各项事业更快发展具有重要意义。县委十届七次全会的《建议（草案）》经县十四届人大四次会议批准后实施。县委提出“十五”时期，全县国民经济和社会发展的指导思想是：以邓小平理论和“三个代表”重要思想为指导，紧紧围绕“奋战五年超百亿，富民强县快发展”目标，坚持加快发展主题，以结构调整为主线，以改革开放和科技进步为动力，以工业化、城镇化为重点，积极实施“科教兴县，外向带动，民营推进，规模支撑”四大主体战略，推进跨越式发展，实现宽裕型小康，努力把建湖建成经济繁荣、社会文明、环境优美的新兴城市。

“十五”时期，全县经济和社会发展的主要目标是：富民强县取得阶段性重大进展，实现宽裕型小康目标，综合竞争力明显提高；国民经济持续增长，地区生产总值突破100亿元，年均增长11.7%，财政收入保持12.6%的增长速度；到2010年，全县地区生产总值在2000年的基础上增长2.2倍，加快现代化建设步伐；经济结构战略性调整取得重大突破，三次产业比重为18∶52∶30；全面完成公有制企业改造，重点骨干企业基本建立现代企业制度，建立比较完善的社会主义市场经济运行机制；开放型经济取得重大突破，在更大范围和更深程度上参与国际国内经济合作与竞争；努力实现相对充分就业，基本健全社会保障机制，城乡居民收入持续增加，生活质量显著提高，生态环境不断优化；民主法制建设全面加强，依法治县取得明显成效，精神文明和社会事业建设再上新台阶。

为全面实现“十五”时期经济社会发展战略目标，县委提出9个方面推进措施：加大结构调整力度，加快推进产业升级、区域经济特色化进程；推进体制改革，加快建立和完善社会主义市场经济体制；优化所有制结构，放手发展民营经济；实施科教兴县，增强科教对经济的智力支撑；构筑开放型新优势，加快推进国际化进程；加快基础设施建设，改善城乡环境，推进城镇化进程；加强人口控制、资源节约和环境保护，提高可持续发展能力；改善城乡居民生活，全面提高各项社会事业发展水平；加强精神文明建设和民主法治建设，为全县经济社会事业发展提供精神动力和良好的社会环境。

“十五”时期是建湖县经济实力增长较快、经济结构调整成果比较显著的时期，是体制改革取得重大进展、开放开发力度较大的时期，是城乡面貌变化较大、人民群众得到实惠较多的时期，是社会事业取得长足发展、三个文明建设进一步加强的时期。面对地区之间竞相发展的新形势，面对“非典”①、洪涝等严重灾害的新挑战，面对宏观经济环境的新变化，县委在市委、市政府的正确领导下，以邓小平理论和“三个代表”重要思想为指导，树立和落实科学发展观，紧紧围绕实现“双倍”计划，大力实施“四创”战略，注重“六个更加突出”，坚持新型工业化、城乡一体化、农业产业化和经济外向化“四化联动”，加大项目推进、招商引资力度，加快推进改革开放、全民创业步伐，实现了经济倍增发展和社会全面进步。“十五”期间，全县完成地区生产总值101.78亿元，年均增长12.2%；财政收入8.74亿元，年均增长23.83%；固定资产投资146.3亿元，年均增长28.73%。经济发展速度明显加快，经济结构不断优化；改革开放纵深推进，发展活力迅速增强；各项社会事业快速发展，人民生活水平稳步提高，2005年末，城镇居民人均可支配收入8052元，农民人均纯收入4833元。圆满完成了“十五”计划目标，为“十一五”时期的发展奠定了坚实基础。在“三个文明”建设取得巨大成就的同时，建湖县先后被评为国家级生态示范区、全国科技进步先进县、省级文明卫生城市、全省双拥模范县、省级计划生育示范县、质量先进县、职业教育先进县、社会治安安全县。

二、“十一五”规划的制定与实施

2005年12月10日，县委召开十一届十三次全委（扩大）会议，深入学习贯彻中共十六届五中全会、省委十届九次全会和市委四届十一次全会精神，在总结经验、分析形势、谋划未来的基础上，讨论制定全县国民经济和社会发展第十一个五年规划，审议通过《中共建湖县委关于制定建湖县国民经济和社会发展第十一个五年规划的建议（草案）》。经县十五届人

①“非典”，即传染性非典型肺炎，是一种由SARS冠状病毒引起的急性呼吸道传染病。

大四次会议批准后实施。“十一五”（2006—2010）是建湖总体上全面建成小康社会的决战阶段，也是为后十年率先基本实现现代化奠定坚实基础的关键阶段。建设全面小康社会是落实科学发展观的集中体现，是“十一五”发展的总定位、总目标。县委要求全县上下按照中共中央和省、市委的最新部署，以世界眼光、战略思维科学规划“十一五”的发展，进一步增强机遇意识、忧患意识和责任意识，抢抓难得的战略机遇期，科学应对各种挑战，抓紧解决经济社会发展中的突出矛盾和问题，努力在苏北率先全面建成小康社会，跟上全省“两个率先”、全市“赶超苏中”的步伐。

县委明确制定和实施全县“十一五”规划的指导思想是：坚持以邓小平理论和“三个代表”重要思想为指导，以科学发展观统领经济社会发展全局，以“两倍增，两进位，两提前”为总体目标，在更高层次上实施“创业富民、创造特色、创新机制、创塑人才”战略，推进新型工业化、高效农业规模化、服务业现代化、城乡一体化向纵深发展，加快社会主义新农村建设，不断提高城乡居民的物质和文化生活水平，提升建湖经济综合实力和竞争力，加快实现在苏北率先崛起，跻身全市前列，整体达到全省上中游水平，全面建成小康社会，为基本实现现代化奠定坚实基础。同时提出7项原则：坚持促进经济持续较快发展；坚持加快转变经济增长方式；坚持深化改革开放；坚持富民惠民为民；坚持提高自主创新能力；坚持促进统筹协调发展；坚持构建和谐社会。

县委强调全县各层各级要在新的起点上实现更快更好发展，确保总体上全面建成小康社会。“十一五”规划提出，全县经济社会发展的总体目标是：“两倍增，两进位，两提前”，即经济总量倍增，群众收入倍增；综合经济实力进位到全市前列，进位到全省上中游水平；确保2010年提前一年全面建成小康社会，2020年提前基本实现现代化。具体要实现“54321”目标，即地区生产总值5年翻一番，2010年末200亿元以上；财政收入4年翻一番，2010年末20亿元以上；全社会固定资产投资和规模以上工业增加值3年翻一番，至2010年末固定资产累计投资400亿元以上；单位地区生产总值能源消耗比“十五”期末降低20%左右；城镇居民可支配收入和农民人均纯收入年均增长10%，2010年末分别达1.6万元和8000元，经济发展水平超全市平均水平。二三产业占比、科技进步贡献率、森林覆盖率、城市化水平、城市绿化覆盖率、城镇三大保险覆盖率、农村养老保险覆盖率、新型合作医疗保险覆盖率、环境质量综合指数、高等教育毛入学率、城乡居民人均储蓄存款、各项贷款余额12项指标要实现较快增长。加快建设法治建湖、平安建湖、文化建湖、诚信建湖、绿色建湖、和谐建湖。

为顺利完成“十一五”规划确定的各项目标任务，县委提出10项推进措施：大力推进新型工业化，促进产业结构升级；大力发展现代农业，加快社会主义新农村建设；加快城乡一体化进程，提高城市现代化水平；大力发展现代服务业，拓展服务业发展领域和空间；坚持深化改革，激发经济社会发展新活力；加快经济国际化进程，提高对外开放水平；加大资源环境保护力度，建设资源节约型、环境友好型社会；坚持科教优先，走科教兴县、人才强县之路；坚持以人为本，建设和谐发展新建湖；加强和改善党的领导，为实现战略规划提供坚强的组织保证。县委号召全县各级党组织和广大党员干部群众，要全面贯彻落实科学发展观，进一步解放思想，求真务实，勇于创新，扎实工作，为全面实现“十一五”规划战略目标而努力奋斗。

“十一五”时期是全县经济社会发展面临严峻挑战、经受重大考验、取得巨大成就的五年，是综合实力大幅提升、城乡面貌显著变化、人民生活明显改善的五年，是建湖建设全面小康、实现进位争先的五年。面对国内外环境的复杂变化和重大挑战，县委团结带领全县人民，认真贯彻落实科学发展观，坚持加快发展、科学发展、创新发展、和谐发展，大力实施新型工业化和城镇化双轮驱动战略，全力推进“两突破一提升”，较好地完成了“十一五”规划确定的各项目标任务。综合实力明显增强。2010年，全县实现地区生产总值239亿元，财政收入40.61亿元，建湖步入全国县域经济百强县行列。产业结构优化升级，被评为中国石油装备制造业基地、中国节能电光源制造基地，二、三产业占地区生产总值比重85.4%，居全市第一。园区建设成效明显，建成“两区三园”，形成定位明确、分工合理、互动发展的园区建设新格局。科技创新能力不断增强，全县省级以上高新技术企业、企业技术（工程）中心和名品牌、名商标数量位居全市第一，获评全国商标发展百强县。城乡面貌明显改善。形成“三环”“五大片区”50平方千米的城市框架，被评为全国文明县城。镇村建设快速推进，上冈县域副中心建设成效明显，全县涌现出一批特色鲜明、功能配套、环境优美的新型小城镇，建成一批省级文明村、新农村建设示范村和生态村。“十一五”期间，新建等级公路985千米、城市道路130多千米，“三环”路网、“八纵九横”格局基本形成。大力开展环境综合整治，切实加强生态建设，植树造林成效明显，县城绿化覆盖率38.2%，获评国家级生态示范区。人民生活水平明显提高。2010年底全县城镇居民人均可支配收入突破1.6万元、农民人均纯收入突破8700元，全县人均收入超万元村35个。社会保障体系建设实现质的提升，在苏北率先实现城乡低保、新型农村合作医疗、新型农村养老和城镇居民医疗保险全覆盖，初步形成“老有所养、病有所医、学有所助、住有所居”的良好局面。社会事业蓬勃发展，淮剧、杂技被列入国家级非物质文化遗产保护名录，建湖县被命名为中国民间艺术之乡。改革开放步伐明显加快。大力实施企业改革“三年计划”，企业改制工作基本完成，现代企业制度建设取得新成效。县镇机构改革扎实推进，行政审批制度改革取得突破，服务型政府建设迈出新步伐。民营经济发展壮大，被评为全国民营经济最具潜力县。对外开放不断扩大，成为全市唯一的省级出口基地。接轨上海成果显著，嘉定科技工业园被认定为全省首家苏沪合作共建园区，建湖县与中国石油、中国商飞等大型央企结成战略合作关系。民主法治建设明显加强。“平安建湖”“法治建湖”建设和“五五”普法工作成效明显，连续五年被评为江苏省社会治安安全县。发展合力明显增强。围绕科学发展的要求，切实增强各级干部敢于担当的勇气、创新发展的本领、坚韧不拔的精神，各级干部引领发展的能力进一步提高。强化基层组织建设，认真落实党风廉政建设责任制，各级干部拒腐防变的能力不断增强。精心组织学习实践科学发展观、创先争优活动，形成了推进科学发展的长效机制，干部群众的精神面貌发生显著变化，创新创业创优成为建湖的主流文化，全县上下呈现心齐气顺、政通人和的良好局面，为“十二五”发展打下了良好基础。

三、“十二五”规划的制定

2011年1月4日，县委召开十二届六次全委（扩大）会议，深入学习贯彻中共十七届五中全会和省委十一届九次全会、市委五届七次全会精神，紧密结合县情实际，总结经验，分析形势，谋划发展，讨论制定全县国民经济和社会发展第十二个五年规划，并审议通过《中共建湖县委关于制定建湖县国民经济和社会发展第十二个五年规划的建议（草案）》。经县十六届人大四次会议批准后实施。县委明确提出制定“十二五”（2011—2015）规划，必须以科学发展观为指导，抢抓江苏沿海开发和长三角一体化上升为国家战略的机遇，立足建湖实际，坚持扬长避短，以加快转变经济发展方式为主线，以改革开放和科技创新为动力，坚定不移地实施新型工业化和城镇化“双轮驱动”战略，推进科学发展，加快创先争优，构建和谐建湖，实现富民强县，向更高水平的全面小康社会迈进，在科学发展的道路上创造新的业绩。同时提出把握5条原则：把推动科学发展、加快创先争优作为发展主题，把加快转变经济发展方式作为主线，把新型工业化和城镇化“双轮驱动”作为发展战略，把深化改革、扩大开放作为根本动力，把改善民生、提高人民生活水平作为出发点和落脚点。

县委确定“十二五”时期经济社会发展的主要目标是：到2015年，全县综合经济实力、自主创新能力、产业竞争能力和可持续发展能力显著增强，社会事业快速发展，民主法治更加健全，生态环境明显改善，全县人民普遍过上宽裕安康的生活。综合实力大幅提升，“十二五”末全县地区生产总值超过480亿元，人均地区生产总值超8000美元，实现五年翻一番；财政总收入突破130亿元，地方一般预算收入超过65亿元，实现五年增两倍；主要经济指标增幅均高于省市平均水平。产业结构更加优化，二、三产业比重增长到92%，继续居全市第一；新特产业、高新技术产业总量五年翻两番，占规模以上工业增加值的比重分别达70%、30%以上，高效农业比重达70%以上。城镇化水平明显提高，城市化率60%左右，新农村建设加快推进，城乡发展一体化取得实质性进展。生态环境不断改善，全县森林覆盖率23%，城市绿化覆盖率45%以上。自主创新体系逐步完善，全社会研发投入占地区生产总值的比重2.5%以上，科技进步贡献率提高到60%以上，形成一批拥有自主知识产权、自主品牌的创新型企业，初步建成创新型县份。城乡居民收入与经济发展同步增长，实现五年翻一番。全民创业蔚然成风，社会就业更加充分，覆盖城乡居民的社会保障体系日益完善，人民群众幸福感普遍提升。各项社会事业加快发展，全民文明素质较大提高，民主法治更加健全，社会管理机制更趋完善，构建和谐社会走在省市前列。

为实现“十二五”规划各项目标任务，县委提出7项推进措施：加快产业结构调整，着力转变经济发展方式；加强自主创新，增强竞争力；加大统筹发展力度，加快推进城乡一体化；深入推进改革开放，增强科学发展的动力与活力；加强社会事业建设，提高公共服务能力；着力改善民生，促进社会和谐稳定；加快建设资源节约型、环境友好型社会，努力实现可持续发展。县委号召全县各级党组织和广大党员干部群众，深入贯彻落实科学发展观，解放思想，开拓创新，团结拼搏，进位争先，努力实现建湖县国民经济和社会发展第十二个五年规划确定的宏伟目标，建成更高水平的全面小康社会，把建湖的明天建设得更加美好。

"十二五"规划实施起步扎实，开局良好。2012 年，全县完成地区生产总值 324.47 亿元，比上年增长 12.7%；二、三产业占地区生产总值的 87%，完成财政收入 68.39 亿元，比上年增长 11.1%。建湖县列全国县域经济百强县第 92 位，比上年提升 3 位，在苏北率先建成全面小康社会。先后获评中国金融生态示范城市、中国河蟹之乡、江苏省农业综合开发先进县、江苏省粮食生产先进县、江苏省平安县。城南新区和九龙口旅游度假区正式成立，省级园林城市通过验收，城市化率 51.56%，创建国家级和省级生态镇各 1 家、三星级康居示范村 3 家，城南地面水厂建成投运。县委制定出台《关于大力推进民生幸福工程的意见》，加大社会保障体系建设，切实改善民生，构建和谐社会。文化、教育、卫生等各项社会事业得到较好发展。党的建设和精神文明建设进一步加强。举行首届"感动建湖十大人物"评选活动，在全市率先启动道德讲堂建设。大力实施服务型党建"一线工作法"，加快推进村级"四有一责"建设，深化产业集群党建工作做法在全省推广。圆满完成县镇两级人大、政府以及县政协换届工作，制定出台改进作风，建设人民满意机关等五项规定，促进各级干部廉洁从政、务实干事。

第四节　中共建湖县第十二、第十三次代表大会

2006 年 6 月和 2011 年 6 月，分别召开中共建湖县第十二次和第十三次代表大会，总结第十一届和第十二届县委工作，选举产生新一届县委领导机构，确定新一届县委工作目标任务和推进措施，通过相关决议。

一、中共建湖县第十二次代表大会

中共建湖县第十二次代表大会于2006年6月24日至26日召开，出席代表377名。大会听取并审议曹友琥代表第十一届县委所作的《坚持科学发展，加快争先进位，努力夺取建设全面小康社会的伟大胜利》工作报告和县纪律检查委员会工作报告，审议通过《中国共产党建湖县第十二次代表大会关于第十一届委员会工作报告的决议》《中国共产党建湖县第十二次代表大会关于纪律检查委员会工作报告的决议》《中国共产党建湖县第十二次代表大会关于2006—2010年党建工作规划的决议》，书面审查县委组织部关于党费收缴管理和使用情况的报告。

大会总结十一届县委取得的主要成绩：2005年，全县完成地区生产总值101.78亿元，年均增长12.2%；工业总产值114.88亿元，年均增长11.36%；财政收入8.74亿元，城镇居民人均可支配收入8052元，农民人均纯收入4833元。工业经济总量不断增加，产业特色日趋明显；农业产业化进程加快，新农村建设全面启动；现代服务业快速发展，建业集团被评为江苏省建筑业最佳企业。企事业单位改革实现新突破，扎实推进农村税费改革、粮食流通体制和补贴方式改革，全部免征农业税，农民负担大大减轻，建立县开发区失地农民土地换社保补偿机制。大力精简行政审批事项，简化办事程序，成立县行政服务中心和全省首家县级外派劳务培训中心。完成县城总体规划第四轮修编，县城接通盐城市区的亮化工程竣工。广电大厦、国土大厦、法官培训中心等投入使用，西塘河风光带成为建湖的新名片，神台河风光带一期工程建设成效明显，登达花苑、阳光水城、东方御花园等新型住宅小区层次较高。新长铁路开通运营，盐淮高速建湖段建成通车；在全省首家实现“村村通”目标，农村客运班车通达率95.3%。镇村布局规划通过省级评审，集镇环境大为改善，中心村建设稳步推进。县开发区被批准为省级经济开发区，经人事部批准设立博士后科研工作站。建阳、庆丰、恒济、钟庄、高作、芦沟等镇工业集中区初具雏形。建成江苏省文明城市、国家级生态示范区、全省人口与计划生育示范县、全省社会治安安全县。实施科教兴县战略，获授“全国科技进步先进县”“全国文化先进县”“全国婚育新风进万家活动先进县”等称号。“非典”防控取得全面胜利。连续五次荣膺省级“双拥模范县”称号。企业养老保险推行核征制，事业单位养老保险进入实质性运转，农村社会养老保险稳步推进，新型农村合作医疗体系快速建立。落实农村失学儿童困难补助和计划生育奖励扶助制度，全面启动城镇居民医疗统筹和救助工作，建立城乡居民最低生活保障制度，基本实现“应保尽保”。就业和再就业保障机制进一步健全。深入开展严打整治斗争，社会治安综合治理工作得到新加强。扎实开展保持共产党员先进性教育活动，建立党政正职“五制”①管理模式，推进“强基”工程，农村党员“四位一体”远程教育模式在全省推广；积极探索社区、新经济组织党建工作新路子，认真落实党风廉政建设责任制，查处一批违法违纪案件，及时纠正损害人民群众利益的不正之风；建立科级干部党风廉政建设当面报告制度，实施案件审理助辩制度得到中纪委和省纪委的充分肯定，并在全国推广。

大会明确今后五年的总体目标和主要任务：“两倍增、两进位、两提前”，即经济总量倍增、群众收入倍增，综合经济实力进位到全市前列、全省上中游水平，提前一年全面建成小康社会，2020 年提前基本实现现代化。具体目标：地区生产总值 5 年翻一番，财政收入 4 年翻一番，全社会固定资产投资和规模以上工业增加值 3 年翻一番，单位地区生产总值能耗降低 20%，城乡居民人均收入年增 10%以上，到 2010 年，全县总体上达到全面小康目标值，在苏北率先建成全面小康社会，综合实力进入全国百强县行列。

大会确定今后五年的战略重点和工作措施：积极转变增长方式，大力推进新型工业化；突出富民惠民重点，加快建设社会主义新农村；大力推进城市建设，全面加快城市化进程；加快发展现代服务业，促进经济结构优化升级；纵深推进改革开放，增添经济发展活力；高度重视环境建设，营造良好发展氛围；坚持以人为本，促进社会全面进步；更加注重协调发展，努力构建和谐社会。以推动思想解放为先导，大力提升思想建设水平；以提高执政能力为核心，切实加强基层组织建设；以推进制度创新为重点，着力优化干部管理机制；以密切党群关系为宗旨，深入推进党风廉政建设。

大会选举产生中共建湖县第十二届委员会和县纪律检查委员会。第十

①“五制”，即任期目标制、任前认标制、任中告示制、任满进退制、任内党风廉政建设责任制。

二届县委由27名委员、6名候补委员组成，县纪委由15名委员组成。县委十二届一次全会选举产生常委会，曹友琥为县委书记，陈勇、苏冬为副书记，曹友琥、陈勇、苏冬、蒋东仁、李容鉴、张国梁、羊维达、刘一华、张慧娟（女）、郑友明、张连国为县委常委。县纪委十二届一次全会选举产生县纪委常委会，蒋东仁为县纪委书记。

二、中共建湖县第十三次代表大会

中共建湖县第十三次代表大会于2011年6月27日至29日召开，出席代表338名。大会听取并审议王荣代表第十二届县委所作的《推进科学发展，建设幸福建湖，为在苏北率先建成全面小康社会而奋斗》工作报告和县纪委工作报告，审议通过《中国共产党建湖县第十三次代表大会关于第十二届委员会工作报告的决议》《中国共产党建湖县第十三次代表大会关于纪律检查委员会工作报告的决议》《中国共产党建湖县第十三次代表大会关于2011—2015年党建工作规划的决议》，书面审查县委组织部关于党费收缴管理和使用情况的报告。

大会总结十二届县委取得的主要成绩：综合实力不断增强，主要指标增幅位居全省上游水平，首次进入全国百强县行列，列第100位。2008年，建湖县被授予“中国石油装备制造业基地”“中国节能电光源制造基地”称号，被评为中国民营经济最具潜力县。2010年，完成地区生产总值239亿元，财政收入40.61亿元，社会消费品零售总额79.79亿元；城镇居民人均可支配收入16026元，农民人均纯收入8704元，均比2005年有较大幅度增长。产业结构持续优化，二、三产业占地区生产总值85.4%，新型工业化步伐加快，高效农业取得新突破，现代服务业提速发展；城乡建设快速推进，城市化率48.4%，县城绿化率38.2%，在全省率先实现硬质道路村村通；改革开放步伐加快，各项改革纵深推进，对外开放不断扩大，科技创新成果显著；社保体系不断完善，公共服务水平稳步提升，平安法治建设成效明显；党的思想建设、组织建设和党风廉政建设不断加强，精神文明建设成果丰硕。

大会提出今后五年全县经济社会发展目标：打造“实力建湖”，到2015年，全县地区生产总值超480亿元，人均地区生产总值超8000美元，实现五年翻一番；财政总收入突破130亿元，一般预算收入超65亿元，实现五年增两倍；固定资产投资超600亿元，实现三年翻一番；主要经济指标达到或超过苏中平均水平，力争在全省综合位次前进3位以上，在全国百强县中前进10位以上。打造“创新建湖”，到2015年，全社会研发投入占地区生产总值的比重2.5%以上，科技进步贡献率提高到60%以上，高新技术产业总量实现五年翻两番，初步建成创新型县份。打造“生态建湖”，到2015年，全县森林覆盖率23%，城市绿化率45%以上，环境质量综合指数位居省市前列，建成国家级生态县。打造“幸福建湖”，到2015年，城乡居民收入与经济发展同步增长，实现五年翻一番；初步实现人人享有基本社会保障的目标；人民群众的幸福指数达到全省先进水平。

大会提出今后五年发展的战略措施：以新特产业为重点，加快推进新型工业化；以统筹发展为目标，加快推进新型城市化；以农民增收为核心，加快推进农业现代化；以改革创新为动力，加快推进经济国际化。努力建设幸福建湖，着力提升群众收入水平，着力提升社会保障水平，着力提升公共服务水平，着力提升社会管理水平，着力提升生态文明建设水平。以改革创新精神全面加强党的建设，以思想解放引领科学发展，以制度创新推进队伍建设，以创先争优强化基层组织，以勤政廉政树立良好形象。

大会选举产生中共建湖县第十三届委员会和县纪律检查委员会，第十三届县委由31名委员、7名候补委员组成，县纪委由15名委员组成。县委十三届一次全会选举产生常委会，王荣为县委书记，苏冬、王旭东为县委副书记；王荣、苏冬、王旭东、张连国、蒋红萍（女）、吴云、尹恒斌、徐宁建、陆汉超、安长春、倪世勇为县委常委。县纪委十三届一次全会选举产生县纪委常委会，蒋红萍（女）为县纪委书记。

第十七章　继续深化各领域改革

2003年后，县委、县政府出台《关于进一步深化改革工作的意见》等一系列政策文件，持续深化企业改革改制，扎实抓好农村各项改革，稳步实施行政管理体制改革，全面推进行政审批制度改革，完善社会保障制度改革，探索国有资产管理体制改革。通过这些改革措施的深化、完善、配套实施，为全县经济社会快速健康发展增添不竭动力。

第一节　稳步实施行政管理体制改革

按照中共中央和省、市委部署，县委、县政府分别进行了县级政府和乡镇机构改革，进一步转变地方政府职能，提高依法行政水平，同步进行事业单位、干部人事制度改革，为全县经济社会发展提供强有力的组织人才保证。

一、调整县政府部分机构及职能

2003年9月，县委、县政府撤销工业办公室、轻工业办公室、纺织工业办公室和花炮工业办公室，成立县城市工业局和招商局。2004年12月，县委、县政府贯彻落实中共中央办公厅、国务院办公厅《关于地方政府机构改革的意见》，本着“上下基本对应，权责一致，依法行政”的要求，制定《建湖县人民政府机构改革实施意见》，召开县政府机构改革动员会，部署机构改革工作。根据省、市关于县政府机构改革的意见，不单独设立国有资产监督管理机构。将国有资产监督管理职能由与县财政局合署办公的县国有资产管理委员会办公室承担。将县发展计划委员会改组为县发展和改革委员会，为县政府工作部门，正科级建制。将县经济体制改革委员会办公室的职能划入县发展和改革委员会，撤销县经济体制改革委员会办公室。调整县安全生产监督管理体制，将县安全生产监督管理局调整为县政府工作部门，正科级建制。将县计划生育委员会更名为县人口和计划生育委员会。将县卫生局承担的保健品初审的有关职能划入建湖食品药品监督管理局。

改革后，县政府工作机构设置28个，即县政府办公室、发展和改革委员会、经济贸易委员会、教育局、科学技术局、公安局、监察局（与纪委机关合署办公）、民政局、司法局、财政局（国资办与其合署办公，不计入机构数）、人事局（编委办与其合署办公）、劳动和社会保障局、国土资源局、建设局、交通局、水利农机局、农林局、对外贸易经济合作局、文化局、卫生局、人口和计划生育委员会、审计局、环境保护局、统计局、安全生产监督管理局、物价局、粮食局、民族宗教事务局（与统战部合署办公，不计入机构数）。此外，设置事业局3个，即城市管理局、广播电视局和农业资源开发局。

二、深化镇级机构改革

根据省委办公厅、省政府办公厅《关于深化全省乡镇机构改革的意见》和市政府《关于建湖县镇机构改革方案的批复》精神，2011年1月，县委、县政府出台《建湖县镇级机构改革实施意见》。各镇党政机关和所属事业单位，县派驻镇的水利、畜牧兽医等工作机构均列入改革范围，镇工业科技站不参加改革。通过改革转变镇政府职能，创新农村工作机制，整合镇党政机构，减少领导职数。改革后，近湖、上冈设置党政机构6个，即党政办公室、经济发展办公室、政法信访办公室（挂“司法所”牌子）、社会事务办公室（挂“人口和计划生育办公室”牌子）、财政办公室（挂“财政所”牌子）、新农村工作办公室。建阳、九龙口、恒济、颜单、沿河、芦沟、庆丰、冈西、宝塔、高作分别设置党政机构5个，其中新农村工作办公室在“财政办公室”挂牌。进一步明确各办公室职责，不作为镇一级的中间层次，主要负责人由镇分管领导兼任，副职由镇分管领导或中层干部兼任。3人以下设主任1名，4至6人设主任、副主任各1名，7人以上设主任1名、副主任2名。在各办公室内部分别设置相应职位，实行一人多岗、交叉兼职。各镇按规定设立纪委、人武部、工会、共青团、妇联，日常工作由党政办公室承担。

完善镇党委会的组织结构，适当扩大党政领导成员交叉任职、一人多职，减少领导职数，解决分工重叠问题。近湖、上冈领导职数11名，其中党委书记1名（兼人大主席），副书记3名（其中1名兼镇长），人大副主席1名，副镇长6名。建阳、庆丰领导职数9名，其中党委书记1名（兼人大主席），副书记 2 名（其中 1 名兼镇长），人大副主席 1 名，副镇长 5 名。九龙口、恒济、颜单、沿河、芦沟、冈西、宝塔、高作领导职数 8 名，其中党委书记 1 名（兼人大主席），副书记 2 名（其中 1 名兼镇长），人大副主席 1 名，副镇长 4 名。按规定配备专职或兼职纪委书记、党委组织委员、宣传委员、统战委员、政法委员、人武部长。

镇级行政编制以 2001 年机构改革后核定数为基数，由原来的 600 名减至 540 名，精简 10%。各镇行政编制数由县编委根据人口、面积、财政收入核定。不再核定行政附属编制，原使用行政附属编制的在岗人员实行“老人老办法”管理。改革后，各镇后勤事务实行社会化运作。镇党政机关富余人员分流可按国家有关政策规定提前退休，鼓励自主创业、自谋职业，也可采用县内余缺调配。

三、深化县镇事业单位改革

县属事业单位改革。2003 年，全县事业单位改革涉及 212 个（除各类学校），撤销事业单位 12 个，合并调整事业单位 17 个，新组建事业单位 2 个，实施产权制度改革 18 个，事业单位总数减少 34 个，原有编制 5449 名，调整核减 1152 名。6 月 26 日，县中医院被上海慈航集团买断产权。建筑设计院、驾驶员培训中心完成改制，县良种场清算解体基本结束。组织实施畜禽良种场、县第四人民医院、裴刘卫生院改制工作，完成县交通工程处、电影管理站、人民剧场、影剧院等单位改制前期工作。2005 年，县种子公司等 9 家单位完成产权制度改革。2006 年，推行事业单位全员聘用制，进一步完善事业单位分类管理。2007 年，建湖宾馆、人民剧场、县电影管理站等 10 家单位完成产权制度改革。2008 年，县粮油监测所完成产权制度改革。此后，进行事业单位人事制度等内部管理改革。

镇级事业单位改革。2005 年初，根据省政府批转省委编办等部门《关于加强和改进农技推广和农经服务体系建设有关问题意见的通知》要求，农业服务中心更名为农业技术推广服务中心，农村经营管理服务中心更名为农村经济经营管理服务中心。农业技术推广服务中心下设农机站、林蚕站、兽医站、农技站、水产站。2007 年，乡镇农技推广和农经服务体系改革推进到位。2011 年，将原农业技术推广服务中心和农村经济经营管理服务中心合并，成立农业技术推广综合服务中心，挂“农经站”牌子。将农业技术推广服务中心承担的动物防疫和公益性技术推广服务的职能及其人员编制划出，单独设置畜牧兽医站；将经贸服务中心更名为经济贸易服务中心，人力资源服务中心更名为劳动保障服务中心，村镇建设服务中心更名为建设环保服务中心，计划生育服务中心更名为人口和计划生育服务中心，文化广播电视服务中心更名为文化广电服务中心。改革后，近湖、上冈设置6个中心，即农业技术推广综合服务中心（挂“农经站”牌子）、经济贸易服务中心、劳动保障服务中心、建设环保服务中心、人口和计划生育服务中心、文化广电服务中心。建阳、九龙口、恒济、颜单、沿河、芦沟、庆丰、冈西、宝塔、高作设置5个中心，其中劳动保障服务中心改在经济贸易服务中心挂牌。调整后的各大中心均为公益性事业单位，不再承担经营性业务，经费由财政保障，相当于股级建制。各大中心的领导职数根据编制数核定，5人以下设主任1名，5至10人设主任、副主任各1名，10人以上设主任1名、副主任2名。编制以2001年机构改革前核定数为基数，由原来的1600名核减至896名（含镇畜牧兽医站编制），精简44%。通过提前退休、鼓励辞职创业等途径分流富余人员。

四、创新干部使用管理模式

创新干部选拔任用方式。2003年，县委出台《关于改进镇和县直有关部门党政正职任用管理的意见》《关于任用干部实行无记名投票表决制的办法》，积极探索公推公选办法，新选拔正科级党政正职6名、科级后备干部222名。之后在教育、公安部门公推公选科级干部。2004年，创新事业单位领导班子任用管理办法，进行事业单位领导职务任期制试点。2005年，建立科级后备干部人才库，选拔22名科级后备干部到基层锻炼。2006年，把镇党委换届与深化镇领导班子配备改革、推行目标承诺、试行镇党代会常任制有机结合起来，采取“三荐①三推、三层联动、全程差额”公推镇党委委员候选人做法，被列为全市组织工作十大创新成果。2008年，采取“三推两试”、全程差额，公开选拔30名年轻干部挂任镇长（局长）助理，到基层一线及重点岗位实践锻炼，得到省委组织部的肯定。县委在全县大面积实施中层干部交流，累计交流机关中层干部366名，其中跨单位交流

①“三荐”，即个人自荐、组织推荐、10名以上党员群众联名举荐。

52 名，内部交流 314 名。2009 年，大力推进事业单位中层干部交流，集中交流 213 名。被市委组织部作为“解决干部工作热点、难点问题”的“建湖模式”在全市推广，并被《人民日报》报道。2010 年，全面推行科级干部调整票决制，被评为全市组织工作十佳优秀创新创优成果第一名。创造“三荐四票，全程差额”公推直选镇党委领导班子做法被市委组织部在全市推广。扩大选人用人范围，率先在全省公开选调规划、建设、交通、金融等科技专业领导人才 7 名。2011 年，创建“5＋3”① 模式公推差选镇党委书记。选拔招商引资、项目推进和旧城改造工作实绩突出的干部担任副科级以上职务 12 名，选拔 3 名村书记和 3 名大学生村官进镇级领导班子。2012 年，全面推行公开竞争、全程差额、择优录用的“三重三推三考”干部选任模式，调整科级干部 52 名，提拔重用科级干部 42 名，其中年轻干部 21 名。

全面加强干部监督管理。2004 年，县委全面推行党政正职“五制”管理。2005 年，推行“五制”管理模式向县直其他部门正职、领导班子副职、机关中层干部和村干部 4 个层面延伸，扩大“五制”管理覆盖面。积极推行党政正职承诺上岗、副职双选上岗、机关中层干部认标竞岗、村书记签状上岗，强化领导干部目标化管理，推行事业单位领导班子签约式上岗、契约式管理。2006 年，推行党政干部目标承诺制，建立领导班子实绩报告问责评议制度，全面落实机关干部“一岗双责”。2009 年，推行干部选拔任用工作“一报告两评议”制度，评聘干部监督信息员 100 多名，启动领导干部“三责联审”工作。2012 年，县委出台《推行科级干部使用管理“三诺三核”监督制度》，实现干部任前承诺、任中践诺、离任验诺监督全覆盖，修订出台《镇区经济工作四项主要指标考核意见》，进一步改进和完善全县各级领导干部考核评价机制。

五、深化人事管理制度改革

加强人才流动管理。2002 年 9 月，县人才交流服务中心开始接受用人单位或个人委托，代理有关人事业务。2005 年，对全县各镇的六大中心实行全员人事代理。2006 年，成立县经贸委人才储备中心和建湖经济开发区

①“5＋3”，即民主推荐、竞职演讲、二次推荐、差额考察、差额票决 5 项常规做法，增设纪律承诺、问卷调查、驻点调研 3 项程序。

人才交流中心，专门为全县工业企业吸纳和储备人才。2007年，成立县人才储备中心，主要为各镇吸纳、输送新农村建设人才。2010年，县政府制定出台全县高层次人才奖励政策，设立科技创新奖励基金1000万元。2011年，设立人才发展专项资金2000万元。2012年，首次开展建湖县名教师、名医生评选活动，评选名师名医各1名。

改革专业技术职称评聘制度。2003年，建湖县实行专业技术资格评审与专业技术职务聘任相分离的制度。2004年，实行事业单位专业技术人员专业技术资格注册管理；组织符合条件的人员参加全市乡镇系列工程（含建筑、机械和化工专业）及经济专业初、中级专业技术资格考试，实行以考代评，不再评审。职称外语合格证和省专业技术人员信息化素质培训（职称计算机应用能力）考核合格证，在申报评审专业技术资格时长期有效，不再规定三年有效期。2007年，组织开展中学正高级教师评聘工作。

加强公务员培训考核。2004年起，全县公务员考核内容在原德能勤绩的基础上，增加“廉”部分，即考核德、能、勤、绩、廉5个方面。2007年5月，县委组织部出台《建湖县公务员培训实施办法》，对全县公务员进行“菜单式”培训，学分制管理。2008年，县委、县政府出台《关于加强全县行政奖励工作管理的意见》，对奖励工作的原则、项目名称、程序等作出明确规定。年度考核被确定为优秀等次的，予以嘉奖，连续3年被确定为优秀等次的，记三等功。参照公务员法管理的机关（单位）中除工勤人员以外的工作人员奖励，参照此规定执行。

加强机构编制管理。2006年8月，建湖县经济开发区被省政府批准为省级经济开发区，更名为江苏省建湖经济开发区，为副处级建制。2008年，新设规划局和服务业发展局、产业发展办公室，组建城市资产、交通和开发区三大投资公司。全县行政单位人员编制为1250名，在编人数为1066名。政法单位人员编制为821名，在编人数为775名。事业单位人员编制为12132名，实际在编人数为12340名。2009年，开展清理在编不在岗人员，清退教育系统在编不在岗人员72名。此后，逐年清理在编不在岗和编外人员。

第二节　持续深化经济管理体制改革

2003年后，全县农村改革主要是推行税费改革、创新农村财务管理，逐步建立农村现代化服务体系；工业企业改革进入完善扫尾，调整职工劳动关系，处理相关遗留问题阶段；流通企业通过拍卖、租赁、破产、实施股份制等形式，进行经营体制改革和产权制度改革，实现公转民营；财税体制改革主要进行县乡财政体制调整，取消农业税，调整部分税种税率，同时试行国有资产管理体制改革，规范国有资产监督管理职能，防止国有资产流失。

一、农业农村改革

实施农业税费改革。2003年夏季，全县取消农业特产税，取消农村劳动积累工和义务工。2004年，县委、县政府贯彻落实中央文件精神和省委、省政府农业税调减政策，农业税税率降低3%，落实粮食直补、良种补贴和农机补贴1450万元。2005年，取消农业税及其附加。合并乡镇，减少财政供养人员，荡中乡并入建阳镇，裴刘乡并入芦沟镇。抓好村组合并和精简村组干部，进一步减少村级支出。全县村组合并后，行政村（居）、村民小组和村（居）组干部分别减少45%、38.5%、77%。2008年，全县农村除一事一议筹资筹劳及水利工程水费外，取消了其他各种税费。

加强农村财务管理。完善村账镇管制度，普及村级财务电算化管理，积极化解村级债务，规范涉农收费行为，对一事一议筹资筹劳实行“民主管理、限额收取、上级审批、定向使用”。2004年，县委、县政府出台《关于切实加强村级财务管理工作的意见》，实行村账镇代理制度，全面推行农村财务电算化。2005年，县委、县政府出台《关于进一步化解村级债务的意见》，从2006年起，每年化解陈债10%以上。2006年，开展创建农村财务管理示范镇（村）和合格镇（村）活动。恒济镇被省农林厅评为“农村集体财产规范化管理示范镇”。全面推行农经一站式“窗口”服务。至2008年，全县村级积累4.51亿元，债务总额2.06亿元。2个镇和6个村获评省财务管理示范镇、示范村，5个镇和15个村获评市财务管理合格镇、合格村。恒济镇农经服务中心被农业部确定为第二批全国农村集体财务管理规范化示范单位。

推进土地规模经营。2004年，县委、县政府按照明确所有权、稳定承包权、活化经营权原则，在冈东镇开展土地流转试点，构建公平、公正、公开的土地流转市场，将土地相对集中到种植能人手中。冈东镇流转土地3000多亩，其中50亩以上的有40多户。2006年，依法、自愿、有偿开展土地承包经营权流转，土地股份制合作在恒济镇取得突破。2007 年，组建恒济镇建河村、上冈镇仓冈村土地股份合作社，合作面积 1200 亩。2008 年底，全县组建农村土地股份合作社 32 家，入股面积 2.05 万亩、农户 5817 户。2009 年，15 个镇土地流转服务中心挂牌运行，新增流转土地 5.92 万亩。2012 年，在颜单、九龙口镇开展土地股份合作工商登记注册试点。同年底，全县土地流转总面积 47.76 万亩，组建农村土地股份合作社 139 家，入股面积 7.6 万亩，入股农户 2.58 万户。

建立农业保险机制。2007 年，建湖县启动实施农业政策性保险，全县承保水稻面积 36.5 万亩、三麦面积 32.8 万亩、油菜面积 7.67 万亩、能繁母猪 8877 头。2009 年，启动农机保险和高效农业保险。2011 年，开发杂交稻制种、荷藕和高效设施农业等新险种。2012 年，在巩固发展三麦、油菜、水稻、棉花等保险基础上，增加高效农业保险面积。全县各类农作物参保面积分别为水稻 62 万亩、三麦 59 万亩、油菜 7.6 万亩、棉花 2.3 万亩，高效农业参保面积 4000 亩，能繁母猪参保 8100 头。

推进林业产权制度改革。2009 年，县委、县政府认真贯彻落实中共中央、国务院《关于全面推进集体林权制度改革的意见》和省政府《关于深化集体林权制度改革的实施意见》，5 月启动第二轮林权制度改革工作，成立领导小组，出台集体林权制度改革工作意见，召开专题会议，广泛宣传发动，明确改革重点，科学制定林权改革的方法和程序，认真做好统计和检查，规范档案管理工作。至 2009 年底，全县完成林权改制面积 10.19 万亩，其中均股均利面积 2320 亩，集体统一经营面积 1931 亩，拍卖、承包或协议形式面积 8.03 万亩；签订合同面积 10.19 万亩，发放股权证明书面积 6200 亩，发放林权证书面积 2.7 万亩。2010 年，县政府出台《关于进一步强化林木采伐管理工作的实施意见》，配套林业资源改革管理工作。同年 7 月，县政府召开全县集体林权制度改革推进会，全面推进 40 个村集体林权制度改革工作。2011 年 1 月，全县集体林业产权制度改革通过省林改办验收。

二、企业改革改制

工业企业改制，在公有资产全部退出的基础上，利用土地等资产变现支付改制成本，全面调整职工劳动关系。流通企业改制，实行公有资产退出资金由系统内调剂使用，有效解决改制成本筹集难题。建筑企业改制，充分利用建筑企业的资质等级特殊资产，吸引民营资本投入。2003 年，按照县委、县政府《关于进一步推进县属工业改革和发展的若干意见》和“全面、彻底、规范、配套”以及“彻底改、改彻底”等要求，成立企业改革工作领导小组，召开全县企业改革工作动员大会和分块部署会，出台《建湖县关于企业改革工作的意见》。县属工业企业改制面近 90%，职工身份置换 2.96 万人。乡镇企业实施破产 9 家，流通企业改制 96 家，破产终结 11 家，全县有资质等级的建筑企业 34 家，完成改制 31 家。2004 年，县委确定“企业改革抓扫尾、事业单位改革抓突破、农村税费改革抓完善、其他改革抓创新”的工作思路，召开全县改革工作会议，出台改革文件，成立改革工作领导小组，并设立 7 个工作指导组。2005 年，县属工业产权制度改革基本结束，完成改制企业 905 家，改制面 98.6%，置换职工身份 2.3 万人。2006 年，全县企业改革工作围绕“职工劳动关系调整到位、产权置换到位、法律手续变更到位”目标，加速推进企业改革改制和深化完善工作，劣质企业退出市场步伐加快。2007 年，按照“突出重点、先急后缓、注重方法、彻底到位”原则和“分线运作、分块包干”要求，对年初确定的 20 家县属重点改制企业，科学制定方案，认真研究协调，轻通公司、誉凯纺织轴承有限公司、东大油米厂、盐城太平针织有限公司、县福利厂、江苏百倍集团等基本推进到位。企业破产力度加大，建湖轧花厂、天子福药业等 9 家企业进入破产程序并审结，县织布厂等 25 家企业进入破产审理程序。同年 12 月，县委十二届二次全委（扩大）会议提出企业改革“一年攻坚，一年扫尾”的要求，将 2008 年作为改革攻坚年，通过土地收储等特殊扶持政策，盘活有效资产，突破改制难题。至 2008 年底，列为改革重点的 58 家企业有 52 家基本推进到位，列入扫尾的 15 家企业，2009 年 6 月均完成清产核资评估工作，并形成改制方案。搞好改制遗留问题特别是破产企业案件审理、下岗职工身份置换和退休职工医疗与养老保险等疑难事项的处置落实。2010 年，企业改制工作告一段落。

三、流通体制改革

商业企业改制全面完成。2003 年，县食品总公司及 17 个基层食品站和县百货总公司、百货大楼等 27 家企业完成公转民营，实现“三个置换”。同年 4 月，百货集团总公司与百货大楼合并改制，组建县大洋百货有限公司；9月，商业大厦与上海世纪联华超市签订租赁协议，兴办世纪联华超市建湖店，五交化商场二楼兴办鱼米之乡美食城；11月，县食品总公司实行股份制改造，组建县食品有限责任公司。2005年，县酱醋厂、新泉浴室等17家企业进行清产核资和资产评估。2007年1月，为规范全县酒类流通秩序，县政府办发出《关于转发建湖县酒类流通管理实施意见的通知》，加强酒类流通备案登记工作，建立长效管理机制；10月，县糖烟酒公司城中商场与常熟波司登羽绒服集团公司签订协议，兴办波司登羽绒服专卖店。2008年底，县酱醋厂因县城丰收路拆迁改造解体。2009年，对饮服公司、糖烟酒公司、五交化总公司、冷冻总厂、上冈工业品公司5家未改制企业全面清产核资和资产评估。至2010年，全面完成商业企业改革改制任务。

粮油购销改革进入尾声。2003年，撤销颜单粮管所、建湖粮库；合并王桥、左庄、陈吴、洪桥、乔舍粮库；撤并白云集团公司（县面粉厂）、县饲料厂、鑫光灯饰厂、粮油工业公司、粮油贸易公司、粮油采购储运公司、饲料公司、物资公司、上冈粮油批发交易市场、兴达粮油贸易所等企业。2004年，楼夏粮库获评全省农民满意粮食收购企业。县饲料厂因拆迁清算解体，鑫光灯饰厂、东大油米厂实行民营化运作，重新组建县人宝粮油有限公司；上冈饲料厂进入破产程序。2005年4月，成立县粮食购销总公司。建湖国家粮食储备库、县国家直属粮食储备库、高作粮管所被国家粮食总局命名为国家储备粮承储资格企业；马厂粮库、楼夏粮库被省粮食局命名为省级储备粮承储资格企业。2007年，粮食系统有50个企业完成改制任务，占企业总数的94%。2008年，明大油米厂、上冈油米厂、上冈饲料厂、县麦芽厂破产清算解体。2009年，全县粮食企业改革改制全面完成。

供销企业改革完成扫尾。2003年，供销系统组建新公司13家，进入破产程序3家。2004年，县供销系统农村集体商业实行民营化改革，近湖、蒋营、庆丰、颜单、冈东、上冈、宝塔7个基层供销社分别组建有限责任公司。2005年，县日杂果品总公司完成产权拍卖。2006年，上冈剥绒厂以产权整体转让形式完成改革改制，恒济供销社破产。2007年，县轧花厂、棉麻总公司、富达供销总公司破产。2008年底，供销系统90%的社有企业完成产权制度改革；组建有限责任公司2个，破产企业17个，连锁经营超市、门店23个；发展村级综合服务站67个，农村专业合作社22个。2009年，完成供销企业改制扫尾工作。

物资企业改革全面结束。2003 年至 2007 年，物资系统根据“彻底改、改彻底”的要求，完成公转民营 17 家，转换职工身份 4 家，破产 20 家，新组建民营企业 8 家。2004 年至 2008 年，物资办强化对全县煤炭经营企业的检查，先后核销 50 多家经营资格。2006 年，制定《建湖县煤炭行业发展规划（2006—2010)》。积极做好废金属回收和报废汽车特许经营工作，县金属回收公司配合县废金属回收管理办公室，整治金属回收和报废汽车经营市场秩序。加强对企业国有资产的营运和监管，指导和帮助改制企业建立健全规章制度，强化行业安全生产，为物资流通改革提供了良好环境。2008 年 5 月，县物资办公室完成全系统企业改制工作，更名为县服务业发展局。

四、财税体制和国有资产管理改革

进一步推进财税体制改革。2003 年，县成立会计核算中心，实施会计集中核算制度。1 月 18 日，县政府印发《关于调整镇财政体制的通知》，调整镇级财政体制，重新划分县镇收支范围，核定收支基数，收入分税分成，超收比例分成，短收自补或赔补，一定三年不变。镇级财政收支范围包括：镇党政机关正常运转支出，镇级经济和社会事业发展支出，镇级基本社会保障和社会福利支出，村级基本运转支出，城镇及公共设施维护建设支出和其他支出。收支基数以 2002 年收入实绩、2001 年收入实绩乘以 1998 年到 2001 年的收入平均增幅和按镇级财政收入占国内生产总值比重回归计算的各镇应征财政收入的加权数作为收入基数。收入分成办法：中央固定收入即消费税，基数内镇级不参与分成；超基数部分，按上级返还财力县镇 7∶3 分成；短基数部分，按差额全额赔补。共享收入即增值税、所得税，基数内镇级不参与分成；超基数部分，按上级返还财力县镇 7∶3 分成；超县政府下达任务部分，按上级返还财力县镇 4∶6 分成；短基数部分，按差额全额赔补。基数内地方固定收入剔除专项分成后，全额留给镇，其中城建税镇级留成的 70%（但不超过该镇支出基数的 20%）列专项支出，耕地占用税按留用财力县镇 5∶5 分成；超基数部分剔除专项分成后，县镇 6∶4 分成；短基数部分，按影响上级财力部分全额赔补；超县政府下达任务部分按上级返还财力县镇 4∶6 分成。根据各镇收入基数计算留用财力，与各镇支出基数进行比较，财力大于支出基数的，全额上解，财力小于支出基数的，全额补助。在此基础上，根据各镇人均财政贡献比镇级平均财政贡献和各镇近三年财政收入增幅比镇级平均增幅增减情况，分别按照 1∶0.2 和 1∶0.3 的比例增加补助或上解。2005 年，县政府制定《关于改革和完善镇级财政管理工作的意见》，完善镇级财政体制，严格划分县镇财政收支范围，合理确定县镇财政体制收支基数，财力分配适当向镇级倾斜，规范镇级收支预算管理，规范财政供给范围，严格控制财政供养人员，大力化解镇村债务，减轻财政运行风险，建立和完善相关制度，提高财政运行质量。

2003 年取消农业特产税。县委办发文确认全县 2003 年度 34 个村完成债务化解任务，并认定为“无债村”。2004 年，省财政厅核定建湖县的出口退税基数 1022 万元，建湖县以 2003 年农业税及附加实绩为基数，省补助 4395 万元。2005 年取消农业税及其附加，中央调整与地方出口退税分担比例，出口退税基数不变，超基数部分中央、省和县按照 92.5∶1.5∶6 的比例共同负担，出口退税改由中央统一退库。2007 年，实行省直管县财政体制，建立省与县之间的财政预决算、财政往来制度。2008 年，省调整分税制财政管理体制；企业所得税率由 33％调整为 25％，符合条件的小微企业按 20％征收，国家高新技术企业按 15％征收。2009 年，推进县直部门国库集中支付改革，成立县财政投资评估中心，进一步加强工程预算管理。2010 年，县政府出台《关于调整县镇财政管理体制的意见》，进一步加大转移支付力度，突出保障全县的基本支出。

实施国有资产监督管理改革。2004 年，县政府机构改革时，设立县国有资产管理办公室，作为国有资产管理委员会的办事机构，按照政企分开及所有权和经营权分离的原则，不直接干预企业的生产经营活动，依法履行出资人职责，承担国有资产监督管理的职能，与县财政局合署办公。2008 年，实施县属国有资产权属的界定、登记和转让，依法评估审核国有资产立项项目。2009 年 12 月，成立县国有资产投资管理有限公司，负责全县国有资产经营、投资和管理。2010 年，县政府印发《国有企业资产监督管理暂行办法》，县国资办对国投公司、城投公司、交投公司、开投公司履行国有资产运营监管职责，县国投公司对县属国有独资公司、国有控股、国有参股企业履行国有资产运营监管职责，逐步将国有企业划归县国投公司直接管理。2012 年，县政府出台《建湖县国有资产收益收缴管理办法》，制定国有企业收益收缴工作方案，审计国有企业经营情况。

第三节　全面推进行政审批制度改革

2003 年后，县政府继续加大政务公开的力度，扩大公开事项范围，增设公开渠道，进一步增加行政权力公开透明度；设立政务服务中心，推行行政事项集中审批，减少审批程序，进一步提高行政服务效能；规范清理行政审批项目，进一步优化经济社会发展环境；建立“12345”政府公共服务平台，为群众提供咨询、建议、投诉等服务，进一步畅通政府服务社会的渠道。

一、大力推行政务公开

2003 年，县政府出台《关于推进政务公开工作的意见》，各镇、各部门、各单位把握政务公开事权、财权、人权的重点，丰富和发展政务公开的内涵。加强电子政务网络建设，开通“中国・建湖”门户网站，办公自动化系统投入试运行。2004 年，县政府出台《关于进一步深化政务公开工作的意见》，明确公开本地区、本部门、本单位年度工作目标及执行情况、经济社会发展规划、工程建设招投标、政府采购，以及社会公益事业建设情况；公开与人民群众生活、工作等关系比较密切的科室、窗口行业的工作职责、服务范围、服务项目、服务体系、办事依据、办事程序、办事纪律、办事期限、办事结果和投诉监督等流程；公开领导干部执行四大纪律八项要求和个人廉洁自律情况；公开干部选拔任用、评先评优、职称评定以及考核奖惩情况；公开机关财务收支、行政招待费、商务招待费、集体资产管理和使用情况。2006 年，县镇两级机关扩大政务公开范围，制定公开办事目录，公示收费项目及标准。2007 年，设立县政务公开办公室。2008 年，县政府印发《关于开展行政权力网上公开透明运行工作的意见》，完成县级行政机关行政权力的清理和规范。2009 年，教育、医疗、环保、拆迁、交通、供水、供电、供气、通信等单位推行办事公开制度。2011 年，加强行政权力网上公开运行平台建设，规范行政处罚自由裁量基准，完善行政执法人员信息库，实现县镇两级行政权力网上公开透明运行，建成电子监察系统，适时监察网上行政审批、行政征收、行政处罚、行政强制、招投标等事项。2012 年，县政府印发《关于深化政务公开加强政务服务的实施意见》，推行行政决策公开、行政权力运行公开、政府信息公开、财政预决算公开、基层政务公开等工作。

2008年，县政府办印发《建湖县人民政府信息公开工作规程》，全面清理督查62个部门和16个镇区的政务公文，网上公布政府信息1万多条，办结公开咨询投诉292件，群众满意率和按期答复率98%。2009年，各镇、各部门执行《政府信息公开条例》，设立政务公布栏，公开行政职能、办事程序，以及涉及重大公共利益和人民群众切身利益的决策。办好县长热线和部门服务热线，加快政府网站信息互通和资源共享，及时发布公共信息。县政府办制定《政府信息公开具体行政行为行政复议办法》《政府信息公开工作考核办法》《政府信息公开工作过错追究办法》等文件。县政府门户网站设立政府信息公开专栏，下设82个子栏目，公开政府信息2680条，政府信息公开专栏访问量190万人次。2010年，县政府出台县电子政务和电子监察系统建设规划和技术规范，建设县级电子政务网络平台和电子监察系统，建成县级网上政务大厅，实现县直行政机关内网互联互通。2011年，县政府办印发《关于进一步深化完善政务公开工作的意见》，健全完善政府信息常态公开机制，建立政府信息公开保密审查制度，实行“先审查、后发布”“谁审核、谁负责”，确保“上网信息不涉密，涉密信息不上网”，拓展完善政府信息公开载体，及时回应信息公开咨询投诉。主动公开政府信息2126条，网上咨询2.1万人次，现场接待3.4万人次，咨询电话接听1.2万人次，网站专栏访问量225万人次。

二、行政事项集中审批

2005年，建湖县行政服务中心成立，为县政府直属正科级全民事业单位。制定行政服务中心项目联合审批工作制度，对一些程序比较简单且投资额较小的项目联合审批实行主办制，由牵头单位窗口主办，各相关部门窗口协办。对重点项目、重大项目的联合审批实行会办制，由行政中心负责人会同牵头单位负责人组织会办或提请县领导牵头会办。2006年，县委、县政府出台《关于进一步加强行政服务中心建设的意见》，加快完善和拓展行政服务中心服务功能，首批进驻中心的建设、劳动、国土、地税、交通、卫生、公安、农林、水利农机等部门的配套项目，7月底前成建制进驻。第二批涉及统计、广电、人事、宗教、盐务、烟草、粮食、物资8

个部门的46个审批项目8月完成进驻，行政服务中心以外实现零审批。加强进驻项目的管理和审批关口前移工作，行政审批服务项目坚持“一个窗口”对外，进一步优化项目办理流程和服务环节。2007年，县政府办印发《关于建立镇区项目审批代理点及审批代理员制度的实施意见》，各镇明确1名班子成员分管项目审批工作，落实1至2名人员具体办理。2008年，逐步推行县级机关部门内部相对集中行政审批权，部门行政审批事项涉及3个以上科室办理的，可撤销某一科室，新成立行政审批科；涉及2个科室办理的，可在审批事项相对较多的科室增挂“行政审批服务科”牌子。在发改、建设、规划、经贸、国土、工商、环保、服务业发展、外经、安监10个单位开展部门内部相对集中行政审批试点工作。县政府制定《重点行政审批事项联合办理暂行办法》，实现联合审批制度化。2009年，全县28个部门设立行政审批服务科，将原80多个科室承担的行政审批职能划入行政审批服务科。建立审批服务绿色通道，县政府办印发《重大项目绿色通道审批办法》，向企业发放绿色通道办理通知书及办事指南。2010年，20个具有行政审批职能的部门挂牌成立“行政许可服务科”，整建制进驻行政服务中心，减少内部流转环节300个。县政府出台《重点项目联合勘察、联合验收实施办法》，建立联合审批服务协调平台。2011年，推进相对集中行政审批权改革，整合行政审批职能，强化“两集中、两到位”。之后，推出“三集中、三到位”，即各部门行政审批职能向行政许可服务科集中、行政许可服务科向政务服务中心集中、行政审批事项向电子政务平台集中和审批事项进驻落实到位、授权到位、电子监察到位。全面实行部门单位分管负责人到中心窗口签批制度，明确行政许可服务科科长为部门审批服务首席代表，严格执行办件质量终身责任制。积极推进网上审批，全面实施联合勘察、联合验收，推行项目代理代办制，建立审前辅导制，实行延时服务、预约服务、跟踪服务制，启用“一表制”审批。2012年，协调企业登记代理、车辆购置税、房产信息查询、地税综合业务和方天园会计事务等审批事项和部门进驻中心，推行重大项目审批辅导服务，梳理和精简审批环节96个，窗口平均办件承诺时限3.9天。

三、清理精简行政审批项目

2003年，根据市政府《关于取消第二批行政审批项目的决定》，县政府取消第二批县级行政审批项目 37 项。2005 年，全面清理县级机关实施的行政审批事项，为推进行政审批制度改革，优化经济发展环境发挥了较大作用。2008 年，县政府再次清理和精简县级行政审批项目，取消县级行政审批事项 105 项，将国土、建设、交通等 16 个部门的 74 个行政审批事项合并为 26 项。市行政审批权限下放后，新增县级行政审批事项 17 项，确认保留的县级行政审批事项 289 项，实施主体 40 家。2010 年，对全县 45 个行政机关行政权力事项进行全面清理核定，修改权力事项 628 项，审核确认行政权力事项 4434 项。2012 年，全面清理和精简县级行政审批许可事项，对法律法规和上级政府明令取消的行政许可事项，没有法律法规规章以及国务院、省政府规范性文件作为设定依据的行政许可事项，一律予以取消。

四、建立“12345”政府公共服务平台

2012 年，县委、县政府贯彻落实省政府《关于全面推行服务承诺制、首问负责制和限时办结制的实施意见》精神，县政府办印发《关于“12345”政府公共服务平台建设的实施意见》《建湖县“12345”政府公共服务平台办理规则》，建立建湖县“12345”政府公共服务平台，包括“12345”服务热线和“12345”服务信箱，将县长热线、县长信箱、行风热线整合到平台，由督查中心、呼叫中心和 86 个二级网络成员单位构成，按照“属地管理、统一受理、归口办理、限时办结”的原则，受理全县范围内的群众诉求，为群众提供咨询、建议、公共服务、投诉举报等服务，实现“12345”政府公共服务平台与政府各部门、各企事业单位的服务电话、网络资源衔接互通，形成覆盖全县、资源共享、系统互通、协调互动、便捷高效、保障有力的政府公共服务体系。7 月 20 日，县委、县政府举行“12345”政府公共服务热线开通仪式，成为盐城市县级开通运行第一家。2012 年，政府公共服务平台接听群众来电 3.31 万个，派发工单 2059 件，办结率 100%，群众满意率 97%。

第四节　不断完善社会保障制度改革

2003 年后，全县社会保障体系日益完善，企业职工的老有所养、病有

所医等问题，基本得到解决。医疗保险实现城乡居民全覆盖，构建“四合一”的医疗保险体系。加大力度推进住房保障制度改革，实行货币化分房，建立住房补贴制度，推进房改房上市交易，继续扩大住房公积金归集征缴面，为中低收入家庭改善住房条件提供资金保障。

一、养老保险制度日益完善

完善企业职工养老保险制度。2003 年，县委、县政府出台《关于进一步加强企业基本养老保险扩面征缴工作的实施意见》，将县内所有企业及职工、个体工商户及雇工、自由职业者、民办非企业单位及职工、机关事业单位和社会团体临时聘用人员、企业化管理的事业单位及职工全部纳入实施基本养老保险范围，明确缴费办法、标准及参加基本养老保险享受的待遇。2004 年，改革养老保险征缴机制，推行养老保险费核征制。2005 年，县政府出台《进一步完善全县企业职工基本养老保险扩面征缴工作的实施意见》，净增缴费人数 3762 人，连续五年下滑后首次上涨。2006 年，县委、县政府首次将社保扩面征缴工作纳入全县三个文明建设考核内容，实行“一票否决”。加快“五险合一”征收步伐，县人社局新建“五险合一”服务大楼。2007 年，县政府出台《进一步完善改制和关闭、破产企业职工社会基本养老保险关系续接问题的意见》，明确符合条件的下岗失业人员续接社保享受的优惠政策。2008 年，县政府印发《关于全县社会保险扩面征缴工作的实施意见》，明确全县各用人单位及职工依法参加基本养老、基本医疗、失业、工伤、生育 5 项社会保险。县政府制定《建湖县“爱心助保基金会”管理章程》，援助困难弱势群体参保。7 月起，部分单位实行养老金社会化发放。2009 年，县政府出台《建湖县社会保险费核定征收实施办法》，对未依法申报社会保险费缴费数额等 5 类企业实行社会保险费核定征收，核定征收企业 367 家，为 2700 名企业职工办理参保手续。2011 年，建湖县在全市率先出台《城镇老年居民基础养老金发放实施办法》，符合条件的 1 万多名城镇老年居民基础养老金全部发放到位。2012 年，县政府出台《建湖县城乡居民社会养老保险制度实施办法》，统一城乡居民社会养老保险参保范围、基金筹集、个人账户、养老待遇、财政补贴资金划拨等制度。全县企业职工养老保险参保 10.03 万人，城乡居民养老保险参保率和基础养老金发放率均为 100%，社保基金总收入 8.35 亿元。

健全机关事业单位养老保险制度。2003 年，全县机关事业单位参保人数 6113 人，养老保险基金收入 1556 万元。2004 年，机关事业参保单位 251 个。2007 年，机关事业单位保险费征缴 100%，被表彰为全市机关事业单位养老保险征缴工作先进集体。2008 年，机关事业单位在职人员养老保险单位缴纳比例 28%，个人缴纳比例 4%，保险费征缴、清欠率均为 100%。2009 年，县政府出台《关于进一步明确事业单位养老保险费基数的通知》，缴费基数为在职人员工资总额和离退休人员养老金之和（含各类津贴补贴），离退休人员个人不缴费。津贴补贴改革后，参照公务员管理事业单位人员工作性津贴和生活性补贴纳入养老保险征缴基数。2010 年，机关事业单位保险实现应保尽保。2012 年起，机关事业单位养老保险社会化发放 100%。

施行新型农村社会养老保险制度。2004 年，全县农民参保人数 13.97 万人，基金征收 387.48 万元，出现个人一次性缴费 27 万元，为全省农保开展以来的最高纪录。县委、县政府出台《建湖县经济开发区被征地农民基本生活保障试行办法》，推进开发区失地农民“土地换社保”工作，至 2005 年底，参保人数 9486 人，参保率 98%，发放各类生活保障费 1221 万元，保障失地农民的基本生活，在全省创造了非试点单位的成功经验。2007 年，县委、县政府出台《新型农村社会基本养老保险试行办法》，颜单镇率先实施“个人缴费、集体补助、政府补贴”的新农保制度。2008 年，新型农村社会养老保险列入政府实事工程全面推进，新农保制度建立 100%，建湖县被确定为全省新型农村社会养老保险工作试点县，被表彰为全省新型农村社会养老保险工作先进单位。在全市首家出台《建湖县新型农村社会养老保险制度实施办法》，被人力资源和社会保障部列为新型农村养老保险试点县。

二、构建“四合一”医疗保险体系

建湖县医疗改革启动后，经过一段时间的实践总结，紧密结合县情实际特别是各方需求，从 2003 年起立足完善职工医疗保险制度，加快多层次医疗保障体系建设步伐，在广泛调研的基础上，县委、县政府出台《关于调整和完善全县职工基本医疗保险改革的意见》（以下简称《意见》）、《困难企业职工、破产企业退休人员及城镇个体经营从业人员医疗保险办法》（以下简称《办法》）。不少困难企业主动克服困难，自觉按县委、县政府的《意见》规定为在岗职工缴纳医保金；破产企业退休人员按县委、县政府的《办法》要求积极筹资向保险部门一次性缴清10年的保险费用；城镇个体经营从业人员亦按县委、县政府的《办法》所定标准筹钱缴费。医保金缴纳到位，有关人员享受了相应的医疗保险待遇。至此，全县的医疗保障工作已构建起基本医疗保险、大病补充医疗保险、劳动人事代理人员医疗保险和住院医疗保险“四位一体”的基本框架。

完善基本医疗保险制度。2003年，县政府出台《关于调整和完善全县职工基本医疗保险政策的意见》，制定困难企业职工、破产企业退休人员和城镇个体从业人员医疗保险办法。调整完善基本医疗保险封顶线、大病补充保险封顶线和住院起付线标准，设立医保服务大厅。2004年，建湖县医保中心医保网正式开通，是全市首家开通的县级医保网。2004年至2005年，完善破产企业退休人员参保办法，财政、企业及主管部门、个人三方筹资，缴纳医疗保险费，解决困难和破产国有、集体企业9901名退休人员“老有所医”问题。制定并完善从业人员参加医疗保险实施办法，全县849名从业人员参加基本医疗保险。2006年，实施城镇居民医疗统筹和救助制度，城镇居民享受医疗统筹400人，支出统筹资金90多万元。2007年，县政府出台《建湖县城镇居民基本医疗保险办法》，明确全县未参加城镇职工基本医疗保险和新型农村合作医疗的城镇居民均可参保。城镇居民基本医疗保险缴费标准每人每年170元，低保人员、特困居民和重度残疾人员个人不缴费，其他城镇居民每人每年缴100元。2008年，县政府制定公务员医疗补助及企业补充保险政策，公务员医疗补助基金由所在单位按上年度工资总额的2%逐月缴纳，用于补助大额门诊医疗费和住院费个人负担部分，以及工伤、生育医疗费支出。企业补充保险参照公务员补助政策执行。2009年，县政府制定《建湖县职工医疗保险暂行办法》，调减补缴1997年以来未参保或中断参保的困难职工医疗统筹基金的50%，调整大额补充医疗保险收费标准等政策。2010年，在全市率先实行医疗保险“一卡通”。2011年，县政府出台《城镇职工基本医疗保险门诊统筹办法》，城镇职工基本医疗参保人员个人医疗账户用完后的普通门诊费用，可通过门诊统筹基金补助。2012年末，全县城镇职工医疗保险参保11.88万人，城镇居民医疗保险参保12.12万人，征收医疗保险基金2.37亿元。

实施新型农村合作医疗制度。2005年，成立县新型农村合作医疗管理委员会和监督委员会，卫生、财政、审计、劳动、民政、监察、物价、药监等部门为成员单位，县镇两级成立合作医疗管理办公室，具体负责“新农合”日常工作。县政府出台《关于进一步加强和完善新型农村合作医疗管理工作的通知》《关于进一步加强新型农村合作医疗村级结报工作的意见》等文件。随着县、镇两级政府的投入和参合个人缴费的逐年增加，新型农村合作医疗补偿标准逐步上升，结报比例相应提高，农民参合热情高涨。推行“新农合”后，全县参合群众持续多年保持应保尽保势头。2006年，县政府出台《建湖县农民健康工程实施方案》，完善新型农村合作医疗制度，优化农村基本公共卫生服务，加强农村卫生服务机构建设。2008年，全县农民参合率99.17％，结报补偿76.3万人次。2012年，全县农民139.3万人次享受结报补偿1.74亿元，获万元以上补偿的有3077人，住院患者政策补偿和实际补偿比分别为75.01％、55.02％。

推行大病统筹医疗保险。2004年，调整基本医疗保险药品目录范围。2005年，建立并试行单病种结算办法，对肺癌手术、食管癌手术等27个单病种核定新的结算标准。同年6月1日起，在县人民医院、县慈航医院及县二院试行。2006年，在全市率先实施城镇居民医疗统筹和救助制度，有效解决城镇居民“看病难、看病贵”问题，医疗保险参保人数8万人。2009年，县政府出台《建湖县六级以上伤残军人医疗统筹管理办法》，行政机关和全额拨款事业单位、各镇区、原国有集体企业六级以上伤残军人医疗统筹基金由县财政负担，其他单位六级以上伤残军人由所在单位全额缴纳。

劳动人事代理人员医疗保险。2002年8月，县政府出台《劳动人事代理人员的基本医疗保险暂行办法》规定，解决劳动人事代理人员参保问题，当年参加医疗保险超千人。从2006年起，在县城设立“慢病”定点药房。2007年，推进县城医保零售药店放开工作，新开31家医保零售定点药店。2012年，全县启动实施“金保工程”①，参保人员权益得到进一步保障。

①“金保工程”，指全国统一的劳动和社会保障电子政务工程。

三、深化住房保障制度改革

建湖县加快落实住房分配货币化政策，严格审批购房补贴，建立新职工住房补贴制度。2004年，调整老职工购房补贴和工龄补贴标准，提高新职工月住房补贴比例。2006年，县政府出台《关于做好离休干部房改工作的意见》，为400多名离休干部核算房贴。2007年至2012年，发放老职工住房补贴1554人次1902.04万元。2012年末，95名新职工按月领取住房补贴。推进房改房上市交易。2003年，全县房改房上市交易96户，交易面积8342平方米。2004年，提高公房出售成本价。2009年，补发房改房土地使用证291户。2012年，房改房上市交易52套4425.97平方米，交易额1063.3万元。

2003年，县委、县政府贯彻落实国务院《关于修改住房公积金管理条例的决定》，出台《关于调整2002年度房改有关政策的意见》。2004年，成立盐城市住房公积金建湖管理部，为依照公务员管理的正科级事业单位，负责建湖县住房公积金管理工作。8月机关事业单位住房公积金个人和单位缴存比例均调整为10%。简化公积金支取手续和程序，放宽公积金贷款额度和期限，最大额度20万元，最长期限20年。2006年，乡镇机关、卫生院、水利站等基层单位建立住房公积金制度。2007年，乡村教师开始缴纳住房公积金。2009年，大润发超市为120名职工开户缴纳公积金，上冈、冈东、建阳等镇为村组医生缴存公积金，100多名大学生村官和挂企服务大学生参加缴存住房公积金。调整公积金贷款额度，仅一人符合住房公积金贷款条件的每笔调减到15万元，夫妻两人均符合条件的，每笔贷款调减到30万元，超过144平方米的住房按144平方米的购房额度作为购房总价款。2010年，新森达鞋业公司为1831名职工缴存公积金，冈西、高作、建阳、沿河等镇试点乡镇企业扩面征缴公积金。2012年，调整住房公积金缴存基数，上限提高到9900元。3次调整贷款政策，增加额度，下调利率。至2012年底，全县住房公积金登记开户单位786个，建立公积金账户3.28万人，累计归集公积金8亿元。

第五节　继续推进社会事业改革

2003年后，县委、县政府继续推进完善各项社会事业改革，加快创新建湖建设，开展各项科技创建活动，取得较好成效；进一步深化教育综合改革，推进办学规模改革，成立教育集团，组建发展联盟；推进镇村卫生机构一体化管理，完成3家医疗机构产权改革试点，积极实施国家基本药物制度，有效缓解群众“看病贵”问题；进一步理顺广电管理体制，整合广电网络，成立广电传媒集团，纵深推进广电体制改革，为广电事业发展激发新动能。

一、加快创新建湖建设

2004年，县委、县政府将科技创新工作列入全县三个文明建设综合考核内容，设置镇区、部门、企业科技创新单项奖。2005年，县政府印发《全县科技创新工作意见》，与镇区和经济主管部门签订科技创新目标责任状，加快高新技术产业化，着力推进新型工业化进程；加强农村科技创新工作，着力推进农业增效；深入实施知识产权战略，不断提升企业自主创新能力；突出产学研联合，全力促进科技资源高效配置和综合集成；创新科技服务体系，倾力打造科技工作新平台。2006年，成立县科技创新工作领导小组，县政府印发《关于促进企业加强科技创新工作的奖励意见》，每年县财政安排60万元设立科技创新基金，用于激励企业科技创新。2008年起，县政府连续五年被表彰为全市科技创新工作先进集体。2010年，县委、县政府编制出台《建湖县科技创新五年行动方案（2011—2015)》。2011年，县委、县政府出台《关于加快推进“创新建湖”建设的意见》，建湖县被科技部表彰为全国科技进步先进县。2012年，县政府印发《“创新建湖”建设六大计划行动方案》：实施科技项目支撑计划，申报国家级科技项目20项、省级科技项目80项；实施政产学研合作计划，新建立紧密型产学研合作关系高校10家，签订各类政产学研合作项目50个，建成企业院士工作站2家，开展国际技术合作项目2个；实施科技人才集聚计划，组建新特产业专家库，引进新特产业高端领军人才10名、高层次创新创业人才100名；实施研发平台建设计划，建成国家级企业技术中心1家、省级企业技术中心2家、市级企业技术中心5家，省级工程研究中心1家、市级工程研究中心5家；实施创新能力提升计划，申请专利1600件以上，培育日月照明、豪迈照明、三益机械、特达机械4家省知识产权战略推进企业，引进1家专利代理机构入驻科创大厦，近湖、建阳建成创新型乡镇，开发区建成创新型园区，特达、阳标、东林、坤杰、国瑞建成创新型企业，培育省级名牌产品 8 个，新增著名商标 2 件、注册商标 260 件，新采用国际国内标准 6 项，参与制定国家标准 3 项、行业标准 5 项；实施科技金融推进计划，开发区筹建科技小额贷款公司 1 家，申报科技贷款项目 10 个，引进资金 2000 万元。

二、深化教育综合改革

积极推进社会力量办学。县、镇政府重点办好公办示范性骨干幼儿园，其他各级各类幼儿园，有条件的进行运行机制的改革试点，实行公有民办或民有民办。义务教育坚持政府办学为主，纳入地方国民经济和社会发展总体规划，鼓励社会力量举办义务教育。普通高中教育按照“扩大办学规模，发挥名校效应，整合优化资源，满足人民需求”目标，积极面向市场办学，广泛吸纳社会资金，实行教育成本分担制。职业教育形成政府主导，行业、企业和社会力量积极参与的多元化办学格局。对薄弱学校、新建学校以及部分有条件的学校进行改制试点。坚持民办学校、改制学校与公办学校在学校建设、教师聘用、资质认定、评先评优等方面享受同等待遇。2003 年 3 月，上海田海贸易公司投资 500 万元在县城西苑新村创办鸿雁幼儿园。社会力量办学迅速发展，全县有民办教育机构 55 家，民办教育成为全县教育事业的组成部分，公办学校参与举办的民办学校 20 所，其中初中 18 所、小学 2 所。9 月起，按照法律规定的“四独立”① 要求，清理整顿公办学校参与创办民办学校，经过一年多的清理整顿，15 所未达要求或不具备办学条件的初中停止招生，一所新建公有民办学校（建湖县城北实验初级中学）被收回公办，直接承担施教区范围内的义务教育。2005 年，县政府印发《关于全县教育工作的意见》，允许非义务教育阶段的少部分学校实行教育成本分摊制度改革，引入民营学校的运行机制，建立健全民办教育的管理体制。2007 年 8 月，全县有 4 所公办学校参与举办民办学校，分别是建湖高中参办县实验初级中学、上冈高中参办上冈实验初级中学、县实验小学参办县双语实验小学、县第二实验小学参办县第二双语实验学校。

①“四独立”，即独立法人、独立的校园校舍、独立实行经费核算和人事管理、独立进行教育教学。

2008年，县政府出台《关于进一步实施教育优先发展战略，加快教育现代化建设的意见》，提出大力发展民办教育，全县先后建立97所民办教育机构，其中全日制教育机构24所，幼儿教育机构31所，机械、电子、计算机、职业技能等培训机构28所，文化娱乐教育机构14所。2011年，县政府办印发《建湖县民办非学历教育机构清理整顿工作方案》，成立专项清理整顿工作领导小组及办公室，明确整顿范围及清理内容，落实责任分工，用3个月时间全面完成清理整顿任务。至2012年，全县民办学校48所，其中民办幼儿园26所、民办小学2所、民办非学历培训机构20所。

推进农村义务教育管理体制改革。2004年，县内开始实施“以县为主”的农村义务教育管理体制。农村义务教育部分由农民举办转为由政府举办，从乡镇管理为主转为以县为主。县政府主要承担义务教育统筹规划、经费保障和教育管理责任；镇级政府主要负责控制义务教育阶段学生辍学，维护学校治安安全和正常教学秩序，加大教育经费投入，改善办学条件。2005年，在冈东、钟庄、颜单镇中心小学进行“一校制”管理模式试点。冈东小学实行统一教学计划、统一课程表、统一作息时间、统一教学进度、统一考核验收、统一教师配备、统一财务管理、统一物资调配；钟庄小学强化对分校的教育教学管理，协调2名教师到2所分校任教；颜单小学实行财务见证制、学籍统管制、教师支教制、领导蹲点制。2006年，“以县为主”的义务教育管理体制全面建立。2010年，县政府办印发《关于推进县城义务教育优质均衡发展的实施意见》，将县实验初中、县双语实验小学、县第二双语实验小学3所改制学校规范为公办学校，按施教区免费、免试、就近入学。全县各镇小学全面实行“一校制”管理。

组建教育集团，成立发展联盟，推进全县教育规模化发展。2009年，创建县双语实验小学，与县实验小学联合组建县实验小学教育集团。2010年秋学期开始，组建上冈中学教育集团，下辖上冈高级中学、上冈实验初级中学、上冈镇冈南中学。组建县实验初中教育集团，在城南校区和开发区校区基础上，将镇西初中、县二中初中部整体划入，成立实验初中汇文校区，实验初中教育集团下辖开发区校区、汇文校区、城南校区。组建县实验小学教育集团，在实验小学东、西校区基础上，将镇北小学整体划入实验小学教育集团，成立实验小学北校区；将朝阳小学整体划入实验小学东校区。实验小学教育集团下辖东校区、西校区和北校区。组建第二实验小学教育集团，除二实小本部外，将裕丰小学整体划入二实小教育集团，成立二实小裕丰校区。各教育集团成立校务管理委员会，实行集团校长负责制，集团校长兼任校务管理委员会主任。集团内下设行政督导与人力资源部、学生管理部、教学管理与研究部、后勤服务部等中层管理部门，集团分校根据需要设立中层管理机构。教育集团内部一律实行“五统一”，即师资统一调配，招生统一组织，业务统一管理，财务统一核算，考核统一标准。在课程设置、教学计划、教学评价、教学管理等方面实现教育集团内各分校的同步进行。2011 年，全县 20 所小学、18 所初中分别组建以城区学校为主的四个发展联盟。小学发展联盟有：县实验小学发展联盟由县实验小学教育集团、上冈镇中心小学、上冈镇第二小学、草堰口小学、冈东小学、冈西镇冈西实验小学、宝塔镇中心小学组成；县第二实验小学发展联盟由县第二实验小学教育集团、建阳镇中心小学、沿河镇中心小学、钟庄小学、县实验初中教育集团开发区小学组成；育红实验小学发展联盟由育红实验小学、庆丰镇中心小学、芦沟镇中心小学、高作镇中心小学组成；森达实验学校发展联盟由森达实验学校、九龙口镇中心小学、恒济镇中心小学、颜单镇中心小学组成。初中发展联盟有：上冈实验初中发展联盟由上冈实验初级中学、冈东初级中学、草堰口初级中学、冈西初级中学组成；县实验初中发展联盟由县实验初级中学教育集团、九龙口初级中学、恒济初级中学、颜单中学、沿河初级中学组成；县一中发展联盟由县第一中学（初中部）、建阳中学、宝塔初级中学、高作中学组成；近湖中学发展联盟由近湖中学、芦沟中学、裴刘中学、庆丰中学、海南初级中学组成。

实施以教师学校双向选择为主的用人制度改革。全县教育系统实现人才资源由计划配置向市场配置转变，人员性质由单位人向社会人转变，人事管理由行政管理向契约管理转变，教师管理由身份管理向岗位管理转变。建立教职工与学校双向选择的用人机制，加强履职情况考核，实行末位淘汰制。特级教师、市级学科带头人、教学能手、县级学科带头人等优秀教师可签订无固定期聘用合同。待聘人员在第一年待聘期间发档案工资的 70%，培训一年后仍未落实就业岗位的，发档案工资的 50%，第三年落聘的，予以辞退。建立评议教师制度，凡有 1/3 学生和家长不满意的教师必须离岗待聘。建立首席教师制度和教师奖励制度，按不超过专任教师总数 5%的比例评选首席教师。建立校长资格制度和校长人才资源库。高级中学、完全中学和县直学校校长一般由县级教育行政部门提名、考察或参与考察，按干部管理权限报有关部门批准任用或聘任，其他农村中小学校长由各镇党委政府拟定初步方案，报县教育局和组织部审查批准后任用或聘用，并由县教育行政部门实行归口管理。学校实行校长负责制和校长任期制，推行校长任期目标责任制，校长任期一届三年，在同一学校原则上不超过三届，逐步取消校长行政级别，实行校长职级制和年薪制。建立校长评议制度，凡有1/3的教师和家长提出不满意的校长应当辞职。积极试行分配制度改革。财政部门按照编制部门核定的编制数下拨教职工人员经费，实行工资总额动态包干，在包干学年度内增人不增资，减人不减资；国家政策规定增资以及上级核定增加编制等需要增资的，均由有关部门相应增加。逐步实行以薪金浮动制为主的灵活多样的分配方式，实现档案工资与实际工资相分离。在基本工资额度不低于当年本地区教师最低工资标准的前提下，由单位自主分配，按岗定酬，岗动薪变，以绩定“薪”，搞活分配，拉开差距。对特殊人才，可实行协议工资。

三、深化卫生体制改革

推进农村社区卫生服务机构建设。为贯彻落实国务院和省、市政府关于加快发展社区公共卫生服务的要求，2004年，县政府出台《关于深化镇村卫生组织一体化管理，发展农村社区卫生服务工作的意见》，按照“人进所，所升站，站规范”的基本思路，推行预防、医疗、保健、康复、健教、计生“六位一体”的社区卫生服务模式；通过2005年试点探索，2006年普及推广，2007年完善提高，建立布局合理、功能健全、较为完善的城乡社区卫生服务体系。2005年，蒋营、建阳、近湖、沿河、恒济等镇，完成卫生院向社区卫生服务中心转型试点工作，一体化卫生所向社区卫生服务站转型85%，建阳、蒋营、近湖完成高血压社区综合防治试点工作。2006年，县政府印发《建湖县社区卫生服务机构设置规划》，加强社区卫生服务工作。每个镇所辖范围设置1个由政府举办的社区卫生服务中心，在镇卫生院基础上转型建成。近湖镇设置2个，将近湖镇卫生院改建成第一社区卫生服务中心，负责近湖镇农村辖区、部分街道社区；将县四院改建成近湖镇第二社区服务中心，负责部分街道社区。县三院在精神病专科机构功能的基础上，增挂建湖经济开发区社区卫生服务中心牌子，承担开发区社区卫生服务中心职能。按照农村社区卫生服务中心和服务站一体化管理的要求，本着方便农村居民的原则，以行政村为范围设置1个农村社区卫生服务站。农村社区卫生服务站由原村卫生所合并、改建、扩建或新建转型而成。全县设置社区卫生服务中心17个，农村社区卫生服务站216个。至2007年底，全县社区卫生服务机构全部建成使用。

实施医疗单位机构改革。2003年，县政府撤销县卫生防疫站和县皮防院，组建县卫生监督所和县疾病预防控制中心。6月，实施县中医院产权制度改革，上海慈航医院管理有限公司正式接收县中医院产权转让，改称建湖慈航医院。2004年，县内开展镇卫生院产权制度改革调研和试点工作，进一步深化卫生事业单位内部综合配套改革。3月，裴刘卫生院完成产权转让；12月，县中医院成为南京中医药大学教学医院。2007年10月，重新注册为非营利性医院，挂牌建湖县中医院。

推进人事分配制度改革。2003年，全县卫生事业单位内设机构由210个减少到132个，人员编制由2137名减少到1686名，在职人员由1817人减少到1634人，试行院长年薪制。2004年，实施以聘用管理为核心的用人机制，人事管理趋于灵活、规范。实施档案工资与实际报酬分离和绩效提成等办法，合理拉开分配档次。县政府印发《关于实施镇卫生院职工养老保险办法的意见》，使职工养老保险进入“实运转”，较好解决镇卫生院职工养老保险问题。2005年，各医疗卫生单位实行全员聘用制、竞争上岗制、技术职称评聘分开制。县人民医院施行主诊医生负责制和中层干部竞聘上岗制。2011年，规范开展乡镇卫生院院长续聘和竞聘工作，续聘4名，公推公选1名。县政府制定下发《建湖县基层医疗卫生事业单位工作人员收入分配制度改革实施意见》，按时发放绩效工资。2012年，建立基层医疗卫生机构“双考核，双挂钩”绩效考核评价机制。县人民医院积极推行岗位管理制度，按照三级医院岗位管理标准要求，科学设置全院人员岗位，全面实行竞聘上岗。同年，健全完善县、镇、村三级医疗机构分工协作机制，严格落实县级医院医务人员晋升前到镇级医疗机构任职一年的制度。

创新医疗管理模式。2004年，县卫生系统试行“两权分离，自主经营”医疗机构管理模式，以县人民医院和妇幼保健所为试点，逐步推开。2005年，县疾控中心、县三院、草堰口镇卫生院被列为“两权分离，自主经营”改革扩大试点单位。县二院、颜单中心卫生院、恒济镇卫生院发展专科特色医院。2006 年，颜单中心卫生院被列为“两权分离，自主经营”管理试点单位。2007 年，深入推进医院管理年活动，开展“争一流服务、创温馨病房”“平安医院”创建活动。县人民医院、县二院、县三院设为定点惠民医院，实行“八免八优惠”服务；其他医疗机构设立惠民门诊和惠民病床，实行“五免五优惠”服务。推进镇村卫生组织“六位一体”管理，各镇按照“人进所、所升站、站规范”“两证四制五统一”管理模式运转，村级医疗机构达到标准统一、功能齐全、布局合理、环境温馨要求。2008 年，开展以“以病人为中心，以提高医疗护理质量”为主题的医疗管理年活动，县三院院长张国坚获评全省百名医德医风标兵。2009 年，成立医患纠纷调解中心，实现行政调解向专业化调解和综合大调解转变。2012 年，县二院、建阳眼科医院分别被认定为市二级中西医结合医院和二级眼科医院，芦沟中心卫生院创成省级示范乡镇卫生院，庆丰、冈西、颜单等镇卫生院创成市级示范乡镇卫生院。

实施国家基本药物制度。2010 年，县政府出台《关于深化医药卫生体制改革的实施意见》《建湖县实施国家基本药物制度工作方案》，10 月通过网络、集中面授等方式，培训医务人员国家基本药物临床应用指南及处方目录，12 月启动实施国家基本药物制度，全县基层卫生医疗机构全部配备和使用基本药物，实行零差率销售。2012 年，全县 17 个公办乡镇卫生院、278 个村卫生室全部配备使用基本药物，实行省网平台统一招标、统一配送、统一零差率销售，并将基本药物纳入新农合、城镇职工医保及城镇居民医保报销目录，报销比例均提高 5%。同年购进基本药物 3833.33 万元，门诊和住院次均费用分别为 52.15 元、2315.23 元，比上年下降 28.9%、22.5%，累计为患者节省医药费用近 5000 万元，有效缓解群众“看病贵”问题。

四、深化广电体制改革

2009 年，县委办、县政府办印发《关于理顺县镇广电管理体制，加快广电网络整合工作的实施意见》，成立全县理顺广电管理体制和网络整合工作领导小组。镇广播电视工作实行双重管理，以县广电局（台）管理为主。原镇广电在编在岗人员凡愿进入县广电网络公司各镇分公司的，保留事业性质，实行企业化管理。由县人事局人才服务中心为其保留事业性质和档案工资，实行人事代理制，退休后按政策规定享受事业性质人员待遇；不愿进入镇分公司的，仍留所在镇从事文化等社会事业工作；原镇广电在编离退休人员人事关系保留在县人事局人才服务中心，其事业性质、财政供给和工资待遇不变；原镇广电非编在岗人员（合同工，以2008年底清册为准），征求个人意愿，由县广电网络公司各镇分公司根据工作需要予以择优选聘，如本人不愿受聘，由原用人单位根据有关政策规定，按其在广电部门工作年限，给予其一次性经济补偿。由个人投资建设的网络工作人员，由投资人自行消化，有关镇分公司可以根据事业发展规模择优聘用。调整和完善县镇广电财政体制。财政安排给镇广电编制内（含离退休）人员经费、公用经费等，全部纳入县级财政支出，统一核拨至县广电局（台）管理，用于发展全县广电事业和上划离退休人员的经费支出。

县政府将恒济、蒋营、颜单、沿河、上冈、近湖、冈东、草堰口、宝塔、冈西10个广电网络直接划转给县广电网络公司；对有线电视网络经营权承包给个人的建阳、庆丰、高作、钟庄等镇，实行广电网络先划拨，依法终止合同，再由县广电网络公司及相关部门协调处理有关事宜，实行行业规范运作；对由个人投资建设的芦沟有线电视网络，先由专业资产评估机构按重置成本法进行资产评估，剔除政府投入和上级补助部分，再由县广电网络公司依法作出资产收购。原广播网络属国有资产，实行整体划拨；各镇广电网络建设发生的债权债务（站房债务除外），在有关部门认定的基础上，全部划转到县广电网络公司各镇分公司。各镇资产不平调、债务不平摊。资产清理、资产核查、资产评估、资产交接等工作由县整合工作领导小组办公室牵头，财政、审计、人事、广电等部门各司其职，各镇政府协调，中介部门评估，监察部门检查审核；对拒绝协议回收的网点，通过法律途径依法整合回收。2009年12月底，全县15个镇16个网区广电网完成整合，在全县16个网区分别成立分公司。

2012年5月，县广电传媒集团有限公司成立，直属县政府管理，是全市首家集广播、电视、报纸、网站、地面数字电视、手机电视、楼宇电视、户外广告全媒体于一体的综合型广电传媒集团。集团以县广电网络发展有限公司为母公司，下设广电传媒广告有限公司、广电传媒商贸有限公司、广电文化传播有限公司、广电工程建设有限公司4个子公司，6月完成工商注册登记，10月公开招聘各公司负责人，挂牌运行。

第十八章　推进全面建设小康社会

建设小康社会，建湖经历一个由点到面、由低到高的渐进式发展过程。20世纪90年代末，经省主管部门和专家组考察测定，建湖县恩格尔系数等25项小康社会考量指标80%已经或接近达标。存在问题主要是发展不均衡和总体水平不高等。为此，进入21世纪后，县委、县政府根据中共中央和省、市委部署，及时作出建设高水平小康建湖的目标定位，广泛调研，深入总结，调优思路，抓重点，补短板，提质量，夯实构建高水平全面小康社会根基。

第一节　加快全面小康社会建设

建湖县建设小康社会于1993年1月首先在农村启动，1996年在全县进行总体小康建设，2003年开始分步实施全面小康，到2011年省定各项小康考核指标全部达标，2012年4月通过省级考核验收，此后启动建设更高质量的全面小康社会。

一、启动实施全面建设小康社会

2003年，县委按照省委提出的建设全面小康社会四大类18项25个指标，进一步明确率先全面建设小康社会的目标要求，提出2011年建成全面小康社会。分三步实施：第一步到2005年，为基础阶段。实施“双倍”计划，人均地区生产总值年均增长15%，人均财政收入年均增长31.2%，城镇居民人均可支配收入年均增长12%，农民人均纯收入年均增长10%。第二步到2007年，为关键阶段。打造森达、开发区、近湖3个百亿经济增长极，全县工业经济总量600亿元，人均地区生产总值年均增长13.8%，人均财政收入年均增长20.5%，城镇居民人均可支配收入年均增长13.5%，农民人均纯收入年均增长11%。第三步到2010年，为冲刺阶段。力争建成全面小康社会，人均地区生产总值年均增长13.1%，人均财政收入年均增长20.8%，城镇居民人均可支配收入年均增长12.5%，农民人均纯收入年均增长 10%。

2005 年，对照新的指标体系，建湖县城镇登记失业率、城镇人均住房建筑面积、“村村通”灰黑化公路比重、百户家庭电话拥有量、人民群众对社会治安的满意率、城镇社区居委会依法自治达标率、农村村委会依法自治达标率、环境质量综合指数 8 个指标达到目标值，人均地区生产总值等 8 个指标达时序进度，二、三产业增加值占地区生产总值比重、城市化水平等 9 个指标尚未达时序进度，综合实现程度为 76.52%。2006 年至 2008 年，县委、县政府坚持实施新型工业化、城镇化“双轮”驱动战略，加大招商引资力度，着力培植特色产业，全力提升城乡居民收入与生活保障水平，同时采取关闭污染企业、建设生态建湖等措施着力改善环境，全面小康的主要难点逐步得到突破，全面小康进程明显加快。

至 2008 年底，城镇登记失业率、城镇人均住房建筑面积、“村村通”灰黑化公路比重、百户家庭电话拥有量、居民文教娱乐服务支出占家庭消费支出比重、恩格尔系数、初中毕业生升学率、卫生服务体系健全率、城镇劳动保障三大保险各自覆盖面、新型农村合作医疗覆盖面、人民群众对社会治安的满意率、城镇社区居委会依法自治达标率、农村村委会依法自治达标率 13 项指标总体均达到目标值，全面小康建设的实现程度为 90.37%。根据 2009 年初调整后的达标进程：人均地区生产总值 2009 年达标，城镇居民人均可支配收入、农村居民人均纯收入 2010 年达标。城市化水平，城镇人均拥有道路面积，百户家庭电话拥有量，二、三产业增加值占地区生产总值比重，农村人均钢筋砖木结构住房面积，研究与试验发展活动经费支出占地区生产总值比重，城市绿化覆盖率，森林覆盖率，环境质量综合指数 2011 年全面达标。

二、总体达到省定全面小康标准

1998 年 5 月，县委依据市委办公室《关于盐城市小康村评价考核办法的通知》精神，采取“村建立小康台账、乡镇自查申报、县组织力量实地核查、部门资料校对验收、综合评分认定”的方法，首次评定 98 个小康村。2012 年 4 月，建湖县通过省全面小康检查组的考核验收。省定全面小康社会建设四大类 18 项 25 个指标中，有 23 个指标达到或超过小康标准，其中 5 个核心指标全部达标。经济发展、生活水平、社会发展、生态环境四大类指标比2011年有了新提升，全面小康指标测算综合得分99.46分。5月，全省苏北工作暨扶贫开发会议宣布包括建湖县在内的苏北6个县（市、区）率先建成全面小康社会。5月24日，县委、县政府作出《关于表彰全面小康建设工作先进集体和先进个人的决定》，表彰先进集体78个、先进个人98名。

第二节　加快新农村建设

2005年10月，中共十六届五中全会作出关于建设社会主义新农村的重大战略部署；12月，中共中央、国务院出台《关于推进社会主义新农村建设的若干意见》（以下简称《新农村建设意见》）。2006年1月，省委、省政府出台《关于积极推进城乡统筹发展，加快建设社会主义新农村的若干意见》（以下简称《意见》）；3月，市委、市政府出台贯彻落实中共中央、国务院的《新农村建设意见》和省委、省政府《意见》。根据中共中央、省市委部署；5月，县委、县政府召开新农村建设动员大会，出台《关于推进社会主义新农村建设的意见》，成立建湖县社会主义新农村建设领导小组，下设办公室，选派240名驻村指导员。各镇（区）和有关部门相应成立领导小组，明确联络员，为建设任务的落实提供组织保证；10月，根据省委统一部署，县委在全县深入开展“乡村学华西、农村干部学吴仁宝”活动（以下简称“双学”）。通过学习，全县各级党组织和广大党员干部的思想建设水平不断提升，基层组织的发展能力不断增强，“双强”型村干部队伍建设扎实推进，农村党员的先锋模范作用得到充分发挥。同步启动办项目、办实事（“双办”）竞赛活动，用“双办”竞赛实效体现“双学”活动成果，进一步加快全县新农村建设进程。

一、制定新农村发展规划

全县新农村建设分4个阶段推进。启动阶段（2006年初到年底）。按照“点上较高标准先试，面上基础工作先行”的思路，每镇选取1至2个村申报试点示范，其他各村做好以河塘疏浚为重点的环境整治等基础工作。拓展阶段（2007年至2010年）。扩大试点范围，指导各村在农业产业化、全民创业、高效农业、村庄建设、村民自治、社会事业等方面，每年选择申报1至2项工作，集中精力、财力，重点突破，带动整体工作的推进。规划到2010年，全县农村总体上达到省定全面小康主要指标要求，力争建成省级城市化示范镇5个、省级康居示范村20个、市级康居示范村50个。加速阶段（2011年至2015年）。提高全面小康建设标准，全县总体完成新农村建设各项工作任务。提升阶段（2015年后）。继续围绕中共中央确定的总目标，提高经济建设水平，提升农村居民素质，发展农村社会事业，全面建成繁荣、富裕、民主、文明、和谐的社会主义新农村。

二、培育新农村建设试点

新农村建设工作启动不久，县委、县政府即确定15个村（每镇1个村）作为全县新农村建设试点，其中庆丰镇东乔村和恒济镇苗庄村作为全市新农村建设示范村。至2006年底，15个村在完成新农村建设规划编制基础上，铺设硬质路面和立砖路面220千米，修建排水管道130千米，改造电力线路320千米，疏浚河塘，清淤土方59万立方米，复垦增加耕地面积312亩，家家安装电话、有线电视，村村开通信息工程网。2008年，各镇分别增加1个试点村，全县共30个试点村。其中盐徐高速沿线的田曹、杏园、郑沟、长新、沈杨、古虹、梅苏、梁泽8个村为重点，安排16个部门结对帮建，每个部门每年出资5万元，用于农民建房、购房补助或试点村基础设施建设。2009年，全县30个新农村建设试点村加快中心村、基础设施和种养小区建设，建成楼房48幢、农民公寓980套，近湖镇太平村被评为江苏省新农村建设示范村。2010年，县政府出台《关于推进城乡统筹发展示范村建设的意见》，推进农村新型社区建设，提升农业产业发展水平，促进农民增收致富，保护农村生态环境，创新农村管理体制机制。至2010年，30个村完成村庄建设规划，22个村实施规划成效初显，建成农民新居1500户。2012年，4个试点镇村完成各类规划编制工作，实施重点项目52个，竣工21个。创建三星级康居示范村3个，高作镇和庆丰董徐村、冈西双墩村、九龙口梅苏村被命名为省级生态镇、村，近湖镇、九龙口梅苏村分别通过国家级生态镇、村验收。

2010年，县政府决定在除开发区、近湖镇外，其他各镇选择1个村居开展农村新型社区建设试点，出台《关于开展农村新型社区建设试点工作的意见》，14个试点社区全面启动建设，铺筑硬质路面8.7千米，新建综合服务中心9个、市民广场1个，12个社区建成农民住宅楼72幢608套。至2012年，14个新型农村社区入住农户3000户，10个社区综合服务中心投入使用，完成24个新增社区建设规划编制工作。

三、实施农村实事工程

2003年，根据省委、省政府统一部署，全县开始实施农村5件实事工程：建立新型农村合作医疗制度，全面完成农村改水任务，基本完成农村草危房改造，大力推进农村公路建设，调整完善农村税费改革政策。2006年，县政府出台《关于农村村庄河道疏浚整治的实施意见》，225个行政村完成疏浚土方135万立方米。县政府印发《建湖县农民健康工程实施方案》，进一步加大农村卫生工作力度，组织实施农民健康工程，在苏北率先建成省“农民健康工程先进县”。县政府办印发《关于实施“万村体育健身工程”的意见》，用三年时间完成村级公共体育场地建设任务，首先在恒济镇进行试点，之后其他各镇分别选择1个村进行试点。全县农村合作医疗覆盖率90.06%，农村自来水基本普及，农村草危房改造基本完成，新建改造农村公路1062千米，实现农村公路村村通，全面实施农村税费改革。2007年，开展农村环境综合整治工作，15个试点村环境面貌大为改观。农民健康工程稳步推进，农村居民参加新型合作医疗人数48.25万人，参合率92.25%，农村社区卫生服务覆盖率80%以上。农村通达工程高效实施，建成农路1000多千米，是全市农村公路密度最高的县份。农村文化工程取得新突破，开展送书、送戏、送电影下乡等“三送”活动。2008年，实施农村道路通达工程164.7千米，建设农村公路桥梁82座；实施农村教育培训工程，组织农村劳动力实用技术培训3.5万人次，认定培训机构14家、劳务中介机构36家；实施农民健康工程，新农合参合率99.17%，新农合人均筹资水平提高到100元；实施农村环境整治工程，工业污染源治理达标，农村自来水普及率达到要求，河道疏浚、农村绿化、秸秆综合利用等均达到标准；实施农村文化建设工程，送戏下乡100多场，送电影2100场次，建成农家书屋11个，新发展农村有线电视用户8830户，各村居高音喇叭覆盖率55%。2011年，实施闸站“双百工程”，新建改建圩口闸116座、排涝站94台套，疏浚河道192条；实施农村饮水安全工程，启动建阳、上冈、开发区农村改水入户工作，新增安全饮水人口8.5万人；实施农村环境连片整治项目，推进农村生活垃圾集中处理。近湖镇镇北村、西葛村和沿河镇自强村被评为全省新农村建设先进村。2012 年，实施城镇化项目 66 个，集镇绿化工程 60 项，上冈、建阳、颜单、恒济、庆丰、芦沟、沿河等集镇形象进一步提升。上冈镇冈东社区“万顷良田建设工程”规划通过省级审批并启动实施。

四、拓展农民增收渠道

中共十六届五中全会召开后，县委、县政府围绕建设社会主义新农村，坚持把加快农民致富步伐作为指导和开展农村工作的根本落脚点，采取措施，多路并举，引领广大农民群众拓展增收致富渠道，取得显著成效。2012 年，全县农民人均纯收入 11830 元，比新农村建设启动的 2006 年增长 1.22 倍。

鼓励支持全民创业。县委按照“四走”① 要求，动员和组织农村党员干部带头创业，扶持农民自主创业，引导外出人员返乡创业，鼓励民营企业主和个体工商户“二次创业”。2003 年，县委、县政府召开全民创业动员大会。会后，由县直单位副科级干部组成的 400 多个全民创业工作组到各村居指导协调全民创业工作。当年，2500 户农民兴办实业，实施千万元以上农业项目 12 个。2004 年 1 月，县委、县政府召开全民创业再动员大会，各级党政组织突出抓好创业平台建设，组织“农民大讲堂”创业富民巡回演讲，为全民创业创造条件。县委派出 246 名挂村指导员，到各村居发动指导全民创业工作。2005 年，县委、县政府出台《关于进一步开展全民创业活动的工作意见》，新增创业人员 4116 人、创业投资 1.53 亿元，培植规模经济大户 1210 户。2006 年，引导各类流通企业到乡村投资建立、改造连锁农家店，鼓励各类连锁企业吸引小型企业加盟到乡村建立、改造农家店，支持各类企业通过统一采购、统一建立销售网络方式建设农家店，培植龙头企业 3 个，建立、改造农家店 50 个，新增农民创业 5892 人、创业投资 2.6 亿元。2007 年 1 月，根据市委、市政府统一部署，县委在县会展中心设立全民创业集中办证点，为 1100 多名创业者办理个体工商户营业执照。2012 年，县政府办印发《服务企业开拓市场实施方案》，鼓励企业

①“四走”，即走上来干起来、走出去富起来、走回来办起来、走进走出带起来。

家“二次创业”，深入推动“千百十”三项工程建设。新发展个体工商户2.55万户、私营企业6257家，新增注册资本41.52亿元，逾万名低收入者实现增收致富。

培训转移农村劳动力。建立健全城乡一体的劳动力技能培训体系，整合教育培训资源，科学设置培训专业，实行特困家庭劳动力培训费用减免。建立农村劳动力用工中介服务体系，加大劳动力转移力度，为农村富余劳动力就业提供便利。2003年，全县农村劳动力就业培训6850人，新增转移劳动力1.89万人，农民人均增收319元。2004年，县劳动保障部门举办农村特困户子女、农民就业等各类技能培训班86期。向农业龙头企业、建筑业、纺织制造业、机械加工业和节能灯具等产业转移劳动力3.26万人，工资性收入占农民人均纯收入的34%。2005年，建湖县被评为劳务输出工作示范县。2006年，实施农村劳动力阳光培训工程，培训农村劳动力近万名，输出转移劳务2.7万人。2012年，全县新增农村劳动力转移就业6902人，外出劳务9.1万人，农民人均纯收入11705元，工资性收入占43.14%。

促进共同致富。在推进新农村建设过程中，县委、县政府在鼓励一部分人先富起来的同时，重视抓好扶贫助困共同致富工作。动员各级齐抓共管，悉心为扶贫出力。组织机关人员深入乡镇、村组调查摸底，将扶贫任务细分到县直部门、单位结对帮扶，年初下达任务，签订责任状，年中督查，年底考核，奖惩激励。成立县老区开发促进会，以退休老同志为主，以扶贫开发为中心，为振兴老区建湖奉献余热，至2012年会员逾万名。全县农村老促会会员带头致富的有8000人，带动群众致富的有1.3万余人，帮扶贫困户9700余户，帮助2.78万人脱贫。培育典型引路致富。坚持一手抓老典型巩固提升，一手抓新典型培养发展。上冈南庄村炕孵业带动村民致富，沿荡地区发展副业致富农户；高作北庄、马楼、蒋王发展稻草编织，促进农民增收；2003年5月创办冈西草鸡协会，至2006年有会员1572名，其中年养殖10万只以上的2名，5万只以上的5名，3万只以上的23名；钟庄镇大王、范墩村发展村办工业，告别贫穷奔小康；近湖镇裕丰村发展液压件生产，农民走上富裕路；恒济镇建河村网销玻璃工艺品，全村齐发“电商财”；建阳镇李庄村退伍军人李学余利用家乡荒滩废水发展水产养殖，带动20余户村民发家致富。

第三节　加强城市建设与管理

2003年，县委、县政府委托省级专家帮助编制县城第四轮总体规划和各相关专项规划及详细性规划，推进城市综合建设有章可循。根据城市化建设的目标要求，进一步加大城市建设力度，完善城市配套功能，启动城南新区建设，完成县城区重点基础设施工程建设，县城区面积进一步扩张。加强城市管理与执法，开展城市环境、市容秩序等专项整治行动，县城面貌更加整洁靓丽。

一、开展新一轮县城规划编制

县委、县政府高度重视县城总体规划编制完善。2003年，邀请省城市规划设计研究院专家对县城消防、燃气、污水和供热等总体规划进行第四轮修编。2004年10月27日，通过市规划局评审。2005年3月28日，经县十五届人大常委会第十九次会议审议通过。6月6日，经市政府批准后实施。规划期限：近期2003年至2010年，远期2011年至2020年。规划区范围：近湖镇、建阳镇全部，颜单镇和沿河镇位于盐徐高速公路以北区域，钟庄镇南华村、建新村，总面积约208.7平方千米。规划用地范围：北至新长铁路和黄沙港，西至规划的建宝复线，东至东塘河，南至南环路，总面积58.96平方千米。主要向南、向西发展，适度向北延伸，逐步完善东部。2007年后，调整完善县城第四轮总体规划，主要体现在"三环"路网与功能分区、"一区三园"、环境保护、物流中心、村镇建设等方面。

在编制完善县城第四轮总体规划的基础上，县委、县政府还委托专门机构修订完善若干详细规划和专项规划。2003年开始，相继完成县城向阳西路等20多个修建性详规。2004年起，县委、县政府委托有关机构分别编制旅游、交通、电力、电信等多个专项规划，并组织实施。2005年12月，县委、县政府出台《关于进一步加强县城规划建设管理的实施意见》，对县城规划区具体界址范围、规划区范围内的规划编制和报批程序、建设用地的规划管理、建设工程的规划管理、违法建设的查处及建设项目定期会办制度等事项作出明确规定，为县城规划建设管理提供政策依据。2008年5月，县委、县政府决定成立县规划局，加强规划的编制和管理，加大规划执法力度，大力推进城市化进程。2010 年 3 月，县规划局与城管局合并，成立规划和城市管理局。

二、加快推进城市综合建设

2004 年起，县城实施老城区新一轮拆迁改造，拆迁地域主要是人民路东、向阳路北、建港沟南、西塘河西和原白云集团以及汇文路部分地块，拆迁面积 5.26 万平方米。拆迁后新建住宅、办公和商业服务用房 6.9 万平方米以及滨河绿地与小品景观。2008 年，实施丰收东路、供电公司北侧，兴建西路、永胜内燃机厂、建湖高级中学西侧拆迁 22.78 万平方米。此后，根据县城发展需要，还拆迁了部分区域和道路临街房屋。

县城道路逐步形成方格网状系统，分为主干道、次干道和支路 3 个等级。2006 年，实施建设路、姜成巷等 10 多条支路、后街巷道的硬化工程。2007 年，规划建设县城“三环”路网，完成双湖路、太平路延伸和丰收路等建设工程。2009 年，突出城市“三环”路网和城南新区路网建设，完成公园路、水厂路、兴建西路、中环连接线等 12 条道路建设。2010 年，完成湖中北路、府前路、人民南路、严桥路、公安支路、省道 231 两侧道路建设工程。2011 年，完成明星路南延、汇文西路完善。2012 年，县城主城区逐渐形成“七纵六横”的 13 条主干道网，“八纵十横”的 18 条次干道网络，县城交通状况得到进一步改善。

加快完善城市配套设施。2004 年 9 月，开工建设地面水厂二期工程，2008 年 6 月建成。2005 年 7 月，城北污水处理厂一期工程竣工投入运行。2007 年，在建阳镇戛粮河新阳大桥南侧，建设县城自来水第二水源，输水管道途经建阳镇、近湖镇 8 个村，总长约 13 千米。2008 年底，县城排水系统基本形成循环排水，雨后路面无积水。2009 年，县城取水口南移，启动城北污水处理厂二期和清水工程项目建设。2012 年，城南水厂、城南污水处理厂、上冈污水处理厂建成使用。启动实施燃气管网建设。2003 年，龙湖商业街供气站建成使用。2004 年起，管道燃气逐步推广使用，县城主要小区开始安装燃气管道正常供气。2010 年，县城建成年供气能力 2 亿立方米的压缩站。2011 年，新建油气合供站，建成 CNG（压缩天然气）压缩站。

加快推进城南新区建设。2006 年，县建设局、交通局、近湖镇对城南新区组织征地、拆迁和道路建设。双湖路于2007年7月开工建设，10月竣工。同年9月至2008年底，相继对城南新区的5条道路、双湖公园西湖、南环西路、中环连接线、建宝路西侧3条道路、双湖公园东湖一期工程组织征地拆迁，开工建设。2008年5月，南环路开工建设，5月至12月，湖中南路、秀夫南路、严桥路、崔墩路、环城西路相继开工建设，8月城南新区双湖公园开工建设。此后，继续加大基础设施配套建设。至2012年，科创大厦土建工程完成，金钻大厦建至10层、集贤公寓主体竣工，唐桥花苑、南园新城加快建设，区内规划“九纵九横”主干道路网，翔宇路、经六路、南环路西延建成通车。

三、强化县城管理与执法

2003年，县政府印发《关于加强县城流动摊点管理的通告》，开展出店经营、流动摊点、占道经营、乱停乱放、后街巷道、店招店牌等专项整治行动，查处违章违法行为。2005年，县政府制定《关于进一步加强城市管理工作的意见》《关于整顿市场秩序，取缔无证照经营的实施意见》，加强城市管理长效化、规范化建设，深化城管法律法规宣传教育，加大县城市容环境监管整治力度，进一步规范市场秩序。2006年，县委、县政府出台《关于开展创建市容管理示范路活动的实施意见》，开展省级示范路创建工作，集中整治县城主干道两侧空调外机、阳台和窗户防护栏、户外广告等违规问题，创建工作通过市级验收，湖中北路、向阳西路分别被省市授予“市容管理示范路”称号，近湖神台社区创成城市管理示范社区。2009年1月，建湖县被中央文明委授予“全国文明县城”称号。开展残疾车规范管理、砂石场和废品收购点、县城亮化、占道经营、沿街立面广告字画清理5项整治行动。2011年，开展环境专项整治20次，清理马路市场4处、出店经营6000多次、违规摊点3000多个，施划停车标线4.4万米，拆除违章搭建16处。2012年，县政府印发《关于加强县城农贸市场管理工作的意见》《关于推进县城农贸市场建设整治的工作方案》，加快农贸市场升级改造和综合整治。开展地沟油、农贸市场、车辆停放、小区环境、户外广告和水果批发市场6个专项整治行动，清理占道经营2500余处、乱设摊点3000多个，规范停车4万多辆次。

规范户外广告设置与管理，严厉打击非法小广告乱写乱贴行为。2003

年，县政府出台《县城户外广告管理办法》《县城户外广告设置技术规定》《关于进一步规范县城店招店牌设置的有关规定》，规范户外广告、牌匾、夜景灯光设置，清理城市"牛皮癣"。2004 年，实施户外广告滚动改造，拆除整改兴建路、向阳路、湖中路破旧店招店牌和灯箱广告。2005 年，增设公益性大型广告位 24 处。2006 年，县政府办印发《关于加强县城"野广告"综合治理工作的意见》，加大乱贴乱画违规查处力度，增设便民信息发布栏，切实根治"牛皮癣"顽症。2007 年，人民路增设三面翻立杆灯箱 94 个。重视户外广告设置安全工作，与产权人签订安全责任状。2012 年，拆除广告牌 900 余块，清理野广告 3 万多条。

推进县城环卫管理一体化建设，健全完善保洁网格化责任制，城市卫生质量稳步提升。坚持一日三班清扫，提升机械化清扫率。垃圾收集清运日产日清，清运率 100%，无害化处理率 100%。开展沿街门市袋装垃圾定时定点投放收运工作。2003 年，县政府出台《县城生活废弃物营运处置管理规定》，对城市垃圾的清扫、收集、运输和处理作出明确规定。重点整治城市卫生死角，治理城乡结合部、老旧居民区和"城中村"环境卫生，彻底消除旱厕，杜绝散养家禽，实现城市保洁管理全覆盖，落实县城"门前三包"责任制，表彰合格户 40 户，合格单位 3 个。2004 年，推行县城中心区域环卫保洁管理权、垃圾处理费征收权的拍卖，民办保洁工作稳步推进，进一步推动"大环卫"管理机制的建立，"一把扫帚扫到底"的管理格局基本形成。2005 年，开展文明城市创建活动，县城 185 条主次干道、巷道和 14 条沟河保洁全面达标，实施垃圾处理场二期工程。2008 年，全面推进后街居民生活垃圾袋装化、沿街门市生活垃圾容器存放，环境卫生保洁实现县城中心区域全覆盖。2009 年，县政府出台《深化县城环卫管理改革工作的实施意见》，实施"统分结合、一体运作"环卫保洁模式，将近湖、太平、裕丰、长沟、镇南、镇北和开发区桥东等村居按区域组建 9 个民办保洁公司，县城后街保洁列入县城环卫统一管理。2011 年，开展"三城同创"工作，集中整治县城环境，清理生活垃圾、建筑垃圾 7340 吨，新建、改建水冲式公厕 10 座。2012 年，县政府印发《关于加强县城农贸市场管理工作的意见》，加快县城农贸市场升级改造，突出运营维护管理，强化综合监督管理，维护市场秩序。开展县城农贸市场集中整治行动，重点整治县城 3 个批发市场、13 处露天市场和 8 个农贸市场。

完善城市管理体制。县政府成立城市管理委员会，建立完善城市管理联席会议制度，城区实现定人、定位、定责的“三定”网格化管理模式。2011年，县政府办印发《建湖县数字化城市管理工作实施方案》，进一步创新城市管理机制，整合城市管理资源，提升城市管理水平。2012年，投资1000万元启动数字城管平台建设，平台覆盖县城约35平方千米，关联两镇两区和19个部门，涵盖13个子系统。

第四节　加快完善城乡基础设施

2003年起，县委、县政府着眼以人为本、推进经济社会全面协调发展的需要，坚持把进一步抓好城乡基础设施建设摆在要位，结合实际，狠抓交通运输提速、水利设施建设、邮电网络构建和广播电视惠民等工作，经过几年的努力，各项工作均按预定目标有序推进，全县城乡面貌一新。

一、交通运输提速前行

2003年后，县委、县政府加大交通工程建设力度，完成的主要交通工程有：盐淮线北绕城工程、西塘河驳岸工程、建湖桥改造工程、镇村公路改建工程等。建湖县被省交通厅和市政府评为农村公路建设示范县，获农村公路建设一等奖。2004年，建湖县在全省第一家实现“村村通”灰黑化公路。7月新长铁路开通运行，同时新长铁路第一条港口铁路专用线在建湖开通运营。2005年，农村公路建设综合评比全市第一名。实施农村客运班车通达工程，通达率97.6%。2009年，全县客运班线80条，货运班线30条。2010年，县政府印发《关于城乡公交一体化的实施意见》，组建公交公司，整合县内班线和城市公交，新辟8条公交线路投入运营。2011年，干线公路优良率95%以上，干线公路建设维护通过国家级验收。按照“六统一”标准，更新升级出租车251辆。2012年底，全县公路总里程1920.5千米（其中高速27千米），境内铁路总里程33千米，水运航道总里程528.83千米，建成规模型港口3个、泊位21个。

二、水利建设强势推进

2003年5月，建湖县提前完成市政府下达的新洋港特庸段拓浚施工任务。2006 年，全面完成第一轮县乡河道疏浚任务，疏浚县级河道 4 条、乡级河道 13 条、村庄河道 401 条。2008 年，实施戛粮河切滩扩卡工程，南段拓浚河道土方 53 万立方米，北段切滩裁弯土方 44 万立方米，加修加固两岸圩堤 9 千米。2009 年，完成中央财政小型泵站建设任务，更新改造泵站 17 座，通过市级验收。推进国家大中型闸站更新改造工程，将宝塔镇 44 座排涝站拆建为 26 座，装机容量从 1950 千瓦增加到 2170 千瓦，工程于 2010 年 5 月建成投用。2010 年，全县农村河道疏浚通过省级验收。2011 年，实施蔷薇河、女儿河、林城河、西塘河重点中小河流治理项目，年底前全部开工。开展“清洁河塘，绿化河岸”专项行动，清理县级河道 65 条、乡级河道 328 条、村级河道 3393 条，整治废沟塘面积 5295 亩。通过整治，河面清洁，无水生植物、无阻水障碍物；河坡整洁，无垃圾、无乱堆乱放、无违章搭建；河道两侧宜林河岸应栽尽栽，城乡水环境明显改善。2012 年，实施闸站建设“双百工程”，建阳、九龙口、恒济、宝塔、高作实施中央财政小型农田水利重点县建设，新建拆建圩口闸 52 座、排灌站 40 座，通过省级验收。中小河流治理项目林城河整治工程通过市级验收。宝塔镇泵站更新改造项目通过省级验收，实施五港口、李夏沟闸站提升改造工程，为防汛抗旱打好基础。

建湖县快速推进农村饮用水安全工程，项目涉及县内西南 8 个镇区，项目总投资 5162 万元，2009 年 8 月开工建设，12 月完成管道铺设。2010 年，实施农村饮用水安全和区域供水工程，解决庆丰、上冈等 8 镇区的饮用水问题，工程于 12 月底完成。在上冈镇建设第二水厂，一期投入 7500 万元，日供水量 2.5 万吨，建成后与县城水厂管网联网。开工建设县城南水厂，完成全县二、三级管网铺设，实行城乡供水一体化。2011 年，城乡供水一体化快速推进，收购小水厂 81 家。建阳集镇、开发区、上冈集镇改水工作基本完成，城乡供水一体化受益人口 35 万人。2012 年，建立“管理一体化，考核制度化，宣传经常化，保洁市场化，投入公共化”农村河道管理新模式。全县铺设一级管网 260 千米、二级管网 350 千米、三级管网及入户管网 2580 千米，实现区域供水全覆盖。城南地面水厂、上冈水厂投入运行，全县 161 家小水厂被收购 110 家，完成改水入户 8.2 万户。

县委、县政府重视防汛抗洪工作，进一步加强防汛基础设施建设。2003 年 7 月 13 日，县城水位达 2.88 米，超历史最高水位 10 厘米，经过全县广大干群昼夜奋战，成功抗御特大洪涝灾害袭击。2004年，修订完善防洪抗旱预案，储备防汛抢险物资，成立防汛抢险队伍，加强汛前值班值守，及时掌握汛情动态，采取相应措施，保证安全度汛。2005年，下发《防汛隐患限期整改通知书》，维修病险闸站，消除安全隐患。2006年，实施胜利河和盂兰河疏浚，新建红星排涝站、盂兰河老船厂段驳岸及森达段驳岸加高五项工程。6月下旬至7月初，县内发生特大洪涝灾害，全县广大干群奋战抗洪排涝一线，最大限度减轻了洪涝灾害造成的损失。2007年，实施县城防洪墙加固、闸站联建、排水管网整治等防洪应急工程26项。初步建成防汛指挥信息系统，组织大规模抗洪抢险演练，利用科技手段组织抗灾救灾。2010年，全县58个圩区全部达标，县城防洪能力进一步提升。

三、邮电通信电力发展迅猛

2003年，县政府实施电子政务信息工程，71家机关事业单位和6个条管部门使用电子政务。4月建湖电信分公司成立，与县电信局实行两块牌子一套班子。5月电信小灵通开通运营，12月撤销国脉通讯公司。2005年，网通公司进入建湖市场。2007年4月，全县行政村宽带全覆盖，8月完成电话号码升8位工作。同年底，15个乡镇移动网络全覆盖，县城重点地区实现室内全覆盖。2008年，县政府办印发《关于加快镇村信息化建设的意见》，建成市信息化镇6个、综合信息服务站6个、服务点120个。中国电信开始经营移动业务，建湖联通与建湖网通合并。7月在湖中北路开工建设电信大楼，2010年建成使用。原建湖县邮政局分设为县邮政局、县邮政储蓄银行、县邮政速递物流分公司3个独立经营单位。同年底，实现自然村宽带全覆盖。2009年，固定电话和小灵通用户减少，宽带和移动电话大幅增加。2012年，全县完成邮电业务总量4.44亿元，比2003年增长3倍。

2002年11月，建湖县供电公司被国家电网命名为“一流县供电企业”。此后，加快电网建设步伐，将电网建设与信息化、系统化有效融合。2004年9月，江苏森达热电有限公司一号机组并网发电。2007年，完成农村电网单相变压器安装工程，改造完成集镇和农村接户线任务。2008年，完成新农村电气化建设工程，改造部分城网。2008年底，完成县域电网调度自动化系统的升级改造，220千伏陈堡变电所无人值班工程、110千伏建湖变电所改造完成，增容改造35千伏城西变、蒋营变、南苑变，新建投运110千伏新东变和35千伏恒济变、冈东变、宝塔变、建阳变、站前变。2009年，建成投运110千伏齐心输变电工程，通过新农村电气化县的考评验收。同年9月，建湖供电公司被评为国家电网农电综合管理标杆单位。至2012年，新建投运220千伏芦北变输变电工程和110千伏光华输变电工程。2012年，全县完成供电量15.87亿千瓦时，比2002年增长3.3倍；售电量14.68亿千瓦时，比2002年增长3.49倍；城市、农村供电可靠率分别为99.948%和99.868%，电压合格率分别为99.945%和99.792%。

四、广电事业普惠百姓

全县广播电视工作瞄准“发展广播，繁荣电视，服务百姓，做大做强”目标，以科学发展观为指导，切实履行以服务为中心的工作职能，内宣与外宣、事业与产业、服务与建设等各项工作协调并进。2002年，县政府出台《关于切实加强农村广播事业建设的意见》，广播网络建设初具规模，入户率95%以上。2003年，全县开展“广播发展年”活动，22个村居实现调频共缆传输，发展有线电视镇村联网50个，70%以上的村实现镇村联网。积极做好城乡有线电视用户报装、整合发展工作，全县新建有线电视联网村50个，新发展有线电视用户5000余户。2004年，开展“数字发展年”活动，新发展数字电视用户600户，在苏北率先开通数字电视。2005年，实施农村广播、有线电视进村入户工程，免费为县城16个社区安装有线电视和数字电视。全县有线电视首次实现“村村通”，有线电视用户11.8万户，入户率56.53%。2006年，县政府出台《关于加快全县农村广播有线电视进村入户工程建设的实施意见》，全县广播通村率90%以上、通响率100%，有线电视入户率比上年提高15%，顺利通过省“有线电视达标县”验收，县广电局被评为江苏省有线电视“进村入户”工作先进集体、盐城市广播电视工作先进集体。2008年，县政府将有线电视入户工程列为社会事业重点工程项目，各镇用户发展情况纳入三个文明建设考核内容。9月20日，在东方御花园小区举行县城数字电视整体转换仪式，全面启动县城有线电视模转数工作。2010年，县城各区域全面开通数字电视信号，县城数字电视实现全覆盖。2011年，建湖县被评为全省有线电视示范县，在全市率先开通互动电视。2012年，全县整村推进电视联网村16个，广播电视覆盖率 100%，县城数字电视覆盖率 100%，农村数字电视覆盖率 50%以上。

第五节　加快生态建湖建设

中共十六大报告提出要“推动整个社会走上生产发展、生活富裕、生态良好的文明发展道路”。县委、县政府根据中共中央和省、市委的部署，扎实推进生态建湖建设，建成国家级生态示范区，创建国家级生态县；大力实施“绿色建湖”建设，开展城乡环境综合治理，全县的生态环境得到明显提升，先后创成全国绿化模范县、省级园林县城。

一、建成国家级生态示范区

2001 年 3 月，建湖县启动国家级生态示范区创建工作。2002 年 6 月，建湖县被环境保护总局列为第七批国家级生态示范区建设试点县。2003 年，县委、县政府制定生态示范县建设工作方案，4 月县人大常委会审议通过县政府关于生态示范县建设情况汇报，县委、县政府重新调整了生态示范县创建领导小组，并成立生态县创建办公室，6 月县委、县政府召开全县环境保护暨创建生态示范县动员大会，县政府与 15 个镇、23 个部门签订责任状，8 月《建湖县生态示范区规划大纲》通过省环保厅专家组评审。县政府将生态林基地建设、无公害绿色有机食品基地及农业示范园建设和河道疏浚工程列入全县重点工程加以推进，建成 12 个无公害食品基地、4 个省级生态村和 3 个省级生态示范镇。2004 年，县委、县政府出台《关于大力推进生态县建设的意见》，在全县推进实施生态工业、生态食品、生态旅游、生态城市、“绿色建湖”、水源保护、生态文化、县城污染控制、农村污染防治、生态建设支撑十大类工程建设。2005 年，县政府组织实施生态农业、生态工业、生态三产业、生态城镇和生态环境保护等 61 项重点生态工程。县纪委牵头成立创建督查组，分片对全县创建工作情况进行督查通报，全面落实目标责任制，确保按时完成创建任务。8 月省环保厅调研建湖县生态示范区创建工作，10 月环保总局验收组对建湖县生态示范区建设情况进行考核验收，确认建湖达到国家考核验收标准。2006 年 3 月，建湖县被环保总局命名为第七批国家级生态示范区。

二、创建国家级生态县

2003年12月，《建湖县生态县建设规划》（以下简称《规划》）通过省环保厅专家评审。2004年5月，经县第十五届人大常委会第十二次会议审议通过。5月县委、县政府出台生态县建设意见，制定生态工程建设十项优惠政策，建立生态建设基金，成立生态县建设领导小组及办公室。2005年起，县政府办连续三年转发县环保局《建湖县整治违法排污企业保障群众健康环保专项行动工作方案》，开展专项整治行动。2006年7月，县委、县政府委托原编制单位对本县的《规划》进行修改完善。2007年9月，本县的《规划》修改稿通过省环保厅专家评审。县政府办出台《建湖县十大类重点生态工程项目建设考核办法》，关闭16家化工生产企业。2008年3月，经县第十六届人大第二次会议审议批准实施。县政府作出《关于对建湖东方阀门制造有限公司等15家企业实施限期治理的决定》，要求通过治理，烟尘排放达到国家标准。县监察局、环保局印发《生态县建设专项效能监察工作实施意见》，建立生态县建设行政效能责任追究制度。2009年，县政府印发《建湖县重要生态功能区保护实施方案》，全县6个生态功能区纳入《江苏省重要生态功能保护区区域规划》，印发《建湖县畜禽养殖业污染防治规划》，分别划定禁养、控养、适养区域。2011年，县委出台《加快生态建湖建设的意见》《生态建湖建设六大生态工程实施方案》，完成生态工程建设项目46个。县政府出台《关于全面实施河道保洁推进长效管护的意见》，建立河道长效管护机制。2012年2月，县政府印发《关于生态建湖六大工程建设项目的通知》，实施循环经济与节能减排工程、城市环境建设与农村环境整治工程、重点流域治理与饮用水安全工程、大气治理和污染防治工程、生态文化营造与绿色建湖建设工程、能力建设与科技支撑建设工程。3月县委、县政府委托南京农业大学环境科学研究院重新修编完善《建湖县生态县建设规划》，通过省环保厅专家评审，县人代会审议通过后实施。至2012年底，30个生态工程项目竣工，完成率83.33%。县政府设立生态建湖建设奖励基金，对获得国家级、省级命名的生态镇、生态村、生态社区、生态学校和生态园区进行奖励。2015年，建湖县创成国家级生态县。

与此同时，建湖县全面推进生态镇村创建工作。2005年，上冈镇创成市级环境优美镇。2008 年，近湖镇创成国家级环境优美镇。2009 年，蒋营镇通过省级“环境优美镇”验收，高作镇被命名为市级环境优美镇，高作镇西涔村通过省级生态村验收，颜单镇任杨村、冈东镇树新村被认定为市级生态村。2010 年，近湖、上冈镇通过省级环境优美镇验收，冈西镇通过市级生态环境优美镇验收，近湖镇太平村、颜单镇沈杨村获评省级生态村，九龙口镇梅苏村、冈西镇双墩村和近湖镇严桥村、裕丰村、镇北村、陈堡村、长沟村、胜利村获评市级生态村。2011 年，近湖镇通过国家级生态镇省级验收，芦沟镇获评市级生态镇，庆丰、宝塔、颜单、建阳 4 个镇通过市级生态镇验收。2012 年 3 月，全县 12 个镇编制完成《小城镇环境规划》，5 月初全部通过专家评审，6 月县政府批准实施。建湖县成为全市首家集镇环境规划全部通过专家评审的县份。至 2012 年，全县建成国家级生态镇 1 个、省级生态镇 3 个、市级生态镇 12 个，创成国家级生态村 1 个、省级生态村 8 个、市级生态村 137 个、省级绿色社区 1 家、市级绿色社区 7 家。

三、启动“绿色建湖”建设

2008 年 1 月，县委、县政府召开“绿色建湖”建设动员大会，全面启动“绿色建湖”建设，高起点谋划、高强度推进。按照森林覆盖率年增长 2.5％的目标，编制《“绿色建湖”建设总体规划》，县政府出台《关于进一步推进“绿色建湖”建设的意见》。县成立“绿色建湖”建设工作领导小组，下设办公室、宣传组、督查组，具体负责“绿色建湖”建设的协调、宣传、督查工作。2008 年后，县政府每年印发《“绿色建湖”建设实施方案》，明确年度绿化造林目标任务、建设要求、推进措施及督查考核办法。2011 年，建湖县被评为绿色江苏建设先进集体。2012 年，建湖县创成省级园林城市。

2008 年后，县委、县政府实施县城湖中路等主干道绿化改造工程，完成县城东方华庭等小区庭院绿化，实施神台河、西塘河风光带等绿化重点工程，建成区绿化覆盖面积 1.35 万亩，绿地面积 1.22 万亩，公园绿地面积 2850 亩，城市绿化覆盖率 40.3％，人均公共绿地面积 9.05 平方米。近湖、庆丰、上冈、建阳等 6 个重点镇的小城镇绿化取得初步成效。林网控制率 100％，其中一、二级林网控制率 85％。全县建成 15 个围村林和 45 个新农村林业示范村。2009 年，完成南环线、秀夫南路、湖中南路两侧景观带，严桥路、环城西路、双湖路等道路绿化工程，新建各类绿色通道366.1千米。2010年，村庄绿化整体推进县创建工作通过省级验收，颜单七里村围村林建设被省农林厅列为里下河地区造林典型。2012年，全县新建省级村庄绿化示范村30个，上冈仓冈村、冈东风华村、颜单沈杨村、沿河天美村、庆丰东乔村、九龙口梅苏村、芦沟淳华村、建阳交睦村、高作北庄村、冈西左幼村建成省级围村林示范村，新建省道234庆丰、芦沟段，滨河路、森达东路、明星南路等各类绿色通道180.6千米。

2012年4月中旬，建湖县开始申报全国绿化模范县工作，根据《全国绿化模范县检查办法》以及评审要求，完成《建湖县申报绿化模范县自查报告》《建湖县关于创建全国绿化模范县的工作情况汇报》，拍摄《绿满水乡幸福建湖——建湖县创建全国绿化模范县纪实》DVD专题片，制作近五年全县造林绿化实绩统计表和分布图、全县绿化基础数据统计表、县城绿地系统规划图和绿化现状图、全县森林基础数据统计表、现有森林分布图和规划图、义务植树及基地建设情况统计图表，收集整理近10年省部级以上绿化工作表彰奖励材料，6月建湖创建全国绿化模范县通过省专家组验收。2012年，全县完成造林面积2.12万亩，年末农田林网面积89.49万亩，实有林地面积22.39万亩。

四、开展城乡环境综合治理

城市环境整治以卫生创建为抓手，重点整治卫生死角，治理城乡结合部、老旧居民区和“城中村”环境卫生，彻底消除旱厕，杜绝散养家禽，实现城市保洁管理全覆盖；规范户外广告、牌匾、夜景灯光设置，清理城市“牛皮癣”；规范摊点摆设，治理乱设乱摆、占道经营影响市容的行为；合理规划建设农贸市场，加强农贸市场管理，做到地面平整、环境清洁、布局合理、管理有序；规范车辆停放，治理占道停车、逆向停车等阻碍交通安全的行为。农村环境整治以推进示范村建设和农村环境连片整治为重点，积极开展卫生村镇创建，清除各类积存垃圾，平整道路，整治河塘，改善农村环境卫生面貌；落实农村秸秆禁烧与综合利用工作，依法划定禁止露天焚烧秸秆的区域范围，推进秸秆工业原料化、能源化、基料化、饲料化等多形式利用，进一步高效利用秸秆资源；规范畜禽养殖和卫生管理，减少畜禽粪水污染；开展庭院环境整治，治理乱搭乱建、乱堆乱放等现象；

建立村庄保洁制度，定期清扫，保持村庄清洁；广泛开展卫生清洁户评比活动，促进农村居民室内外环境整洁。抓好重点场所、行业等环境卫生整治。加强学校、托幼机构、车站港口广场、建设工地、流动人口及外来务工人员聚集地、乡镇与集市、规模畜禽养殖场（小区）和畜禽养殖户密集区、卫生院、中小型水厂以及旅游景区（点）环境卫生的管理，加大对小餐馆等“五小行业”的卫生管理及周边环境卫生整治力度，强化铁路、公路和内河航道沿线环境卫生整治与绿化美化工作。

开展农村人居环境建设和环境综合整治试点工作。2005年选择15个村进行试点，2007年新增18个农村环境综合整治试点。2006年2月，县委、县政府召开全县村庄河道疏浚整治现场推进会，全面启动农村环境整治工作。2010年，全县开展农村生活垃圾集中处理试点工作，新增近湖陈堡村等18个试点村。2011年，全县739个规划布点村庄突出抓好生活垃圾、生活污水、乱堆乱放、工业污染源、农业废弃物、河道沟塘整治，1236个非规划布点村庄突出生活垃圾、乱堆乱放、河道沟塘等整治，农村环境卫生面貌为之一新。2012年底前，完成395个村庄环境整治任务，创建三星级康居村2个。城市生活垃圾无害化处理率80%，城市污水处理率70%，新建农村环境综合整治示范村30个，生活垃圾无害化处理和生活污水有效处理的行政村占10%。

搞好秸秆还田和气化运用，减少焚烧抛沤污染。2006年9月，全市首个秸秆沼气池在近湖镇胜利村农户建成使用，10月在全市推广。2010年，县政府出台《关于加强农作物秸秆综合利用和禁烧工作意见》，大力推进秸秆还田，加装联合收割机秸秆切碎装置513台，新增秸秆还田机180台，颜单、恒济2个示范镇和近湖各建成4个机械化还田示范村，建阳、上冈、庆丰、芦沟、九龙口、沿河分别建成3个示范村，其他各镇建成2个示范村。2012年，县政府印发《关于促进农作物秸秆综合利用工作的实施意见》，组织实施秸秆肥料化还田、能源化利用、工业原料化利用、饲料化利用、基料化利用、集中化运储六大工程，秸秆综合利用率75%，还田率35%。

加强饮用水安全保护。2006年，县政府印发《关于加强饮用水源保护的通知》，在水源保护地设立统一标志。2007年，县委、县政府出台《建湖县清水走廊三年行动方案》。2009年，县政府出台《建湖县生活饮用水安全管理办法》《2009—2010年全县农村饮用水安全工程规划》，决定自

2010年起开展水环境新一轮整治工作。其间，全县完成西塘河、戛粮河饮用水源地非化工类污染企业的搬迁与关停任务，关停西塘河上游银花金属制品有限公司等2家企业，拆除光辉建材经营部、万胜塑机制造厂，7家砂石场停止营业，限期搬迁戛粮河水源保护区内的玉川农机经营部、码头及维修点。全县农村生活饮用水水质卫生合格率75%，农村无害化卫生户厕普及率60%。2012年前后，重点加强对地表水水质的管理工作，对境内6条主要河流布设9个断面14个监测点，坚持每2个月监测1次，在西塘河、戛粮河水源地上游分别建立水质自动监测站。抓好镇村污水处理厂建设，高作西涔村微动力污水处理设施投入使用。这些措施有效加强了饮用水源保护，保证城乡居民饮水安全。

五、发展清洁能源　推进节能减排

县委、县政府利用国家增加投入、加大农村沼气建设机遇，争取上级补助资金，大规模推广建设农村户用新型沼气池。2006年至2008年，全县以清洁能源建设为主线，争取国家和省两级农村能源建设补助资金1110万元，结合实施“一池三改”①，建成新型农村沼气池1.11万个、规模养殖大中型沼气池9个。近湖镇成为全省使用沼气第一镇，近湖镇胜利村成为全省首批、全市唯一的生态家园示范村。全县加大发展秸秆收购点和农村户用沼气力度，2009年，新建草业合作社和秸秆收购实体9个，每个镇区建成1个以上草业合作社和秸秆收购实体，为发展秸秆气化项目提供依托。农村户用沼气进一步提速，至2012年，全县建成户用沼气池1.54万个，使用率95%以上。2011年9月，中国电力投资集团公司在建湖石油装备产业园投资40亿元新上大型光伏电站项目。项目以全国首创的“渔光互补”模式对荡滩水面实施综合开发利用，开辟出一条内陆地区利用空间资源发展新能源产业的新路，在培育新兴产业、发展循环经济、保护生态环境方面具有典型示范作用，一期200兆瓦光伏电站项目于当年底并网发电。

县委坚持把节能减排作为一项要务来抓，成立节能减排工作领导小组，出台节能减排工作意见，明确主抓部门，多措并举，多向发力，把节能减排工作落到实处。控减高“能耗”项目，发展节能产业。2007年，县委、

①“一池三改”，即建沼气池，改厨、改厕、改圈。

县政府提出“十一五”末全县单位生产总值综合能耗比“十五”末下降20%，建立健全节能管理制度体系，加强重点领域节能工作，大力推进结构调整和技术进步，同时加强监督管理和保障机制建设。森达、克胜、金龙马、美昌、宇晖等11家企业被列为全市百家节能在线监测企业，永林、豪迈等公司的清洁生产和节能开发工作受到国务院和省领导的高度评价。雷诺服装、冠华塑胶、豪迈照明、华法生物等10家企业，利用加工主导产品过程中的“弃料”，生产出受市场欢迎的产品，提高资源利用率，被列为“清洁”企业，剑牌农药、环宇汽配、森光橡胶、新业化工4家企业被列入“清洁”生产企业，永林公司利用生产过程中的下脚油料，研究开发出脂肪酸系列产品，森达热电公司建立发电——煤渣回收——供气的生产模式。全县12个项目被列为“十一五”循环经济项目。2009年，县政府印发《建湖县减排工作方案》，全县化学需氧量排放总量比2005年削减9.6%，二氧化硫排放总量比2005年削减3.2%。2011年，县政府出台《关于进一步加强节能工作的意见》，进一步强化节能目标责任落实，加快优化产业结构，加强工业、建筑等重点领域节能工作，推进节能技术进步，加强执法检查和组织推进力度，确保节能措施落实到位。

第十九章　推动经济社会科学发展

2003年10月，中共十六届三中全会通过的《中共中央关于完善社会主义市场经济体制若干问题的决定》(以下简称《决定》)，要求认真贯彻落实全面、协调、可持续的科学发展观。12月，省委召开十届六次全会，审议通过省委《关于贯彻落实〈中共中央关于完善社会主义市场经济体制若干问题的决定〉的意见》。2004年初，全省"两会"期间，省委提出要建设以人为本、全面协调可持续发展的新江苏。2006年11月召开的省委第十一次代表大会再次提出必须坚持率先发展、科学发展、和谐发展的发展路径。市委相继出台贯彻中共中央《决定》的意见等文件，进一步推动全市经济社会科学发展、和谐发展。根据中共中央和省、市委部署，县委号召全县各级党组织坚持以人为本，引领广大党员干部和群众牢固树立科学发展观，在建设更高水平全面小康社会进程中，更加坚定地推动经济社会全面、协调、可持续发展。2009年，县委、县政府出台《关于加快推进城乡一体化发展的实施意见》，着力优化城乡资源配置，切实打破城乡二元结构，促进城乡共同繁荣发展。经过此后10年的科学发展，全县综合实力全面跃升，工业经济快速增长，农业经济稳中有升，现代服务业质效上乘，社会事业全面发展。

第一节　加快工业经济发展

2003年，县委、县政府组建招商局，主抓全县招商引资工作，建设各类专业性招商数据库，建立专业招商队伍，组织驻点招商、项目集中开工、招商引资百日竞赛、全面接轨上海等重大招商活动，推进项目快签约、快落地、快开工、快投产、快达效。加大项目载体建设力度，创办"一区三园"及乡镇工业集中区，出台优惠政策，进一步优化投资环境，吸引更多的产业项目落户。2009年，县委、县政府制定《关于支持工业企业保增长、促发展的十项措施》，加大力度培植支柱产业，推促产业集群发展，提升石油机械、节能电光源、皮鞋及鞋材等产业发展层次。开展全方位接轨上海工作，深度融入长三角经济圈，为全县工业经济发展创造更多的条件和机遇。

一、实施招商引资项目推进

县委、县政府先后出台《建湖县招商引资优惠政策》《关于深入开展项目推进活动的意见》《关于进一步加大“凤还巢”工作推进力度的意见》等政策性文件。开展广东深圳驻点招商、上海驻点招商、港澳台地区经贸招商、日韩欧美招商活动，举办第二届、第三届烟花杂技节等专题招商活动，组织北京、上海、深圳、浙江等投资说明会和特色产业招商推介会，积极参加广交会、高交会、西交会、江苏产品万里行、东营石油装备展、海洋石油装备展销会。开展多轮招商引资“百日竞赛”活动，与上海市松江区建立县区友好合作关系，成立广东商会。

2003 年，县招商局成立，下设专职产业招商机构。2006 年后，不断调整完善招商引资优惠政策，出台激励企业做大做强、扶持绿卡企业等规定。2007 年，县委、县政府突出产业项目招引，成立县产业办公室，印发《关于开展产业招商年活动的意见》。2008 年起，县委、县政府突出招引石油装备、节能灯具、航空航天、生物工程新兴产业项目，加快服务外包、商贸旅游、现代物流、文化创意、金融等现代服务业项目的引进实施。开发区、恒济镇、高作镇组建对日招商小分队，主攻电子信息、精致农业，着力突破日本智慧园、农产品加工、出口蔬菜加工项目；近湖镇、高新区组建对韩国招商小分队，主攻农业机械产业，着力突破烘干机项目；开发区、近湖镇、建阳镇组建对香港地区招商小分队，主攻商贸物流、新能源等产业，着力突破绿色照明博览园、生物柴油、复合陶瓷管、LED 等重点项目；高新区、近湖镇、城工办组建对台湾地区招商小分队，主攻精密机械、LED 等产业，着力突破航空装备、破碎锤、光纤管、陶极灯等重点项目。2009 年，县委、县政府印发《关于加强全县招商引资和项目推进督查考核工作的意见》，加大招商引资项目推进工作考核力度。2011 年起，突出重大产业项目和外资项目的招引，印发《关于重大产业项目招商工作的实施意见》《关于进一步突破利用日韩外资和港澳台资工作的意见》，开展“重大项目突破年”“招商引资百日竞赛、项目建设百日会战”活动，进一步加大招商引资、项目推进工作力度。

二、创办“一区三园”

建湖经济开发区，2006年被确定为省级经济开发区。2007年6月，县委、县政府提出创办“一区三园”① 的发展战略，明确在加快县经济开发区建设的同时，依托盐徐高速优势，以机械、电子产业为重点，在城南新区建设高新技术产业园；以近湖民营科技创业园为基础，打造县民营科技创业园；发挥紧靠国道204和盐城大市区优势，以机械、轻纺、物流产业为主，筹划建设上冈产业园。2008年7月，开发区南扩北延，先是近湖镇高桥村、钟庄镇南华村、建新村和古桥村2个组划入；2010年12月，钟庄镇整体划入。2012年6月，上海嘉定（建湖）科技工业园被省政府评为南北园区共建先进单位。至2012年底，开发区共辖21个村居，面积92.96平方千米，入园企业300多家，拥有中国驰名商标4个、省级著名商标8个、国家高新技术企业10家、国家级企业技术中心1家、省级产品监督检验中心1家、博士后科研工作站2家、院士工作站1家。

县高新技术产业园，2009年3月筹建，位于县城南部片区，紧靠盐徐高速道口，规划面积30平方千米，辖近湖胜利村和颜单走马、七里、李夏村。8月首批项目入驻，一期开发建设近10平方千米，同步建设科技创新创业园、航天航空产业园、液压机械科技园等特色园中园。2011年2月，县高新技术产业园成立高新区管委会，7月成立高新区党工委，12月被列为盐城市重点园区。产业主要包括：机械制造、电子电器、航天航空、信息、软件和服务外包等。2012年，被列为全市重点园区之一，实现地区生产总值22.06亿元，一般公共预算收入2.02亿元。至2012年底，入园企业55家，其中规模以上企业20家。

县民营科技创业园，创建于2003年5月。规划总面积10平方千米，厂房建筑面积500万平方米，入园企业1000家以上。该创业园系中小企业集聚区、孵化地。按照“有序开发、合理整合、集约资源、可持续发展”的原则，园区厂房建设分单跨、双跨、高层三大区域，设置行政、商贸、物流、职工生活4个功能配套区，成立金融信用担保、人才培训、产品研

①“一区三园”，即县经济开发区、高新技术产业园、民营科技创业园、上冈产业园。

发等十大服务中心。园区产品主要有石油机械、液压机械、农业机械和工矿机械四大类 2600 个系列 6 万多个品种。2012 年，获评全市唯一一家 AAA 级中小企业创业园、江苏省中小企业示范基地，被认定为国家级科技企业孵化器。至 2012 年，建成厂房 128 万平方米，引进企业 458 家。

上冈产业园，2007 年启动建设。2008 年 10 月，上冈产业园管委会挂牌。规划总面积 29 平方千米，其中一期建成区 4 平方千米，以国道 204 和串场河为界，38 家企业进园投产达效；二期串场河至黎明中心河 8 平方千米为拓展区，20 多个项目进园落户；三期黎明中心河至宋楼中心河 17 平方千米为后备发展区。2008 年，产业园按照“高起点规划、高标准建设、高效能服务、高速度推进”的发展思路，先后投入 1.8 亿元，实施纬一路至纬五路、兴业路、园区大道、港口大道的道路硬质化和两座串场河大桥及其配套工程，形成高标准的“五纵三横”路网。园区服务中心、110 千伏变电所、地面水厂和污水处理厂等建成使用，园区给排水、绿化、亮化、净化等设施配套齐全。2012 年，园区引进实施超亿元项目 10 个，定报企业应税销售 13.1 亿元，入库税收 6200 万元。至 2012 年，62 个项目进园落户，产品主要有机械制造、汽配汽保、重型机床、智能计量和重钢结构等，园区跻身江苏省小企业创业示范基地和盐城市重点园区行列。

2010 年，县委、县政府根据园区承载功能，划设“两区三园”，两区即江苏建湖经济开发区、江苏建湖高新技术开发区（原高新技术产业园），新成立石油装备产业园，连同上冈产业园、县民营科创园为三园。

三、兴办乡镇工业集中区

县委、县政府从创办“一区三园”的实践中，感受到集群式发展对做大做强经济特别是工业主体经济的引擎作用，更加坚定了“办区兴园”的决心。2002 年，县政府出台《关于加快镇特色工业园区建设和发展的意见》，“十五”期间，实施对建阳、颜单、上冈、庆丰、钟庄、高作、恒济、蒋营 8 个重点特色工业园区的规划和建设，加快招商引资，推促产业集聚和资源合理配置，发挥规模集聚效应，园区承载能力不断增强。至 2010 年，全县实现“一镇一园区”发展架构。在此选择 7 家园区作简要介绍。

颜单节能灯具产业园，起步于当地村办玻璃灯管和芯柱厂。在改革开放推动下，提速发展，产品远销广东、福建等省。2000 年后，随着企业改制向深层推进，产业进入裂变重组期，产品档次与质量随之提升，出现振亚、爱民、生辉、鑫旺、三联等7家定报企业和40余家配套小企业及家庭作坊，从业人员近4000人，年产节能灯直管5000吨、各类螺旋管3.5亿支。2005年起，颜单镇党委、政府划出1500亩土地，实施节能灯具产业扩建计划。2007年，确定以振亚照明公司为龙头，打造节能灯产业园振亚园区，同时跨越建蒋公路（后改为九龙大道），扩征土地1300亩，进一步扩大生产规模。至2012年，建成设施配套，集环保、安全、节能、降耗为一体，具有一定行业影响力的节能灯管生产基地。

建阳石油装备集中区，2002年设立。信得石油机械公司、三益石化机械公司、象王起重机公司、双鑫石油机械公司系园区重点企业。2008年，园区新上螺杆钻具、液具胶管钢丝、油水分离器、液压油缸、石油机械加工及油田钻采机械等7个项目，总投资4亿元，新建厂房4万平方米。同年被列入全县重点园区建设规划，更名为县石油装备产业园，园区范围：南至向阳路，北至省道234，西至戛粮河，东至省道233，总面积1.5万亩。2010年底，建成区面积3000亩，形成“三纵三横”道路框架，供排水、电力和绿化、亮化等基础设施建设到位。入园超千万元龙头带动型、协作配套型和技术研发型项目30多个，产品主要有油田阀门、防喷器和管汇等系列，构架起自上游的锻钢、锻造到终端的石油钻机、抽油机等完整的油田机械产业链条。2012年，成为市级特色园区，并被列为全省15个特色装备产业基地之一。

高作工业园区，原为创建于1998年的高作机械工业集聚区。规划面积3000亩，以发展煤矿机械、石油机械、农用机械、建筑机械等为主，当年入园企业3家，实现销售600万元。后为提高全镇工业集中度，易名高作工业园区。之后，又创办十字河民营科技创业园。2010年，投入300多万元，完善镇工业园区和民营创业园基础设施，拓展园区承载力和发展空间。2012年，实施区园整合，组建高作工业园区，新入驻企业10家，实现工业产值10亿元，占全镇工业总量的81%。

庆丰纺织工业园暨冠华工业集中区，始建于20世纪90年代末，冠名庆丰私营工业园，重点吸收纺织服装企业，兼纳部分机械电子和塑料包装产业。2000年6月，张家港市客商闻松南投资成立金龙马纺织有限公司，新上特种纺织项目。2002年，庆丰镇以金龙马纺织公司为龙头，整合入园纺织服装企业10家，园区产业定位生产特种化纤纺织品，原有其他产业为辅。2003年，冠华工业集中区被认定为江苏省乡镇工业示范区。园内有企业22家，其中金龙马纺织有限公司跻身盐城市前50强企业。2002年，庆丰镇在县经济开发区河东新建冠华工业园。2003年起，鸿达阀门等10家企业相继入园。2008年底，入园企业开发专利产品33个，其中发明专利1个，鸿达、永佳公司分别成为全国最大的套管头和液压铜管套生产企业。2010年底，冠华工业集中区入园企业突破30家。经济外向度提升，2012年出口额6000万美元，位列全县第一，进入全市前10强。

恒济石油机械工业园，创建于2000年，规划建设面积400亩。至2008年，工业园建成标准厂房15万平方米，入园企业32家。园内企业主要以盐城特达钻采设备公司、盐城特达专用管件公司、恒兴机械公司、鑫龙机械公司、鑫诺机械制造等企业为主。2010年，园区总面积增加到1600亩，完成土地规划调整、配套设施建设，以及绿化、亮化和道路硬质化。入园投资超亿元项目2个。2012年，新增2个投资超1.5亿元的项目落户园区。

冈东产业集中区，筹建于2001年12月。规划建设棉花产业区、蔬菜加工区、技改项目区和精细化工区。2002年，投入100万元建设园区道路等基础设施，搬迁烈士陵园，调增1000多亩农民承包地，架设水、电、电话、有线电视主干线近10千米，建成棉花产业区。同年，县轧花厂和星宇纺织公司建成投产。2005年，园内棉花、蔬菜两大产业特色显现，棉花种植面积占种植业总面积的60%以上，实施超千万元工业项目4个。2009年，设施蔬菜核心区面积扩增至1000亩，辐射区面积2000亩，新上一、二、三产业项目28个，其中工业项目19个。

芦沟工业集中区，始建于2003年5月，规划面积4500亩。至2008年，入园企业68家，投入基础设施建设资金5.2亿元，浇筑“三纵四横”水泥路面3.02万平方米，架设10千伏供电主干线和380伏低压线路4.3千米，铺设地下通信管网5.4千米，建成供水主干道4.5千米，排水管网4.6千米，绿化面积1.83万平方米。建成标准厂房13.82万平方米，园内有石油机械企业近40家，产品主要有采油（汽）树、油田井口装置、钻台表汇、各类套管台、油泥泵、液压动力钳等，覆盖全国各大油田。2008年，被省经贸委、省中小企业局命名为江苏省重点培育的百家小企业创业基地。2009年起，投入近300万元实施园区绿化亮化工程，2010年起持续招商上项目，至2012年入园项目近90个，产能效益显著提升。

四、培大育强特色产业

2006年4月，建湖县石油机械、绿色照明入围省“十一五”重大项目目录。2007年起，县委、县政府按照发展“新型工业化”要求，着力打造石油机械、节能灯具和皮鞋及鞋材等特色产业，推动产业集聚向产业集群发展。2008年后，石油机械产业化、规模化、国际化步伐加快，钻机、锻铸等龙头企业项目、产业链关键项目和石油机械科研工作出现重大突破，以日月照明引领的节能灯产业重点实施LED等电光源项目，引进上海亚明等重点项目。皮鞋产业借助森达集团与百丽公司战略重组契机，释放品牌叠加效应，继续保持良好发展势头。特色产业成为建湖工业的重要支撑。至2012年，石油机械、节能灯具、皮鞋及鞋材产值占全县工业总产值近一半。2012年，县政府出台《关于扶持加快新能源产业发展的意见》，进一步推促风电、光伏发电等新能源产业加快发展。

石油机械产业加速扩张。2001年，石油机械企业全面改制，集体资本全部退出变为全行业民营化，全县石油机械工业进入快速扩张期。信得、咸中、鸿达、特达管件、特达钻采、三益、九龙、双鑫、阳标等17家企业跻身全县前50强。全行业拥有高新技术企业12家、规模企业85家、省级以上新产品30个、国际国内专利技术400多项，70%以上的企业具有石油行业一、二、三级网络资格，90%以上的企业通过ISO9000体系认证，50%以上的企业通过美国石油学会的API认证。2004年12月，建湖县石油机械商会成立。2005年，建湖县石油机械产业被省发改委列为全省培植的20个重点产业之一。2008年，建湖县被中国石油和石油化工设备工业协会评定为中国石油装备制造业基地。开始实施特钢锻造、石油钻机、采油机等项目，实现从零部件向整机生产的跨越。2009年5月，建湖石油机械产业被省经贸委列入全省首批30个特色产业集群，是全市唯一入选的特色产业集群；8月，建湖县获中国石油石化装备制造业卓越贡献奖。2010年，建湖县被认定为国家火炬计划石油装备特色产业基地、省优质石油装备产品生产示范区、省新型工业化产业示范基地、省石油装备产品出口基地。2012年，国家石油机械产品质量监督检测中心投入运行。

节能电光源产业是继石油机械产业之后兴起的又一工业主导产业，并在全国同行业占据重要位置。2000 年起，伴随企业改制的推进，节能灯生产企业进入繁衍裂变重组期，除振亚、百倍外，还涌现出日月、豪迈、爱民、鑫旺、金星、华翔、正达等 10 多家节能灯重点生产企业和百余家配套生产企业及家庭作坊。2004 年后，随着绿色环保热潮的高涨，灯具灯饰产业重又升温。为抢抓机遇，县委、县政府将节能灯产业列为全县“十一五”工业重点产业予以扶持，被列入盐城市 12 个产业集群之一，发展步伐加快。2006 年 10 月 16 日，《经济日报》的“区域经济”版整版报道建湖县培植特色产业，打造节能电光源产业集群的做法与经验。2009 年 8 月，建湖县被中国照明协会评为中国节能电光源制造业基地；9 月，江苏省绿色照明工程技术研究中心在建湖县成立。至 2010 年，全县具有一般纳税人资格的节能灯企业超百家，其中规模以上企业 22 家。产品种类增多，层次提升，主导产品由明管、粉管向整灯转变，形成从石英砂到整灯的完整产业链条，向灯饰灯具和新光源、LED 等应用领域发展，日月、豪迈、光达等企业正常生产销售 110 多个品种。县节能灯企业加快用现代技术嫁接改造传统工艺。日月公司从清华大学聘请 1 名中科院院士，与复旦大学建立紧密型产学研联合体，掌握 LED 半导体数码灯具核心技术；豪迈公司从复旦大学聘请电光源专家，与美国 1 家公司合资成立 UL 标准检测中心，研制生产半螺型和全螺型节能灯系列产品，在国内保持较高的市场占有率；光达公司引进多条先进生产线优化生产流程，提升产品质量。全县节能灯具企业有 50 多项专利通过国际相关机构认证。2011 年 7 月，建湖节能电光源产业被评为江苏省第二批特色产业集群之一。

皮鞋及鞋材产业是全县工业经济名副其实的支柱产业。森达集团继在中国上海、香港地区和意大利成立设计中心后，1999 年又在广州成立开发研制中心。名牌战略是森达鞋业取得成功创造辉煌的“秘眼”所在。森达皮鞋继 20 世纪 90 年代获得国家有关部门授予的众多名牌称号和中国皮鞋行业第一块“驰名商标”等金字招牌，2002 年首获中国名牌产品，集团被中国工业经济联合会、中国名牌战略推进委员会评选为“全国 16 家向世界名牌进军、具有国际竞争力中国企业”之一。2003 年，森达皮鞋年产 700 多万双，入库税金 7000 多万元。森达品牌继续蝉联“消费者心目中的理想品牌、购物首选品牌、实际购买品牌”3 项全国第一。2004 年 12 月，县委、县政府为森达集团在建湖纳税过亿元举行祝捷大会。2005 年后，“森达”品牌两次通过国家质检总局的复评，蝉联中国名牌产品。森达旗下的“好人缘”品牌亦于2005年成为中国名牌产品。2007年11月11日，森达集团与百丽国际控股公司签订协议，实施资产战略重组。重组后的江苏新森达鞋业有限公司是香港联交所上市公司——百丽国际控股有限公司的全资子公司。百丽控股公司收购森达集团所属的制鞋企业14家，其中鞋业有限公司10家、社团销售有限公司1家、国际贸易有限公司3家。2012年，新森达鞋业有限公司实现工业总产值46.38亿元，工业增加值11.74亿元，利税7.47亿元。鞋材生产企业主要有努捷利鞋材有限公司、建业鞋材公司、瑞福来鞋材公司、通达鞋材厂和县皮鞋三厂等。

五、接轨上海融入长三角

2003年，县委、县政府全面启动接轨上海工作，设立接轨上海工作办公室。2005年，建湖籍在沪成功人士组建振兴建湖上海咨询会。2006年12月，县委、县政府出台《关于接轨上海工作的意见》，把接轨上海作为建湖加快发展的关键举措，建湖由此步入接轨上海融入长三角提速发展新阶段。

加强载体建设。2006年，县经济开发区升格为省级经济开发区。2007年8月，上海市宝山城市工业区管委会与建阳镇签订合作协议，钟庄镇与上海浦东新区川沙镇、上海市嘉定区徐行镇签订合作协议，上海市国资委及所属19个区县国资委负责人到建湖考察；9月，上海嘉定工业区与县经济开发区签订合作协议。县高新技术产业园、县民营创业园分别围绕不同产业定位，加快完善配套设施，集聚能力不断增强，成为承接长三角产业转移的重要阵地。2009年11月9日，上海嘉定工业区（建湖）科技工业园揭牌。2010年3月22日，经省政府批准，上海嘉定工业区（建湖）科技工业园被认定为全省首批苏沪共建园区，也是盐城市唯一获省批准的苏沪共建园区。

长三角驻点招商。2003年起，全县每年组成多个招商小分队，开展长三角驻点招商，引进一批科研成果和人才、技术。2007年，先后举办建湖（上海）特色产业招商推介会和建湖（上海）招商引资说明会。各镇、各部门派出36个小分队到上海驻点招商。2008年，县委、县政府分别在上海和建湖举行接轨上海重点项目集中签约仪式，引进光达照明、佳丽电器、东林电子、亚明灯饰和油井钻采设备等产业项目。2009 年 5 月，在上海举行建湖接轨上海（春季）投资说明会，签约项目 21 个，总投资 28 亿元。2006 年至 2012 年，建湖来自上海的投资在全县外来总投资中的比重超 70%。

融入长三角发展。在坚持以上海为接轨重点、加快建湖发展的同时，县委、县政府将开放视角扩展到苏州、无锡、常州等苏南地区及浙江杭州、嘉兴、湖州等经济发达地区，或组团前往学习，或开展招商引资，或联手合作共赢，做到广视角、多层面、全方位，促进建湖发展提速，加快经济蛋糕做大、财政收入增加和人民生活改善。建湖在接受上海等长三角地区辐射、承接产业转移、加快自身发展的同时，也为合作地区提供森达皮鞋、建湖大米和鲜活水产等地方特色产品，成为上海农副产品主要供应地之一。2006 年后，连续多年获市接轨上海工作先进奖。

第二节 加快现代农业发展

县委、县政府坚持把定重点、建基地、强培植、创特色、扩规模、上效益作为发展现代农业的基本思路。2011 年，建湖县被农业部认定为国家现代农业示范区，九龙口现代农业产业园被认定为省级现代农业产业园区，县农产品加工集中区被认定为省级农产品加工集中区。特色畜禽产业 10 家规模养殖场通过省、市生态健康养殖示范场验收。2012 年，建湖县被评为中国河蟹之乡、中国河蟹养殖先进县、江苏省粮食生产先进县、江苏省农业综合开发先进县、江苏省水产品质量安全追溯示范县，县农副产品批发市场被认定为省级重点农副产品批发市场，颜单镇“三虹”有机稻米标准化示范区通过国家验收。

一、推进农业结构调整

县委、县政府按照“调优种植业、调强畜牧业、调大林果业、调活水产业”要求，扎实推进农业和农村经济结构的战略性调整。种植业结构进一步优化。通过调粮扩经、更新品种，建湖县建成国家级专用饼干小麦等一批种植业基地，2003 年粮经比例调整为 3∶2，林牧渔业占农业总产值的 70.7%。农业产业化步伐加快。建湖县实施农业项目 29 个，新办农业龙头企业 36 家，建立国家级无公害虾蟹标准化示范区 1 个。林果业不断发展壮大。建湖县建成国家生态林项目。畜禽业快速扩张，积极实施畜牧业人均收入超千元工程，建成一批大规模养殖基地，冈西方圆禽业草鸡和近湖新绿源小尾寒羊养殖规模领先苏北。实施水产业提质增效工程。建湖县特水养殖面积17.6万亩。2005年，县委、县政府把农业结构调整作为增加农民收入的重点举措，组织各镇、农口部门到上海、苏南等地考察学习，进一步解放思想，拓宽调整思路，召开结构调整过堂会，明确调整方向和重点，指导农民种养，引导农民调整。当年粮经比例调整为2∶3，特用粮和优质专用粮面积达20%，发展无公害水产养殖面积12万亩。2006年，建湖县加大引进农业新品种、新技术，沿河推广种植水稻扬粳9538、徐稻3号等优良品种，被省农业部门评为无公害大米生产基地。2012年，按照省、市要求，开展“亩产吨粮县”创建活动，建湖县推进优质粮产业发展，建立完善优良品种、先进实用技术、优质配方肥、高效低残留农药“四主推”制度，沿河镇新建优质商品粮生产基地15万亩，颜单镇新拓有机稻米生产基地2000亩，推进杂交稻制种产业，庆丰、芦沟规划建设万亩连片两系杂交稻制种基地，其中庆丰6000亩、芦沟4000亩。水生作物以沿荡5镇为重点，建设荷藕、慈姑、芡实、菱角等高效水生作物生产基地，建阳、恒济各新建1个5000亩荷藕种植基地，钟庄社区建成千亩慈姑生产基地。

二、发展高效规模农业

县委、县政府发动各镇抓农业园区、农产品加工集中区、农产品批发市场“三大载体”建设，创建湖大米、上冈蔬果、九龙口水产品“三大品牌”；抓基础设施建设、农业机械化建设、环境综合整治“三件实事”；抓试点镇村建设、新型农村社区建设、重点镇建设“三大工程”；抓政策创新、合作机构、基层组织“三项举措”，高效规模农业取得新发展。2006年，县政府印发《关于实施高效农业“双十”工程的意见》，新建10个500亩以上、亩纯效益2000元以上的高效规模种植小区；新建10个年纯收入10万元以上的规模养殖户。2007年，总投资12亿元的悦达·家乐福现代农业示范区项目签约，启动建设蒋营镇5000亩现代园艺示范基地。2008年，启动建设万亩优质粮、万亩杂交稻制种、万亩荷藕、万亩水产养殖等特色基地。推进颜单镇优质粮、庆丰镇杂交稻制种、恒济镇荷藕、建阳镇水产、蒋营镇花卉苗木、上冈镇大棚蔬菜、草堰口镇食用菌七大高效农业规模基地建设。2009年，县委、县政府开展“高效农业突破年”活动，全县引进高效农业项目36个，新上设施种植业项目21个。启动现代农业园区、县农产品加工集中区、县农副产品批发市场建设。根据全县粮食、水产、禽畜、果蔬等产业特色，内设“一核六区”①。2010年，开展“高效特色农业突破年”活动，聚力发展优质粮、设施蔬菜、花卉苗木、水产水生作物、特色禽畜产业，新上高效规模农业项目50个。颜单三虹有机稻米被确定为国家级农业标准化示范项目，芦沟镇被认定为“中国杂交稻制种繁育第一镇”。2011年，开展“设施农业突破年”活动，推进设施农业“千百工程”，引进高效规模农业项目10个。2012年，县政府办印发《上冈镇冈东社区“万顷良田建设工程”实施方案》，组织实施冈东社区“万顷良田建设工程”项目，新增耕地3010亩。同年底，全县引进实施500万元以上高效农业项目154个，总投资133亿元。高效农业总面积增加到62.09万亩，占耕地总面积的68.2％。

三、扩张农业产业化经营

2003年，县委、县政府恢复建立农业产业化办公室，县委农工办农村发展科职能划入县农业产业化办公室。经过多年的发展，全县农业产业化经营水平不断提升，在促进农业增效、农民增收、提高农业竞争力方面发挥重要作用。

打造特色农产品基地。县委、县政府重点培塑优质粮、设施蔬菜、水产水生作物、特色畜禽及花卉苗木特色产业。按照“绿色、有机、无公害”要求，实行标准化生产，着重在颜单、恒济、芦沟、九龙口等镇建设优质粮产业基地，扩大“越光”稻米栽培面积，放大“三虹”有机米品牌效应，全县建成优质粮基地115万亩（稻麦两熟）。按照“调优结构、优化品种、拓展规模、提质增效”思路，重点建设上冈镇冈东社区无公害蔬菜、庆丰镇及钟庄社区茄果类蔬菜、恒济镇及草堰口社区出口类蔬菜等种长区，全县建成设施蔬菜基地4.26万亩。按照“绿色生态、休闲观光”要求，重点建设九龙口镇九龙园艺、芦沟镇欣荟园艺、上冈镇中绿葡萄园和常绿果园、

①“一核六区”，即生产服务与管理核心区，蔬菜果品加工区、水产肉类加工区、粮食加工区、生物制品加工区、综合加工区、物流交易区。

近湖镇珍稀植物园、恒济镇（常州）现代园艺、庆丰镇永益林木花卉公司和钟庄街道华茂生态园，全县建成花卉苗木基地2.9万亩。按照“做优种苗、高产高效”要求，提升九龙口国家级绿色水产养殖、建阳无公害水产养殖、颜单“六小”① 品种水产养殖、沿河特色水产养殖、恒济荷藕及钟庄慈姑生产基地种养水平，全县建成无公害水产养殖基地10.39万亩、高效水生作物基地7.5万亩。按照“绿色生态，健康养殖”要求，重点引导规模养殖场完善基础设施，改善饲养环境，提高养殖水平。庆丰杂交稻制种业、颜单优质稻米、建阳优质水产、恒济优质水生作物等特色农产品基地建设成效明显。

大力培植农业龙头企业。县委、县政府多次出台文件，将培植农业龙头企业列入农业发展规划，形成了畜产品、水产品、优质粮棉、特经作物四大主导产业加工中心和恒通食品、方圆禽业、冠华水产、乡绿海蓝等领军农业龙头企业。2004年，恒通食品公司、今日草业公司被评为全国中型农产品加工流通企业和全省前30强重点出口龙头企业，近湖羽丰父母代种鸡场成为苏北规模最大的现代种鸡场。盐城华德生物有限公司新上精制乳酸技改扩能项目，带动1200户农户生产加工稻米和饲料。盐城市方圆禽业公司实施万只草鸡种苗繁育项目，带动农民增收致富。2005年，方圆禽业公司被认定为江苏省农业产业化龙头企业。2006年，全县建成超500万元的农业产业化重点龙头企业25家。2012年底，全县有省级农业龙头企业6家、市级38家。

加快发展农民专业合作组织。2003年，冈西方圆禽业协会被列为省级示范合作经济组织。2004年，恒济水产协会被评为国家级农民专业合作组织示范单位，冈西方圆禽业协会加入省级农业产业化专业协会。2005年，盐阜草鸡协会、恒济水产协会被认定为省级“四有”② 农民专业合作组织。2006年，农民专业合作组织年销售100万元以上的营销大户有500多个。2008年，全县有农民资金互助合作社5家，吸纳社员股金902万元，社员互助金6200万元，投放给社员5800万元。县为农农副产品专业合作社、何老大大豆专业合作社被认定为省级“四有”农民专业合作社，颜单正清

①“六小”，即乌鳢、泥鳅、黄鳝、翘嘴红鲌、虎头鲨、黄颡鱼。
②“四有”，指有组织制度、有合作手段、有较大规模、有明显效益。

农机合作社被省农机系统列为全省先进典型。2009 年，县委、县政府积极鼓励农技人员、专业大户、农村能人和农业龙头企业，围绕高效农业规模化、农业产业化经营、社会化服务和生产要素整合，发展各类合作组织，农民参与合作、共同发展的意识不断增强。2010 年，以创建“五好”[①] 农民专业合作示范社为抓手，坚持增量与提质并举，加快发展农民专业合作组织。注重发展联合社，引导同类产品及相同服务的合作社开展横向和纵向联合，提升规模实力和市场竞争力。2011 年，颜单正清农机合作社被评为国家级示范社。2012 年，新发展农民专业合作社 150 家，入社农户 16.36 万户，农户参合率 82.9%。

四、创塑农产品品牌

在加快现代农业建设进程中，县委、县政府实施“品牌强农”战略，出台政策，下发文件，鼓励和引导龙头企业、农业园区、规模基地、合作组织、家庭农场等新型农业经营主体，创塑农产品品牌。2003 年，“九龙口”牌天然水获得有机食品标志使用权，“龙塔”牌大米、“嘉汇”牌大米、“九龙口”牌大闸蟹、“湖垛”牌虾仁获得绿色食品标志使用权。“刘荡”牌甲鱼获得无公害产品称号。建立 1 个国家级无公害虾蟹标准示范区。2005 年，新增粮油、水产、畜禽无公害农产品生产基地 8 个，新创市级以上农业品牌 14 个。2006 年，新增“范堤”牌水梨、“湖垛”牌小龙虾等无公害农产品品牌 6 个，新增“盐阜”牌活鸡和草鸡蛋绿色食品 2 个，新增“恒美”牌水煮藕和芡实等有机食品 4 个。沿河镇无公害优质稻米示范区通过国家级验收。2008 年，县政府下发《关于大力推进绿色食品原料标准化生产基地建设的通知》，创成全国绿色食品原料稻麦基地 13.5 万亩。建阳镇徐霞苗木专业合作社注册“建阳”牌草莓、“建阳”牌葡萄商标，“建湖大米”获批原产地证明商标。2009 年，颜单镇福泉有机稻米专业合作社开发“越光”富硒大米系列品牌。2010 年，注册“盐阜”牌草鸡、“喜福莲”牌草鸡煲、“恒美”牌脆藕、“湖垛”牌虾仁、“嘉汇”牌大米、“何老大”牌酱油、“九龙口”牌螃蟹、“九龙口”牌有机水等商标。2011 年，“九龙口”牌大闸蟹获全国河蟹大赛优质奖，“三虹”牌有机稻米获全国稻博会金奖。

---

①“五好”，指服务成员好、利益分配好、管理民主好、经营效益好、示范带动好。

2012年，“上冈果蔬”获评市名牌农产品，“建湖大米”“九龙口”水产品成为省著名商标，“九龙口”大闸蟹获第十届中国国际农交会金奖。至2012年，全县“三品”① 有效总数179个，其中无公害农产品154个、绿色食品20个、有机食品5个；全县农副产品获证明商标和著名商标194个，创省级以上名牌11个。

五、加强农业园区建设

2003年，县委、县政府建立县大溪河现代渔业科技示范区，加大现代渔业科研开发力度，促进水产养殖健康发展。2007年，县政府作出《关于建设建湖县生态观光农业示范基地项目的决定》，在蒋营、颜单、恒济、沿河、建阳5个镇实施土地复垦整治、沟渠河道疏浚、中低产田改造、现代农业生态园建设等生态观光农业示范基地项目。2008年，县政府办印发《关于大力推进绿色食品原料（稻麦）标准化生产基地建设的通知》，“十一五”期间创建市级以上基地5个，其中国家级1个、省级2个。蒋营现代园艺、悦达现代农业示范区和大溪河现代渔业示范区被认定为全市首批现代农业示范园区。同年底，全县建成农业科技示范区18个，其中市级以上科技示范园区8个。2009年，县政府印发《关于建立建湖县现代农业示范园区的通知》，建湖昆山现代园艺示范基地升级为建湖县现代农业示范园区。全县建成国道204设施栽培、建蒋线休闲观光农业、戛粮河沿线高效渔业和水生作物3个特色农业示范带。2010年，县农产品批发市场启动建设，农产品加工集中区初具规模，规划建设十大现代农业产业园区。2011年，县委、县政府出台《关于实施农业现代化工程的意见》《建湖县农业基本现代化指标体系》《建湖县十大现代农业产业园区三年发展规划》，重点建设九龙园艺、弘宇生态园等现代农业产业园区。九龙现代农业产业园被认定为省级现代农业产业园，上冈现代农业产业园、恒济现代渔业产业园、建阳现代农业产业园被认定为市级现代农业示范园。县农产品加工集中区新上几百粒食品加工、建湖大米加工中心、东方希望饲料等项目，被认定为省级农产品加工集中区；上冈农产品加工集中区新上高氏水产、中绿生物肥、大自然食品等项目，被认定为市级农产品加工集中区。2012年2

①“三品”，有机食品、绿色食品、无公害农产品。

月，县政府成立建阳现代渔业产业园区管委会。全面建设城东现代园艺科技园、上冈现代农业产业园、恒济现代渔业产业园、城北都市农业示范区、城东现代农业示范区“三园两区”。建成农副产品批发市场，被认定为省级重点农产品批发市场。

第三节　加快现代服务业发展

2003年，县政府出台《关于进一步加快服务业发展的意见》，设立县级发展服务业引导资金，制定一系列优惠政策，吸引更多社会资本投入现代服务业发展。2005年，全县服务业对地区生产总值的贡献份额30%，税收占25%，邮电通信、信息咨询、社区服务、旅游业等新兴服务业蓬勃发展，金基东方广场、德容装饰城、振亚国际广场成为现代服务业新亮点。2006年，时代超市、永林国际大酒店、润嘉大酒店投入运营。2007年，实施“百镇千村市场工程”，新建农资农家店69家，物流、快递、审计、会计、证券、家政等新兴服务业快速崛起。2008年，县成立服务业发展局，编制《全县服务业重点项目招商指南》。2009年，县政府出台《关于促进县城房地产市场健康发展的意见》，全面落实国家新出台的扩大住房消费的一系列优惠政策，积极拓展住房消费信贷业务，提高个人住房公积金贷款额度，契税税率由4%调整为3%，住房转让营业税暂免一年，实行居住地就近入学，支持房地产企业投资发展，着力提高房地产业服务水平。至2009年，全县从事现代服务业的市场主体26721户，占全部市场主体的83.49%，有批发零售业、娱乐业、交通运输、仓储和邮政业、居民服务业、住宿餐饮业、农林牧渔服务业、信息传输和软件业以及其他行业。2011年，县政府印发《进一步加快服务业发展的激励意见》，沿河弘宇生态园被评为省四星级乡村旅游景区。2012年，家乐福超级购物中心启动建设，九龙锦江国际酒店试营业，九龙口旅游度假区管委会挂牌成立。

一、启动物流园区建设

2006年7月，县委、县政府专题会办江苏里下河物流中心建设规划和启动工作。2008年，在县内新长铁路、盐徐高速公路、黄沙港航道交汇处，开始新建江苏里下河物流中心。2009年，江苏里下河物流园区发展规划通过省级评审。2010 年，启动建设江苏里下河物流园区、城东现代物流园区、上冈物流园区，世宇物流公司被列为江苏省重点物流企业。银海物流中心全面启动建设，投资 1 亿元，建成 32 幢库房和道路等基础设施，当年实现税收 1219 万元。2011 年，江苏里下河物流园区、上冈银海物流园区、城东现代物流园区建设加速推进。里下河物流园区被评为省重点物流基地，上冈银海物流园区银海农佳乐公司期货交割库、中储棉库获准挂牌。里下河物流园区钢材市场二期工程被列为 2011 年省重点服务业项目，里下河物流市场建成开业。银海现代物流项目 50 幢仓库建成使用，银海农佳乐公司被中储棉总公司认定为棉花收储专用仓库，被天津渤海商品交易所认定为华东地区棉花指定交割仓库。2012 年，里下河物流园区建湖港二类水运口岸码头、驳岸竣工，建设集装箱堆场、口岸联检大楼。盐城世宇物流公司被评为全国先进物流企业。钢材市场内港池作业区交付使用。城东现代物流园绿色照明博览园一期开工建设，医药物流园仓库主体竣工。

二、服务业集聚区建设

2008 年，盐城市首次进行服务业集聚区认定工作，江苏里下河物流中心和上冈通榆河港口物流中心被市政府认定为市级现代服务业集聚区。江苏里下河物流中心是县委、县政府确定的重点物流基地和大宗物资交易市场集聚区，位于县城城北片区。园区计划用地 1500 亩，投资 10 亿元，规划建设铁路港口货运区、大宗物资交易市场、仓储加工区和商贸服务区，形成年吞吐能力 500 万吨、年交易额 100 亿元的物流基地。2008 年 8 月，被确定为江苏省重点物流企业，12 月里下河钢材大卖场、伊利（苏北）分流中心、海坤木材（加工）市场、华夏汽车联运（维修）中心等项目在里下河物流中心集中开工，总投资 4.4 亿元。2009 年，县政府出台《关于加快现代服务业集聚区建设的意见》《关于加快服务业发展的激励意见》，命名九龙口旅游文化休闲集聚区、中捷·德容市场集聚区、民营工业园区服务区、金仕达汽配专业市场和振亚广场商务商贸区为首批集聚区。同年 12 月，里下河物流中心被省发改委认定为江苏省现代服务业集聚区。上冈通榆河港口物流中心是县内东部地区重点物流基地和商贸市场集聚区，规划设计成园区管理服务中心区、商贸市场板块和物流储运板块。上冈汽车客运中心、盐阜建材城、上冈国际大酒店等项目入园建设，集聚效应逐步凸显。2010年，启动建设城南汽车商贸区，总投资10亿元。2012年，城南汽车商贸区20幢营业楼10万平方米主体竣工，6万平方米展销大厅建至三层；五金机电工具综合市场建成营运，城南海聚汽贸商城一期工程竣工。

三、科技信息平台搭建

2004年，全县新增信息咨询网点1500多个，实现服务业增加值28亿元，比上年增长15.2%。2007年8月，盐城昊男科技服务有限公司挂牌成立，是全县首家民营科技服务公司，通过与省内外高等院校、科研院所合作，为县内企业在难题攻关、专利代理、科技咨询、新产品研发等方面提供优质的技术服务。2009年，县民营科技创业园被认定为省级科技企业孵化器。2010年，全县建成博士后工作站2家、院士工作站4家，石油机械、节能灯具电子商务平台建成运营，成立科技成果转化服务中心，与东南大学合作共建建湖节能电光源研究所。2011年，全县建成石油装备研发中心、现代农业研究中心、生物技术联合研发中心、林木新品种研发中心。2012年，科创大厦、光谷大厦主体竣工，金钻大厦主楼建设7层，启动建设节能电光源国家研究中心，钢材大市场中国特钢网电子商务平台投入试运行，江苏海宝软件有限公司投资1亿元的软件服务和物联网投入试运营。

四、金融业的改革发展

2003年，中国银行业监督委员会盐城监管分局建湖办事处从县人行分离成立，正科级建制。2004年，县城市资产经营公司组建成立。2006年3月，银监资源整合，银监建湖办事处搬至市银监分局办公。2008年，组建国家外汇管理局，中国邮政储蓄银行建湖县支行挂牌成立；12月，江苏银行建湖支行成立。县城市建设投资有限公司、交通投资有限公司、开发区建设投资有限公司相继成立，均为正科级建制。2009年，冠德隆农村小额贷款公司挂牌营业，是全市首家开业的小贷公司。2010年，江苏昆山农村商业银行建湖支行开业运营，建湖农村信用合作联社改建成农村商业银行。建湖县创成省级金融生态示范县。

2004年，中国人寿保险建湖支公司业务总量列全市保险系统第三名，被评为全省保险系统双文明建设单位。中国人民保险建湖支公司业务总量首次突破1500万元。太平洋人寿保险建湖营销部从2001年设立至2005年底，实现保费1亿元，处理各类赔付案件近3000起，结案率99.2%。2007年，中国人寿保险建湖支公司开办水稻种植、三麦种植、能繁母猪养殖等政策性农业保险。中国人民保险建湖支公司策应新农村建设，开拓镇村保险业务，建设上冈、庆丰中心网点，招聘驻村业务员33名。同年1月，在北方某城市举办建湖籍企业家小型高端客户产品说明会，签下苏北首张百万元保单。2009年，中国人寿保险建湖支公司首获行业“中国客户关怀标杆企业”称号。建湖县获评中国人寿县域业务发展百强县。2012年，全县各金融机构存款余额232.81亿元，各项贷款余额171.86亿元。

根据修订后的《中华人民共和国人民银行法》，人民银行职能主要是制定和执行货币政策、维护金融稳定和提供金融服务3个方面。2003年，县人行建立全县现金管理例会制度，启动运行现金管理监察信息系统，定期通报全县现金管理情况。做好银行网点撤并工作，撤并金融网点10个。制定出台《全县重点企业信贷监测管理办法》，组织开展银企对接活动，发放支持企业贷款9.64亿元。2004年，县人行成立农村信用社改革领导小组，制定改革方案，推进农村信用社改革。出台政策督促金融机构加大有效投入，支持中小企业和民营经济发展。全县农村信用社为57家中小民营企业发放贷款4.42亿元。2005年，建湖县被市委、市政府确定为金融生态环境建设试点县。2006年，县政府办印发《建湖县星级信用企业评定办法》，制定星级信用企业4项优惠政策，出台《建湖县推进中小企业信用担保体系建设的实施办法》，着力解决中小企业贷款难问题。2008年，县政府办印发《关于进一步降低企业融资成本健全金融服务体系的意见》，降低企业成本，畅通融资渠道。2009年9月，建湖县获评江苏省金融生态达标县。开展县农村信用社个私贷款阳光授信、工行服务企业建湖行、农行“五走进”、中行定报企业走访月、建行百强企业家家到、江苏银行服务民营工业园等银企对接活动。2011年，县金融系统开展金融支持小微企业“暖冬行动”和增量扩面活动，新增小微企业信贷投放131家，贷款余额11.6亿元。2012年，县政府出台《建湖县重点企业金融顾问制度》，明确74个金融顾问为全县300家重点企业提供各项金融服务，进一步提升服务企业水平，推促企业快速健康发展。

第四节　加快社会事业发展

面对宏观趋紧的严峻形势，在县委、县政府的正确领导下，全县各级积极应对，逆势前行，在坚持以科学发展观为指导，实施新型工业化、城镇化“双轮”驱动战略，实现经济发展速度与质量同步提升的同时，贯彻以人为本方针，协调发展各项社会事业，持续改善民生福祉，努力构建和谐社会。

一、科技事业发展提速

建湖县持续深入实施“科教兴县”战略，以发展高新技术为导向，不断加大创新力度，赋能全县经济发展，2003年通过国家科技进步先进县考核验收，2006年设立科技创业基金，成立科技创新工作领导小组。2007年，县政府作出《关于颁发科技进步奖的决定》，授予江苏双鑫石油机械有限公司ZJ90DB钻进液管汇系统等3个项目一等奖、江苏雷诺时装有限公司再生动物蛋白纤维针织服装等3个项目二等奖、县中医院血液流变学在慢性萎缩性胃炎中的临床应用等6个项目三等奖。2008年，县石油机械研究所挂牌成立，建成国家级石油装备产业基地。2010年，县政府出台《关于产业升级科技支持政策的意见》，建立主导产业升级科技支持资金，每年县财政安排不少于1000万元，用于主导产业升级科技项目、科研开发、科技平台建设，以及企业与世界500强、国内大型企业高端技术合作奖励或配套资金。县财政一期投入1000万元，创建高新技术风险投资公司。县政府办印发《关于开展优质产品生产示范区创建工作实施意见》，发展和扶持一批质量过硬的骨干企业，创建省级以上优质产品生产示范区2个。2012年，县政府办印发《建湖县全民科学素质行动计划纲要实施方案（2011—2015）》，明确科学发展观在全社会深入贯彻落实，重点人群科学素质明显提高，科普公共服务能力大幅提升，公民科学素质建设机制不断完善等目标要求，其间，建湖县被表彰为全国科技进步先进县。

搭建科技平台，为企业发展提供科技支撑。2003年，建湖县建立技术贸易机构1家，完成贸易额3000多万元。2004年12月，建湖县开通建湖县科技信息网，设置科技政策、科技计划、科技服务、科技成果、创新基金、知识产权等栏目。2005年6月，全县首家省级工程研究中心森达集团承担的“江苏省皮鞋设计与加工工程技术研究中心”通过验收。2007年，全县首家民营科技服务公司盐城昊男科技服务有限公司挂牌成立，7月县政府与西安石油大学建立长期合作关系，在建湖和西安分别设立石油机械研究所。2009年，县永维阀门钻件公司与中国工程院院士金庆焕签订建立企业院士工作站协议，是全县签订的首份企业院士工作站协议。2010年12月，建湖县与东南大学共建的节能电光源研究所成立。县科技成果转化服务中心同步成立，为全额拨款事业单位。2011年，县科技创业园被认定为国家级科技企业孵化器。组建江苏省节能电光源产业技术创新战略联盟。至2012年，全县建立省级工程技术研究中心16家、研发机构28家、院士工作站4家。

实施科技计划项目，助推“科技兴县”战略目标实现。2003年，石油机械产业被列为省星火支柱产业，生物农药被列为市支柱产业。2006年12月，江苏克胜集团的“新一代IPP系列新烟碱类杀虫剂技术”列入江苏省重大科技成果转化项目，是建湖县第一个被列入江苏省重大科技成果计划的项目，获省科技资金1000万元。2007年，江苏永林油脂化工有限公司的“利用植物油脚连续酯化法清洁生产生物柴油并联产甾醇的开发及产业化”被列为江苏省科技成果转化项目，获省无偿科技资金700万元。2008年，盐城豪迈照明科技有限公司“专用集成电路驱动的高可靠、长寿命节能灯研发及产业化”被列入江苏省重大科技成果转化项目，获无偿科技资金1000万元，江苏振华密封工业有限公司“新型真空卸污、生化处理系统和装备的研发及产业化”获得省科技创新与成果转化专项资金200万元。2009年，建湖县振亚照明有限公司“集成电路驱动的高可靠、长寿命冷阴极和热阴极节能灯”等6个项目获国家科技型中小企业创新基金资助。至2012年，全县实施国家级科技计划项目89项、省级科技计划项目118项目。

加大知识产权保护力度，创建知识产权保护示范县。2003年，建湖县被列为江苏省知识产权试点县。县政府出台《关于推进工业企业名牌战略的实施意见》《关于实施商标战略加快名牌商标发展的意见》，分别明确“十五”后三年创牌任务和具体措施。2004年，在全市率先创成“质量兴县”先进县，全县有省名牌产品14个、国家名牌产品1个、中国驰名商标

2个、国家级农业标准化示范区1个。2005年，成立县知识产权局，与科技局合署办公。县政府办印发《建湖县专利专项基金管理办法》，设立专利专项基金。2006年，2个产品被认定为江苏省中小企业专利新产品，克胜集团获评中国专利十佳企业。2007年，14家出口花炮企业签署《建湖县花炮商会出口产品知识产权保护公约》。克胜集团进入中国科技名牌500强。2008年，恒济镇创建盐城市知识产权示范镇。2009年，建湖县创成江苏省知识产权示范县。2010年，县政府印发《关于打击侵犯知识产权和制售假冒伪劣商品专项行动实施方案》，在全县开展知识产权保护和打击制假售假侵权行为。2011年，建湖县被评为江苏省知识产权工作先进集体。至2012年，全县申请专利5567件，获得授权2637件。

做大做强高新技术产业，促进企业转型发展。2004年，江苏克胜集团被认定为国家火炬计划高新技术企业，是全市首批、全县首家，县职业技术教育中心被认定为国家级星火学校。2006年，2家企业被列为江苏省星火龙头企业。2007年，建湖县被认定为全省科普示范县。2011年，建湖县被认定为全国科普示范县。至2012年，全县建成国家高新技术企业66家、省科技企业5家，被列为国家重点产品11个，省级以上高新技术产品71个，省重点产品10个，通过省级验收的科技项目26项，通过省级技术鉴定项目21项，获市级以上科技进步奖44项。

二、教育事业提质发展

规范学前教育管理。2006年，县政府出台《关于进一步加快农村幼儿教育发展的实施意见》，建立农村幼儿园“小学幼儿园一体化”管理模式，依法取缔不合格幼儿园3所，收回上冈、庆丰等2所改制的镇中心幼儿园。2007年，建湖县被表彰为江苏省幼儿教育先进县。2010年，开展民办学前教育清理整顿工作，取缔非法幼儿园12所，收回撤并村办幼儿园46所。2011年，县政府制定《建湖县学前教育五年行动计划》。2012年底，全县有规模幼儿园38所，在园幼儿2.09万名，学前教育三年入园率97.01%；省示范幼儿园4所、优质园17所，市优质园9所、合格园8所。

强化基础教育工作。2003年，全县适龄儿童入学率、巩固率均100%；县实验小学举办全国“生活作文”研讨会，获授“全国中小学现代教育技术实验学校”称号，县实验初中被省教育厅确定为全省模范学校，全县初中从50所撤并到22所，建湖高级中学、上冈高级中学先后被评为省四星级高中。2004年，推进新课标改革，义务教育阶段各年级全部采用新课程，县第二实验小学创成全国写字实验学校，县第二中学、钟庄中学通过省三星级高中验收，建湖外国语学校通过省二星级高中验收，9月钟庄中学整体搬迁至县城湖中北路。2006年，建湖县承担的“全国农村学校艺术教育教学内容和教研活动研究”实验课题结题，获国家级研究成果一等奖，朝阳小学被认定为全国文明礼仪教育示范基地，森达小学创成全国艺术特色学校、全国象棋训练基地。2007年，建湖县被评为全省普及高中阶段教育先进县；县实验小学创成全国绿色学校。2009年，县青少年活动中心被评为全国青少年文明礼仪教育示范基地，实施农村小学新一轮布局调整，撤并村小和教学点15个，建湖高级中学通过省四星级高中首批复审，上冈高级中学被确定为省名校中心主席单位。2010年，县实验小学被表彰为全国学校艺术教育工作先进单位，被评为江苏省艺术教育特色学校，森达小学被评为江苏省艺术教育特色学校，上冈小学打造少年警校教育品牌，被《江苏教育报》等10多家媒体报道，县实验初中教育集团实施教育均衡工程，形成“一校三区”集团化办学格局，县第二中学通过省三星级高中复审，钟庄中学更名为县第一中学，县艺术高级中学停止招生。2011年，县青少年活动中心被评为全国示范性县级青少年校外活动场所。2012年，建湖县被表彰为全省青少年科技教育先进县。育红实验小学开展“科学启蒙”行动，被评为全省科学教育特色学校。同年，全县初中入学率、年巩固率均为100%，初中毕业生升学率98.6%。

加强特殊教育培训。2004年春学期开始，全省特殊教育学校入学儿童免费就读。2006年，原县第三中学校园划归县特殊学校，新建启智楼一幢。县特殊教育学校就读学生年龄为6至18岁，对中度以上智障学生年龄适当放宽。2007年，县特殊教育学校在县豪迈公司设立职业教育培训基地，加强初中阶段学生职业技能培训。2008年，首届特校学生毕业，听障学生周某某考取南京特殊教育职业技术学院艺术设计专业，成为全县第一个残疾人大学生。2012年，县特殊教育学校康复中心通过省级康复机构评审验收。

推进职业教育体制改革。2003年11月，县职教中心被评为省级重点职教中心。2004年，县政府出台《关于加快推进职业教育改革和发展的意见》，进一步深化职业教育管理体制和办学体制改革，实施严格的就业准入制度和职业资格证书制度。县第二职业中学由冈西镇搬迁至原钟庄中学校园，收归县教育局管理。2005年，县职教中心被认定为国家级重点职业学校、国家星火计划农民科技培训学校，建成烹饪、机电两大省级示范基地。2006年，县政府发出《关于组建建湖县职教中心的通知》，撤销盐城市广播电视大学建湖分校（建湖县工业专科学校）、江苏省建湖职业高级中学、县工业职校、县轻工业职校、县职工学校、县建筑职校、县粮食职校、县物资职校、县商业职校、县供销职校，合并组建建湖县职教中心，保留“盐城市广播电视大学建湖分校”“江苏省建湖职业高级中学”牌子，实行三块牌子一套班子，为正科级事业单位，隶属县教育局领导。2007年，县政府印发《关于进一步加快推进职业教育发展的意见》，新增绿色照明等新兴专业，重点发展机械、纺织服装专业。县职教中心启动建设综合实训中心和二级机动车驾驶培训学校，2009年6月建成投用。西安石油大学建湖石油机械研究所、建湖照明职业技术学校在县职教中心挂牌成立。县二职中与上海电梯行业协会联合办学，开设电梯安装与维护专业。2008年，县职教中心通过省四星级中等职业学校转评，机电技术应用专业创成省级示范专业。2010年9月，县二职中与县职教中心合并。2011年，县职教中心与江苏联合职业技术学院合作创办五年制高职办学点。县职教中心与南京理工大学、西安石油大学、中国石油大学、盐城工学院合作，开办大专层次的学历教育与技能培训提高班。2012年，县职教中心升格为江苏省建湖中等专业学校。县高级技工学校建成省级高技能人才培训基地，创成机械制造与自动化省级品牌专业。

重视加强社区教育工作。各镇成人中心校的重点工作转向社区教育，为培植学习型社区、和谐文明社区创造性地开展工作。强化思想道德教育，促进社区精神文明建设；丰富社区文体活动，营造健康文明的社会风气；满足终身学习需求，精心打造学习型社区。2006年，庆丰成人教育中心创成省级社区教育中心，近湖、冈东镇成人教育中心创成市级社区教育中心。2010年，庆丰镇创成省级社区教育示范镇。2011年，芦沟、高作镇社区教育中心创成市级社区教育中心，庆丰镇社区教育中心创成省级农科教结合示范基地。2012年，在建湖中等专业学校挂“建湖县社区学院”牌子，全县形成县社区学院、镇社区教育中心、村（居）民学校三级新型社区教育培训网络。县社区学院创成省级社区学院，芦沟镇社区教育中心创成省级社区教育中心，冈西、上冈社区教育中心创成市级社区教育中心，同时创成省级村（居）民学校5所。

三、文化事业繁荣发展

县委、县政府将社会文化工作列入地方政府任期目标和年度考核内容。县政府先后印发《2001—2010年文化产业发展纲要》《关于进一步加强文化建设若干经济政策的规定》。县委宣传部、县委农工部印发《关于农村文化生活经费安排使用意见》。县政府每年都以文件形式下达经济和社会事业发展主要目标及考核标准。为全面提高全县人民的文化素质，不断满足广大人民群众日益增长的物质文化生活需要，县政府投资近亿元建设西塘河风光带，投资千万元建设市民广场、希望广场，拨专款维修省级文保单位朦胧宝塔和华中鲁艺烈士陵园，先后将县博物馆、杂技团练功房、县少年宫、县会展中心等建设项目列入政府实事工程实施。为繁荣文艺创作、促进基层文化设施建设，每年拨专款举办全县群众业余文艺会演，将乡镇文化中心补助经费列入年度财政预算，对文化工作急需用钱的项目（如参加省淮剧节、文艺精品打造及组织参加上级文艺赛事活动）坚持一事一议，切实帮助解决。

淮剧、杂技备受重视。淮剧与杂技这两门艺术在传承中弘扬，在发展中光大，取得新业绩。服务故里，乐享淮杂。多年来，淮杂两团始终不忘孕育自己的热土建湖，年复一年通过组织进校园、进社区、进企业、进农村的“四进”活动，为建湖人民送上了一场场喜闻乐见、备受欢迎的艺术享受。紧贴时代，创新淮杂。两团按照“根植故里、融入社会、繁荣文化、服务人民”的创作宗旨，在热情为群众提供优秀传统节目的同时，与时俱进，编演了数十台（部）富有时代气息的新品佳作。开拓视野，推介淮杂。伴随对外开放的不断扩大，传统淮杂在参加国内各种演出和赛事之际，创造条件，走出国门，宣传中国·建湖传统特色文化。以杂技为例，杂技团先后赴巴西、意大利、俄罗斯和美国等国家访问演出，进一步拓展建湖杂技的知名度、美誉度。

文化设施建设提速。2003年，重视文化阵地建设，全县有剧场、影剧院21个，公共图书馆16个。2004年5月，县杂技团投入220万元建成练功房，总面积2280平方米。2007年，全县69个村创成达标文化室。2009年，县文化艺术中心建设启动，2012年建成使用。同期新建县图书馆和博物馆，县图书馆被认定为国家二级图书馆，颜单、建阳、恒济镇建成镇文化艺术中心。建湖在全市率先建成“数字图书馆”，并实现县镇全覆盖。为倡导全民读书，建设“书香建湖”，2010年前后，县新华书店在县城人民路兴建主体六层、建筑面积6000多平方米的“凤凰建湖书城”，实施“农家书屋工程”，全县建成农家书屋175家。

艺术创作成果丰硕。2003年11月，县戏剧家协会在全市率先成立，全县文艺创作进入新阶段。创作大戏5部、小戏28个，6个参加市级评奖，获一二三等奖各1个。2005年，专业和业余作者创作大戏4部、小戏和曲艺作品48个，其中大型现代淮剧《剃头匠与理发师》获江苏省戏剧文学三等奖、江苏省精神文明建设“五个一工程奖”、省舞台艺术精品工程优秀剧目奖。2009年，以反腐倡廉为题材的大型现代淮剧《浪淘沙》获市“五个一工程奖”。杂技节目《龙腾虎跃》参加省、市政协庆祝中华人民共和国成立60周年文艺演出，新编大型情景魔术《梦幻情丝》参加江苏省魔术大赛获银奖。新编大戏《拥抱希望》获盐城市新剧目二等奖。小戏《酸甜苦辣》《擦鞋》获市“金菊杯”一等奖。2010年，淮剧剧目《三凰求凤》获市“五个一工程奖”，杂技节目《软钢丝》获第八届全国杂技比赛文华奖铜奖。新创大戏3部、小戏16个，古装折子戏4个，杂技节目10个。2012年，新创作的淮剧大戏、折子戏和杂技节目参加全国和省级比赛均获奖，美术、书法、音乐作品获市以上奖项60多项。反映建湖人民抗战史实的淮剧大戏《烽火同心》获市“五个一工程奖”。杂技节目《软钢丝》代表中国参加第十三届法国瓦滋河谷国际杂技节。

文化遗产得到保护。2005年前后，县委、县政府和县文化主管部门积极启动淮剧与杂技申遗工作。2007年，建湖“十八团”杂技被列入省非物质文化遗产名录，冈西剪纸、上冈草炉饼、建湖淮剧、戚氏膏药被列为第一批县级非物质文化遗产名录。2008年，建湖杂技、淮剧被文化部列为第二批国家级非物质文化遗产名录，县内新发现12处不可移动文物点，收集文物20件。2009年，建湖花炮、九狮图舞蹈、陈氏糖画制作技艺、藕粉圆子制作工艺、恒济龙舞被县政府列为第二批县级非物质文化遗产名录。2010年，九狮图舞蹈、建湖花炮制作技艺被列入市级非物质文化遗产名录。2012 年，朦胧塔传说、九龙口传说、五谷树传说、建湖方言、建湖面塑、打水平被列为第三批县级非物质文化遗产名录，5 月县政府办发文公布 2007 年至 2011 年全国第三次文物普查中新发现的建湖境内文物保护点 112 处。

2008 年，建湖县被命名为中国民间文化艺术之乡。2009 年，建湖县通过全国文化先进县复查验收；12 月芦沟镇被认定为江苏省诗词之乡。次年 12 月，芦沟镇被中华诗词学会命名为中华诗词之乡。2012 年，县政府印发《建湖县文化建设五年规划》，招引文化产业项目 14 个，投资 12.4 亿元，组建县双湖文化发展有限公司，隶属县城投公司管理，负责双湖公园内各类经营性资产统一管理和双湖公园内文化项目的招引、运作。在双湖公园西园建设江淮戏院和淮剧博物馆，开通淮剧“周末剧场”。

四、卫生事业提质提效

全县卫生战线坚持抓改革，活机制；谋发展，增实力；拓视野，优服务，倾力做好医疗卫生工作，卫生事业持续发展，服务水平不断提升。县人民医院继 2004 年在北院投入上亿元建成 17 层综合病房楼基础上，建成门诊新楼，接着启动南院系列工程建设。县中医院、建阳眼科医院、县二院和三院等医疗单位也分别新建病房楼和其他附属设施。诊疗业务大幅上升，县人民医院 2008 年门诊 40 万人次，2012 年增加到 60 万人次；住院病人由 2008 年的 1.61 万人次，增加到 3.76 万人次。至 2012 年，全县有各级各类医疗卫生机构 357 个、病床 2301 张、卫生技术人员 2526 人。创成省卫生应急示范县和农村中医药工作先进县。

加强疫病防治，保障人民身体健康。全县落实城乡居民基本公共卫生十大类 41 个服务项目，申请引进国家和省卫生厅资助的非公共卫生服务项目 11 项。计划免疫从 5 苗防 8 病扩大到 11 苗防 12 病，疾病发病率大幅降低，传染病防治实现“无爆发流行、无重症死亡”的预期。开展传染病综合防治工作，全县未出现传染病多发和暴发疫情，主要传染病呈持续下降趋势，0 至 4 周岁儿童免疫接种率 98%。全面启动慢性非传染性疾病防治工作，宝塔镇被列为慢性病综合防治试点乡镇。2003 年 1 月，县疾控中心成立。4 月，全县开展“非典”防治工作，建立疾病预防处理体系，实现全县“非典”防治“三不”① 目标。2004 年，实施传染病疫情和突发公共卫生事件网络直报，建立学生预防接种宣传告知制度，全县适龄儿童计划免疫接种建证率 100%、建簿率 98.7%，基础五苗覆盖率 98.4%。同年 2 月，县委、县政府加大“禽流感”防治力度，实施县镇村三级联动，开展外堵内防，在县内交界处及交通要道口设立关卡，严把检疫关，防止疫情输入。2005 年，县疾控中心新建艾滋病实验室和结核病痰培养室，启用艾滋病自愿检测门诊。2006 年，16 个卫生院通过市级示范接种门诊验收。在县疾控中心、县人民医院、慈航医院、县妇保所设立艾滋病咨询监测点。2007 年，加强疾病综合防治，传染病疫情报告率、及时率均 100%。2009 年，开展甲型 H1N1 流感防控工作，县政府办印发《建湖县防控甲型 H1N1 流感文件汇编》，制定应急处置预案和疫情预防控制技术方案，规范处置 3 例密切接触者，4 例输入性轻型病例居家隔离，对学生等重点人群接种甲型流感疫苗 3 万人份。2010 年，开展人禽流感/SARS 综合监测与防治，印发监测防治工作方案，成立领导小组，全县未发现疑似人禽流感病例。2012 年，全县无甲类传染病发生，报告乙类法定传染病 9 种 719 例，发病率 89.33/10 万人，比上年下降 5.89%。

“非典”防控实现“三不”目标。2003 年 4 月，一场前所未有的“非典”袭击神州大地。面对突如其来的重大疫情，县委、县政府发动全县人民火速行动。建立组织，加强领导。接到上级部署当日即成立县防治“非典”工作领导小组，办公室设在县疾控中心，统一领导和指挥全县“非典”防治工作。5 月，县政府出台《关于进一步做好农村非典型性肺炎防治工作的意见》，落实防治责任，开展防治知识宣传，严控外来疫情输入，建立健全农村疫情信息监测体系，进一步加强医疗救治设施建设，组建专业医疗救治队伍，建立医疗救助和物资保障制度。宣传造势，全民动员。县卫生局、县直医疗单位通过新闻媒体公布值班电话，接受群众咨询，在县城人民路和各镇卫生院门前开展宣传咨询一条街活动，县疾控中心抽派专业人员到外资企业进行防疫知识宣传和消毒杀菌工作。防控期间展出展板 80 多面，组织义务宣传队 120 多支，印发宣传资料 29 万余份，组织各类宣讲活动近万次。此外，还向建湖籍在外人员发出“共筑屏障，预防‘非典’”

①“三不”，即不发生、不流行、不死人。

信件5万余封。通过广泛深入的宣传，防“非”工作形成家喻户晓、人人参与的局面。构建网络，严防死守。防控工作开始后，县委、县政府明确各单位“一把手”为防治“非典”第一责任人，各部门齐心协力，各司其职，共同构建反应敏捷、覆盖全县的防控网络。县卫生局成立综合协调、应急处理、医疗救治和防治专家4个工作组，分别负责防控预案制定、业务培训指导、疫情处置和临床救治等工作。县人民医院被指定为全县唯一定点救治医院。县直医疗单位和各镇（中心）卫生院成立相应组织，做好人员、器材和药品准备，确保应急需要。设站立卡，检测体温。建立3个“非典”消检站，在交通要道和村口设立684个卡口，安排值班人员驻守消检站和交通卡口，做好入境人员体温检测和上报工作。同时，设置21个发热门诊和2个隔离病区，为疑似病人提供诊断和治疗场所。增加投入，保证所需。防控期间，全县出动人员30余万人次，投入财力近千万元。县疾控中心配备“非典”紧急处理箱和采样器材，赶制一批隔离服和防护口罩及消杀药剂。建湖县在非典型肺炎防控实践中，坚持“早”字当头，“快”字领先，从“难”谋划，从“严”织网，探索和建立一套重大疫情防控新机制。全县上下经4个月的会战，取得抗疫斗争全面胜利，实现不发生、不流行、不死人的“三不”目标。8月27日，县委、县政府作出《关于表彰全县非典防治工作先进集体和先进个人的决定》，表彰15个先进集体、40名先进个人。

加强卫生监督管理，维护基层公共卫生安全。2003年1月，县卫生监督所成立。2006年，建设农村卫生监督网络，成立县卫生监督所上冈分所，聘请县级公共卫生信息员34名、镇级公共卫生检查员54名，购置现场执法取证设备。2007年，拓展农村卫生监督网络，监管区域扩大到4个镇，庆丰等7个镇创成食品安全示范镇。实施“食品卫生安全工程”，开展大中型餐饮业专项整治；组织6次大规模的医疗市场秩序整治行动，打击非法行医，规范医疗秩序。2008年，创成省食品安全合格县。2009年，对县镇村三级生活饮用水加强监管，及时上报水质监测数据，督促水质不合格水厂限期整改。2010年，乡镇卫生监督分所通过省级卫生监督体系建设评估。组织开展“餐饮消费百日安全”专项行动，全面规范大型聚餐活动的食品安全保障工作，开展职业卫生示范企业创建评比活动，5家企业通过验收。2011年，与200多家餐饮单位签订食品安全责任状，举行食品安全百日查活动。2012年，全县卫生监督示范创建工作通过市级验收。全县建立完善三级水厂和二次供水单位一户一档资料，定期检测水质并适时在《建湖日报》公布结果。

开展环境综合整治，卫生镇村创建取得实效。2003年，全县开展环境卫生突击整治，县城组织万人大扫除活动。2005年，冈西镇和恒济镇苗庄村分别被推荐为市级卫生镇、村。2008年，庆丰东乔村、恒济苗庄村被评为省级卫生村，草堰口大唐村被评为市级卫生村，另有3个单位被评为市级爱国卫生先进单位。2009年，庆丰朱港村、高丰村、颜单李夏村、九龙口梁泽村创成市级卫生村。2010年，九龙口镇创成省级卫生镇，草堰口大唐村、九龙口梁泽村创成省级卫生村。2012年，上冈镇创成省级卫生镇，高作镇、沿河镇创成市级卫生镇，近湖镇北村和裕丰村、沿河自强村、颜单单庄居委会、庆丰朱港村、钟庄大王村创成省级卫生村。

大力推进农村改水改厕，保证居民饮用水安全。2002年，建湖县被全国爱卫会命名为“改水先进县”。2004年10月，举办全县第一期农村饮用水业务培训班，上冈镇自来水厂被评为省级先进水厂，全县自来水普及率97%以上。2005年，建立全县农村改水受益情况基础档案，开展农村水厂质量评比活动，芦沟镇红亮地面水厂被评为市农村先进水厂。2006年，实施生活饮用水放心工程，县卫生局被评为全市农村改水工作先进集体。2007年起，对镇区的30家水厂进行出厂水、末梢水采样检测，饮用水合格率98.95%。2009年，县政府印发《建湖县农村生活饮用水监测方案》，成立农村饮用水监测工作领导小组，下设现场采样组、检验组及后勤保障组。加快推进农村改厕工作。2003年，新建恒济苗庄村、开发区桥东村2个改厕普及村。2007年，县政府成立县农村改厕工作领导小组，印发《全县农村改厕工作意见》，将改厕任务分解下达到镇、村，县政府与各项目镇签订责任状。2012年，县政府召开全县农村改厕工作动员会，举办改厕人员培训班，实施改厕项目村负责人和技术人员持证上岗，各镇区与施工队签订合同，落实改厕任务。至2012年，全县新建卫生厕所3.55万座，农村改厕1.21万座，建成无害化厕所1.53万座。

五、体育事业蓬勃发展

2009年初，县委、县政府在城南新区启动建设县体育中心，占地

18.88万平方米，建筑面积5.4万平方米，绿化、景观面积11万平方米。主体建筑由1个3640座的多功能体育馆、1个1.4万座的标准田径场、1个3358平方米的游泳馆和1个1.3万平方米的全民健身中心组成，内设建湖县少年体育学校，室外有小型田径场、足球场、篮球场、网球场、排球场以及多组健身路径配套。8月开工，2012年10月竣工使用。

群众体育日益活跃。2004年，县政府出台《关于加强全县体育工作的意见》，对进一步活跃群众体育工作提出新的要求。6月2日，在体育场举行全民健身周暨农村体育活动启动仪式，来自全县各行各业的代表队分别表演了大型团体操、腰鼓、莲湘、太极拳和武术等健身项目。全县健身点增加到292个，获省全民健身活动优秀组织奖。2005年至2007年，参加体育锻炼的人口占全县总人口的45%以上。2006年，县政府办印发《关于实施“万村体育健身工程”的意见》，在恒济镇进行试点，各镇选择一个村进行试点，然后在全县推开。2007年，各镇区均达省“万村体育健身工程”要求。2008年，全县新创省级体育强镇4家，创建市、县级体育健身俱乐部47个。2009年，建设镇区健身中心和社区健身点，完成169个行政村全民健身设施工程建设，庆丰体育健身中心被命名为“省级社区体育健身俱乐部”。新创体育强镇5家。2010年，全面完成农村公共体育场地设施建设任务，高作镇创成省体育强镇，建阳镇获评省老年人体协工作示范乡镇，庆丰、颜单、近湖3个镇全民健身点获评全省群众健身优秀活动点。2011年，在县城希望广场举行全国第三个全民健身日启动仪式，新成立8个单项体育协会。2012年，在新落成的县体育中心承办国家级“乒超”联赛，10月举办全县第十届运动会，444支代表队3340名运动员参加。建湖县被国家体育总局表彰为全民健身活动先进单位。

学校体育生机勃发。全县各中小学认真贯彻落实《学校体育工作条例》，学校体育红红火火。2007年12月，县实验初中、县实验小学、县少体校被表彰为全省体育工作先进集体。2008年，在上冈高中、实验初中、县二实小召开阳光体育运动现场会，全面推广上冈高中“江苏第一操”做法。全县中小学生体育达标率97.8%。2010年后，全县各中心小学、中心初中、县直各学校的体育教学与活动阵地逐步健全达标。全县被命名为体育传统学校的有国家级3所、省级7所、市级17所、县级14所。2011年，7所中小学新建塑胶田径场。2012年，组织46所学校开展“阳光体育家家到”评比活动，县教育局印发《关于开展全县校园足球工作的意见》，校园足球布点学校8所，在庆丰镇庆丰小学举行全县首届校园体育节启动仪式，进一步推动了学校体育的持续发展。

竞技体育喜讯频传。至2008年，全县建立各年龄组田径队96个，运动员逾千名，获市级比赛第一名、省级比赛前6名的482项次。县儿童、少年、青年足球队中，有43人和3支球队数十次参加全国性比赛，获奖牌25枚，其中金牌9枚。男子足球队获全国分区赛第四名，女子足球队获“达人”国际杯江苏赛区冠军、全国总决赛季军，建湖被誉为“足球之乡”。游泳项目参加省、市比赛获前6名的累计5200多项次。举重项目获省市前6名的有310项次。2008年，参加国家、省、市体育比赛获奖牌149枚，其中金牌60枚、银牌47枚、铜牌42枚。以参加市级比赛为例，2009年后的4年，建湖运动员共获奖牌672枚，其中金牌246枚、银牌230枚、铜牌196枚。

第二十章　着力保障和改善民生

民生幸福是经济社会发展的根本目的，更是社会和谐的重要基础。按照中共中央和省、市委关于加强民生工作的部署要求，县委、县政府紧紧围绕“推进科学发展，建设幸福建湖”主题，坚持“以人为本，民生为重”原则，进一步加强民生工程建设，着力完善民生保障体系，推进脱贫攻坚工程，建立社会救助体系，进一步提升民生服务水平，努力实现城乡居民“学有优教、劳有所得、病有良医、老有善养、住有宜居”。2009 年，县委、县政府出台《关于进一步加强民生工作的实施意见》，通过搭建平台促进就业，完善城镇就业困难人员援助机制，扎实做好“两后生”就业培训试点工作，大力开展全民创业等措施促进和扩大就业，增加群众收入。加大社会保障投入，推进社会保险覆盖面，实施“四有”试点村建设，建立救助体系等提升保障水平，同时加快发展社会事业，加强社会管理，全力服务保障民生。2012 年，根据省、市部署，县委、县政府制定实施《关于大力推进民生幸福工程的意见》，建设就业服务、文化建设、公共教育、社会保障、医疗卫生、计生养老、住房保障、生态文明、交通水利、社会管理十大工程体系，并分别明确建设内容、目标要求，建立完善考核体系，确保各项工作落实到位，切实提高人民群众满意度和幸福感。

第一节　提升城乡居民生活水平

中共十六大以后，中共中央加快推进收入分配制度改革，普遍提高城乡居民收入，重点改善低收入群体和困难群众生活，人民生活水平不断提高。省委制定实施城乡居民收入倍增计划，突出解决农村居民、企业职工、中低收入者和困难家庭“四个群体”增收问题，拓宽就业、创业、投资、社保和帮扶“五大增收渠道”，促进城乡居民收入普遍较快增长。与此同时，市委也相继出台政策，加快提高居民收入水平，改善人民生活，提高民生幸福指数。根据中共中央和省、市委要求，县委始终把改善民生作为一切工作的出发点和落脚点，坚持从群众最关心的事做起，千方百计增加群众收入，大力为民兴办实事，城乡居民收入快速增长，消费水平不断提高，居住条件日益改善，促进了社会和谐稳定。

一、城乡居民收入快速增长

2003年，全县城镇居民人均可支配收入6992元。城镇集体以上单位从业人员4.98万人，其中在岗职工4.62万人，在岗职工平均工资9509元。2009年，全面推行公务员“阳光工资”和义务教育学校绩效工资制度，认真落实支农惠农各项政策，城乡居民收入快速增长。2012年，城镇居民人均可支配收入21215元，比2003年增长2.03倍，在岗职工工资总额19.9亿元，比2003年增长3.51倍，在岗职工人均工资38191元，比2003年增长3.02倍。

2003年，全县农村居民人均纯收入3994元（省核定数）。2005年，农村居民人均纯收入4833元（省核定数），按同口径比上年增长10.8%，为“十五”期间农民收入增幅较高的年份。2012年，农村居民人均纯收入11705元，比2003年增长1.93倍。

二、城乡居民消费水平不断提高

2005年，开始统计城镇居民消费情况，当年城镇居民人均消费性支出5879元，其中食品支出2298元、衣着支出613元、居住支出658元、生活用品及服务支出377元、交通通信支出462元、教育文化娱乐支出943元、医疗保健支出303元、其他用品和服务支出225元，城镇居民的恩格尔系数39.1%。2012年，城镇居民人均消费性支出14115元，比2005年增长1.4倍。其中食品支出增长1.19倍、衣着支出增长1.84倍、居住支出增长23.1%、生活用品及服务支出增长1.34倍、交通通信支出增长2.93倍、教育文化娱乐支出增长1.7倍、医疗保健支出增长1.31倍、其他用品和服务支出增长1.57倍，城镇居民的恩格尔系数35.7%。

2003年，农民人均生活消费支出2229元，其中食品支出1164元、衣着支出109元、居住支出101元、生活用品及服务支出104元、交通通信支出161元、教育文化娱乐支出363元、医疗保健支出151元、其他用品和服务支出76元，农村居民的恩格尔系数48.7%。2012年，农民人均生活消费支出7014元，比2003年增长2.15倍。其中食品消费增长1.11倍、衣着支出增长 3.22 倍、居住支出增长 5.69 倍、生活用品及服务支出增长 2.88 倍、交通通信支出增长 2.19 倍、教育文化娱乐支出增长 2.75 倍、医疗保健支出增长 3.98 倍、其他用品和服务支出增长 4.17 倍，农村居民的恩格尔系数为 35%。

三、城乡居民居住条件逐步改善

2003 年，城镇居民人均住房使用面积 16.5 平方米，人均居住面积 15.8 平方米，农村居民人均住房面积 28 平方米。2012 年，城镇居民人均住房建筑面积 37.1 平方米，农村居民人均钢筋、砖木结构住房面积 43.3 平方米，均超过全面小康标准。

第二节　建立完善社会保障体系

2003 年后，县委、县政府坚持“广覆盖、保基本、多层次、可持续”的原则，加快形成以劳动就业、社会保险、社会救助、社会福利、住房保障为基础内容，制度完善、保障有力的社会保障体系。

一、不断加强就业再就业保障

2002 年 12 月，县委、县政府出台《关于进一步做好下岗失业人员再就业工作的意见》，明确规定就业困难对象援助、企业招用下岗失业人员政策，开拓就业门路，积极创造就业岗位，从税收减免、增加财政投入、小额贷款发放、大龄困难就业对象援助、企业招用下岗失业人员等方面完善落实配套政策，扶持下岗人员再就业，同时建立就业服务制度，强化再就业培训。县政府成立再就业工作领导小组，落实各级各部门责任，推动再就业工作落地见效。县委、县政府发出《关于在全县开展“千人再就业援助行动”的通知》，按照“领导带头、部门包干、结对帮扶”要求，实行责任分解、结对到户，通过部门、单位集体帮扶和党员干部个人帮扶相结合等办法，扎实做好“五个一”工作，即进行一次择业指导，实施一次免费技能培训，送一次帮扶资金，帮助夫妻双方或一家多人下岗失业的家庭一年内至少有一人就业，帮助自谋职业人员一次性落实各项优惠政策。2005 年，开展再就业援助月、双无社区创建等活动。2006 年，县政府出台《关于进一步加强就业再就业工作的实施意见》，制定7个方面30条政策，推进就业和再就业工作。2007年，开展送政策、送岗位、送技能、送服务、落实再就业优惠政策和创建充分就业社区等活动，建成劳动力专业市场。2008年5月起，县劳动保障部门开展“周五劳务集市”活动，搭建劳务用工交流平台。2009年，县政府制定《关于做好当前经济形势下就业工作的意见》，开展送政策、送岗位、送技能、送服务、送温暖活动，开发公益性岗位99个，建立光达、泛迪等再就业援助基地10家，帮助“4050”（40岁和50岁年龄段人员）困难就业人员接续养老保险关系。2010年3月，县政府又出台加强就业服务工作的8项措施，建立全县联网、功能齐全的基层人力资源和社会保障服务平台；完善企业空岗信息报告制度，建立健全就业用工信息快速反应机制；坚持周五劳务集市制度，常态化提高就业用工服务水平；建立流动招工赶集制度，丰富就业服务形式；实施外出务工人员回归工程，使县内企业用工稳步增长和返乡务工人员稳定就业；实行免费培训制度，提高劳动就业能力和技能水平；拓展服务职能，进一步稳定职工队伍；健全规范用工激励机制，进一步优化用工环境。2011年，出台《关于进一步做好企业用工服务工作的实施意见》。2012年5月，县政府印发《关于加强职业培训促进创业就业的实施意见》。至2012年，新增城镇就业4.3万人，安置城镇失业人员再就业3.37万人，帮助困难人员再就业5972人，新增农村劳动力转移8.18万人。

二、进一步完善社会保险体系

2003年后，大力推进社会保险扩面征缴工作，重点推进企业职工、农民工、非公经济组织从业人员、灵活就业人员参加社会保险。进一步完善各类人群养老保障制度，实现城乡居民养老保险制度的统一。健全企业退休人员养老金正常调整机制，建立城乡居民养老保险基础养老金正常增长和财政保障制度。完善和落实被征地农民社会保障制度，被征地农民社会保障覆盖率100%。2007年，县政府印发《关于调整和完善全县城镇居民医疗统筹相关政策的意见》，进一步完善城镇职工基本医疗保险制度和城镇居民基本医疗保险制度，完善医疗费用二次补偿机制，减轻重病大病困难参保人员的医疗负担。建立与城乡居民收入增长相适应的城镇居民医保、新农合筹资机制和财政补贴增长机制，基本医疗保险参保人员个人自负费用平均比例控制在20%以内。加大城乡医疗保险信息网络的互联互通，实现基本医疗费用即时结报和异地就医结算。完善失业、工伤、生育保险金标准动态调整机制，逐步将事业单位及其他经济组织用工纳入工伤保险范围。2009年，县政府制定《建湖县征地补偿和被征地农民基本生活保障实施办法》，规定补偿标准及范围。2012年，城镇企业职工基本养老保险参保人数10.15万人，基本医疗保险参保人数11.88万人，失业保险参保人数6.93万人，城镇居民养老保险覆盖率和基础养老金发放率100%。机关事业单位保险实现应保尽保，社会化发放100%。参加农村养老保险23.1万人，参加农村合作医疗保险55.3万人，新型农村合作医疗覆盖面100%。同年末，全县社会福利收养性单位15个，福利院拥有床位3150张，城镇低保7627人，农村低保2.12万人，农村五保供养人数5099人。

为贯彻落实中共十七届四中全会精神，统筹城乡发展，让改革发展成果广泛惠及农村居民，努力实现广大农民“劳有所得、老有所养、病有所医、学有所教”（以下简称“四有”）目标。2008年，县委、县政府启动实施“四有”工程建设，选择1个村作为示范村。2009年，在16个村进行试点。2010年，县政府办印发《全县“四有”村建设推广工程实施方案》，在全县246个村居全面实施“四有”村建设工程。2011年，建成3个“四有”示范镇。2012年，县政府办印发《全县各镇“四有”工程建设实施方案》，以镇区为单位推进农村各镇“四有”工程建设，具体目标是：劳有所得方面，富余劳力转移就业率95%以上，“零转移”家庭动态清零；老有所养方面，符合参加企业养老保险或新型农村养老保险条件的村民参保率99%以上；病有所医方面，参加城镇职工、城镇居民基本医疗保险或“新农合”的村民参保率98%以上；学有所教方面，有技能培训需求的村民参加实用技能培训率100%。重点加强“四有”平台建设，实现标准化、规范化、信息化。此后，不断加大推进力度，全县农村基本达到“四有”目标。

三、加快推进保障性住房建设

县委、县政府把解决城镇中低收入家庭住房困难作为改善民生、促进和谐的重要突破口，认真落实住房保障政策，加大经济适用房和公共租赁住房建设力度，建立廉租房制度，着力构建完善的住房保障体系，城镇中低收入家庭住房条件得到改善。2003 年，建湖县申请立项建设经济适用房面积 1 万平方米。2004 年，在西苑小区建设经济适用房 78 套 4600 多平方米。2005 年，全县建立 1392 户最低收入家庭住房档案。2006 年，县政府出台《县城最低收入家庭廉租住房管理办法》，向市房管局申请专项补贴资金 7 万元，投入实施廉租房管理工作。2007 年，新建经济适用房（解困房）1.1 万平方米。2008 年，核减承租公房的城镇低保家庭住房保障面积，建立廉租房维修资金补贴制度，廉租房补贴标准提高到 15 平方米/人。从惠民花苑、裕丰花苑回购廉租房 200 套 1 万多平方米。2011 年，廉租房标准提高到 18 平方米/人。至 2012 年，全县发放困难家庭廉租房补贴 6678 户次 1276.87 万元，新建廉租房 860 套 4.3 万多平方米，建成经济适用房 1965 套 11.78 万平方米。此外还加强公共租赁住房建设。2011 年，县开发区建成公共租赁住房 328 套，高新区建成公共租赁住房 300 套。2012 年，县城投公司、开发区和高新区建设公共租赁住房 628 套 4.5 万平方米，新建限价商品房 620 套 7.8 万平方米，新建危旧安置房 400 套 4.3 万平方米。

第三节　全力推进脱贫攻坚工作

县委、县政府十分重视脱贫攻坚工作，组织县直机关单位挂钩乡镇，党员干部结对帮扶贫困户，帮助解决生产、生活等实际困难。2004 年，县委、县政府出台《建湖县扶贫济困工作暂行办法》，建立扶贫济困长效管理机制，进一步规范落实困难群众低保政策，实施再就业援助，健全医疗救助制度，解决住房困难，资助困难家庭子女入学，开展社会帮扶等工作。2005 年，县政府印发《关于建立完善特困职工扶贫帮困救助长效机制的意见》，建立完善就业援助机制、医疗救助机制、教育救助机制、住房救助机制、工资监控预警机制、生活救助机制。2006 年，县委印发《关于“十一五”期间加强扶贫开发工作的意见》。2009 年，县委、县政府印发《关于进一步推进脱贫攻坚工程的意见》，继续强化县扶贫工作队驻点扶贫，深入推进牵手致富工程，加紧实施村企结队共建工程，促进农村贫困劳动力转移就业，加快改善贫困农户和经济薄弱村生产生活条件，提高农民最低生活保障和救助水平。

一、建立最低生活保障制度

提高最低生活保障标准。1997年，建湖县率先在全省开展农村最低生活保障试点工作，全县336户472人被纳入最低生活保障。2000年6月，县委、县政府出台《建湖县城镇居民最低生活保障暂行办法》，全县城镇低保工作步入规范化运行轨道。2003年，县政府制定城镇居民最低生活保障实施细则，进一步规范保障资格审查、保障金发放、保障对象动态管理程序。2005年，县政府办印发《关于进一步做好全县农村居民最低生活保障工作的通知》，规定农村居民最低生活保障标准为年人均收入720元，城镇居民低保标准为每人每月平均150元，发放城乡低保金448.5万元。2006年，城镇低保标准由150元/人·月提高到165元/人·月，农村由年人均720元提高到840元。2007年，开始实行低保金社会化发放，城镇低保标准提高至195元/人·月，农村低保提高至年人均1080元。2008年起，建立城乡低保自然增长机制和县镇村三级低保档案。2009年，城镇低保245元/人·月，农村130元/人·月。2012年，城乡低保对象实行动态管理，退出低保1326户2265人，新增低保1523户2776人，办理城乡低保17958户28847人；低保标准城镇提高至380元/人·月，农村提高至260元/人·月；发放低保金4247.34万元，物价补贴520.16万元，节日慰问金1049万元。

提高“五保”供养标准。2003年，县政府办下发《关于加强农村“五保”供养工作的通知》，提高供养标准，集中供养每人每年不低于1800元，分散供养每人每年不低于1500元，全部实行社会化发放。2004年，按照“低标准，广覆盖”原则，积极推进农村低保工作，落实城乡低保户2005户5503人。2006年，五保集中供养2360元/人·年，分散供养1860元/人·年。2008年，建立农村“五保”供养标准自然增长机制，集中供养每人每年提高到2400元，分散供养每人每年提高到1800元。此后逐年增长。2012年，全县农村五保供养人数5099人。

二、建立教育扶贫助困机制

2004年，省政府设立职业教育助学金，资助职业学校贫困学生每人每年2000元，由学校冲抵贫困生学费和其他费用，建湖县开始执行此规定。2005年8月，县政府出台《关于建立扶贫助学长效机制的实施意见》，对扶贫助学工作提出具体要求和措施。县政府成立扶贫助学工作领导小组，在县教育局设立扶贫助学办公室。县教育局制定《普通中小学贫困学生“两免一补”[①] 助学方案》《普通高中学生助学奖励方案》，秋学期开始，县财政局设立建湖县捐资助学专户，全县义务教育阶段贫困学生有10874人。2006年秋学期开始，全县义务教育阶段学生全部免收学杂费。2007年秋学期起，全县义务教育阶段学生全部实行“两免”。2008年，县教育局成立“学生资助管理中心”，各定点以上学校建立学生资助管理机构。2010年，成立建湖教育发展基金会。2011年，建湖县学生资助工作被省财政厅、省教育厅表彰为先进集体，并获奖金20万元。

2007年起，全县学生实行医疗保险。2008年11月，县政府出台《关于进一步调整城镇居民及中小学生基本医疗保险有关政策的通知》，中小学生基本医疗保险筹资标准由70元提高到110元，个人缴费30元标准不变；提高参保中小学生医疗保障待遇，分段结算标准分别提高5%，住院医疗费补偿起付段由300元下降到200元，封顶线由15万元提高到20万元，中小学生医疗救助补偿率75%以上。全县建立了意外伤害死亡赔付机制，对因病或意外伤害死亡的给予一次性死亡补偿金1万元。2008年，全县参保学生8.5万人。此后，全县所有在校学生含幼儿园在园幼儿均参加医疗保险。

三、实施困难家庭医疗救助

2005年，县政府出台《农村医疗保障救助实施办法》，为2.8万多名低保家庭、“五保”户、重点优抚对象实施500元至2000元农村困难群众大病医疗救助。2007年，县委、县政府明确县人民医院、县第二人民医院和第三人民医院为定点惠民医院，实行“八免八优惠”服务，办理惠民医疗证9000多份，为困难患者减免医药费120多万元。2009年，县政府出台《城乡困难居民大病医疗救助实施方案》，建阳眼科医院被列为全省白内障扶贫定点医院。2010年，全面启动城乡大病医疗救助，开展全国白内障无障碍县创建工作。2011年，推进微机化管理与新型农村合作医疗、城镇居民医疗等社会保障制度的有效衔接，支付医疗救助金206.7万元。2012

---

①“两免一补”，即免杂费、教科书本费，补助住宿生生活费。

年，县政府修订《城乡困难居民医疗救助实施方案》，取消城乡低保、“五保”对象医疗救助起付线，提高特困对象医疗救助结报比例和封顶线，最高可报2万元，发放医疗救助金556.01万元。

四、持续开展结对帮扶活动

2003年，县级机关党组织开展“双百户”扶贫，帮扶城镇困难居民426户，每户资助300元至500元；县直单位各帮扶农村困难户3至5户，每户增收2000元以上，下达扶持资金28.2万元，科技扶贫1238人次。2004年，组织机关党员干部结对帮扶城乡特困户206户，通过节日送温暖、驻村指导全民创业等形式，下达帮扶资金60多万元。2005年，县级机关党委开展“三走进三服务”活动，组织县级机关党员结对帮扶特困户206户。2006年，83个县直机关党组织与136户城镇特困职工、260户农村困难户结成帮扶对子，落实帮扶资金66万元。2008年，组织全县机关党员干部与3030户“一有三缺”[①]低收入农户实行一对一结对，全县1.9万贫困人口，当年脱贫8187人，脱贫率43%。2010年，县级机关党组织开展“助三夏、保秋收”专项扶贫活动，全县3030户贫困户全部脱贫。

2007年，县委、县政府出台《关于全县机关单位结对帮扶服务民营经济发展的意见》，全县帮扶新办民营企业189家、个体工商户704户。同时在县级机关党员干部中开展“带头创业、服务创业”活动，246名党员干部担任全民创业驻村指导员，886名党员干部担任非公企业党建工作指导员，38名党员干部挂钩服务企业，通过驻村指导和联系帮扶，引进千万元以上“凤还巢”项目36个，帮助兴办经济实体1600多个。2008年，建湖县成立县委扶贫工作办公室，组建11个扶贫工作队，分解明确责任，突出帮扶重点，落实推进措施。163家规模企业与163个经济薄弱村结成帮扶对子，当年有43个经济薄弱村集体收入达20万元。2010年，通过村企结对共建，163个经济薄弱村全部达到脱贫指标，圆满完成省政府下达的三年脱贫任务。

---

①“一有三缺”，即有劳动力，缺资金、缺项目、缺技术。

第二十一章　深入推进民主法治和精神文明建设

进入新世纪，随着改革开放深化和经济社会发展，人民群众的政治参与积极性不断提高。根据形势要求和人民期待，中共中央坚持把党的领导、人民当家作主和依法治国统一起来，坚持走中国特色社会主义政治发展道路，始终把民主法治建设和政治体制改革摆在改革发展全局的重要位置加以推进，取得重要进展。2006 年 10 月，中共十六届六中全会通过《关于构建社会主义和谐社会若干重大问题的决定》（以下简称《决定》）。10 月 19 日，省委十届十一次全会通过贯彻中共十六届六中全会《决定》的意见。根据中共中央和省、市委部署，县委深入学习宣传、贯彻落实中共十六届六中全会《决定》精神，加强民主政治建设，进一步完善人民代表大会制度和政治协商制度，不断巩固和发展新时期的爱国统一战线，加强工青妇等群团组织建设，切实提高基层民主管理水平。加强法治建设，建设法治建湖，推进依法行政，建设平安建湖。加强精神文明建设，培塑先进“标杆”，建设“厚德”建湖，抓好创建工作，建设文明建湖。全县民主法治和精神文明建设提高到一个新水平，步入新的发展阶段。

第一节　加强民主政治建设

2005 年 5 月，中共中央转发《中共全国人大常委会党组关于进一步发挥全国人大代表作用，加强全国人大常委会制度建设的若干意见》（以下简称《意见》）。2006 年 8 月，十届全国人大常委会第二十三次会议审议通过《中华人民共和国各级人民代表大会常务委员会监督法》（以下简称《监督法》）。中共中央转发的《意见》和十届全国人大常委会审议通过的《监督法》对加强人民代表大会制度建设，保障全国人大及其常委会、地方各级人大及其常委会依法行使对同级政府、法院、检察院的监督权，对进一步发挥人大代表的作用，都作了明确规定。与此同时，中共中央印发《关于进一步加强中国共产党领导的多党合作和政治协商制度建设的意见》，推动多党合作和政治协商的制度化、规范化、程序化建设，为各民主党派和无党派人士发挥参政议政作用和民主监督作用创造了更为广阔的空间。2006年2月，中共中央印发《关于加强人民政协工作的意见》，人民政协政治协商、民主监督、参政议政制度建设进一步推进，协调关系、汇聚力量、建言献策、服务大局的作用进一步发挥。根据中共中央和省、市委要求，县委切实加强对人大、政协工作的领导，把人大工作纳入党委工作的总体布局，把政协工作摆到全局工作的重要位置加以推进。按时组织人大、政协换届，选举产生新一届领导机构，出台系列文件支持人大、政协开展各项工作。同时，进一步巩固和发展爱国统一战线组织，广泛凝聚社会各界力量参与支持全县经济社会发展；加强基层群团组织建设，发挥群团组织优势，动员广大人民群众积极投身现代化建设主战场，为加快建成更高水平的小康社会贡献智慧和力量。

一、进一步完善人民代表大会制度

县人大常委会将代表视察、执法检查、调查研究作为强化监督的有效手段，定期组织代表开展活动，跟踪监督法律法规贯彻实施、改革开放、经济建设和民生事业发展等情况，向县委、县政府提出合理化的意见建议，为民主决策、科学决策作出重大贡献。2003年1月，县人大常委会新设农村工作委员会。出台《关于公民旁听县人大常委会会议的办法》，邀请公民旁听县人大常委会会议，此做法被人民网报道。此后，每年都邀请公民参加旁听县人大常委会会议。重新制定《建湖县人大常委会人事任免办法》，被提请任命的国家机关工作人员，任前须经法律知识考试，合格的予以任命，表决前作供职发言，未经常委会审议通过的不得到任。2004年，县委召开纪念人民代表大会制度建立五十周年暨全县人大工作会议，县人大常委会主任发表电视讲话，举办人大知识竞赛，宣传人大代表先进事迹，不断增强全县干群坚持人民代表大会制度和民主法治意识。县级人大代表会议开始书面审议全县国民经济社会发展计划执行情况和计划草案报告、财政预算执行情况和财政预算报告，并通过相关决议。组织对部门进行工作评议。2005年，县人大常委会制定《建湖县人大代表向选民述职办法》，总结推广冈西镇试点经验，2007年后各镇普遍开展代表向选民述职活动。

各镇创办“人大代表之家”，为基层人大代表提供活动阵地。2006年，县委批转《关于进一步发挥县人大代表作用，加强县人大常委会制度建设的若干意见》，制定县人大常委会组成人员联系代表、代表联系选民的“双联系”制度，促进联系工作正常化、规范化、制度化。2008年，县人大常委会建立联系委员、代表和选民的“三联系”制度。2009年，县人大常委会组织代表调研城乡一体化发展情况，形成《加强农村规划建设管理，推进城乡统筹发展》的调研报告，被市委批转全市。2010年，县人大常委会创新代表活动形式，在建湖电视台、《建湖日报》和建湖人大网等媒体开设“人大代表与县领导面对面”专栏，围绕教育卫生、农业农村、法治建设、工业经济四方面工作，组织人大代表与县政府分管领导、有关部门主要负责人进行面对面交流，此做法被《中国人大》《人民代表报》《盐阜大众报》等8家媒体报道。2011年，县人大常委会开展“千名代表评百案”活动，促进司法公正。2012年，县人大常委会在《建湖日报》开设“人大代表风采”专栏，宣传代表先进事迹，激发代表履职热情。县人大常委会内设办公室、内务司法委员会、财政经济工作委员会、农村工作委员会、社会发展委员会、人事代表联络委员会、环境资源城乡建设委员会。

二、进一步完善政治协商制度

县政协通过全会、常委会、主席会向县委、县政府提出建议案，各专门委员会提出建议或有关报告，委员调研视察、撰写提案、社情民意等加强民主监督，半年听取1次县政府工作情况通报，每年底听取全县党风廉政建设情况通报，就有关问题提出意见建议。通过建议案、委员意见、社情民意、提案等形式向县委、县政府提出意见建议，积极主动参政议政，促进全县经济社会健康协调发展。2002年5月31日，县委召开全县政协工作会议，专题研究部署政协工作，县委出台《关于进一步加强人民政协工作的意见》，就进一步加强和改善党对政协工作的领导，推进政协履行职能规范化、制度化，更好发挥人民政协在富民强县促发展中的重要作用作了明确规定。11月27日，县委批准通过县政协机构改革方案，撤销原政协秘书处和专委会办公室，改设政协办公室和经济科技委员会、提案委员会、海外联谊委员会，均为正科级建制；县政协正副主席编制单列。县政协委员界别增设“无党派代表人士界”。2006年，《中共中央关于加强人民政协工作的意见》出台后，县政协逐步建立了全委会总体协商、常委会专题协商、主席会重点协商和专委会对口协商的协商议政格局。2007 年，举办学习贯彻《中共中央关于加强人民政协工作的意见》专题讲座。2008 年，县政协在委员中开展岗位建功活动，通过观摩视察、典型带动、研讨交流和总结评比等措施，引导委员立足岗位、敬业奉献，努力投身发展、服务发展和推动发展。2009 年，县政协组织开展纪念人民政协成立六十周年活动，广泛宣传人民政协的性质、地位及作用，进一步扩大政协工作的影响，为推进民主政治协商创造条件。2010 年，县政协开展新一轮岗位建功竞赛活动，在《建湖日报》上开辟《委员风采》专栏，先后宣传 20 名委员创新创业、服务基层、文明执法等先进事迹。同年 5 月，建湖文史网开通运行，是全市首家开通的县级文史网站。2011 年，县政协召开纪念中国共产党成立九十周年座谈会，编辑出版《塘河春秋》文史专辑，纪念建县七十周年发展历程及辉煌成就。2012 年，县政协组织委员调研形成的《加强企业科技创新》《破解小微企业发展难题》《建设幸福盐城》《发展非银行金融服务业》调研报告，先后在市政协全体会议、市政协常委会议和委员论坛上作专题发言。开展“文史进校园”，出版《建湖文史网通讯》，建湖县政协文史工作在全市政协文史工作推进会上，作唯一典型交流发言。

三、巩固和发展新时期的爱国统一战线

建立县委常委与党外人士联系交友制度，建立党外后备干部队伍，做好党外干部实职安排和政治安排。县委统战部开展党外知识分子底数调查，建立党外知识分子台账资料，在教育、监察、审计、物价、检察、药监、法院等部门聘请特约监督员，拓宽特约人员参政议政领域。2002 年，县委办印发《关于开展县委常委和党外人士联系交友活动的通知》，每名常委至少结对 2 名党外代表人士，开展“季度谈”活动。2003 年，县人大、政协换届安排 200 多名党外人士担任市县人大代表、政协委员。2004 年，县委制定党外人才开发工作规划，完成省下达的关于党外知识分子工作的调研任务。2005 年，县委统战部建立 10 名党外处级和 50 名党外科级后备干部人才库。2006 年，县委发出《关于成立县社会主义学校的通知》，开辟党外人士培训基地，在全市首家成立县级社会主义学校，并培训第一批全县副科级以上党外干部及副科级党外后备干部。1 名党外知识分子被吸纳为

盐城市农工民主党党员，全县民主党派成员实现“零”的突破。2007年，全市首家无党派知识分子联谊会成立。8个县直部门聘请50名党外人士担任特约监督员、监察员、审计员、检察员，发挥民主监督作用。2008年，县委统战部在全县无党派知识分子中开展“参政建功立业，议政建言献策”“自觉接受中国共产党领导，坚持走中国特色社会主义道路”主题教育活动。2009年，县委办印发《关于建立中共建湖县委党外人士情况通报会制度的意见》，发挥党外人士在民主监督、参政议政中的积极性，认真听取和吸纳党外人士的意见建议，提高县委决策部署的民主化、科学化水平。县委统战部启动党外代表人士“百名人才库”建设，建立一支108名的党外后备人才队伍。2010年，县知识分子联谊会成立。

开展非公经济代表人士调查摸底，建立非公经济代表人士名册。县委统战部深入调研非公企业发展情况，召开非公企业代表座谈会，听取意见建议，形成专题材料，积极帮助协调解决发展问题和困难。2006年11月，在恒济镇召开“百企进百村、共建新农村”现场会，引导非公经济代表人士投身社会主义新农村建设，204家企业和204个村结对共建。积极动员非公经济代表人士投身光彩事业，非公代表人士捐资650万元为乡村铺路建桥。2008年，开展“五好”① 优秀非公企业评选表彰活动。2009年，开展“五联五保”活动，帮助非公企业积极应对金融危机。2010年，建立统战干部与定报企业和非公经济代表人士联谊交友制度。2012年，83名非公经济代表人士被纳入综合评价范围。

认真贯彻落实党的民族宗教政策，依法加强对民族宗教事务的管理，积极引导宗教与社会主义社会相适应，县民族宗教事务局帮助少数民族贫困户脱贫致富。2004年，县委办、县政府办印发《关于加强少数民族扶贫开发工作的意见》，签订帮扶少数民族脱贫致富责任状，10月建湖县被省政府授予“民族工作先进集体”称号，江苏森达集团董事长朱相桂被国务院授予“全国民族团结进步先进个人”称号。2006年，县委统战部培植恒济裕安集团、颜单地税分局2个民族团结进步工作示范基地。2007年，县委统战部在恒济召开全县少数民族致富奔小康现场会，新增江苏飞越陶瓷钢铁复合管有限公司少数民族团结进步工作示范基地。2008年，在农村和

①“五好”，即企业发展好、守法经营好、按章纳税好、劳资关系好、奉献社会好。

城镇社区搭建关爱、帮扶、创业少数民族服务平台3个。2010年，县委统战部在少数民族中开展“千人合力帮扶，千策共助小康”扶贫工程，被列为全市特色统战工作。2012年，建湖县成立少数民族扶贫帮困工作领导小组，落实机关单位和党员干部结对帮扶少数民族困难户134户。进一步依法规范宗教事务管理。2003年，全县开展农村宗教事务专项治理，严厉打击假僧假道乱做佛事道场，取缔基督教私设点，实施宗教活动场所布局调整，恢复蒋营镇九龙寺、建阳镇南林寺。2004年，县政府成立全县宗教“三大安全”① 工作领导小组，与各宗教场所签订安全工作责任状；引导两教团体、信教群众参与公益事业，投身全民创业活动；制定下发《建湖县宗教界全民创业实施意见》，620余名基督教信众外出打工，搞车船运输32人，领办自办企业20家，搞规模养殖126人。建湖县建立防渗透网络，教徒10人以上的村居明确1名防渗透信息员，组织防渗透工作专题培训。2005年，按照“四定”“五统一”② 要求，全面整治农村佛事活动，建湖县佛教管理工作在全市推广。2007年，建湖县加强宗教活动场所规范化管理，开展合格宗教场所创建。2008年，建湖县建立健全县镇村，宗教团体、宗教场所、信教群众及综治部门3条宗教信息网络。2009年，县民族宗教事务局开展“平安宗教活动场所创建”活动，创成平安场所10个。2012年，县政府办印发《建湖县宗教场所财务监督管理实施细则》，加强宗教活动场所财务监督管理，切实维护宗教活动场所“三大安全”。

四、发挥群团组织功能

2003年，县委与各镇区和经济主管部门签订工会工作责任状，在全省首创。7月在全市首家成立困难职工援助中心，11月县工会第十二次代表大会召开，选举产生县总工会第十二届委员会，其中执委33名、常委8名。2004年10月，县委印发《关于进一步加强和改善新时期工会工作的意见》，加强基层工会组织建设，各镇成立工会委员会，17个社区建立工会组织，建筑业建立行业工会。全县基层工会的组建率和职工入会率95%

①“三大安全”，即政治安全、治安安全、消防安全。

②“四定”“五统一”，即定员、定组、定点、定片，组长统一领导、佛事单子统一安排、统一佛事价格、统一发放报酬、香担统一管理。

以上，县定报企业100%组建工会。健全民主管理机制，依法维护职工合法权益。2005年，建湖县创成全省工会工作模范县。全县178家新办企业均成立工会组织，15个镇和县直有关部门配备专职工会主席，花炮行业成立行业工会。2006年，近湖工业园区成立工会联合会。县总工会在全县开展创建和谐劳动关系活动。2008年，全县开展“企业工会建设年”活动，80%以上的非公企业建立职代会制度。2010年，全县开展“三百三万”[①]活动，600多个基层工会开展创建星级职工之家竞赛活动，建成五星级职工之家2家、四星级10家。2011年，县总工会实施“七步工作法”[②]，推进工资协商，获评全省厂务公开民主管理创新实践成果三等奖。九龙口镇工会获评全国百家示范乡镇工会。2012年，建湖县工会组建工作获全省第一名。

团县委分别组织开展未成年人思想道德建设、青年志愿者行动、青少年权益维护和服务青年就业创业等系列活动。2005年，县青少年维权中心成立，新增各类青年中心3家。2007年9月，县第十五次团代会召开，选举产生第十五届团县委委员27名。2008年3月，建湖县被团中央确定为区域化推进农村共青团工作首批联系点，获评全国团建先进县合建单位，团县委开展“一团一品”“新三会一课”及星级团组织创建等活动，实施青年创业招商行动，打造县级青年创业示范基地10个。2009年，团县委启动“团建提升年”活动，开展“团组织找团员、团员找团组织”活动，建立和完善全县团组织及团员数据库。2010年，颜单镇团委、冈西镇草鸡协会团支部被列为分类推进团的基层组织建设省级实施单位。2012年11月，县第十六次团代会召开，选举产生由25名委员组成的第十六届团县委。同年，团县委实施“团建巩固年”活动，新建非公经济团组织110家、社会组织团组织10家，建立石油机械产业、电光源、个私协会团委。交通局团委和近湖镇团委获评江苏省五四红旗团委。推广把团支部建在产业链上，恒济镇“团支部+协会”被评为省“百家乡镇团建创新项目”一等奖，建湖县产业链团建工作法被作为全省十大团建模式推广。

县妇联组织开展“五好”文明家庭、平安家庭创建，双学双比、巾帼

---

①“三百三万”，即百企万人劳动竞赛、百企万人和谐创建、百企万人学习培训。

②“七步工作法”，指企业按照提出要约、推选代表、双方协商、起草协议、通过草案、公布协议、履约监督等开展工资协商的程序。

建功，妇女儿童权益维护等系列活动，先后被省、市妇联及相关单位表彰命名为“家庭助廉工作示范点”“五好文明家庭创建活动先进协调组织”“省农村妇女双学双比竞赛活动先进集体”“平安家庭创建先进集体”等。2004年12月，县第十二次妇代会召开，选举产生县妇联第十二届执委会，其中执委35名、常委7名。2006年，县妇联被表彰为全国家庭助廉教育工作先进集体，被列为省级廉政文化建设示范点。2008年，县妇女儿童活动中心成立，县妇联机关支部和中心幼儿园党支部合并成立党总支。2009年，建湖妇联网站开通，妇儿活动中心职业培训学校成立。2010年，恒济镇妇女儿童活动中心实施省妇联试点项目，探索建立全市首家“儿童快乐家园”，并在全县16个镇区全面实施。全县246个村居、社区全部建立“妇女儿童之家”。2011年12月，县第十三次妇代会召开，选举产生县妇联第十三届执委会，其中执委34名、常委13名。2012年，建湖县妇女儿童之家建设工作作为县区典型在省妇联会议上作经验介绍。

第二节　加强法治建设

2004年起，建湖县开始建设法治建湖，成立领导小组，出台实施规划，明确建设重点，开展法治创建系列活动；推进依法行政，加强行政执法监督检查，规范行政行为；深入开展平安创建活动，严厉打击各类违法犯罪，切实加强防控体系建设，构建和谐的法治环境和良好的治安环境。

一、建设法治建湖

出台法治建设政策文件。2004年，县委印发《关于启动建设法治建湖工作的实施意见》，深入调研，认真制定五年规划及年度实施计划；加大宣传力度，营造舆论氛围；强化措施，保证工作顺利进行；成立领导小组及办公室，并建立督查推进、协调指导等相关制度。2005年，县委印发《建湖县法治建湖建设实施意见》，明确总体目标、主要任务和建设进程。2006年，县委调整依法治县工作领导小组，出台《法治建湖建设2006—2010年规划》，将创建任务分解到各镇、各单位，列入年度考核内容，推进依法治县工作的落实。2007年，重抓社会主义法治理念教育，实施法治建湖建设实事工程。各行政机关普遍建立行政执法责任制、问责制和过错追究制，规范性文件备案率90%以上。结合落实“五五”普法规划，创新宣传普及形式，创推的“农民学法大讲堂”“党员学法远程网”等做法得到省市肯定，建立“农民工学法维权俱乐部”做法被省司法厅在全省推介。《江苏法治报》整版介绍法治建湖建设做法。2009年，县委办、县政府办印发《关于进一步深化完善访调对接机制的实施意见》，及时化解人民内部矛盾，维护社会稳定。建湖质量监督管理局建立的“全程说理式执法”受国务院法制办领导肯定。在推进法治建湖建设中，县政法部门发挥职能作用，县人民法院被省高级人民法院表彰为全省优秀法院，县人民检察院被市委、市政府表彰为全市纪检监察先进集体，被市检察院记集体三等功，县公安局党委被省委政法委表彰为全省政法系统先进基层党组织，县司法局被表彰为全国青少年法治教育先进单位，被省司法厅表彰为优秀司法局。

继续加大普法宣传力度。2003年，建湖县出台领导干部学法用法制度，在全县公务员中开展学法用法活动，组织千余名公务员参加法律知识培训，在中小学开展我身边的法律故事“永林杯”学法征文活动，开展“法律进社区”等六下乡活动，在县城湖中路打造法治建设示范街，营造法治建设舆论环境，提升居民参与法治建湖建设的能力和水平。2004年，建湖县开展“送法下乡、法律进农村”“法律进社区”等活动。2005年，建湖县“四五”普法工作通过省、市验收。2006年，县委、县政府印发《关于在全县公民中开展法治宣传教育的第五个五年规划》，分别对领导干部、普通公务员、青少年、企事业单位管理人员及农民等群体法治教育作出具体要求。2008年，建湖县“五五”普法通过中期验收，被评为全省普法工作先进县。2009年至2010年，建湖县围绕创建法治县工作目标，进一步抓好法治宣传、依法行政和法治惠民等工作，先后在县广播电台、电视台、《建湖日报》开辟《法治建湖》《政法广场》栏目，定期报道法治建设工作动态和典型案例，以案释法。县委、县政府组织司法行政部门在市民广场、希望广场和东方广场等市民集结场所，开展法治宣传和法律咨询活动，为群众释疑解惑。实施法治惠民工程，16个县直单位完成法治建湖建设惠民实事8项。2011年5月20日，在第七次全国法治宣传教育工作会议上，建湖县被表彰为全国“五五”普法先进县。

加强农村基层民主法治建设。2003年起，建湖县开展“民主法治示范村”创建活动。2006年，县委办、县政府办印发《关于开展建设“法治江苏合格县”活动方案》，全面开展“法治江苏合格县”创建工作。2007年，县委作出《关于在全县开展创建“法治建湖合格镇（单位）”活动的决定》，在各镇、各单位开展创建“法治建湖合格镇（单位）”。2008年，县环保局、劳动保障局、药监局和建阳镇、钟庄镇被表彰为市级民主法治合格单位。至2012年底，37个村居被评为省级民主法治示范村居，167个村（社区）被评为市级民主法治示范村（社区），近湖镇镇北村被评为国家级民主法治示范村。恒济镇法治文化街区、上冈小学“少年警校”特色教育等品牌建设初见成效。

二、继续推进依法行政

2004年，县政府成立贯彻实施《行政许可法》工作领导小组，印发实施意见，举办培训班，清理不规范文件，推进各级政府依法行政。2005年，县政府办举办学习贯彻国务院《全面推进依法行政实施纲要》培训班10期，全县国家机关工作人员和行政执法人员实行“全员培训，专门培训”，并组织考试，合格后方可从事执法工作；强化行政执法监督，推行行政执法责任制，进一步规范全县38个行政执法部门和15个镇的行政执法行为。2006年，建湖县成立全面推进依法行政工作领导小组，建立依法行政报告制度，加强依法行政评议考核，把组织领导、干部任前法律考试制度、法治宣传培训等作为依法行政重点，将依法行政工作纳入全县综合奖考核内容，考核结果列入全县“万人评议机关作风建设”综合考评体系。完善决策制度，修订《建湖县人民政府工作规则》，严格执行重大事项决策程序。县政府制定行政处罚自由裁量权标准，建立完善行政执法责任制考评机制。2008年，县司法部门推行“全程说理执法”“阳光执法”“开门办案”，行政诉讼案件行政首长出庭应诉率60%以上。县政府出台《建湖县行政执法联席会议工作制度》，完善行政执法部门重大行政处罚决定备案工作。为建立规范性文件审核备案和定期清理制度，县政府办制定《建湖县规范性文件制作程序》《规范性文件备案规定》。2010年，县政府办制定《建湖县依法行政百分考评办法》，将依法行政考核纳入全县综合奖考核内容，并制定《重点行政审批事项联合办理暂行办法》。2012年，建湖县健全领导干部学法和任前法律知识考试制度，制定出台《关于进一步提高行政服务效能的实施办法》，全面推进政务公开，规范和深化行政权力网上公开透明运行工作，制定实施政府公共服务平台实施意见，进一步完善行政决策机制，政府运行更加高效规范。为加强和改进行政复议工作，运用行政复议手段化解行政争议，至2012年，全县办理行政复议案件262件，行政应诉案件120件，行政负责人出庭应诉100%。

三、建设平安建湖

开展平安创建活动。2003年8月，根据省委、省政府部署，县委、县政府作出《关于开展“建设平安建湖，创建最安全地区活动”的决定》，启动平安建湖创建工作。县委办、县政府办下发实施意见，明确创建目标任务和要求。县委、县政府与各镇、各部门签订社会治安综合治理责任状，县综治委（办）印发平安创建标准、考核奖惩办法及工作责任分解表，先后召开平安创建动员会、推进会、现场会、汇报会，印发宣传提纲和宣传年画，在电台、电视台开辟专栏，造浓创建氛围，在全县组织平安部门、平安乡镇、平安社区、平安校园、平安银行、平安工地、平安市场等创建活动，促使平安创建工作深入人心，成为全县人民的共同意愿和自觉行动。2004年，建湖县被省委、省政府授予“社会治安安全县”称号，提前一年建成社会治安安全县，2005年和2006年也分别被省委、省政府命名为社会治安安全县。2004年至2006年，14个镇被市委、市政府评为社会治安安全镇，75个单位和222个村居被县委、县政府评为社会治安安全单位（村居）。2006年，县委办、县政府办印发《平安建湖建设2006—2010年工作规划》，到2010年，全县13个镇区创成社会治安安全镇，95%的党政机关、企事业单位达到平安创建标准。2007年，县委、县政府出台《关于在全县开展新一轮平安建湖建设的意见》，启动新一轮平安创建工作，同时深入推进社会矛盾纠纷大调解机制、社会治安大防控体系和基层基础“三大建设”。2009年，上冈、沿河、芦沟、宝塔4个镇的综治办被评为市“五好”综治办。同年8月，上冈交巡警中队被确定为全国公路交通执法规范化示范交警队。2010年，上冈交巡警中队在宝塔、上冈、草堰口、沿河、九龙口、庆丰、建阳、县城城中村开展社会治安集中整治行动，在全省社会治安重点地区集中整治现场会上作经验介绍。全县政法部门及广大政法干警，为保水乡安全，建设“强富美高”新建湖，作出了重要贡献，涌现出多年如一日当好平安大道守护神、受国务院嘉奖和公安部表彰的上冈交巡警中队，县人民法院执行庭原副庭长、法警大队原教导员、“全国人民满意的好法官”罗学文，被公安部表彰为全国优秀人民警察的县公安局城南派出所副所长陈勤等先进集体和模范人物，建湖县多次被评为江苏省社会治安综合治理先进县和江苏省平安县。

加强防控体系建设。县政法系统着眼创建平安环境，保障全县经济社会和谐发展，多措并举，强化治安防控体系和能力建设。县城建立40多个社区警务室和城区专职联防保安队，应急处置能力和水平得到有效提升。2004年，全县建成镇村治安卡口42个。2006年，县内建成“三台合一”（“110”“119”“122”）防控系统和道路录像监控系统，县城专职联防队正常巡逻，农村契约式联防构筑屏障。建设城区出城查报站6个、市际治安卡口2个，开通移动短信等综合警务指挥平台。为加大农村集镇技防建设力度，全县各镇及主要镇直单位配齐监控系统和红外报警系统。2009年，县城主要卡口新装红绿灯9组，改装红绿灯3组，新增技防探头240个。各镇启动群众性义务联防“红袖标工程”。县委办、县政府办印发《关于进一步深化完善访调对接机制的实施意见》《关于完善领导干部下访“金桥行动”的实施意见》，建立完善“大调解”工作机制，成立县、镇治安调处中心和各类调解组织，受理调处矛盾纠纷1239件，调处成功率98.71%。2010年起，全县防控体系建设重点放在建立健全社会风险评估机制和大调处工作机制等方面，取得新进展。2011年，城乡安保综合数字监控系统建成使用，上冈交巡警中队智能执勤查控平台被省公安厅评为科技强警项目二等奖，全县城镇、农村技防入户率分别为60%、54%，技防城创建工作通过省级验收。2012年，建湖县被授予全省首批“技防城”称号。

严厉打击违法犯罪。在县委的坚强领导下，全县政法部门先后开展打击双抢一盗、打“四黑”除“四害”、打非治违和利剑行动、清风行动与虎啸、端点破案会战，以及扫黑除恶等多个专项斗争，破获不少有影响的大要案。2003年，成功告破“3·11”庆丰纵火案、“4·1”冈西杀人沉尸案。2004年，抓获省公安厅督捕的网上逃犯孙某某。2007年，开展打击盗抢电动车、打黑除恶、禁赌扫毒等专项斗争，告破省公安厅挂牌督办案件2起。2008年，成功破获蒋营“1·19”杀人抢劫案、“5·23”持枪抢劫案、上冈“6·26”故意杀人案。2009年，侦破“1·22”绑架案、“7·17”“7·28”盐徐高速特大持刀抢劫案，摧毁盗窃电瓶车团伙1个；8月5

日至6日，侦破1起特大非法金融案件。2010年，破获“6·24”特大非法生产销售制毒化学物品案、“7·10”地下六合彩赌博案，摧毁制贩假发票窝点1个。2011年，破获1起特大金融票据诈骗案，抓获1名非法经营网上逃犯和1名潜逃14年的入室抢劫逃犯，捣毁2个非法生产储存烟花爆竹窝点。2012年，破获公安部挂牌督办“6·14”色情网站案件。抓获犯罪嫌疑人1219人，破获刑事案件720起，刑事拘留651人，批捕354人，八类案件破案率97.06%。

加强安全生产监督管理。《中华人民共和国安全生产法》颁布后，县委、县政府结合实际，通过强有力的行政处罚措施，加大安全生产执法力度，促使生产企业自觉改进安全生产条件，规范安全生产行为。在全县建立“专家查隐患、政府搞督查、部门抓监管、企业抓落实”的安全检查和隐患整改机制，制定实施《建湖县安全检查工作规范》，加强对检查活动的组织协调和督查指导，成立相对固定的督查组和专业检查组，细化和明确各部门、各单位的检查责任。2003年9月，县政府办印发《关于加强学校食品安全管理的通知》，严防学校食物中毒事件发生。2004年5月，县政府办印发《建湖县古建筑消防安全专项治理实施方案》，消除古建筑消防安全隐患。2005年1月，县安监局单列，正科级建制，为政府工作部门，同时成立县安全生产监察大队。根据省、市统一部署，推行“一岗双责”①，各镇（区）、各有关部门、各单位建立领导干部安全生产责任制。重新修订《建湖县安全生产“一票否决”实施办法》，制定《建湖县安全生产目标管理考核办法》，引入风险抵押金制度。2007年，集中整治化工生产企业，关闭化工生产企业43家。2008年，实施烟花爆竹生产企业专项整治，关闭烟花爆竹生产企业6家，黑火药生产企业1家。开展安全生产许可证换发工作，从源头上提高危险行业准入门槛。至2008年底，全县取得危化品安全生产许可证的生产企业16家，危化品经营企业417家；取得安全生产许可证的烟花爆竹生产企业12家，批发企业6家，零售网点323家。7月，国务院安全生产专项督查组专项督查建湖县安全生产工作，给予充分肯定。2009年，开展高危企业百日专项检查行动、事故隐患整治百日攻坚行动、百

①“一岗双责”，是指主要负责人是本地区安全生产工作第一责任人，分管安全生产工作的负责人承担具体责任。

名安全专家服务百企行动。2010年，开展纺织服装、建筑施工、烟花爆竹、危险化学品等重点行业和领域的安全生产专项整治。2011年，在全县各重点行业（领域）开展严厉打击安全生产非法违法生产经营行为专项行动，突出打击交通运输、建筑施工、危险化学品、烟花爆竹、消防和特种设备等行业和领域。2012年，建立药品安全联席会议制度，保障人民群众用药安全。排查治理安全隐患809处，挂牌整改隐患26处。打击烟花爆竹私储点4家、无证经营2家、超量储存2家，取缔无证销售汽油、柴油门店9家。

第三节　加强精神文明建设

建湖县持续加大精神文明建设力度，开展精神文明创建活动，2次创成全国文明县城，3次通过江苏省文明城市验收；实施结对共建工程，235个行业单位和村居受到市级表彰；积极实施公民道德实践教育，培塑一批道德模范和先进典型。

一、开展文明城市创建活动

省级文明城市创建。2003年，建湖县首次启动省级文明城市创建工作，投入2.1亿元，完善县城“五纵六横”道路建设和旧城区二期、三期拆迁改造，逐项完成县政府六大类60项实事工程。集中整治县城环境，开展文明社区、文明家庭评比。力推诚信建湖建设，建立19条文明诚信示范街、200个放心消费店，新建人民路先进典型灯箱一条街。加大县城亮化、绿地投入，筹建金融绿地艺术长廊和西塘河风光带文化墙。2004年，县委、县政府修订出台《建湖县精神文明创建规章制度选编》，开展“创省级文明城，做现代建湖人”主题教育活动。2005年，县城基础设施进一步完善，城市绿化率、道路硬化率均达标，县城环卫设施完备，公路交通设施布局合理，市容市貌大为改观，达到创建标准。同年底，建湖县首次获评江苏省文明城市。2008年，县政府办印发《建湖县文明城市创建工作实施意见》，明确创建内容及标准，制定考核细则，推进创建工作有序开展。

全国文明县城创建。2007年，建湖县启动全国文明县城创建工作，扎实推进“文明城市形象提升工程”。县政府出台《建湖县城市容环境卫生责任区管理实施办法》等文件，召开全国文明县城创建动员会议，部署创建任务。加快城市重点工程建设步伐，盐徐高速连接线、双湖路等主干道建成通车，人民路出新改造工程竣工，省道231建湖段、县城丰收路和宇航路（太平路）建设基本完工。县城小区配备专业保安和保洁员，实施24小时全天候监控和管理服务。沿街门店认真落实“门前三包”责任制，整顿市场经营秩序，加大环卫设施投入，强化环卫保洁工作，高标准美化绿化城市，城市功能日趋完善。县委、县政府编制《“绿色建湖”建设总体规划》，加强绿化建设。做好“水”文章，实施闸站联建、驳岸新建改造、入河下水道改建等防洪工程。开展群众性精神文明创建活动，引导广大市民自觉养成文明习惯。2009年1月，建湖县首次被中央文明委授予“全国文明县城”称号，并通过省级文明城市复评验收。为深化文明城市创建目标，继续深入开展群众性精神文明创建活动，提高广大市民素质，进一步巩固全国文明县城创建成果，县委、县政府出台《关于进一步提升城市文明的实施意见》。7月，县委、县政府作出《关于表彰创建“全国文明县城”先进集体和先进个人的决定》，表彰先进集体20个、先进个人53名。投入3000多万元用于城市美化、亮化和道路交通设施改造建设。县内媒体开辟“全国文明县城瞭望台”“文明县城广角镜”专题专栏，在县城主要街道和重点地段设置30多处公益广告和文明城市宣传栏，县政府修订完善《建湖市民基本行为规范》，开展文明礼仪和市民基本行为规范教育。2010年，县委、县政府组织机关、企事业单位职工走进社区、走上街头，开展环境卫生综合整治行动，城市面貌不断刷新。2011年，建湖县启动文明城市、卫生城市、园林城市“三城同创”工作，再次通过全国文明县城和江苏省文明城市检查验收。

二、组织群众性文明创建活动

建湖县在开展全国文明县城和江苏省文明城市创建工作的同时，县内各类群众性文明创建活动如火如荼。实施“申报、公示、季报、例会、明察暗访、考核评比、监督评议”制度，各行业、单位、镇村克服“重评轻创”现象，把主要精力和工作重点放在平时基础创建上。2005年，建湖县实施文明创建“过程管理、动态考评”模式，推动各项创评工作规范化、制度化、科学化。2006年，建湖县开展“十佳文明新事”评选，并组织“文明新事乡村行”表彰演出活动。2007年，建湖县重点实施“送百场电影、办百场讲座、赠百份报刊，培百个文化户、扶百个贫困户，评选十佳共建单位、十佳乡风文明示范村”工程。2009年，建湖县开展“文明金牌”系列评选活动，进一步提高各层各级文明程度，树立良好的建湖对外形象。

积极创评文明行业、文明单位。2003年，《建湖报》开设《展示文明形象，接受社会评议》专栏，40多家市、县文明单位参加展示评议。组织开展“星级诚信单位”评比活动，召开市级以上文明创建工作先进单位“双倍工程看窗口”专题研讨会。森达集团被授予“省级文明标兵单位”称号。2004年，在条管单位开展“擦亮窗口，服务双倍”优质服务百日竞赛活动，表彰10个优胜集体，命名10个示范窗口。2006年，国税局、质监局、供电公司等12个部门被评为省级文明行业。2008年，建湖县在文明行业（单位）中开展“四比四看”① 活动；在服务行业中开展“我心中的文明服务金牌”评选活动，县信用联社、人民医院、农行等被授予“建湖县文明服务金牌单位”称号。2009年，开展文明金牌信用农户、文明金牌诚信商户、文明金牌信誉企业、文明金牌服务机关和文明金牌服务学校创建活动。2010年，32家单位参与“我心中的文明服务金牌”创建活动，评选产生文明服务金牌单位12家。

大力开展文明镇村创建活动。2003年，蒋营镇、高作镇获评省级文明镇，近湖镇镇北村和镇南村、颜单镇漕桥村、蒋营镇五谷村获评省级文明村。2004年，实施现代农民教育工程，开展“文明与科技同行”送电影下乡、“十星级文明户”创评和“六下乡”活动。2005年，开展“创三优集镇，塑文明形象”竞赛活动，集中整治镇村脏乱差问题。蒋营镇、近湖镇、高作镇、恒济镇获评市级文明镇，近湖镇镇北村和镇南村、颜单镇漕桥村等获评市级文明村。2006年，全县30家省、市文明行业单位与30个村居结成共建对子，实施“2331”结对共建工程，即文明行业（单位）组织2次理论下乡活动，帮助共建村居征订3种科技报刊，送健康娱乐活动3次，建设新农村宣传栏1面。2008年和2009年，实施“民俗文化乡间乐”文化服务活动，送文化下乡170多场、电影300多场，图书5万余册，进一步丰富广大农民的精神文化生活，促进思想道德水准提升。2010年起，把文

①“四比四看”，比服务经济，看谁发展贡献大；比服务环境，看谁服务场所美；比服务态度，看谁服务质量优；比奉献社会，看谁为百姓办事多。

明创建寓于新农村建设全过程，开展送文化、帮助丰富文化生活，送科技、帮助发展农村经济，送爱心、帮助解决实际困难活动。近湖镇被评为省级文明镇，近湖镇镇北村和沿河镇自强村被评为省级先进村。

创建文明社区和文明小区。2003 年，先锋小区获评省级文明社区。2004 年，开展“科技、文化、法律、卫生”进社区活动，成立社区志愿者服务队；评出文明社区 6 个、文明小区 5 个。2005 年，开展创建“和美家庭、和睦邻里、和谐小区”（以下简称“三和”）评比活动，4 月份在近湖镇花园社区试点，召开创建“三和”动员会议，向县城各社区发出倡议书，市民参与率 60%以上。2008 年，开展“社区是我家，创建靠大家”文明社区创建活动。

三、实施公民道德实践教育

公民道德教育。2003 年 9 月 20 日，县委在全县开展第一个“公民道德建设宣传日”活动，组织市民“看变化、话发展”，评选“十佳文明新事”等。2004 年 9 月 20 日，建湖将全国第二个“公民道德建设宣传日”拓展为宣传周，深入开展以“学生品德教育、教师师德教育、家庭美德教育、市民公德教育，争做现代建湖人”为主题的教育活动。2005 年，在全县中小学生中开展“五小”道德实践活动，在教师中开展师德轮训，在家长中开展“五好家庭”评选活动。2012 年，建成机关、行业、学校、社区、村镇、企业六大类道德讲堂 100 多所。大力宣传贯彻《公民道德建设实施纲要》，机关开展“创文明机关，做人民满意公务员”，服务行业开展“礼貌待人，诚信服务”，企业开展“践行道德承诺，负责任做产品”等活动。

未成年人思想道德建设。2004 年，县委、县政府印发《建湖县加强和改进未成年人思想道德建设行动计划》，开展“学生自主教育、教师示范教育、家长形象教育、社会环境教育”的做法被全市推广。2006 年，县委办、县政府办印发《建湖县“扫黄打非”集中行动方案》，查缴政治性非法出版物和淫秽色情出版物，整顿规范出版市场秩序，严厉打击软件侵权盗版行为，加大知识产权保护力度。2007 年，县政府下发《关于实施未成年人关爱工程的通知》，开展各类游艺场所、青少年读物和音像制品、校园及周边治安秩序等专项整治行动。2009 年，开展“文明礼仪大家学、大家赛”活动，组织文明礼仪进校园、进课堂。2010 年 4 月，建湖县成立未成年人思想道德建设工作协会，设立未成年人美德基金，开展首届“美德少年”评选活动，表彰“美德少年”101名。2011年，在全县中小学生中开展上好“文明礼仪第一课”活动，举办文明礼仪大家学、大家评、大家赛。评选表彰第二届“美德少年”90名。冈东小学夏晶晶被评为江苏省首届“百名美德少年”。2012年，开展未成年人“美德进课堂”活动，评选表彰第三届“美德少年”93名。

社会主义荣辱观教育。2006年至2008年，县委在全县开展以“知荣辱、树新风”为主题的社会主义荣辱观教育。组织编写弘扬农村新风的《农村新语》乡土教材，以通俗易懂的语言宣传“八荣八耻”社会主义荣辱观，并把创业、道德、法纪、和谐、家庭、卫生、新风等融为一体，印发5万多份。在县城希望广场开展“知荣辱、树新风，弘扬社会主义新风尚”主题宣传活动。教育、文化、团县委、妇联、关工委等12个单位、部门参与，开展广场演出、电视讲话、知识宣传、征文竞赛等活动，编印市民读本。在县城主要地段设立公益广告，各社区成立市民学校，定期开展市民教育活动，市民受教育率80%以上。

四、培塑先进典型标杆

县委坚持培塑先进典型、评选感动建湖杰出人物和荐评每月一星等系列活动，弘扬新风正气，好人好事层出不穷，建湖知名度、美誉度与日俱增。2006年，建湖县获市十佳文明新事奖，中国文明网、省文明办《精神文明建设简报》专题报道建湖县“每月一星带动乡风文明”的做法。

县委围绕树正气、建和谐，推改革、促发展，坚持不懈做好先进典型的培塑工作，形成一套较为完备的工作机制。县人民法院执行庭原副庭长、司法警察大队原教导员罗学文连续10年每年结案超百件，被授予全市人民满意的政法干警、全省人民满意法官和十佳执行工作者，多次立功受奖，2001年5月被省高级人民法院记一等功，2002年2月在县人民法院组织“春节执行会战”中，他突发心肌梗塞，不幸因公殉职。为此，县委专门发出通知，号召全县各地、各部门、各单位迅速宣传学习他的先进事迹。3月，市委作出《关于开展向罗学文同志学习活动的决定》；7月，最高人民法院追授罗学文“人民满意的好法官”称号。建阳镇西尖村卫生所原所长、乡村医生周锦成，医德高尚，恪尽职守，长期悉心为贫困农民治病，除药费外，其他费用一律免收，1999 年被省卫生厅表彰为白求恩式的医务工作者，被卫生部表彰为全国优秀乡村医生。2005 年 3 月，在保持共产党员先进性教育活动中，全县广大医卫工作者和共产党员掀起学习周锦成事迹热潮。沿河镇原镇长马刚，2004 年国庆长假期间在赴南京、常州等地招商返回途中突遇车祸，不幸殉职。县委作出《关于在全县开展向马刚同志学习活动的决定》，组织宣讲团广泛宣传其事迹，11 月市委、市政府下发《关于在全市开展向马刚同志学习活动的决定》，2005 年追认他为人民满意的公务员。全县在宣传、推广这些典型中，采取宣讲事迹、专题报告和学习交流等多种形式，扩大宣教覆盖面，发挥典型示范带动效应。

2006 年，县委、县政府出台《在全县开展“三创五星”创评表彰活动的意见》，分别评选创业之星、招商之星先进个人各 20 名，文明之星先进集体、先进个人各 10 个，服务之星先进集体 10 个，公仆之星先进个人 10 名。2008 年 3 月，建湖县在全市率先开展“十大道德模范”评选活动，分创业富民、敬业奉献、诚实守信、见义勇为、助人为乐、孝老爱亲六类，徐向阳、徐正青、陈勤、戴有洪、孔祥友、高光明、郑步英、何宏新、吴金妹、曹翠花被评为建湖县首届道德模范。2009 年，在全市首家开展“身边的好人”评选活动，评选孝老爱亲、助人为乐、见义勇为等先进典型 10 名。2011 年，开展“身边好人——每月一星”评选活动，成飞获评“中国好人”。2012 年起，广泛宣传，调动各方面参与推荐身边好人的积极性，坚持从基层做起，村、镇、县三级联动，在建湖文明网建立建湖好人月月评网络投票平台，方便干部群众参与举荐评选活动。全县 40 人当选“建湖好人”，其中 20 人被评为感动建湖人物，9 人当选省级以上好人。

2011 年底，县委首次启动“感动建湖十大人物”评选活动。全县广大干群积极参与，踊跃投票，组委会从 100 多名被推荐人选中筛选出 20 名候选人，经网络和报纸投票，10 人（组）获首届“感动建湖十大人物”称号，10 人获提名奖。2012 年 4 月 21 日，县委、县政府举行“感动建湖十大人物”颁奖典礼。获评首届感动建湖十大人物的是：环卫工人集体，森达集团董事长朱相桂，上冈镇龙汪村村民王文江，芦沟镇敬老院院长杨月萍，上冈镇冈东小学学生夏晶晶，建湖国税局第一分局副局长孙长忠，县人民医院急诊重症医学科主任郑爱东，鸿达阀门公司董事长吴启春，江苏国瑞液压机械有限公司副总经理、技术总监罗年柱，建湖农商行副行长成飞。

第二十二章　加强党的执政能力和先进性建设

进入新世纪新阶段，在机遇和挑战并存的国内外形势下，中共中央及时提出加强党的执政能力建设和先进性建设，继续把党的建设新的伟大工程推向前进。根据中共中央和省、市委部署，县委根据党情、县情的深刻变化，坚持以践行“三个代表”重要思想和科学发展观为主线，以保持共产党员先进性教育为抓手，紧密结合全县改革发展实际，多维谋划，多向发力，全面加强党的执政能力和先进性建设，县委在全县的领导核心作用、基层党组织的战斗堡垒作用和广大党员的先锋模范作用得到进一步发挥。

第一节　强化党的思想建设

2004 年 11 月，中共中央印发《关于在全党开展以实践“三个代表”重要思想为主要内容的保持共产党员先进性教育活动的意见》，2005 年 1 月至 2006 年 6 月，全党开展了这一活动。12 月 28 日，省委出台《关于开展以实践“三个代表”重要思想为主要内容的保持共产党员先进性教育活动的实施意见》。2005 年 1 月，省委召开全省保持共产党员先进性教育活动工作会议，具体部署全省第一批保持共产党员先进性教育活动。1 月 17 日，市委召开全市保持共产党员先进性教育活动工作会议暨先进事迹报告会，全面部署全市党员先进性教育工作。2008 年 4 月 3 日，根据中共中央的部署，江苏作为全省开展深入学习实践科学发展观活动的试点省份。省委召开深入学习实践科学发展观活动动员大会，对省级领导班子和省级机关开展学习实践活动进行部署。2009 年 1 月 10 日，全省第一批学习实践科学发展观活动专题交流会召开，总结交流学习实践活动学习调研阶段的情况，对分析检查阶段工作进行安排部署。根据中共中央和省、市委的统一部署，县委先后专题开展保持共产党员先进性教育、学习践行科学发展观活动，加强全县各级基层党组织和广大党员干部的思想政治建设，进一步提高基层组织战斗力和党员干部的综合素质，巩固拓展加强党的执政能力和先进性建设成效。

一、开展保持共产党员先进性教育活动

按照中共中央和省、市委统一部署，县委决定从 2005 年 1 月至 2006 年 6 月，在全县开展保持共产党员先进性教育活动。教育活动分 3 批进行，每批半年。第一批于 2005 年 1 月至 6 月进行，对象是县级机关和部分事业单位党员，1 月 24 日召开动员部署会，2 月 5 日举办先进性教育专题报告会，省委党校教授桑学成应邀到会作报告，3 月 25 日召开第一批教育活动第一阶段小结和第二阶段动员会，5 月 20 日召开第一批先进性教育活动整改提高阶段工作会议。第二批于 2005 年 7 月至 12 月进行，对象是县直属单位和各镇机关党员，8 月 31 日全市第二批先进性教育活动推进会在建湖召开，9 月 2 日县召开第二批先进性教育活动推进会，12 月 6 日县委召开常委会专题研究先进性教育的有关工作。第三批教育活动于 2006 年 1 月至 6 月进行，对象是农村基层党员和部分党政机关党员，每批均分学习动员、分析评议、整改提高 3 个阶段。

县委对搞好先进性教育活动提出了“把握四个一、落实五坚持、突出五个先进性、达到六真”的明确要求。“四个一”即抓好一条主线：学习实践“三个代表”重要思想，把握一个主题：保持共产党员先进性，明确一个目标：提高党的执政能力，坚持一个方针：党要管党、从严治党。“五坚持”即坚持理论联系实际，务求实效；坚持正面教育，认真开展批评与自我批评；坚持发扬党内民主，走群众路线；坚持领导干部带头，发挥表率作用；坚持区别情况，分类指导。“五个先进性”即坚定理想信念，在思想觉悟上体现先进性；增强发展能力，在工作业绩上体现先进性；树立文明新风，在建设先进文化上体现先进性；严格依法办事，在发展社会主义民主政治上体现先进性；坚持执政为民，在服务人民群众上体现先进性。“六真”即真学，认真学习先进性教育系列讲话和文件；真查，认真排查不符合“三个代表”要求、不符合党员标准的问题；真改，认真整改存在的不

符合党员先进性问题；真建，认真建立保持党员先进性的规章制度；真做，认真做好对群众有利的事、打基础的事和长远起作用的事；真保，确立长远理想和信念，始终如一地保持共产党员的先进性。

县委成立保持共产党员先进性教育领导小组及办公室，各镇、各部门成立相应组织机构，党委（党组）主要负责人为第一责任人，基层党组织负责人为直接责任人。教育活动启动前夕，县委组织部对全县 4 万多名党员的思想和工作状况进行调查了解，汇集信息，为搞好分析评议工作奠定基础。学教活动突出抓好启动阶段的思想发动、转段情况小结和下阶段工作部署，以及重点时段联系实际分析评议等主要环节，以实践“三个代表”重要思想为主导，以学习贯彻《中国共产党章程》为重点，以取得实效和群众满意为标准，在提高党员素质、加强基层组织建设、服务改革发展、促进各项工作上狠下功夫。县四套班子领导结合分工，挂钩联系第一批教育活动单位，各乡镇、部门党委（党组）领导成员分别联系第二批教育活动单位，基层党组织负责联系第三批学习教育活动单位。同时，抽调人员组成 10 个督查组，对教育活动 3 个阶段的重点环节实施督查，保证活动按既定要求推进到位。

全县历时一年半的保持共产党员先进性教育活动于 2006 年 7 月结束。整个活动主题鲜明，领导有力，措施得当，工作扎实。活动中注重正能量教育，重点宣传学习身边的先进典型。同时，较好地解决党组织和党员在思想、组织、作风和工作方面存在的主要问题，遏制和纠正本县、本地区、本部门、本单位损害群众利益的不正之风，取得可喜的实践成果。通过教育活动的开展，广大党员受到一次深刻的马克思主义思想教育，先锋模范作用进一步发挥。不少群众称赞身边的党员“平素工作走在前，关键时刻站得出，危急关头勇担当”。基层党组织的凝聚力、创造力、战斗力进一步增强。先进性教育活动中，整合新建一批基层党组织，整顿激活一批软弱涣散、作用弱化的基层党组织。党组织和党员服务群众的行动更加自觉，党群关系更加密切。教育整改提高阶段，县委围绕永葆共产党员的先进性，制定下发《关于加强党员经常化教育的意见》《关于做好党员联系和服务群众工作的意见》《关于建立健全部门党委（党组）抓好基层党建工作责任制的意见》等文件，为巩固和发展先进性教育成果，推进党的先进性常态化建设提供制度保障。

二、开展学习实践科学发展观活动

根据省、市委安排，2008年4月至6月，县委、县政府决定在全县开展“深入解放思想，推进科学发展”的教育实践活动。县委召开动员大会，下发《关于开展“深入解放思想，推进科学发展”教育实践活动的通知》《建湖县开展“深入解放思想，推行科学发展”教育实践活动实施方案》等文件，成立教育实践活动办公室，制定出台相关制度，县电台、电视台、《建湖报》、建湖新闻网等媒体紧密配合，开展一系列宣传报道工作，营造浓烈氛围。各镇（区）、各部门、各单位相应成立工作班子，具体负责活动的开展。围绕“党员干部受教育、科学发展上水平、人民群众得实惠”的总体要求，活动分为组织学习调研、解决突出问题、创新体制机制3个阶段，经过为期3个月的集中学教活动，至6月底告一段落。活动期间，全县召开各种研讨会120次，举办解放思想专题培训6期，组织外出考察学习2次，编发学习简报50期，形成调研报告近百篇，排查、整改影响科学发展的问题100多个。

2008年9月14日，中共中央印发《关于在全党开展深入学习实践科学发展观活动的意见》，2008年9月至2010年2月，全党分批开展了这一活动。2009年3月2日，省委召开第二批深入学习实践科学发展观活动动员大会，对江苏第二批学习实践活动进行部署。3月16日，全市学习科学发展观活动动员大会召开。9月10日，省委召开会议，学习贯彻中共中央召开的深入学习实践科学发展观活动第二批总结暨第三批动员会议精神，对江苏第二批学习实践活动进行总结，部署全省第三批学习实践活动。12月21日，第三批深入学习实践科学发展观活动推进会召开。2010年3月16日，省委召开大会，对全省科学发展观学习实践活动进行总结，并就巩固和扩大学习实践活动成果、深入贯彻落实科学发展观作出部署。

根据中共中央和省、市委部署，县委组织开展科学发展观学习教育活动。2009年3月17日，召开动员部署会。分2批进行：第一批，2009年3月开始，8月底结束；第二批，2009年9月开始，2010年2月底结束。每批学教活动按学习调研、深化认识，分析检查、寻找症结，落实整改、科学发展3个阶段，分步推进。全县参加2个批次学习实践活动的基层党委39个、党支部2126个，参学党员4.4万名。教育活动紧扣“践行科学发展观，共建和谐新建湖”主题，围绕打造“产业新高地、富裕新农村、文明新县城、和谐新建湖”实践载体，按照“扬特色产业之长，走科学发展之路，创小康建湖之业”目标定位，科学谋划，统筹兼顾，学教活动与保增长、促发展相结合，与解放思想、进位争先相结合，与转变作风、改进服务相结合，与改善民生、兴办实事相结合，取得实实在在效果。学教活动坚持4个贯穿始终：深入学习调研，理清工作思路，把坚持解放思想贯穿始终；围绕4个结合，着力解决问题，把突出实践特色贯穿始终；坚持开门教育，充分发扬民主，把贯彻群众路线贯穿始终；强化组织领导，注重典型引路，把正面教育为主贯穿始终。2009年3月27日，县委举行中心组深入学习实践科学发展观活动专题讲座；5月5日，县委召开中心组专题集中学习暨解放思想大讨论交流会议；6月18日，县委十二届四次全会审议并通过《关于贯彻落实科学发展观情况的分析报告（评议稿）》；8月15日，县委、县政府出台《关于加快转变经济发展方式，进一步做大做强特色产业的实施意见》等五份科学发展的指导性文件。学教活动注重联系实际，创造不少富有建湖特色的做法，得到上级的肯定，其中开展“三服务”① 活动助推科学发展的做法受到中央学习实践办公室的认可并被其《简报》专题介绍，“五联五保”②、加强村干部队伍建设的做法得到省领导的肯定。2010年4月1日，县委召开全县深入学习实践科学发展观活动总结大会，要求全县各级党组织和广大党员干部进一步深化拓展学习教育成果，不断开创科学发展新局面。

第二节　强化党的组织建设

为增强各级党组织的战斗力，团结带领全县人民深化改革、加快发展，县委采取有力有效举措，进一步强化基层党组织建设，重视加强干部队伍建设和党员教育管理，抓好学习型党组织、学习型领导班子建设，建湖县

①“三服务”，即服务发展、服务基层、服务群众。

②“五联五保”，联系非公企业，确保经济平稳增长；联系重点产业，确保经济较快发展；联系农业村居，确保富民强村进程；联系街道社区，确保统筹共建实效；联系重点课题，确保学习实践成果。

获授全国学习型党组织理论创新征文组织奖；实施服务型党建“一线工作法”，加快推进“四有一责”[①] 建设，探索创新村级干部动态管理模式，建湖县深化产业集群党建工作的做法入选全省创先争优理论研讨经验介绍集。

一、夯实基层组织基础

开展“五好”基层党组织创建。2004 年，县委出台《关于争创“五好”基层党组织，扎实推进“强基工程”的意见》，从 2004 年起，每年创建“五好”示范村党组织 10 个、“五好”示范专业党支部 20 个、“五好”示范社区党组织 2 个、“五好”示范企业党组织 10 个、“五好”示范机关事业单位党组织 10 个，至 2007 年，全县基层党组织均达“五好”标准。建立健全党员领导干部基层党建工作联系点制度，县委常委和县人大常委会、县政府、县政协主要领导各联系 1 个村、1 个社区和 1 个非公企业，县人大常委会、县政府、县政协其他党员领导干部分别联系 1 个村和 1 个企业，县直部门党政主要负责人各联系 1 个村。帮助联系点党组织理清工作思路，制订工作计划，督查任务完成情况，指导创建“五好”基层党组织，帮助解决发展难题，进一步推进县委“强基工程”实施。2004 年至 2007 年，县委在全县开展“三级联创争五好”活动，全面加强党的基层组织建设。各级党组织围绕“领导班子好、党员队伍好、工作机制好、发展业绩好、群众反映好”要求，县委争创党建工作先进县，镇党委争创“五好”基层党委，村党组织争创“五好”村级组织，社区、非公经济组织、机关及其他基层党组织共同争创“五好”基层党组织。

深入推进非公企业党组织建设。2004 年，县委印发《关于进一步加强全县非公有制经济组织党建工作的意见》，在非公企业中实施“四百工程”，实现非公企业党建工作全覆盖。具备建立党组织条件的非公企业，党组织建成率 100%；职工 25 名以上，尚未建立党组织的，党的工作指导员派驻率 100%；职工 25 名以下的非公经济组织，党的工作联络员落实率 100%；具备条件的非公企业，群团组织组建率 100%。选优培强非公企业党组织领导班子，建立党建工作人才库，组建党建工作指导员、联络员队伍，开

---

①“四有一责”，即有持续稳定的集体收入、有功能齐全的活动阵地、有先进适用的信息网络、有群众拥护的“双强”带头人，强化村党组织领导责任。

展机关党组织与非公经济组织党建工作联建联创活动，每年安排30个机关党组织结对联建30个非公经济组织。培植市级非公企业党建工作示范点7个，选派非公企业党建工作指导员800多名。2005年，创建“三岗一区”①企业党建模式，举办首届“非公企业党建论坛”。2006年，实施非公企业“三强”② 工程，开设党建论坛，开展“三岗一区”创评，推进非公企业党建与经济互促发展。2009年，单独组建非公企业党组织36家。2010年，新成立产业集群党委（党总支）5个，将组织优势转化为发展优势，被省委组织部制作专题节目在全省推广。2012年，规模以上非公企业党组织组建率100%，“两新”组织③党建工作覆盖率100%。

进一步强化村居党组织建设。2004年，建湖实施“一二五惠民工程”，全县社区专职工作者规范化管理被省委组织部、省民政厅列为全省试点。2005年，县政府作出《关于授予镇北等195个村为“村民自治模范村”的决定》。2006年，建湖县创建“四联”④ 社区党建模式，开展服务承诺活动，社区便民党建深入人心。建立开发区党群服务中心和人才服务中心，被列为全市年度组织工作创新十大成果。2007年，全县实施农村基层组织建设“十百千”工程，开展村干部“办项目、办实事”竞赛、农村党员“争双强创十星”活动。实施村级活动场所建设年，新建改建村级党群服务中心48个。“党群服务中心、服务党员群众”规范化建设模式在全市推广。2008年，推行“党支部+合作社”模式，优化农村基层组织设置，被中央电视台专栏采访报道。近湖民营创业园建成全县第二家综合性园区党群服务中心。2009年，县委、县政府印发《关于进一步加强村务公开和民主管理工作的通知》，完善组织体系，建立健全民主管理制度，大力开展村务公开和民主管理“薄弱村”治理。深化强基工程，开展“三级联创”活动，优化基层组织设置，新成立村级党委4个、产业链党支部103个，建湖县被中组部确定为基层党建工作直报点。2010年，县政府出台《关于推进城乡统筹发展示范村建设的意见》，上冈镇、建阳镇和九龙口镇梅苏村、庆丰

①“三岗一区”，即党员先锋岗、团员示范岗、职工模范岗，党员示范责任区。
②“三强”，即党组织强基、领导班子强能、职工队伍强质。
③“两新”组织，即新经济组织、新社会组织。
④“四联”，即部门联手、工作联动、责任联带、特色联创。

镇东乔村被列为全市城乡统筹发展试点镇村。2011 年，县委出台《全县村干部岗位目标绩效考核暂行办法》，建立村干部选拔、培养、考核机制。开展大学生村官创业富民工程，形成大学生村官“下得去、待得住、干得好、流得动”管理新格局。新建改建党群服务中心 53 个，维护更新网上党群服务中心 230 个。2012 年，县委、县政府在全县党员领导干部中开展“三解三促一加强”① 活动，18 名县委、县政府领导干部以及 97 名县直部门、镇区党政主要负责人分别深入镇村开展活动，帮助基层群众解决生产生活中存在的突出问题。县委办、县政府办印发《村级“四有一责”建设考核办法》，出台《建湖县农村基层党组织标准化建设实施意见》，完善工作制度，规范议事程序，加强民主管理，进一步推进农村党组织标准化建设。

二、重抓干部队伍建设

2003 年，县委围绕培塑外向型年轻干部，提高经济发展的外向度，先后到苏州市举办县重点企业党支部书记“党建与经济”培训班，到上海举办青年干部外经贸知识培训班。在全县开展“送教下基层”活动，累计培训干部 8000 多人次。2004 年起，在科级干部中推行学分制教育和“菜单式”培训。2006 年，分类举办农村社区、机关事业单位、非公企业干部“进党校、学党务”专题培训班。2008 年至 2012 年，按照“大规模培训干部，大幅度提高素质”要求，举办培训班逾百期，培训干部 2 万余人次。

县委在任用干部时，严格遵循革命化、年轻化、知识化、专业化标准，把好思想政治素质关。2003 年，制定科级干部任用无记名投票表决办法，公推公选正科级党政正职 6 名。2009 年，在全市率先出台加强村级党组织书记队伍建设文件，被省委组织部专题向全省推介。2010 年，全面推行科级干部调整票决制，票决产生科级“一把手”13 名、副科级干部 29 名，率先面向全省公开选调规划、建设、交通、金融等专业科级领导人才。2011 年，推行公开选拔、公推公选、竞争上岗、公推直选等方式，选拔科级干部 56 名。2012 年，采用“三重三推三考”选任模式，提拔任用德才兼备、实绩突出的干部 41 名，多渠道选派年轻干部到发展一线压担锻炼，

①“三解三促一加强”，即了解民情民意、化解社会矛盾、破解发展难题，促进干群关系融合、促进基层稳定、促进机关作风转变，加强基层组织建设。

在县镇集中换届中重用21名优秀年轻干部。县委出台《关于加强和改进村干部队伍建设的意见》，推行村干部职业化管理，强化村干部岗位目标考核，采取“三荐三票”方式公推直选调整村书记8名，县镇联动选派48名科级后备干部到村担任第一书记。

县委对全县各级干部尤其是领导干部和身居重要岗位的干部坚持一手抓使用，一手抓监督。2003年，建湖县建立干部监督工作通报制度，加强组织部与执法和行政职能部门的联系，定期沟通信息，进行动态分析，提出加强干部监督工作的意见和建议。2004年，县委组织部组织全县广大干部学习贯彻《中国共产党党内监督条例（试行）》《中国共产党纪律处分条例》，选聘42名科级协理员作为干部监督信息员，对干部八小时以外的生活圈施行监督。2005年至2007年，先后出台领导干部谈心谈话办法和加强作风建设的规定，组织开展机关作风明察暗访和通报违纪问题等活动，促进自律和管控。2006年，县委下发《关于建立镇党政正职定期沟通制度的通知》，书记、镇长要经常性沟通，每周不少于1次。2008年至2011年，县委重点加强领导干部特别是“一把手”遵守政治纪律、公正选人用人等方面的监督。2009年，县委办、县政府办印发《建湖县党政领导干部“三责联审”实施意见》，加强领导干部用权行为的监督制约。2012年，组织签订换届纪律承诺书200多份，践行科级干部任前承诺、任中践诺、离任验诺制度，实现监督全覆盖。这些监督举措的推出和实施，对促进干部自净自律、守正执业、做好工作、密切党群干群关系发挥了有效作用。

三、注重党员教育管理

县委组织部门在全县实行发展党员票决制，2003年新发展党员684名，其中发展生产一线党员650名。2004年，全县基层支部实施以“把优秀青年培养成入党申请人，把入党申请人培养成入党积极分子”为主要内容的培优工程。2005年，县委建立和完善初始提名推荐制、培训教育双选制、发展程序督查制、组织吸收会审制、发挥作用承诺制和发展党员责任追究制六项制度，受到省市组织部门的肯定。2008年起，县委加大在农村优秀青年、非公企业、流动人员、其他社会阶层中发展党员力度，拓宽发展源头，同年新发展党员916名。

县委在全县党员中开展“三双”争创活动，即农村党员突出“双带”①，企业党员突出“双表率”②，机关事业单位党员突出“双服务”③，被省市组织部门推介。2004年，县委在钟庄镇探索建立党员维权中心，拓宽基层党组织民主决策渠道，受到省、市委组织部的肯定。2006年，推行农村党员活动“动态组合模式”，提高党员参加组织生活的积极性。2007年，县委在上海、青岛等地组建流动党支部117个，在全省建成首个流动党员教育管理网站“流动红旗网”。8月，县委在上海市普陀区举行“建湖县驻沪流动党支部集中授牌暨奉献异乡、报效家乡恳谈会”。2008年，县委推广使用省流动党员系统软件，在流动党员、流出地党组织、流入地党组织中开展“三位双向承诺”活动。2012年底，全县所有的村级党组织均建立党员活动室或党群服务中心，各镇（区）建成党员维权中心，通过建立健全党务公开、党内决策、党员申诉控辩等制度，保障党员合法权利。

建湖县推进争创“双强”型党员示范户工作，得到省、市肯定，并在全市范围推广。2007年起，在机关党员中开展以服务企业、服务项目、服务基层为主要内容的“三服务”活动，在农村党组织中推行以“党日活动交流会、党员代表听证会、党内监督理事会、党务公开评议会，建立党内关爱机制”为主要内容的“四会一制”活动。2008年，县委组织部选送的《我当村官的故事》参加全省、全国“新农村、新农民”电视专题片大赛，分别获全省一等奖第一名、全国一等奖第二名。至2008年，全县建成镇级电教科技致富示范基地35个。2012年，开展以珍惜党员荣誉称号、切实增强群众观念、树立良好社会形象为主要内容的“三项教育”活动，2500多个基层党组织、4.4万名党员参加活动，帮助群众办实事、解难事、做好事1200多件，全市教育实践活动整改落实阶段现场会在建湖召开，建湖县分类推进后进村转化工作被中央、省、市媒体推介。

建湖县在全市率先实现党员干部远程教育网村村通，探索总结出“四位一体”④ 抓筹建、“三防同管”保安全和“四统一分”促培训的远程教育

①“双带”，即带头致富、带领群众致富。

②“双表率”，即在本职岗位上作表率，在带头创业、带领下岗职工再就业上作表率。

③“双服务”，即为经济建设服务，为基层群众服务。

④“四位一体”，即互联网、有线电视、卫星接收、传统光盘。

建湖模式，在全国推广。2004 年 10 月，恒济镇在全省率先开展农村党员干部现代远程教育试点工作。2005 年 4 月，远程教育站点建设在全县推开；8 月底，全县各镇（区）、各村（居、社区）全面建成远程教育站点。建湖“四位一体”远程教育模式在全省推广，并得到全国远程办的肯定。3 月和 5 月，全市、全省远程教育试点工作现场会相继在建湖召开，9 月成立县党员干部现代远程教育管理办公室，建成远程教育专题网站“红色盐阜建湖分站”。2006 年，加强富民创业网络大学规范化管理，“建、学、管、用”模式趋于规范化。2008 年，探索建立“网上党群服务中心”，获市组织工作创新成果奖，并在全市推广。2009 年，实施“网络富民工程”做法被《人民日报》和中央电视台推介向全国，建湖县被中组部列为全国远程教育学用试点县。

第三节　强化党风廉政建设

推进党风廉政建设，增强拒腐防变能力，是执政党面临的一项长期任务。2003 年后，经过多年的实践、探索和总结，全县形成一套务实可行、富有成效的党风廉政建设制度。确立党委统一领导、党政齐抓共管、纪委组织协调、部门各负其责的反腐倡廉工作格局；坚持突出干部队伍建设特别是党员领导干部廉洁自律，查处违法违纪案件，纠正干部腐败和部门、行业不正之风的工作重点；加快健全和完善结构合理、配置科学、制约有效的权力运行机制；强化监督制约工作，逐步构建党内监督、人大监督、政府监督、政协民主监督、司法监督、社会监督和新闻舆论监督多元监督体系，走出一条对接新时期、切合县情实际的党风廉政建设之路。

一、落实党风廉政建设责任制

县委、县政府制定出台领导班子及其成员党风廉政建设责任制，明确县委常委和县政府领导成员在党风廉政建设工作中的职责分工和相互监督责任。县纪委全会和县政府廉政工作会议上，县委书记与县委常委、县长与副县长，县委、县政府与各镇区、各部门党政“一把手”分别签订党风廉政建设责任书。建立完善全县科级领导班子党风廉政建设工作目标管理体系，明确各级党政一把手为第一责任人，各级党政副职为直接责任人，层层签订责任状，形成党政齐抓共管、部门各负其责的责任体系。全面考核各镇区、县直各部门领导班子及其成员落实责任制和廉洁自律情况，考核结果作为评先评优和干部教育、管理、奖惩、任用的重要依据。

2003 年，县委建立新上岗科级干部廉政谈话、现任干部述廉报告、离任干部经济责任审计制度，出台党政机关干部八条禁令，规范廉政自律行为。2004 年，建立党纪案件审理助辩制度，被《人民日报》《新华日报》等 100 多家媒体报道，省纪委、中纪委先后向全省、全国推广；建立党风廉政建设当面报告制度，定期组织科级领导班子成员向县纪委常委会当面报告党风廉政建设情况，并接受提问与质询的做法被市纪委推广。2005 年，建立科级领导干部廉政积分管理制度。2007 年，建立勤廉“点述”问责制度，在全市推广。2008 年，建立干部监督信息管理体系，被省、市纪委转发推广。2009 年，建立反腐倡廉制度库，被省、市纪委确定为反腐倡廉制度建设联系点。2010 年，县审计局创建的“审计双向督查报告制度”在全国推广。2011 年，建立完善反腐倡廉制度执行巡查机制，在全市首创县直部门“一把手”向县委常委会述廉。2012 年，县委、县政府在全县年度目标任务综合考核中首次设立党风廉政建设工作奖，建立三层联动“勤廉”点述问责制度，提升纪检信访效能等 10 个方面成果被省、市纪委推介。2009 年至 2012 年，县委开展“反腐倡廉制度体系构建完善年”活动，废止了一些过时制度，修订完善加强新时期党员干部拒腐防变、规范用权、廉洁自律、巡视促推等一批新制度。重抓制度体系的建设与监管机制的创新、健全，进一步驱动和加快全县党风廉政建设步入制度化轨道。

二、开展不正之风查纠专项治理

整治教育乱收费。2003 年，全县清退教育违规收费 139.6 万元，取消提高班、兴趣班、双语班 8 个，取缔无证收费民办学校 4 所。2004 年，县纪委调查教育乱收费信访件 103 件，清退违规收费 20 余万元。2005 年，县纪委实行教育收费申报制和“五统一”收费办法，清退违规收费 8.49 万元。2006 年，县纪委认真落实义务教育阶段免收学杂费政策规定，减轻学生负担 1100 多万元；纠正不规范收费行为 15 起，清退违规收费 91.7 万元。2007 年，县纪委建立教育乱收费“随访直报即查快究”制度，两次组织检查中小学收费情况，处理乱收费问题 26 起，清退违规收费 26.9 万元。

2008年，县纪委落实教育“两免一补”及各类资助资金2500万元，教育乱收费信访举报比上年下降86.7%。2010年，建湖县被授予全省规范教育收费示范县。

查纠医疗领域不正之风。2003年，县卫生部门集中整顿非法行医和违规生产、销售药品及医疗器械行为，立案200余件，取缔非法行医点20个、无证经营药店33家，没收药械货值46.7万元，罚没61.7万元，清退赃款2.2万元。建立健全药品集中招标采购制度。2004年起，县卫生部门全面实行药品集中采购制度，进一步查处药品及医疗器械购销腐败问题。2006年，县卫生部门查处县二院药品回扣案17人，收缴违纪违法金额30余万元。2010年，县卫生部门为全面实施国家基本药物制度，全县公办医疗单位药品统一实行省网采购，镇村医疗机构药品一律实行零差率销售。

开展重点工程建设突出问题专项治理。2003年，县纪委跟踪监督盐淮高速公路建湖段和城市建设、农村公路建设等重点工程项目，追缴挪用资金264万元。2004年，公开招标各类新开工工程建设项目，节省投资2900余万元，18宗300亩经营性土地全部公开挂牌出让，增加收益1470万元。2005年，县纪委制定《政府采购供应商投诉处理工作规程》等7个规范性文件。2006年，查处土地违法行为12宗，纠停13宗。2007年，县纪委查纠重点工程建设领域违规问题16起。2009年，县委办、县政府办印发《建湖县工程建设领域突出问题专项治理工作实施方案》，全面排查2008年以来规模以上投资项目，着力解决工程建设领域存在的突出问题。县纪委打造“阳光操作平台”，依托县招投标管理服务中心，对招投标工作实行“扎口式”管理，形成同一平台下的监管体系。2011年，县纪委深化工程建设领域突出问题专项治理，改进和完善工程建设领域项目信息公开和信用信息公开共享专栏，发布工程建设项目从业单位、从业人员信息1011条。县纪委制定出台《关于进一步加强全县招投标工作的意见》，强化对工程建设项目和经营性土地招拍挂的监督检查，被评为全市招投标工作先进集体。2012年，县纪委在全市率先实行建设工程项目网上招投标。

开展涉农资金专项清理。2005年8月至10月，县纪委成立县涉农资金专项清理工作领导小组，制定下发实施意见，召开动员部署会议，全面清理2003年以来拨付到各镇区的民政优抚、粮食直补等涉农资金8000多万元，归位挪用资金436万元。2009年，县纪委加强对财政支农惠农资金管理使用情况的监督检查，保证支农惠农政策的落实，积极推行农村三资“一线式”管理模式，从制度上保证集体资产保值增值，实施意见被省、市纪委推介。清理“小金库”。2009年5月至12月，集中清理党政机关和事业单位“小金库”5个，涉及违纪资金301.6万元，党纪立案5人。2011年，清理“小金库”违纪资金56.1万元。

开展涉企违规收费专项整治。2009年，县委办、县政府办印发《关于在全县开展涉企中介专项整治工作的实施方案》，开展涉企中介机构专项整治工作，治理涉企中介机构38家，进一步规范中介机构经营活动行为。2010年，县政府办印发《建湖县减轻企业负担专项治理工作实施意见》《关于压降涉企中介收费的意见》，治理和规范涉企收费，清理乱摊派、乱收费行为，进一步减轻企业负担。县政府办印发《进一步加强外派劳务管理工作的意见》《建湖县外派劳务市场集中专项整治工作方案》，开展外派劳务市场集中整治工作，出台整治方案，成立领导小组，落实“三集中一备案制度”，严厉打击非法外派劳务经营行为。2012年，县政府出台《关于治理规范涉企收费的政策意见》，取消行政事业性收费6项、经营服务性收费2项、小微企业收费项目13项；取缔收费项目11项，降低收费项目46项。

开展执法不公不廉突出问题治理。2003年后，全县对司法机关、行政执法机关及其具有行政执法职能的机构，进行专项治理，纠正错案、处罚执行不到位案件、执法不公案件、超越法律规定幅度案件57件，收缴违规转移资金66万元，规范行政处罚文书54份，督促有关部门健全有关制度98项。2009年，全面推行阳光政务，实现政府信息公开工作规范化、常态化管理，受到省政府办公厅通报表彰。建湖县行政权力网上公开透明系统开通运行，全县33个部门3691个权力事项全部网上阳光操作，接受社会监督。

三、评议行风作风

2003年8月，建湖县开办《行风热线》直播节目，部门负责人走进直播室，与群众零距离对话；建立群众投诉受理、调查、反馈、整改“一条龙”快速反应机制，是全市县级台中首个开播的舆论监督、热线直播节目。当年开播16期，接听投诉电话169个，其中受理61件，办结率100%。2004年3月，《行风热线》改为《政风热线》，全县26个部门负责人走进直播室，解决各类投诉问题278个，办理率100%。2005年5月，全市《政风热线》现场观摩会在建湖举行，建湖县介绍工作经验。2008年，《政风热线》改为《政风行风热线》。2010年，实行《民生在线》《政风行风热线》和网上投诉良性互动，办结群众投诉228件，播出《政风行风热线》42期。

2003年11月，建湖县开展“百企千人评机关”活动，组织以投资者为主体的2876名代表，集中评议81个单位、56个科室，反馈整改问题1159个。2004年3月，县委、县政府印发《关于做好公开评议优化经济发展环境工作的意见》，开设《环境倍优建湖行》电视专栏，报道先进典型，曝光投诉查处实录。年底组织3238名代表参加测评，被评议的单位79个和重点科室负责人62名，汇集各类意见建议456条。2005年，组织1907名代表参评，整理汇集各类批评建议172条；摄制播出《环境倍优建湖行》节目50期，曝光违规执法、吃拿卡要等反面典型23例。2006年，全县设置26个测评点，组织2825名代表在各测评点参加评议，整理各类批评建议235条；摄制播出《环境倍优建湖行》节目43期，反面典型曝光率40%。2007年6月，开展环境优化“百企行”，征集优化经济发展环境意见建议287条，逐一整改落实。2008年1月，县委、县政府印发《关于评议“人民满意机关、人民满意干部”活动的实施意见》，开展评议“人民满意机关、人民满意干部”活动，组织各界代表3143名，集中评议80个县级机关单位和100个重点职能科室，收集批评、意见和建议872条，及时反馈给有关部门和科室，并限期整改。2008年底，组织各界代表3028名在27个测评点，2044名网民对82个县级机关部门和58个重点科室开展评议，线上线下共收集批评、意见和建议372条，评议结果在全县机关作风建设大会上通报。2009年起，结合开展“效能建设推进年”“作风建设加强年”等活动，坚持不懈地抓好民主评议工作，拓宽思路，采取集中、问卷、上网、媒体多渠道结合，明查、暗访、巡察、办案多举措并用，让投资者和群众评判成为推进作风建设的常态取向。2010年，县政府办印发《建湖县机关效能考核办法》，主要考核重点工作、招商引资、争取项目、进位争先、社会满意度等情况，80个单位分三类考核，其中镇区16个、县直部门38个、条管部门26个。2011年，县政府办印发《关于创建人民满意基层服务单位示范点的实施意见》，在全县开展创建人民满意基层服务单位示范点建设，全县基层服务单位群众满意率80%以上。2012年，县委、县政府评议84个县直部门、50个重点科室、11个县属公共服务单位和镇区十类基层站所，创成首批人民满意基层服务单位示范点10个。

2006年，县委制定《关于加强全县科级以上领导班子思想作风建设的实施方案》，县委、县人大常委会、县政府、县政协四套班子成员，各镇、开发区及县直各部门副科级以上干部参加集中教育活动，时间3个月，至12月底结束。2007年4月，县委召开全县机关作风建设情况通报会，并决定每年通报3次。2009年至2012年，全县召开机关作风建设专项会议10次。通报会既重视运用正面典型示范引领，又通报曝光存在问题，进一步促进机关作风的转变和工作效能的提升。2012年，县委、县政府出台《关于在全县开展“作风建设加强年”活动的实施意见》《关于进一步改进作风建设人民满意机关的意见》及6个实施细则，进一步改进作风，创建学习型、服务型、效能型、创新型和廉洁型“五型”机关。县委办、县政府办印发《建湖县机关作风效能过失过错问责追究暂行办法》，进一步规范机关行为，改进工作作风，提高行政效能，优化发展环境，保证政令畅通。全县部门服务承诺社会知晓率、政务公共平台接听率、申报事项按期办结率、群众满意率四项指标列全市第一名。

四、反对奢侈浪费

2003年后，全县围绕落实中央《关于厉行节约、制止奢侈浪费行为的若干规定》精神，缓建楼堂馆所和取消高标准装修办公楼各11幢，制止购置高档办公设施451件（套），压缩大小会议276个，取消庆典活动82个、达标检查评比67次，停办各类培训班54个。2004年，全县开展“三清”①工作，清出公款为个人购买商业保险1.87万元、拖欠公款273.4万元；2005年，又清出党员干部拖欠公款48.3万元，均作了处置。2007年，全县建立行政事业单位公务接待费用支出“一票两单”② 和定期通报制度，加强公务接待费用管理；制定和落实关于禁止党员干部大操大办子女“升学宴”的规定，倡导文明节俭新风。结合贯彻中纪委《关于严格禁止利用职务之便谋取不正当利益的若干规定》，全县组织党员干部在搞好学习基础

①“三清”，即清理公款为个人购买商业保险、清理党员干部拖欠公款、清理违规住房。

②“一票两单”，即发票、公务接待审批单和菜单。

上进行检查对照，查纠问题，取得较好成效。

五、查处大案要案

2003 年至 2012 年，全县查处违纪案件 1187 件，给予纪律处分 935 人，其中万元以上经济案件 283 件，科级干部案件 75 件，追缴违纪违法所得 1224.32 万元，挽回经济损失 1.2 亿元。在依纪依法查处大案要案中，县纪检监察部门着重查办以权谋私、官商勾结、受贿索贿等案件。重视加强信访举报案件的查处，受理业务范围内的信访举报案件 3920 件（次），按期办结率 100%。2006 年，县纪委积极构建以查处典型案件为重点，以依纪依法办案为主线，整体推进面上查案工作的“点、线、面”三位一体查案工作新机制，被市纪委推广。2007 年，县纪委建立基层纪检监察组织案件交叉联办制度，被市纪委推广。2008 年，县纪委建立完善反腐败协调小组工作机制，加强执纪执法机关的协调配合，进一步增强办案合力。2010 年，县纪委探索建立垂直部门案件线索联管制度、党政纪案件“三审”机制和提高案件审理助辩率等做法，分别被省、市纪委和《中国监察》杂志宣传推广。2011 年，县纪委总结的“健全配套制度，提升助辩比率”经验做法获中纪委案件审理室、中国监察杂志社、中国纪检监察报社联合举办的主题征文活动三等奖。健全与完善信访举报和公开答询等制度。2012 年，县纪委继续保持查案执纪强劲势头，全年查处各类违纪违法案件 105 起，为国家和集体挽回经济损失 1280 万元。组织开展纪监干部“和谐信访村居行”活动，出台“疑难复杂信访问题办理规程”，开展驻点接访、检查回访、复查约访、调查下访活动，被市纪委推广，《中国纪检监察报》作专版报道。县纪委、监察局被表彰为“全省纪检监察信访举报工作三年目标管理先进集体”。

后 记

在举国上下深入学习贯彻中共二十大精神，阔步踏上全面建设社会主义现代化国家新征程，向第二个百年奋斗目标进军之际，《中共建湖县历史》第三卷（1978—2012）与读者见面了，这是全县党的建设工作的又一可喜成果。

《中共建湖县历史》第三卷（1978—2012）以习近平新时代中国特色社会主义思想为指导，坚持辩证唯物主义和历史唯物主义，按照“尊重历史，尊重史实”的原则，实事求是地反映1978年12月中共十一届三中全会召开至2012年11月中共十八大召开前的34年间历届中共建湖县委团结带领全县人民进行改革开放，推进社会主义现代化建设的奋斗历程及其取得的主要成就。

为记载好这段历史，在中共建湖县委领导下，县委党史工作办公室（以下简称“县委党史办”）在2017年5月《中共建湖县历史》第二卷（1949—1978）出版发行后，即将第三卷的编纂提上日程，开始做好筹备工作，明确由党史科牵头，与聘请的老同志组成编纂组。首先，集中时间和精力开展调研和查档，共查阅档案近千卷，复印、摘抄各类文字资料130余万字。其次，进行编写架构的谋划、构思，于2019年8月形成初拟大纲。接着，收集资料，县委办公室于2019年9月发出《关于编写〈中共建湖县历史（1978—2012)〉党史专题资料征集的通知》，至当年底，陆续收到全县各部门、各镇（街道、区）有关专题文稿。2020年2月，在广泛征求意见的基础上，调修编纂纲目，形成纲目初稿，并做好素材整理分类等前期准备工作。2020年8月进入撰稿阶段。执笔人员以“质效并重、铆足干劲、自加压力”为要求，历时一年多拟出40多万字的初稿。紧接着由拟稿者分头对各自所拟初稿进行研磨改修。之后，又交换互阅和修改。2021年11月，确定由一人统稿，统筹内容布局、统一行文体例、统一语言风格、统一度量单位和统一标点使用等。

统稿告一段落后，自2022年9月起进入书稿审读评议阶段。一是内审：将书稿印发给县委党史办领导、科室人员及所聘老同志进行内部初审，分头阅读，提出意见，由统稿人负责汇总并修改，经过四轮修改完善，2023年4月形成征求意见稿。二是送审：将征求意见稿送请县四套班子领导、相关部门主要负责人，部分四套班子老领导、文史爱好者和市委党史办专家审阅，再行汇总并修改。三是终审：召开专家评审会，根据评审意见作最后打磨完善，于2023年8月定稿后送上海社会科学院出版社审定并付梓。

县委对《中共建湖县历史》第三卷（1978—2012）的编纂工作高度重视，从舆论、资金和人力等多方面予以关心支持。编纂工作还得到上级党史部门的指导和全县有关部门单位的大力配合。如有的协助查阅档案，有的帮助提供素材、数字，有的助力修改斧正，等等。盐城市委党史办、建湖县四套班子相关领导，县有关部门部分在职与退休老同志以及县文史工作者等亦热情审读把脉，并提出宝贵意见，在此一并致谢。

受学识、水平和资料所限，书中难免有疏漏与错误，敬请读者拨冗校正。

2023年8月